글로벌
리더십

GLOBAL
LEADERSHIP

변상우

도서출판
청람

서문

우리가 현재 살고 있는 이 시대는 과거에 경험해 보지 못한 속도로 빠르게 변하고 있다. 세상이 변하는 것은 당연한 것이지만 이러한 세상의 변화에 따라 능동적으로 대처하지 못하면 살아남을 수 없다. 그리고 이러한 변화를 주도할 수 있는 능력 있는 리더를 우리 사회는 필요로 한다. 따라서 급변하는 글로벌사회에서 조직이 생존하기 위해서는 미래를 내다볼 수 있는 리더의 통찰력이 필요하다.

조직에는 리더십을 갖춘 리더가 필요하다. 리더십이란 무엇을 말하는 것일까? 리더십의 의미는 "조직의 목표달성을 위해 구성원들이 자발적으로 조직활동에 참여하여 이를 달성하도록 유도하는 능력"을 의미하며, 구성원들의 마음을 움직일 수 있어야 하는데 마음을 움직이기 위해서는 리더의 구성원들에 대한 영향력이 필요하다. 조직을 올바른 방향으로 이끌어갈 핵심역량을 갖춘 리더야말로 가장 영향력을 발휘할 수 있기 때문이다.

창조경제시대에 필요한 리더십을 갖춘 리더가 되기 위해서는 우선 사랑이 있어야 한다. 먼저 자신을 사랑할 줄 알아야 하며, 다른 사람과의 관계를 살펴볼 수 있어야 한다. 리더에게는 열정이 있어야 한다. 자신의 내면에서 끓어오르는 에너지, 어떤 일에 열중하는 마음이 있어야 한다. 열정적인 삶을 살기 위해서는 내면에서 원하는 것을 찾아야 한다. 명확한 목표설정, 긍정적인 삶의 자세로 자신감이 있어야 한다.

리더는 협력을 이끌 줄 알아야 한다. 좋은 인간관계를 유지하기 위해 먼저 마음의 문을 열어야 한다. 남의 이야기를 들어주며 칭찬을 아끼지 말아야 한다. 남의 이야기를 마음으로 들어주는 자세를 가져야 한다. 자기주장만 하지 말고 상대방의 입장을 헤아려야 한다. 먼저 단점을 보기보다는 장점을 보도록 해야 한다.

칭찬을 많이 하고, 항상 미소 띤 얼굴로 유머를 사용할 줄 알아야 한다. 이렇게 함으로써 구성원들로부터 협력을 이끌어 낼 수 있게 된다. 리더에게는 포용력이 필요하며, 자신부터 이기적인 마음을 버리고 상대방을 포용하는 태도를 가져야 한다.

성공한 기업과 조직이 되기 위해서는 리더십에 대한 이론과 리더십을 발휘할 수 있는 인격과 자질을 갖춘 리더가 조직을 이끌어 나갈 때 성장·발전할 수 있다. 개인도 마찬가지이다. 셀프 리더십으로 무장하여 자신의 삶을 주도해야만 미래가 보장된다. 이처럼 오늘날 조직은 물론이고 개인에게도 가장 필요한 것이 리더십이다.

그럼 리더의 리더십은 선천적으로 타고나는 것일까? 일정 부분 리더의 자질은 선천적으로 타고나는 부분도 많이 있지만, 많은 부분은 후천적으로 개인적 훈련과 개발에 의해서 발전하게 된다.

창조경제시대에 리더는 비전과 목표를 확립하고 그에 대한 성과를 보여주는 프로정신을 가지고 있어야 한다. 새로운 시대의 리더는 뜨거운 가슴과 냉철한 이성만으로는 부족하다. 그 위에 전문가로서의 리더십 스킬과 자질, 기업가정신을 갖추고 있어야 한다.

리더십을 배우는 학생들은 리더십의 기법과 행동에 대해 우선 관심이 많다. 그러나 존경받는 리더가 되기 위해서는 리더십의 스킬과 행동은 물론이고 리더의 자질과 기업가정신, 철학 등에 대한 이해와 이를 통해 자신이 그들에 비해 부족한 부분을 보충하고 개발하는 데 더 많은 노력을 해야 한다. 단순히 리더십 이론과 바람직한 리더의 행동을 따라한다고 다 훌륭한 리더가 되고 높은 수준의 성과를 달성하는 것이 아니라는 점을 깨달아야 한다.

본서는 리더가 되기를 희망하는 모든 사람들에게 가장 쉽고, 가장 명료하게, 가장 핵심이 되는 내용으로 구성하였다. 본문의 내용을 꾸준히 반복해서 읽게 되면, 스스로 리더십에 대한 이해를 하게 될 것이며, 리더로서 바람직한 행동과 리더로서 갖추어야 할 자질 등을 이해하게 된다.

본서의 구성은 전체 16장으로 되어 있으며 이를 다시 4부로 나누어 정리하였다. 구체적으로 살펴보면 다음과 같다.

제1부에서는 리더십이란 무엇인가?에 대한 이해를 위해 제1장 리더십에 대한 이해에 대해 살펴보았다. 리더십의 개념, 리더십의 특성, 관리와 리더십에 대한 이해, 권력과 영향력에 대한 이해, 리더십과 강제에 대한 의미를 분석하고 이에 대한 개념을 정립하는 데 초점을 두었다.

제2부에서는 리더가 되기 위한 필요조건으로, 제2장에서는 리더의 자질과 조건, 제3장에서는 비전·전략·리더십, 제4장에서는 커뮤니케이션과 리더십에 대해 살

펴보았다.

제2장 리더의 자질과 조건에서는 리더의 자질, 리더의 기업가정신, 성공하는 리더의 행동특성, 스티븐 코비의 성공하는 리더들의 특징, 미래 CEO의 조건에 대해 살펴보았다.

제3장 비전 · 전략 · 리더십에서는 비전의 개념, 비전의 기능, 비전의 표현 형태, 비전의 실천, 전략의 개념, 전략개발, 전략 운용, 비전의 개발과 의사소통, 비전의 실천, 비전 리더십 이론의 적용 방법 등에 대해 살펴보았다.

제4장 커뮤니케이션과 리더십에서는 커뮤니케이션의 의의 및 중요성, 커뮤니케이션의 기본적 지침, 커뮤니케이션의 기능, 커뮤니케이션의 과정, 커뮤니케이션의 유형과 네트워크, 커뮤니케이션의 장애요인과 개선방안 등에 대해 살펴보았다.

제3부에서는 전통적 리더십이론에 대해 살펴보았다. 제5장에서는 리더십 특성이론, 제6장에서는 리더십 행동이론, 제7장에서는 상황이론에 대한 이해로 구성되어 있다.

제5장 리더십의 특성이론에서는 특성이론의 의의, 리더십의 특성 요소, 성격모형과 리더십, 리더십 특성연구의 특징과 비판, 리더십 특성연구의 활용 등에 대해 살펴보았다.

제6장 리더십 행동이론에서는 행동이론에 대한 이해, 행동연구, 행동이론의 효용과 공헌점, 행동이론의 비판과 응용 등에 대해 살펴보았다.

제7장 상황이론에서는 상황이론의 의의, Fiedler의 상황적합이론, House의 경로-목표이론, Hersey와 Blanchard의 상황이론, Kerr와 Jermier의 대체이론에 대해 살펴보았다.

제4부에서는 현대적 리더십이론에 대해 살펴보았다. 제8장 리더-구성원 교환이론, 제9장 임파워먼트, 제10장 변혁적 리더십과 카리스마적 리더십, 제11장 감성 리더십, 제12장 윤리경영과 리더십, 제13장 셀프 리더십, 제14장 코칭 리더십, 제15장 서번트 리더십, 제16장 팔로워십과 리더십에 대해 살펴보았다.

제8장 리더-구성원 교환이론에서는 LMX이론의 개념, 초기 LMX이론, 내집단과 외집단의 비교, 외집단에서 내집단으로의 진입과정, 리더십 만들기, 팀-구성원의 교환관계, LMX이론의 효용과 비판에 대해 살펴보았다.

제9장 임파워먼트에서는 임파워먼트의 정의, 임파워먼트의 요소, 임파워먼트를

촉진하는 영향요인, 임파워먼트에 미치는 리더십의 영향, 임파워먼트를 높이기 위한 방안, 임파워먼트 실행의 저해요인, 임파워먼트의 실행효과 등에 대해 살펴보았다.

제10장 변혁적 리더십과 카리스마적 리더십에서는 변혁적 리더십의 개념, 변혁적 리더십의 구성요소, 거래적 리더십과 변혁적 리더십 비교, 카리스마적 리더십 등에 대해 살펴보았다.

제11장 감성 리더십에서는 감성지능의 개념, 감성의 유형과 조절, 감성지능의 구성요소, 감성지능의 핵심 구성요소, 감성지능의 향상을 위한 방안, 감성 리더십 등을 살펴보았다.

제12장 윤리경영과 리더십에서는 윤리경영의 개념, 윤리경영의 성공적 정착을 위한 조건, 윤리적 리더십의 개념과 구성요소, 윤리적 리더십의 행동특성, 윤리적 리더십에 대한 다양한 관점, 윤리적 리더십의 측정도구, 윤리적 리더십을 위한 해결과제 등에 대해 살펴보았다.

제13장 셀프 리더십에서는 셀프 리더십의 개념, 셀프 리더십의 전략, 셀프 리더십과 혁신적 업무행동 유형, 셀프 리더십의 핵심 조건 등에 대해 살펴보았다.

제14장 코칭 리더십에서는 코칭 리더십의 개념과 특징, 코칭과 유사 영역의 비교, 코칭 리더십의 필요성과 효과, 코칭 리더십의 과정, 코칭 리더십 사례, 코칭 리더십의 한계와 개선책 등에 대해 살펴보았다.

제15장 서번트 리더십에서는 서번트 리더십의 개념, 서번트 리더십의 출현 배경, 섬김을 옹호하는 리더십의 대가들, 섬김의 리더가 가져야 하는 정신, 서번트 리더십과 기존 리더십 비교, 섬김의 리더가 보여주는 행동의 특징, 서번트 리더가 가져야 할 자세 등에 대해 살펴보았다.

제16장 팔로워십과 리더십에서는 팔로워십에 대한 이해, 팔로워십 이론, 팔로워십의 유형, 팔로워십의 기술과 리더십, 효과적인 관계형성을 위한 팔로워십, 팔로워십의 계발과 육성, 팔로워 육성전략 등에 대해 살펴보았다.

2014년 2월
저자 씀

차례

PART 1 리더십이란 무엇인가?

제1장 리더십에 대한 이해

PART 2 리더가 되기 위한 필요조건

제2장 리더의 자질과 조건

PART 3 전통적 리더십이론

제5장 특성이론

제6장 행동이론

제7장 상황이론

제10장 변혁적 리더십과 카리스마적 리더십

제11장 감성 리더십

PART 01

리더십이란 무엇인가?

제1장 리더십에 대한 이해

Global Leadership

Chapter 01

리더십에 대한 이해

제1절 | 리더십의 개념

최근 리더십에 대한 관심이 과히 폭발적이다. 경영학 분야의 연구주제가 대부분이 리더십에 관한 것이고, 다양한 언론매체에서도 리더십에 대한 기사가 매일 쏟아져 나오고 있다. 또한 리더십에 관한 다양한 이론과 주제를 다룬 서적이 하루가 다르게 출판되고 있다. 리더십에 대한 다양한 연구와 저서들로 인하여 사람들은 대체 리더십이 어떤 것인지 현혹될 정도이다. 그리고 지금도 많은 독자들은 "어떻게 하면 유능한 리더가 될 수 있는가?"에 대한 더 많은 정보를 얻고자 여러 분야의 리더십에 관한 주제에 대한 연구를 통해 자신의 영향력을 향상시키기 위해 노력하고 있다.

그럼 많은 사람들은 리더십(leadership)을 무엇이라고 생각할까? 리더십이란 '사람들의 마음을 움직이는 방법' 이라고 믿고 있다. leadership에서 'lead' 는 바이킹 언어에서 온 것으로 배의 방향을 잡는 사람을 의미한다. 오늘날 LEAD는 한 배의 선장을 말하는 것이다. 따라서 오늘날 많은 조직에서는 리더가 조직을 올바른 목적지까지 안전하게 이끌어 갈 수 있는 '리더십 능력(leadership ability)' 을 갖춘 사람을 필요로 한다. 왜냐하면 리더십 능력을 갖춘 사람이 조직의 발전에 크게 기여하리라 믿기 때문이다.

Stogdill(1974)은 리더십연구의 개관에서 수많은 학자들이 리더십을 정의하려고 시도했다고 지적하며 수많은 학자들이 시도한 수만큼 상이하게 리더십을 정의하고 있음을 지적 했다.

Bass(1990)는 리더십을 정의하기 위해 개발된 분류시스템(classification system)에 따른 차원별 개념화의 개념에 따라 리더십을 다음과 같이 정의하고 있다.

첫째, 리더십을 정의할 때 집단과정에 초점을 두고 개념적으로 파악하고 있다. 이 같은 시각으로 보면 리더가 집단변화와 집단활동의 중심에 위치하게 되고 집단의 의지를 통합하는 지위에 서게 된다.

둘째, 리더십을 성격의 시각에서 개념화하고 있다. 리더십이란 다른 사람들로 하여금 과업을 완성하도록 조정·통합 유도하는 행동을 유발하는 성격특성이나 그 밖의 여러 특성들을 조정·통합하는 역할을 한다.

셋째, 리더십을 행위 혹은 행동 측면에서 파악하고 있다. 즉 집단 내의 변화를 이끌어내기 위해 리더가 취하는 일련의 행동이라고 정의하고 있다.

넷째, 리더십을 리더와 부하 간의 권력관계로 보고 있다. 이 같은 관점에서 보면 리더는 권력(힘)을 가지고 그것을 사용하여 다른 사람들의 행동변화에 영향을 미치는 사람이다.

다섯째, 리더십을 목표달성의 수단으로 보고 있다. 리더는 집단성원들에 영향력을 행사하여 조직의 목표와 개인적 목표를 달성시키는 사람이라고 한다. 이 같은 리더십개념은 비전설정(vision setting), 역할모델(role modeling), 개별적인 배려(individualized attention)를 통해 부하를 변화시키는 리더십 개념을 포괄하는 개념이다.

여섯째, 리더십을 리더 역량의 시각에서 연구하고 있다. 이러한 시각은 '효과적인 리더십을 가능하게 하는 것'은 리더 역량(지식과 능력)이라는 것을 강조하는 관점이다.

이상의 다양한 관점의 리더십에 대한 정의를 근거로 리더십에 대한 정의를 내려 보면 다음과 같다.

리더십이란 "공동목표를 달성하기 위하여 한 개인이 집단의 성원들에게 영향력을 미치는 과정"으로 정의할 수 있다. 리더십 정의에 있어 리더가 가지고 있는 성격이나 특성이 아닌 리더와 부하들 간에 일어나는 하나의 거래적 사건이라는 것을 의미한다. 여기서 과정(process)이란 리더가 다른 사람에게 영향을 미치기도 하고, 부하들에 의해 영향을 받기도 한다는 것을 의미한다. 그리고 일방적인 것이 아니라 상호작용적인 것이다.

따라서 리더십 정의에 있어 리더가 부하들에게 어떻게 영향력을 미칠 것인가와 관련된 것이다. 영향력을 미치는 것은 리더십의 필수조건이다. 영향력을 미치지 않는다면 리더십은 존재하지 않는다.

리더십은 집단상황에서 일어나는 현상이다. 따라서 집단은 리더십이 일어나고 있는 현장이다. 그래서 리더십은 성원들로 구성된 집단, 즉 공동목적을 가지고 있는 집단에 영향력을 미치는 과정인 것이다. 이 경우 집단은 소집단일 수도 있고, 공동체집단(community group)일 수도 있고, 집단 전체를 포괄하는 대규모 조직일 수도 있다.

리더십은 목표달성의 과정이라는 정의는 리더십이 성원들로 구성된 집단을 지휘하여 어떤 과업이나 목표를 달성하는 것과 관련된 현상이라는 것을 의미한다. 이때 리더는 무엇인가를 함께 성취하려고 노력하는 사람들을 대상으로 자신의 영향력을 발휘하게 된다. 그래서 리더십은 성원들이 함께 목표를 지향하고 있는 상황에서 영향력을 미치고 있는 현상인 것이다.

리더와 부하는 상호 밀접한 연결 관계를 가지고 있지만, 그 같은 관계를 주도하고, 의사소통의 연결고리를 만들고 그 관계를 유지해 나가야 할 책임은 바로 리더에게 있다.

표 1-1 | 리더십 정의에 있어서 공통점

공통점	리더십 내용
공통적 사항	목표지향성, 사람들 간의 영향력, 상호교류의 힘, 영향력 행사 과정
리더십의 요소	• 개인특성(property)의 리더십 – 영향력을 성공시키는 자질조건, 리더들이 갖는 성취능력, 성격, 기업가정신 등 의미 • 과정(process)의 리더십 – 강제성을 띠지 않는 영향력 행사 과정 – 조직목표 달성을 위해서 조직화된 집단의 구성원들에게 방향을 제시하고 활동을 조정하는 것

자료 : 김성수, 21세기 글로벌 리더십 개발, 탑북스, 2010, p.9 재수정

Leadership Devlopment and Training **사례 1-1**

지혜로운 사람이란?

지식이 많다고 지혜로운 사람은 아니다. 간혹 어떤 사람은 많이 배운 지식으로 인해 오히려 오만하게 되어 지혜를 잃는 경우가 있다. 지혜의 첫 걸음은 자기가 미흡하다는 것을 아는 데 있다. 지혜롭다는 것은 우선 고개를 숙일 줄 안다는 것이다.

유태인의 속담 중에 "태양은 당신이 없어도 뜨고 진다"는 말이 있다. 이 광활한 우주와 오묘한 자연 속에서 우리 인간의 존재는 보잘 것 없는 작은 것일 수밖에 없다. 그런데도 불구하고 한껏 오만을 떠는 것은 지식만 있었지 지혜가 없는 까닭이다. 아무리 많은 것을 알고 있다 해도 우리 인간은 결국 한 치 앞도 내다 볼 수 없는 존재가 아닌가? 그러나 지혜의 문만 열게 되면 인생의 많은 난관들을 비교적 슬기롭게 헤쳐 나갈 수가 있다.

하느님께서 이스라엘의 왕 솔로몬에게 무엇을 가장 원하느냐고 묻자 그는 지혜를 원한다고 했다. 그리하여 지혜를 얻게 된 그는 바라던 모든 것을 갖게 되었으며 다른 나라의 왕들이 그에게 찾아와 값진 보물을 바치고 지혜를 배웠다.

소크라테스가 말하는 지혜로운 사람이란?

첫째, 환경의 지배를 받는 사람이 아니라 환경을 지배하는 사람을 의미한다.
둘째, 어떤 경우에도 용감하게 행동하고 지적으로 생각하는 사람을 의미한다.
셋째, 모든 것을 명예롭게 처리하는 자, 다시 말해서 마음에 들지 아니하는 사람과 물건까지도 정정당당하게 처리하는 사람을 의미한다.
넷째, 쾌락을 절제하며 불행에 빠지지 않는 사람을 의미한다.
다섯째, 성공 때문에 명예를 더럽히지 않는 사람을 의미한다.

1. 리더십 : 인간적 영향력

리더십은 인류의 역사와 함께 시작되었지만 리더십에 대한 체계적인 연구는 불과 100여 년 전에 불과하다. 수많은 리더십에 대한 정의에도 불구하고 지금까지 가장 대표적인 리더십에 대한 정의는 바로 리더의 영향력이며 그 영향력을 결정하는 공식은 리더십의 성과$(L)=f(f.\ l.\ s)$라는 것이다. 즉 리더가 집단, 조직, 그리고 사회에서 영향력을 행사하여 달성한 성과는 부하의 특성, 리더의 특성, 그리고 양자를 둘러싸고 있는 상황의 특성이 상호작용하여 결정된다는 것이다.

리더십의 정의에 관한 논쟁은 누가 영향력을 행사하는가 뿐만 아니라 어떤 유형의 영향력을 발휘하는가와 그 결과가 무엇인가에 관계가 된다. 단순한 순응이나 마지못해서 하는 복종이 아니라 부하들의 열정적인 몰입을 가져오는 영향력의 행사에 국한해서 리더십을 정의할 수 있다. 부하들을 조종하고 강요하기 위해 보상이나 처벌에 의한 통제를 사용하는 리더는 실제로 부하들을 이끌지 못한다.

따라서 리더는 부하들로부터 투심(投心)을 받아내어야 한다. 리더는 부하들로부터 진심어린 협조를 받아야 한다. 투심이란 부하가 리더의 비전이나 목표의 달성에 자신의 마음을 던져 최선을 다하는 것을 의미한다. 즉, 리더는 부하의 손과 마음을 빌어 조직의 목표를 달성할 때 성공할 수 있다.

Leadership Development and Training **사례 1-2**

세종대왕의 리더십(1397~1450)

세종대왕은 조선 제4대 왕(재위 1418~1450)으로 태종의 셋째 아들이다. 1408년(태종 8) 충녕군에 봉군되었고, 13년(태종 13)에 대군이 되고, 18년에 왕세자에 책봉, 동년 8월에 22세 나이로 태종의 양위를 받아 즉위하였다.

세종대왕의 업적에 대해 살펴보면 다음과 같다.

1. 훈민정음(한글)을 1446년 9월 3일(양력 10월 9일)에 반포
2. 최초의 공중 해시계 앙부일구(보물 845호)
3. 측우기(세계 최초의 우량계)
4. 물시계(자격루, 옥루 등)

5. 일성정시의(별이 자리를 옮기는데 따라서 밤 시각도 알게 만든 시계)
6. 4군 6진 개척
7. 군사제도 개편
8. 조선통보 주조
9. 박연에게 아악을 정리하게 하였으며, 악기를 개조하였고, 음악을 발달시켰음.
10. 가장 오래된 우리나라 농업에 관한 책 '농사직설' 편찬
11. 우리나라 최초의 지리 '팔도지리지' 편찬
12. 훈민정음으로 용비어천가 지음.
13. '석보상절,' '월인천강지곡' 등이 있음.

세종의 리더십은 바로 知命創通進實修로 요약할 수 있다.

첫째, 지(知)는 지적 리더십이다.

어렸을 때부터 많은 서적을 읽었고, 새벽경연을 강행하였는 데 신하들에게는 바늘방석이었다. 훈민정음을 반포할 때도 신하들의 반대 상소를 일일이 다 읽어가면서 논박하였다. 태종은 즉위기간 동안 총 학술경연이 4회였던 데 반해, 세종은 총 1,800회 정도였다고 한다.

둘째, 명(命)은 민본에 기초한 소명 리더십이다.

지금 "왕이 된 내가 해야 할 일이 무엇이고, 하늘이 나에게 부여한 임무는 무엇인가"를 깊이 생각하여 세종대왕은 선언했다. "백성이 나라의 근본이고 백성이 먹는 것을 하늘로 삼는다" 이것은 백성을 위한다는 위민, 백성을 사랑한다는 애민과도 다른 백성이 근본이라는 민본으로의 "중심이동" 선언이다. 그 선언에 따라 자신은 "하늘을 대신하여 만물을 다스리는 위임받은 자"라는 소명의식이 비전실현의 근간이 되었다.

세종은 백성들에게 자주 은전을 베풀었고, 사면령을 빈번히 내렸으며, 징발된 군사들은 늘 기한 전에 돌려보냈다. 노비의 처우를 개선해주기도 했다. 주인이 혹형을 가하지 못하도록 했고, 실수로라도 노비를 죽인 주인을 처벌하도록 했다.

이전에는 겨우 7일에 불과하던 관비의 출산휴가를 100일로 늘렸고, 남편에게도 휴가를 주었으며 출산 1개월 전에도 쉴 수 있도록 배려했다. 왕이 너무 관대하면 백성들이 요행수를 바라게 된다며 신하들이 반대했지만, 세종은 백성들을 위한 정책을 많이 펼쳤다.

셋째, 창(創)은 창의 리더십이다.

창의경영은 '백성을 어여삐 여기는 어진 마음'에서 출발한다. 수많은 발명품, 실용적 기구들, 실용서적, 훈민정음, 농사직설, 삼강행실, 앙부일구, 측우기, 물시계 등을 만들었다.

넷째, 통(通)은 소통 리더십이다.

수많은 사안들에 대해 의견을 구하고 신하들의 말에 귀 기울이고 그들의 의견을 채택해서 힘을 실어주었다. 지적 권위를 가진 사람이 빠지기 쉬운 오만과 독선이 없었다.

훈민정음을 반포할 때도 신하들의 반대 상소를 일일이 다 읽어가면서 논박하고 이해를 구했다.

다섯째, 진(進)은 추진력을 갖춘 실천 리더십이다.

보통 추진력이란 언어가 주는 이미지는 각종 장애물과 소소한 민폐는 돌아보지 않고 돌파해 내는 저돌성을 나타내지만, 느리더라도 끝내 해내는, 결코 포기하지 않는 일관된 추진력을 가지고 계셨다. 신하들의 반대를 극복해내는 설득과 타협, 소통을 통해 결국 자신의 일로 받아들이고 스스로 참여하게 만드는 포용적인 실천력을 갖추었다.

여섯째, 실(實)은 실용 리더십이다.

어떤 사안을 시작하거나 그 결과를 보고받을 때면 "이것이 백성에게 유용한가? 지킬 수 없는 법은 반드시 폐지해야 한다고" 하셨다. 실용적 법제정과 실행에 초점을 두고 실사구시(實事求是, 사실에 토대를 두어 진리를 탐구하는 일), 무실역행(務實力行, 참되고 실속 있도록 힘써 실행함)을 평생 실천하셨다.

인재 발굴만이 개혁의 힘이다. 자신과 다른 의견을 내세워도 재능 있는 부하에게 관대하였고, 왕이라고 해서 일을 일방적으로 추진한 것이 아니라 토론을 통해 결정을 내렸다

세종이 처음으로 신하를 뽑는 과거에서 성삼문이 장원을 해서 임금 앞에 나섰다. 세종이 자기소개를 해보라고 하자, 성삼문은 "어떤 배경인지만 하문하시니 적잖게 실망했습니다"라며 직언을 올렸다. 이때 대전 내시가 "쉬이~" 하며 주의를 주자, 오히려 성삼문은 "대전 내시 주제에 감히 신하가 임금에게 바른 말을 고하는데 중간에 '쉬이~' 하고 나서다니" 하며 호통을 쳤으며, 이에 세종은 "앞으로 과인에게 직언으로 대하고 많이 도와 달라"고 격려했다고 한다. 성삼문은 이 일을 통해 "이러한 군왕이라면 죽음을 각오하고 충성하겠노라"고 결심을 굳히게 되었다고 전한다.

일곱째, 수(修)는 수신 리더십이다

"천하를 다스리는 자는 항상 생각이 멀고 깊어야 하고, 불시의 일에 대비하여야 하며, 경계함을 게을리 하지 말아야 한다"고 하시며 그는 지칠 줄 모르는 독서와 늦은 밤 호흡을 가다듬고 깊은 명상에 잠기는 정신수양을 통해서 임금의 사명을 다하는 데 필요한 모든 지혜와 힘을 얻었다. 실용을 위한 학습보다 먼저 긴요한 것이 바로 마음을 공부하는 것이다.

그는 자신의 안위를 살피지 않고 일생을 백성을 위해 기꺼이 헌신했던 훌륭한 임금이었고, 또한 국방에 임해서는 결코 물러섬이 없는 사령관이자 혹독한 훈련을 시키는 엄격한 지휘관이었고, 신하들에게는 꺼지지 않는 열정과 깊은 겸손의 덕으로 한없는 본보기가 된 국가의 최고경영자였다.

2. 투심의 기술

유능한 리더는 부하들의 투심을 이끌어 낼 수 있는 능력을 가지고 있다. 투심의 기술에 대해 신구범(2009)은 권력을 사용하는 게임, 교환을 사용하는 게임, 인간됨을 사용하는 게임으로 구분하여 설명하고 있다.

1) 권력을 사용하는 패-패(lose-lose) 게임

리더와 부하 간 패-패 게임일 경우의 게임 규칙은 "너는 내가 원하는 것을 하라, 그렇지 않으면 너는 손해를 보게 될 것이다"이다. 이러한 게임일 경우에 리더는 모든 것을 권력(힘)을 사용해서 얻고자 한다. 즉 권력을 사용하여 부하를 복종시키게 된다.

패-패의 게임은 리더가 가지고 있는 영향력은 권력밖에 없기 때문에 이를 사용하게 되고 부하들은 자신이 손해 보지 않기 위해 마지못해 순응하지만 더 이상의 협조를 하지 않고 때에 따라서는 리더가 위험해 처할 수도 있다. 따라서 영향력의 원천으로서 권력밖에 가진 것이 없는 리더는 장기적으로 구성원들의 투심을 받아낼 수 없다. 그리고 더 큰 문제는 동일한 권력을 계속 사용하다 보면 익숙해져 리더는 점점 더 권력의 강도를 증가시켜야 한다. 리더와 부하 간에 이러한 게임이 계속된다면 결국 모두에게 손해가 된다. 따라서 권력을 사용하여 부하들에게 영향력을 행사하는 게임은 장기적으로는 아무 것도 남지 않는 부(負)의 게임이 되는 것이다.

2) 교환을 사용하는 승-패(win-lose) 게임

교환을 사용하는 승-패의 게임은 리더는 부하에게 영향력을 행사하여 투심을 얻어내면 리더는 부하에게 그에 대한 보답으로 보상을 제공하는 것으로 등가교환의 게임이 진행된다. 즉 리더는 부하의 협조에 대한 대가로 돈, 직위, 인정, 칭찬 등의 보상을 해준다. 이것을 승-패의 게임이라고 하는 것은 어느 한쪽이 얻은 이익과 다른 편의 손해를 합치면 영(zero)이 되기 때문에 양자는 서로 손해를 보지 않기 위해 경쟁을 하기 때문이다.

이 게임이 최고로 성공했을 경우에는 동조(conformity) 정도의 협조를 받아낼 수 있을 뿐이다. 리더가 정직하고 신뢰할 만하고 부하가 본받을 만하기 때문이 아니라 자신이 원하는 것을 얻을 수 있는 도구로서 리더가 원하는 것을 하는 것이다. 따라서 리더가 부하의 노력에 대한 보상을 해주지 않으면 투심은 더 이상 발생하지 않는다. 이 게임의 최고의 결과는 준 만큼 받아내는 것이다. 또한 리더는 투심을 증가시키기 위해 계속적으로 보상의 원천을 증가시킬 수 있을 때 가능한 게임이다.

3) 인간됨을 사용하는 승-승(win-win) 게임

리더와 부하 간에 승-승의 게임이 실천될 경우의 리더는 부하에게 조직의 목표와 방향을 제시하고 나머지는 부하들에게 위임을 하게 된다. 대표적인 것이 바로 임파워먼트(empowerment)인데 이는 리더가 부하에게 목표를 할당하고, 그것을 수행할 방법을 지도하고 필요한 지원만 할 뿐 일일이 간섭하지 않고 부하의 자율성에 맡겨 두면 부하는 높은 성과를 달성할 뿐 아니라 부하도 리더처럼 유능하게 된다는 것이다.

유능한 리더는 임파워먼트를 통하여 결국 부하도 자신과 같은 능력 있는 리더로 성장시켜 나간다. 상 · 하 간에 이러한 관계가 성립되면 리더는 본연의 임무인 비전을 개발하는 일에 전념할 수 있고, 부하도 더욱더 자신의 능력을 개발하여 미래의 리더로서 성장 할 수 있는 능력을 키워나갈 수 있다.

제2절 | 리더십의 특성

김성수(2010) 교수는 리더십의 특성에 대해 대표적으로 5가지를 들고 있다. 이에 대해 구체적으로 살펴보면 다음과 같다.

1. 리더십은 인간과 인간의 관계

리더십은 우선 인간과 인간의 관계에서 발생한다. 개인 혼자서는 리더십이 발휘되지 못한다. 즉 리더십 발휘의 대상이 없기 때문이다. 그러나 사람들과 함께 조직 속에서 잘 어울린다고 훌륭한 리더가 되는 것이 아니다. 리더가 된다는 것은 우선 능력을 갖추고, 여러 사람들로부터 존경을 받고, 자신만이 가지고 있는 신념, 추진력, 결단력 등이 함께 할 때 가능하다.

따라서 리더십은 리더가 구성원들에게 인간관계, 동기부여의 능력을 행사하여 그 영향력이 조직구성원에게 미치게 될 때 리더십이 발휘된 것이라고 할 수 있다.

2. 리더십은 자발적 추종의 전제

사람을 움직이는 데는 여러 가지 방법이 있다. 강압에 의해 강제적으로 움직이게 할 수도 있고, 상하 간의 계약관계에 의해서 움직이게 할 수도 있고, 법이나 규정을 통해 의도하는 행동을 이끌어내는 경우가 있다. 이들 모두는 행위자의 의사와 상관없이 행위의 형식적(외형적) 도출에 초점을 맞춘 것이다. 그런데 리더십은 강제성에 기반을 둔 것이 아니라 자발적 추종을 전제로 한다. 따라서 리더십은 리더가 추종자를 설득하거나 자신의 행위를 이해시켜서 자신을 따르게 함으로써 추종자들의 자발적 행동과정이 중요한 것이다.

3. 리더십과 헤드십의 구별

리더십의 특성 중 중요한 사실은 리더십(Leadership)과 헤드십(Headship)은 구별되어야 한다는 것이다. 기업의 회장, 사장, 상무, 전무, 부장 등과 같이 장(Head) 자리에 앉아 있다고 해서 다 리더가 되는 것은 아니다. 사장의 명령을 부하들이 수행한다고 하여 리더가 리더십이 있다고 볼 수는 없다. 사장은 그 직위에 따른 일정한 권한을 갖기 때문이다. 부하들이 존경심에서 사장을 개인적으로 추종하는 것과 단순히 명령을 수행하여 그 명령만을 수행하는 것은 리더십이 될 수 없다. 즉, 리더십은 창의성, 혁신성, 봉사 등 지도자적 능력을 행사하는 영향력(힘)에 바탕을 두어야 한다.

4. 리더십은 강제 · 강압, 독재의 압력 행사가 아님

리더십은 강제 · 강압, 독재 등의 영향력 행사과정과는 거리가 멀다. 또한 감독, 감시 등 공식적 구조변수들과도 구별된다. 리더십은 부하들의 자발적 추종, 리더의 영향력 수용을 전제하기 때문에 부하의 의사와 반하여 행사되는 영향력은 리더십 개념 속에 포함되지 않는다. 그러나 부하들의 인기에 영합하는 것이 훌륭한 리더십이 아니다. 리더십은 리더들이 조직에서 혁신을 주도하고 신뢰를 바탕으로 부하를 추종하게 하는 능력을 가진 영향력(힘)이라고 할 수 있다.

5. 리더와 부하의 공유목적

리더와 부하는 상호작용을 필요로 하는 공유된 목적을 중심으로 조직화되어 있어야 한다. 리더는 부하와 공유목적을 실현하고, 부하를 위해 봉사와 희생을 통해 조직의 성과를 달성할 수 있도록 하는 리더의 행동능력을 리더십이라고 할 수 있다.

제3절 | 관리와 리더십에 대한 이해

1. 관리자와 리더

리더와 관리자는 구분된다. Bennis와 Nanus(1994)는 관리자는 일을 옳

표 1-2 | 관리자와 리더의 특성비교

관리자 특성	리더 특성
• 책임수행	• 혁신주도
• 모방	• 창조, 발명
• 유지	• 개발, 변화, 희망
• 시스템과 구조에 초점	• 인간에 초점, 부하와 공유
• 통제위주	• 신뢰에 기초, 신의, 의리
• 단기	• 장기
• 언제, 어떻게 관점	• 무엇을, 왜에 관심
• 수직적 관점	• 수평적 관심
• 현 상태 수용	• 현 상태 도전, 개척정신
• 전통적인 복종	• 인간관계 형성, 동기부여
• 일을 옳게 함(How 중심)	• 옳은 일을 함(What 중심)

자료 : W. Bennis, & J. Goldsmith, *Learning to lead*, N.Y : Addison Wesley Publishing Co., 1994.

게(보다 효율적인 방법으로) 하려는(do thing right) 사람이고, 리더는 옳은 일을 하려는(do the right thing) 사람이라고 정의하였다. Bennis는 리더와 관리자의 차이를 [표 1-2]와 같이 설명하고 있다.

2. 관리와 리더십

관리와 리더십의 의미차이는 어떤 것일까? 리더십과정은 여러 면에서 관리과정과 비슷하다. 리더십과정이 영향력을 포함하고 있는 것처럼 관리(management)과정도 영향력이 행사된다. 리더십이 다른 사람들과 더불어 이해하는 것을 요구하고 있는 것과 같이 관리의 경우도 마찬가지이다. 그리고 리더십이 효과적인 목표달성과 관련이 있듯이 관리도 효과적인 목표달성을 지향한다.

그러나 리더십과 관리는 엄연히 다르다. 리더십연구에 대한 시초는 Aristotle까지 거슬러 올라가지만 관리에 대한 연구는 1900년대 초 산업사

그림 1-1 | 일반관리이론

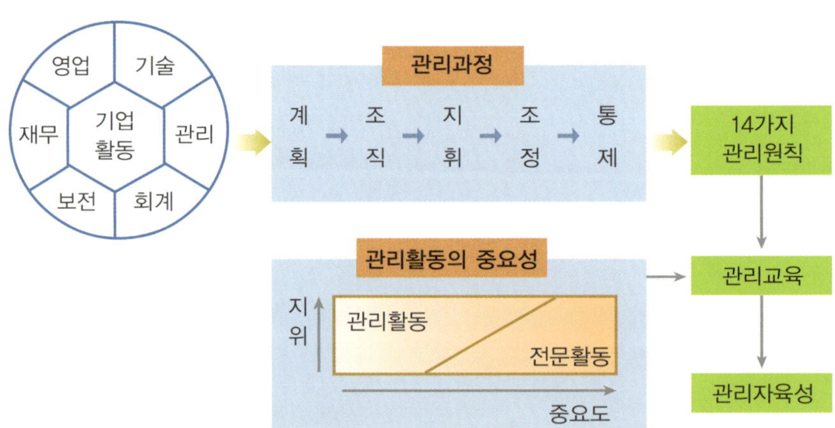

회의 출현과 더불어 새롭게 부상된 개념이다. 산업화 초기 당시 조직 내 혼란 상태를 해소하기 위한 방법으로 관리가 처음 등장하게 되어 조직을 보다 더 효과적이면서 능률적인 조직운영을 위한 방법으로 관리가 창안되었다.

표 1-3 | 관리원칙

The Principle of management
① 분업(division of work) : 분업은 능률을 가져올 수 있으며, 생산적인 것뿐만 아니라 관리적인 일에도 적용될 수 있다. 그러나 분업이 이루어질 수 있는 데는 한계가 있다.
② 권한과 책임(authority) : 권한은 명령을 하고 복종을 요구할 권리이다. 이러한 권한은 지성과 경험과 같은 개인적인 근거와 조직의 공식기구에서 나온다. 권한에는 책임이 따른다.
③ 규율(discipline) : 규율은 조직을 원만하게 운영하기 위하여 절대적으로 필요한 것이다. 규율의 상태는 상사들에 의해 좌우된다.
④ 명령 일원화(unity of command) : 구성원들은 한 사람의 상사로부터 명령을 받아야 한다.
⑤ 지휘 일원화(unity of direction) : 동일한 목표를 위한 활동은 하나의 계획하에 있어야 하며 한 사람이 관장하여야 한다.
⑥ 조직 전체의 이익이 개인의 이익에 우선(subordination of individual interest to general interest) : 개인이나 집단의 이익은 조직의 이익이나 목표보다 우선되서는 안 된다.
⑦ 보상(remuneration) : 보상은 종업원과 고용주 모두에게 공정하여야 한다.
⑧ 권한 집중화(centralization) : 적절한 집중화의 정도는 상황에 달려 있다. 문제는 사람들의 능력을 최대한으로 활용하는 것이다.
⑨ 계층조직(scalar chain) : 권한의 계층적 체인은 조직의 상위층으로부터 하위층에 이르기까지의 의사소통 경로로 연결되어 있어야 한다.
⑩ 질서(order) : 각종 물건들과 재료는 있어야 할 곳에 정돈되어 있어야 한다. 마찬가지로 적절한 사람이 적절한 곳에 배치되어 있어야 한다.
⑪ 공정정(equity) : 종업원은 친절하고 공정하게 대우하여야 한다.
⑫ 고용 안정성(stability of personnel tenure) : 새로운 일에 숙달되는 데는 시간이 걸리므로 전직률이 높아서는 안 된다.
⑬ 창의력(initiative) : 경영자는 부하들의 창의력을 개발하고 고무시켜야 한다.
⑭ 단결(esprit de corps) : 노동조합이 강력해짐에 따라 조화와 팀워크가 필수적이다.

페이욜(Fayol, 1916)에 의해 처음으로 확인된 기본적인 관리기능은 계획 · 조직 · 지휘 · 조정 · 통제 활동으로 구성되어 있다. 페이욜의 관리일반이론은 [그림 1-1]에서 보는 바와 같다. 14가지 관리원칙은 [표 1-3]과 같다.

이 같은 기능들은 오늘날까지도 관리 분야의 대표적인 기능들이다. 코터(Kotter, 1990)는 관리의 기능과 리더십의 기능에 대해 비교 · 설명했는데 [표 1-4]와 같다.

표 1-4 | 관리와 리더십의 기능 비교

관리(질서와 안정성 추구)	리더십(변화와 발전의 추구)
• 계획 · 예산 – 행동지침 설정 – 계획표(시간표) 작성 – 자원 배분 • 조직화 · 충원 – 조직구조 설계 – 직무배치 – 규칙과 절차 개발 • 통제 · 문제해결 – 인센티브제도 도입 – 창의적인 해결책 – 수정조치	• 방향설정 – 비전설정 – 전체적인 상황 확인 – 전략수립 • 목표를 위한 제휴 · 협력 – 목표에 대한 의사소통 – 헌신과 몰입 추구 – 팀과 연합체 구축 • 동기유발 및 의욕(영감) 고취 – 의욕(영감)과 활기 고취 – 부하에게 자율권 부여 – 미충족된 욕구 충족

자료 : J. P. Kotter, *A Force for change: How Leadership differs From Management*, N.Y : Free Press, 1990, pp.3~8.

관리의 주된 기능은 조직에 질서와 안정성을 추구하는 것인 데 반해, 리더십의 1차적인 기능은 변화와 발전을 가져오게 하는 것이다. 즉, 관리는 질서와 안정을 추구한다면 리더십은 변화에 대한 적응과 건설적인 변화 및 발전을 추구한다.

또한 주된 활동에 있어 관리와 리더십은 다르게 수행된다. 계획과 예산에서 관리는 상세한 스케줄을 강조하고 조직목표의 달성을 위해 필요한 자원의 배분에 중점을 둔다. 이에 반해 리더십은 방향설정, 방향 윤곽의 명료화, 장기적인 비전의 설정, 필요한 조직변화를 위한 전략수립 등을 강조한다.

조직화나 충원에 있어서 관리는 개인들의 작업에 대한 구조화, 조직 내에서 조직구성원 간의 관계에 중점을 두며 작업의 물리적 환경에도 관심을 기울인다. 이때 적재적소의 원칙이 실현되며 작업수행을 위한 규칙이나 절차를 개발한다. 반면 리더십은 조직화와 충원의 과정에서 비전에 관해 성원들과 의사소통하고, 부하들의 헌신을 유도하며, 팀을 구축하여 협동적으로 일하고 또한 조직사명의 실현에 유익한 연합체를 형성하는 것 등을 강조한다.

통제와 문제해결활동에서 관리의 초점은 구성원의 동기유발을 위한 유인시스템 개발, 문제해결, 업적목표를 향한 진행상태 점검, 업적이 궤도를 벗어났을 때 수정조치를 취하는 것 등에 있다. 반면 리더십은 구성원들을 고무시키며 자율성을 강조하고 구성원들에게 활력을 불어넣고 그들의 욕구충족을 강조한다.

코터(Kotter, 1990)는 조직이 발전하기 위해서는 관리와 리더십 모두가 필수적이라고 주장한다. 예를 들어, 만약 조직에 리더십은 없고 강한 관리만 있다면 조직구성원들은 항상 틀에 박힌 매뉴얼에 따라 업무처리를 하느라 분주하게 되어 관료적이게 될 것이다. 반대로 조직에 관리는 없고 강한 리더십만 있는 경우에 그 결과를 보면 변화 그 자체를 위한 변화, 즉 의미 없고 방향이 없는 변화로 나타날 것이다. 따라서 조직은 관리와 함께 리더십이 동시에 강화될 때 효과적이다.

Leadership Devlopment and Training **사례 1-3**

워런 버핏의 부자 철학

자기재산의 85%를 자선재단에 기부하여 인생을 만끽하며 세계를 놀라게 한 가치투자의 귀재 버핏은 한 번은 딸이 돈을 빌려달라는 요청을 거절한 일화가 있다.

버핏은 "돈은 은행에가서 빌리는 것이지, 부모한테 빌리는 것이 아니다"

얼마나 야속한 대답인가 우리나라 정서에서는 그냥도 줄 수 있는 일이 아니던가.

계속하여 버핏은 "축구에서 아버지가 유명한 센터 포드라고 해서, 그 자리를 자식에게 물려 줄 수 없지 않느냐"고 힐난했다고 한다.

이 소식을 듣고 한 기자가 자식에게 인색한 이유를 묻자 버핏은

"딸이 유능하면 내 도움이 필요 없을 것이고, 무능하다면 아무리 많은 자산을 주어도 관리하지 못할 것이다."

요즘 졸부들이 생각해볼 대목이다.

-좋은 글 중에서-

제4절 | 권력과 영향력에 대한 이해

리더십의 핵심요소는 영향력 행사에 있다. 유능한 리더는 사람들에게 영향력을 미쳐서 요구를 수행하고 제안을 지지하며 결정을 실행하도록 한다. 대규모 조직에서 리더의 효과성은 부하에 대한 영향력뿐만 아니라 상사와 동료에 대한 영향력에 의해서도 좌우된다.

유능한 관리자가 되는 것을 이해하기 위해서는 모든 조직에서 발견되는 권력관계의 복잡한 네트워크와 영향력 발생 과정을 분석하여 이해할 필요가 있다.

1. 권력의 개념

권력의 개념은 리더십과 관련된 개념이다. 권력이란 영향력을 행사하는 과정의 일부분이기 때문이다. 권력(power)은 영향력을 미칠 수 있는 능력이나 잠재능력이다. 리더가 부하들의 신념, 태도 및 행동방식에 영향을 미칠 수 있는 능력을 가지고 있을 때 리더는 권력(영향력)을 가지고 있다고 말할 수 있다. 리더가 부하에게 영향력을 미치려고 할 때 리더는 자신이 가지고 있는 권력을 사용한다. 그리고 부하에게서 어떤 변화를 일으키려고 할 때 권력과 관련된 자원을 활용한다.

1) 직위권력과 개인권력

조직 내에는 두 가지 종류의 주요한 권력이 있다. 직위권력(position power)과 개인권력(personal power)이 있다.

직위권력이란 한 개인이 공식조직시스템 내의 어떤 직책이나 직위에 앉게 됨으로써 얻게 되는 권력을 말한다. 직위권력은 리더가 일반종업원들보다 더 높은 지위신분 때문에 얻게 되는 영향력이다. 예를 들면 부사장이나 부서장은 조직 내에서 자신의 직위 때문에 인사담당 스탭보다 더 많은 권력을 갖게 되는 것이다.

한편 개인권력이란 동료직원들이 호감을 느끼고 전문분야에 대해 박식한 사람으로 인식할 때 동료직원들로부터 얻게 되는 권력을 말한다. 리더가 동료직원들이 옳다고 생각하는 방식으로 행동할 때 그것이 곧 리더에게 권력(영향력)을 가져다준다. 예를 들어, 어떤 관리자는 영향력(power)을 가지고 있는 경우 부하들이 그를 훌륭한 역할모델(role model)이라고 생각하기 때문이다. 어떤 관리자는 부하들이 그를 매우 유능하고 동정심이 많은 사람으로 이해하고 있기 때문에 역시 영향력을 가지고 있다. 이 두 가지 경우 이들 관리자들의 권력은 다른 사람들과의 관계에서 다른 사람들이 리더를 어떻게 보는가에 근거하고 있다. 개인권력에는 전문적 권력이나 준거적 권력이 해당된다.

표 1-5 | 권력의 유형의 구분

직위권력	개인권력
합법적 권력 보상적 권력 강제적 권력	준거적 권력 전문적 권력

많은 리더십 논의에서 리더를 권력을 휘두르는 사람, 다른 사람들을 지배하는 사람으로 묘사하는 경우가 많다. 이때 권력은 리더가 자기 자신의 목적을 달성하기 위해 사용하는 수단으로 개념화한 것이다.

이와 같은 권력의 개념과는 반대로 Burns(1978)는 권력을 상호 간의 관계라는 관점에서 보고 그것을 강조하였다. 권력이란 리더가 자기 자신의 사적 목적을 달성하기 위해 다른 사람에 대하여 행사하는 영향력의 실체(entity)가 아니라 오히려 권력은 상호관계 속에서 파악하여야 하고, 권력은 집단적인 목표달성에 유익한 것이 되도록 활용되어야 한다고 주장했다.

따라서 권력을 행사할 때 리더는 부하들과의 상호 관계 속에서 다루어야 하고, 리더는 조직의 공동목표를 달성하기 위해 부하들과 함께 어떻게 일을 수행해 나가야 하는가에 유념해야 한다.

2) 권력의 유형

지금까지 가장 널리 인용되고 있는 '권력에 관한 연구'는 French와 Raven(1959)의 연구이다. French와 Raven은 권력에 대한 연구에서 영향을 미치고 영향을 받는 '쌍방 간의 관계'의 틀을 기초로 권력을 개념화하였다.

French와 Raven이 확인한 일반적이고 중요한 다섯 가지 권력유형으로는 ① 보상적 권력(reward power), ② 강제적 권력(coercive power), ③ 합법적 권력(legitimate power), ④ 전문적 권력(expert power), ⑤ 준거적 권력(referent power) 등이다.

이 같은 각각의 권력유형은 다른 사람의 태도, 가치관 및 행동에 영향을 미치는 리더의 영향력을 증대시킨다.

표 1-6 | French와 Raven의 권력 분류체계

유형	내용
준거적 권력	영향력을 받는 사람은 영향력을 행사하는 사람을 존경하거나 동일시하며 그 사람으로부터 인정받기를 원하기 때문에 복종한다.
전문적 권력	영향력을 받는 사람은 어떤 일을 하는 최선의 방법에 대한 구체적인 지식을 영향력을 행사하는 사람이 가지고 있다고 믿기 때문에 복종한다.
합법적 권력	지위, 신분이나 공식적 직무권한과 관련된 권력이다. 법정에서 선고를 하는 판사는 합법적 권력을 가진다.
보상적 권력	다른 사람에게 보상을 줄 수 있는 데서 나온다. 열심히 일하는 직원에게 보상을 주는 관리자는 보상적 권력을 행사하는 것이다.
강제적 권력	영향력을 받는 사람은 영향력을 행사하는 사람이 통제하는 처벌을 피하기 위해 복종한다.

표 1-7 | 5가지 권력을 활용하기 위한 지침

권력 유형	지침
준거적 권력	• 포용심과 긍정적인 관심을 보여준다. • 지원하고 도와주는 행동을 한다. • 마음에서 우러나는 찬사를 보낸다. • 적정한 경우에는 감싸주고 보호해 준다. • 자발적으로 편의를 제공한다. • 관심을 표하기 위해서 자신이 희생한다. • 약속을 지킨다.
전문적 권력	• 요구나 제안사항에 대한 이유와 그 중요성을 설명한다. • 제안사항이 성공적일 것이라는 증거를 제시한다. • 경솔하거나 신중하지 못하거나 일관성이 없는 진술을 삼가한다. • 사실을 부인하거나 과장하거나 왜곡하지 말아야 한다. • 다른 사람의 관심사와 제안사항을 신중하게 경청해야 한다. • 위기상황에서는 자신감 있고 단호하게 행동한다.
합법적 권력	• 정중하고 명확하게 요구해야 한다. • 요구에 대한 이유를 설명해야 한다. • 주어진 권한의 범위를 벗어나지 말아야 한다. • 필요하다면 권한을 재확인해야 한다. • 적절한 경로를 따라야 한다. • 지시의 수행 여부를 확인해야 한다. • 적절하다면 복종을 강요해야 한다.
보상적 권력	• 보상받는 사람이 원하는 유형으로 보상한다. • 공정하고 윤리적으로 보상한다. • 보상해 줄 수 있는 정도를 지나치는 약속을 하지 않는다. • 보상에 대한 기준을 설명하고, 기준은 단순해야 한다. • 요구한 수준이 달성되면 약속한 대로 보상을 해야 한다. • 상징적인 의미가 있도록 보상을 활용한다(자의적 방식은 삼가).
	• 규칙과 요구조건을 설명해주고, 사람들에게 위반 시 심각한 결과를 이해시켜라. • 위반행위에 대해서는 특정 개인을 편애하지 말고, 신속하게 그리고 일관성 있게 대응하라. • 질책과 처벌을 사용하기 전에 사실을 파악하기 위해 조사를 실시하고, 곧장 결론으로 건너뛰거나 성급하게 비난하지 마라. • 가장 심각한 위반행위를 제외하고는 처벌에 호소하기 전에 구두 및

강제적 권력	문서에 의한 경고를 충분히 하라. • 경고와 질책을 개인적으로 집행하라. 그리고 위협만 하고 실행을 하지 않는 것을 피하라. • 침착성을 유지하고 적대감이나 개인적 거부감을 보이지 않도록 하라. • 개인에게 역할 기대에 따르고 처벌을 피하도록 진심으로 도와주고 싶다는 생각을 표현하라. • 개인에게 문제를 바로잡는 방법을 제안하도록 요청하라. 구체적인 계획에 대해 합의를 모색하라. • 위협과 경고를 한 후에도 계속 복종하지 않는다면 처벌을 가함으로써 신뢰성을 유지하라. • 적법하고, 공정하며, 위반행위의 심각성에 상응하는 처벌을 사용하라.

자료 : Gary Yukl 지음, 강정애 외 4인 옮김, 현대조직의 리더십이론, 시그마프레스, 2009, pp.219~228.

2. 영향력이 발생하는 과정

한 사람이 다른 사람에게 영향력을 행사하는 데는 영향력을 행사하는 사람의 행동과 연계된 영향력을 받는 사람의 동기, 지각, 주변여건 등이 고려되어야 한다. 영향력이 발생하는 과정에 대해 Kelman(1989)은 수단에 의한 복종(instrumental compliance), 내면화(internalization), 개인적 동일시(individual identification)로 구분하여 설명하고 있다.

영향력이 발생하는 과정에서의 이들 세 가지 서로 다른 유형은 서로 질적으로 차이가 나지만 동시에 하나 이상의 과정이 동시에 나타날 수도 있다.

1) 수단에 의한 복종

영향력을 받는 사람이 가시적인 보상을 얻기 위해서 또는 영향력을 행사하는 사람에 의한 처벌을 피하기 위해서 영향력을 행사하는 사람이 요구하는 행동을 따르는 것을 말한다. 이때 행동의 동기는 완전히 수단에 의한 것이다. 복종하는 이유는 영향력을 행사하는 사람으로부터 가시적인 보상을 얻기 위한 것이다. 이때 노력의 정도는 보상을 얻는 데 필요한 최소한의 양이 된다.

2) 내면화

내면화는 영향력을 행사하는 사람의 제안이 영향력을 받는 사람의 가치와 신념 및 자신의 이상에 비추어 본질적으로 바람직하고 옳은 것처럼 보이기 때문에 영향력을 받는 사람이 그 제안을 지지하며 실행하는 데 몰입하는 것이다. 이는 리더의 제안이 부하의 내면에 있는 가치 및 신념과 통하는 것을 의미한다. 부하는 어떤 가시적 혜택 때문에 몰입하는 것이 아니라 부하의 리더에 대한 충성심은 주로 아이디어 그 자체에 대한 것이다.

3) 개인적 동일시

부하는 리더를 기쁘게 하고 리더처럼 되기 위해 리더의 행동을 모방하거나 똑같은 태도를 취하게 된다. 부하의 동기는 대개 리더로부터 받는 인정, 리더에 대한 존경욕구에서 나타나는 것일 수 있다. 리더가 승인하는 것을 부하가 수행함으로써 자신의 인정욕구를 만족시켜 주는 관계를 유지할 수 있게 된다. 자신이 좋아하는 사람과 밀접한 관계를 유지하는 것은 다른 사람들로부터 존경받고자 하는 자신의 욕구를 만족시키는 데 도움이 될 수 있으며, 그 사람과 비슷해질수록 원하는 자신의 이미지를 더 좋은 것으로 유지하는 데 도움이 될 수 있다.

3. 영향력 행사에 의한 결과

영향력 행사에 대한 결과는 영향력을 받는 사람, 영향력을 행사하는 목적, 그리고 영향력을 행사하는 기간 등에 다르게 나타나게 된다. 영향력을 행사하는 것이 성공적인지를 평가하는 유용한 판단의 근거는 그로 인한 결과가 영향력을 행사한 사람의 의도대로 나타나느냐 하는 것이다.

영향력의 행사로 원하는 바를 얻을 수도 있지만 그 효과가 의도했던 것보다 더 적을 수도 있다. 영향력의 행사의 결과로 예상할 수 있는 대표적인 것은 몰입(commitment), 복종(compliance), 저항(resistance) 등이 있다.

1) 몰입

몰입(commitmcnt)은 영향력을 빋는 사람이 영향력을 행사하는 사람의 결정이나 요구에 스스로 동의하며 그 요구나 결정을 효과적으로 실행하기 위해 부단히 노력을 하는 것을 말한다. 특히 복잡하고 어려운 과업의 경우 영향력을 행사하는 사람의 입장에서 보면 부하들의 몰입은 가장 성공적인 영향력의 행사의 결과라 할 수 있다.

2) 복종

복종(compliance)은 영향력을 받는 사람이 리더가 요구하는 것에 응하기는 하지만 열성적으로 동조하기보다는 동조하는 의미에서 최소한의 노력만을 하는 것을 말한다. 이는 리더가 부하의 행동에 영향을 미쳤으나 태도에까지 영향을 미치지 못했기 때문이다. 부하는 결정이나 조치가 최선인지를 확신하지 못하며, 심지어 목적을 달성하는 데 효과적인지조차 확신을 하지 못하는 경우에 발생하는 결과이다. 그러나 일상적이고 단순한 과업의 경우 목표달성을 위해서는 영향력을 받는 사람의 복종만으로도 충분하다.

3) 저항

저항(resistance)은 영향력을 받는 사람이 리더의 제안이나 요구사항에 단순히 무관심하기보다는 그 제안이나 요구에 반대하며 이를 수행하기를 적극적으로 회피하는 것을 말한다. 이때 영향력을 받는 사람이 할 수 있는 대응방식을 보면 다음과 같다.

- 요구를 수행하기를 거절한다.
- 요구를 수행할 수 없는 이유에 대해 변명한다.
- 영향력을 행사하는 사람을 설득하여 요구를 철회하거나 변경하도록 노력한다.
- 더 높은 권한을 가진 사람에게 영향력을 행사하는 사람의 요구를 취소하도록 요청한다.
- 영향력을 행사하는 사람이 요구했던 것을 잊어버릴 것이라는 희망으로 행동을 지연시킨다.
- 응하는 체 하지만 과업을 고의로 방해하려고 노력한다.

제5절 | 리더십과 강제

강제(coercion)는 리더가 활용 가능한 권력의 구체적 측면들 중의 하나이다. 강제의 과정에서는 어떤 변화를 위해 강제적인 힘을 사용하게 된다.

그것은 "작업상황에서 처벌이나 보상을 교묘히 활용하여 부하들로 하여금 리더가 원하는 것을 하도록 하는 것"을 의미한다.

강제의 과정에서 활용되는 처벌이나 보상에는 위협, 벌주기, 그리고 부적 보상방법(negative reward schedule) 등이 포함된다. 강제적 수단을 활용했던 고전적인 사례로는 독일의 Adolf Hitler, 가이아나의 Jim Jones(사이비 교주, 1978년 11월 남미 가이아나 정글에 사이비종교 교주 900명 집단 자살), 텍사스 와코의 David Koresch(1993년 2월 28일 무장사교집단의 지도자, 86명 사망) 등을 들 수 있다. 이들은 권력과 강제력을 행사하여 부하들이 극단적 행동을 하도록 만들었다.

강제와 리더십을 구분하는 것은 매우 중요하다. Hitler, Jones, 그리고 Koresch의 행동들을 올바른 리더십행동의 예에서 분리시킨다. 리더의 강제력 행사는 이상적인 리더십의 모델로 여기지 않는다.

리더십은 집단성원들이 공동목표를 지향하도록 영향력을 미지는 것으로 강제력을 즐겨 쓰는 리더들은 자신의 목표달성에만 관심이 있고, 부하의 요구나 원하는 것에는 거의 관심이 없는 사람들이다. 강제력의 사용을 통해 조직의 공동목표를 달성하고자 하는 리더는 동료직원들이나 부하들과 더불어 일해 가는 것과는 거리가 멀다.

PART 02

리더가 되기 위한 필요조건

Global Leadership

Chapter 02

리더의 자질과 조건

제1절 | 리더의 자질

CEO(최고경영자)의 자질이란 리더가 기본적으로 갖추어야 할 소양을 말한다. 리더는 이러한 자질을 바탕으로 외부환경과 내부환경에 능동적으로 대응하면서 조직을 미래 발전지향적으로 이끌어나가야 한다.

최고경영자로서 조직을 이끌어가는 데 필요한 리더의 자질에 대해 구체적으로 살펴보면 다음과 같다.

1. 우수한 두뇌

리더는 명석한 두뇌를 가져야 한다. 두뇌의 우수성은 두뇌의 회전능력이 뛰어나야 한다. 단지 IQ가 높은 것이 아니라 환경에 대응할 줄 알고, 변화에 능동적으로 대처할 수 있는 명석한 두뇌를 가져야 한다.

2. 성실성

성실의 뜻은 거짓이 없고 정직하며 신뢰감이 있고 충성스럽고 용기 있는 태도를 말한다. 「포춘(Fortune)」지가 미국 500대 기업 CEO를 대상으로 회사 중역의 채용 및 승진기준으로 가장 중요하게 여기는 요소를 질문한 결과를 보면, '성실성'과 '신뢰도'를 맨 먼저 손꼽았다. 일반인들이 생각하는 CEO에 대한 이미지는 과거에는 냉혈한이었지만 이제는 인간미와 성실성이 뒷받침되지 않으면 최고경영자의 역할을 수행하기 어렵다. 특히 박지성은 한국 축구 대표팀의 주장으로써 성실함과 실력을 두루 갖춘 진정한 리더의 대표적인 인물이다.

사례 2-1

Leadership Devlopment and Training

박지성의 리더십

〈경력〉

2000 : 시드니올림픽 축구 국가대표
2000. 6~2002. 12 : 교토상가 FC(일본)
2002 : 한일 월드컵 국가대표
2002. 12~2005. 6 : PSV 에인트호벤(네덜란드)
2005. 7 현재 : 맨체스터 유나이티드 FC(잉글랜드)
2011~ : 제이에스 파운데이션 이사장

축구에서의 리더란?

- 감독 : 팀의 사활을 책임지는 책임자이자 리더, 경기 시작하기 전 최대의 영향력 발휘
- 주장 : 감독 및 코칭스태프와 선수단을 연결해주는 중간자 역할, 경기 시작 후 그라운드에서 '야전 사령관' 역할

주장은 철저한 자기관리, 소통능력, 희생정신, 꾸준한 실력 등을 필요로 한다.

박지성의 리더십 분석

1. 솔선수범

- 경기장 내에서 주장 완장을 차고 있음에도 다른 사람들보다 많이 뛴다.
- 스스로 팀 미팅 30분 전에 나와 코칭스태프와 대화하고 사전에 미팅내용 숙지, 팀 분위기를 위해 자신의 개인시간 할애

2. 뛰어난 역량

세계적인 클럽, 맨체스터 유나이티드에서 7년째 활약, 아시아 최고의 축구선수임을 실력으로 입증

3. 커뮤니케이션

기존의 대표팀은 상명하달식, 강압적 소통이 주류를 이루었지만 박지성의 대표팀은 참여식, 자유로운 분위기를 연출했고, 언론 및 대중과의 커뮤니케이션 능력 뛰어나고, 능숙한 영어 실력을 보여주고 있다.

4. 풍부한 경험

- 월드컵 4강, 챔피언스리그 결승 등 큰 경기를 많이 경험했기 때문에 전혀 위축되지 않음.
- 3번의 무릎 부상과 아인트호벤 시절 홈팬들의 야유 등 어려운 상황에서 어떻게 대처

해야 하는지에 대한 리스크 관리가 뛰어남.

- 세계 최고의 구단(맨유)과 최고의 명장(퍼거슨)에게서 체득한 경험을 국가대표팀에 적용하고 있다. 경기를 할 때는 우리 팀이 이긴다는 사실을 의심하지 않고 지더라도 졌다는 사실을 감추지 않으며 그 패배의 기분을 최대한 빨리 털어낸다.

5. 서번트 리더십

후배를 섬길 줄 알고 팬을 섬길 줄 알고 자신을 낮출 줄 안다. 무조건적인 명령보다 신뢰와 믿음으로 팀원들이 소신껏 플레이 할 수 있다. "너 자신을 위해 뛰어라!"

6. 겸손

절대 쓸데없는 자신감을 표현하지 않는다. 허세를 부리지 않고 팀의 강점과 약점을 정면에서 응시한다. 경기에서의 성과나 자신의 성공에 대해 자신의 잘난 점보다 다른 사람의 기여를 높게 평가한다.

7. 냉철함

경기장 내에서 냉정하다. 경기 도중 아무리 파울을 당해도 화를 내는 경우가 극히 드물다. 쓸데없는 경고를 받지 않고 팀원에게 안정감을 준다. 경기가 끝난 후 그 경기의 승패는 이미 번복이 될 수 없으므로 빨리 절망을 털어내고 희망을 찾는다.

8. 성실성

어린 시절 왜소한 체구, 평발이었지만 끊임없는 연습을 하였고, 오로지 축구라는 목표를 향해 최선을 다했으며, 남들이 보기에 완벽주의자로 오해할 정도의 연습량을 소화했다.

또한 술, 담배, 여자를 멀리하였다. 데뷔 이래로 지금까지 3번의 심각한 부상을 당했지만 재활치료를 정신력으로 극복하였으며, 여자와의 스캔들 없이 오직 운동에만 전념하였다.

3. 지도력(추진력)

최고경영자는 추종자들의 가치관, 태도, 잠재력을 파악하고 이해하여 적절한 동기를 부여하고, 집단적 참여를 통해 하급자들이 조직목표의 달성을 위해 매진할 수 있도록 지도력이 필요하다. 또한 정책에 대해서는 적극적으로 실천에 옮기는 추진력을 지녀야 한다.

사례 2-2

과단성 있는 결정과 추진력

친구들끼리 음식점을 갔을 때, 무엇을 먹을까 망설이면서 아무도 시키지 못할 때 자신 있게 음식을 주문하는 사람이 있다. 그러면 다른 사람들도 너도나도 음식을 주문한다.

이렇게 할까, 저렇게 할까 망설이면서 의사결정을 하지 못하고 있을 때, 자신 있게 결정하고, 결단력을 보여주는 리더는 직장에서 팀원들로부터 무조건적인 복종을 저절로 얻게 된다.

그래서 과단성 있는 결정과 추진력은 리더에게 대단히 중요한 덕목이다. 리더가 그런 자신감 있는 모습을 보여줄 때 팀원들은 안심하고 리더를 따르게 된다.

그리고 그런 자신감은 전염성을 가지고 있어서 팀원들에게도 자신감을 불어넣어 준다.

자신감이 부족한 리더는 팀원들에게 자신의 일조차 상의를 하게 되고 팀원들로부터 무시당하게 된다. 리더라면 적어도 과단성 있게 결정하고 그 결정을 추진할 수 있는 추진력 정도는 갖추고 있어야 한다.

자료 : 한국인재개발센터(http://www.bestpdc.com)

4. 목표의식(비전)

자신이 정한 목표나 비전이 없다면 결코 리더가 될 수 없다. 추종자들을 어디로 이끌지도 모르는데 어떻게 리더가 될 수 있겠는가? 미래에 대한 일련의 목표들을 아직 적어 보지 않았다면 지금 당장 그 일부터 시작하라. 다음 달이나, 내년, 10년 후에 어느 위치에 서 있고 싶은가? 불가능이란 없다. 어떤 회사든 처음에는 규모가 아주 작았지만 목표를 수립하고 목표달성을 위해 노력한 결과 글로벌 기업이 된 것이다. 따라서 리더는 비전을 수립해서 이를 구성원들에게 전파 · 공유하게 하여 목표달성을 위해 몰입할 수 있도록 해야 한다.

사례 2-3

Leadership Development and Training

목표(비전)를 갖자!

우리는 살아가면서 다양한 기술을 연마하고 개발한다. 삶을 살아가면서 좋은 기술은 좋은 습관에서 시작된다. 좋은 습관은 좋은 행동에서 시작된다. 아무리 좋은 생각을 가지고 있어도 그것을 행동으로 실천하지 않는다면 무용지물이 되고 말 것이다.

일단 실천하려면 뚜렷한 목표가 있어야 한다. 길을 걷다가 돌을 보면 약자는 그것을 걸림돌이라 말한다. 그러나 강자는 그것을 디딤돌이라고 말한다. 뚜렷한 목표를 가진 사람은 험난한 길에서도 고난의 난관을 정면으로 돌파하여 뚫고 지나간다. 그러나 목표가 없는 사람은 조그마한 난관에도 불안해하고 불평을 터트린다. 그리고 앞으로 잘 나가지도 못한다.

당신은 삶의 뚜렷한 목표를 가지고 있는가?
그 목표를 이루기 위해 어떤 계획을 세웠는가?
오늘도 그 목표를 위해 당신은 얼마나 노력을 했는가?

아직도 뚜렷한 목표가 없다면 당장 목표부터 세워라.
1년 뒤의 나, 5년 뒤의 나, 10년 뒤의 나, 20년 뒤의 나를 그려 보아라.
목표가 세워졌다면 하나씩 차근차근 실행에 옮겨 보아라. 이 세상에 공짜는 하나도 없다. 노력 없는 성공은 있을 수 없다.
성공을 위한 좋은 습관, 실천만이 당신의 성공을 앞당길 것이다.

5. 문제해결능력

리더는 기존의 방법을 답습하기보다는 항상 새로운 것을 추구하고 변화를 주도하는 사람이다. 이를 위해서는 창의력과 쇄신적 능력이 뛰어나야 하며 새로운 해결책이나 정책구상을 필요로 하는 당면문제를 적극적으로 해결할 수 있는 문제해결능력을 지녀야 한다.

6. 의사소통능력

리더가 구성원들 사이에 의사소통이 원활히 이루어져야 한다. 리더가 구성원들의 의사를 잘 수용하면 팀에 대한 소속감이 커진다. 또한 구성원들이 가진 지식을 활용해 더 나은 의사결정을 내릴 수 있다. 지시를 할 때 종종 구성원들로부터 해답을 이끌어 낼 수 있다. 이미 해답을 가지고 있는 경우라 해도 이는 상대방을 기분 좋게 만든다. 무엇인가를 얻고자 한다면 먼저 주어야 한다. 일방적으로 훌륭한 리더십을 발휘할 수 없다. 감사의 마음을 표하면 상대방도 기분이 좋아지고 자신도 기분이 좋아진다.

CEO나 리더의 자리에 있다고 해서 반드시 '멋진' 사람일 필요는 없다. 중요한 것은 각자가 속한 팀을 잘 이끄는 것이다. 팀원 모두를 행복하게 만들어 주어야 한다. 행복한 사람은 좀 더 생산적이고 효율적으로 일할 것이다. 다른 사람들을 존중한다면 당신이 바로 진정한 리더이다.

아이젠하워 대통령은 "사람들의 뒤통수를 때려가며 이끌 수는 없다. 그건 모욕이지 리더십이 아니다"라고 했다. 따라서 위대한 리더가 되기 위해서 의사소통능력은 매우 중요하다.

Leadership Devlopment and Training **사례 2-4**

남의 말에 귀 기울일 수 있는 리더

당태종 이세민(唐太宗 李世民, 599~649)은 중국 당나라의 제2대 황제로 당고조 이연의 차남이다. 이름인 '세민'의 본래 뜻은 제세안민(濟世安民), 즉 세상을 구하고 백성을 편안케 하라는 뜻이다. 그는 실제로 뛰어난 장군이자, 정치가, 전략가, 그리고 서예가이기까지 했으며, 중국 역대 황제 중 최고의 성군으로 불리어 청나라의 강희제와도 비교된다.

당나라 태종에게는 위징이라고 하는 충신이 있었는데 당태종의 위세에 다른 신하들은 마음대로 간언하지 못했지만 위징은 당태종의 노여움을 전혀 두려워하지 않고 간언을 했다. 오죽하면 당태종까지도 위징의 간언에 질려했을 정도니 참으로 곧은 사람이었던 모양이다.

한편 위징의 그런 담대한 간언을 노여워하지 않고 받아들일 수 있는 당태종 역시 그릇이 매우 큰 사람임에는 분명하다. 또한 그런 충신을 곁에 둘 수 있었으니 커다란 업적을 많이 쌓을 수 있었을 것이다.

남의 충고나 조언에 귀를 기울인다는 것은 지극히 당연한 일인 것 같지만 리더의 위치에 있는 사람에게는 쉬운 일이 아니다. 더구나 자기에게 권력이 주어졌을 때 남의 말에 귀를 기울인다는 것은 생각보다 쉽지 않은 일이다.

부하들이 올바른 소리를 할 수 있는 분위기를 만들고 부하들이 하는 말에 귀를 기울여 자신의 허물을 고칠 수 있는 사람이라면 분명 훌륭한 리더임에 분명하다.

7. 전문지식

리더는 반드시 전문지식을 가지고 있어야 한다. 즉, 관련 분야에서 최고의 전문기술을 가지고 있어야 경쟁기업보다 앞서 새로운 분야로 진출할 수 있으며, 신제품을 개발할 가능성이 높다. 또한 전문지식을 가지고 있을 때 현장의 관리자를 통솔할 수 있다. 전문지식은 개인의 역량을 배가시켜 준다.

Leadership Devlopment and Training **사례 2-5**

진정한 프로(전문가)가 되자.

프로!

프로가 되고 싶은가?

그렇다면! 그 일과 연애하듯 미쳐라!

전문가의 꿈을 가졌는가?

전문가가 되려면 먼저 비전을 확실히 세우고 그리고 비전에 맞는 목표를 설정한 다음 그 일에 빠져야 하고 깊이 미쳐야 한다. 자기가 하고자 하는 일에 모든 열정을 담아 끝까지 인내를 가지고 배우고 익히고 실천한다면 최고의 전문가가 될 것이다.

전문가가 되기 위해서 당신이 취할 행동은 어떤 것들이 있을까?

첫째, 당신이 가장 잘 할 수 있는 분야를 찾아라.

요즘은 100세 시대이다. 100세 시대에 맞는 직장을 위해서 무엇보다도 자신에게 맞는 직업, 내가 즐기면서 할 수 있는 직업이 필요하다. 결론적으로 적성에 맞는 직업이 성공의 지름

길이다. 그리고 그 적성을 불태우는 것이 내 안의 열정을 끄집어내서 불태우는 것이다.

아무리 좋은 직업도 나의 적성에 맞지 않는다면 오래갈 수가 없다. 일을 하기 전 내가 잘 할 수 있는 분야가 무엇인지 알아보고 나서 하면 잘 할 수 있을까를 연구하는 것이 최상이지 싶다.

둘째는 자신의 업무분야에서 탁월한 경쟁력을 키워라.

요즘은 고학력 시대에 능력 만능주의 시대이다. 대부분의 사람들이 고학력이기에 실력과 능력의 차이에 따라 대접도 달라진다. 옛날에는 직위로서 눌러버렸고 대접을 받았지만 이젠 그것도 거의 통하지 않는 시대이다. 관료사회의 직제 변화가 그런 것을 보여주고 있다. 이렇게 처절하리만큼 생존 경쟁이 전쟁처럼 진행되고 있는 숨 막히는 이 시대에 살아남으려면 어떻게 해야 할까? 그것은 경쟁력을 갖는 것이다. 이른바 탁월한 경쟁력이 재산이고 능력이다.

당신의 탁월한 경쟁력은 어떤 것인가? 2005년 「블루오션 전략」이란 책이 날개 돋친 듯 팔린 적이 있다. 이 책은 프랑스 인시아드(INSEAD) 경영대학원 김위찬 교수와 르네 마보안 교수의 공동 저서 「Blue Ocean Strategy」를 통해 처음 국내에 소개된 것이다. 그 후 경제 용어인 이 말은 한국 사회 각 분야에서 널리 쓰이고 있다.

블루오션(Blue Ocean)이란 무엇인가? 블루오션은 새로운 기회이며 자신의 열정을 얼마든지 불태워도 될 창조적 공간이다. 성공에 더 쉽게 도달하기 위해서는 경쟁이 없는 새로운 시장을 창출해야 한다. 그런데 솔직히 말하자면 나만의 것, 나만의 것을 만들고 지킨다는 건, 쉬운 것 같으면서도 대단히 어려운 것이다. 그렇다고 모든 사람이 다 할 수 있는 레드오션(Red Ocean)을 한다면 경쟁력에서 뒤처질 수밖에 없다.

셋째, 항상 새로운 것을 배우는 자세를 가져라.

모든 것이 너무나 빨리 지나간다. 유행도 풍습도 습관도 심지어 사랑도 말이다. 온통 속도에 미쳐가는 세상이 되고 있다. 휴대폰만 해도 그렇다. 1년이 지나면 또 다른 기능을 가진 새것이 나온다. 새것을 사서 이제 익힐만 하면 또 새것이 나와 그때마다 공부하는 게 장난이 아니다. 그런데 나만 옛것 아날로그를 고집했다가는 '왕따' 당하기 십상이다. 그러니 열심히 뒤따라가려면 무조건 배워야 한다. 이렇게 평생교육이나 사회교육 프로그램이 필요한 것도 지식사회에 적응하기 위한 방법이기도 하다.

넷째, 경험을 통해 삶의 기술을 발전시켜야 한다.

경험은 자산이다. 경험은 나의 품격을 높이는 데 매우 중요한 과정이 된다. 실제로 경험이 많을수록 위기대처 능력이 높아진다. 그래서 경험은 누구에게나 좋은 스승이다. 성공했을 때나 실패했을 때에도 경험은 모두가 나의 스승이 되어 준다.

당신은 경험을 자산이라고 생각하는가? 경험을 모으는 것은 매우 중요하다. 그리고 현재보다 더 낳은 삶을 위해서는 "나는 할 수 있다"라는 강한 믿음과 자신감이 필요하다. 자신감을 갖기 위해선 다양한 경험을 하든지 경험을 가진 사람들과의 교류를 통해서 여러 가지를 배워나간다면 나의 능력이 향상될 것이다.

8. 솔선수범

리더가 누구도 하기 싫어하는 일에 앞장서면 광채가 난다. 리더가 앞서 나가는데 어느 누가 뒤에서 가만히 서 있겠는가? 솔선수범하고, 직원들의 고충을 덜어주려 애쓰면 부하들로부터 존경을 받게 된다.

9. 최고를 추구하는 근성

유능한 리더는 모든 면에서 최고를 고집한다. '그럭저럭 괜찮은 것'은 용납이 안 된다. 오늘날은 글로벌시대이다. 세계 최고가 되지 않으면 경쟁에서 살아남을 수 없다. 또한 오늘의 1등이 내일에도 1등이 된다고는 아무도 보장 못한다. 항상 노력해서 최고가 되지 않으면 경쟁사회에서 도태하게 된다는 것을 명심하고 최선을 다하는 근성이 필요하다.

10. 결단력

성공한 리더는 매사에 적극적이고 결단력이 있어야 한다. 우유부단한 성격은 조직구성원들에게 불안감을 가져다주어 불신의 벽만 높아지게 된다. 리더는 결정을 해야 할 때가 되면 과감한 의사결정을 통해 조직을 통솔할 수 있는 능력을 가지고 있어야 한다.

11. 상황분석능력

오늘날 기업을 둘러싸고 있는 경영환경은 리더의 신속한 상황 판단력과 신속한 대응을 요구하고 있다. 리더의 탁월한 상황분석능력과 대처능력은 치열한 국내 · 외 경쟁에서 기업이 나가야 할 올바른 방향과 대처방안을 수립하는 데 중요하다. 따라서 리더는 사소한 일이라도 철두철미하게 상황을 점검하고 분석해서 그에 적합한 대응전략을 수립하여 조직을 이끌어 나가야 한다.

제2절 | 리더의 기업가정신

피터 드러커(Peter F. Drucker)는 「혁신과 기업가정신」에서 21세기는 새로운 것을 창조하기 위해서 혁신이 필요하며, 혁신(innovation)은 기업가정신(Entrepreneurship)에서 창출된다고 지적하였다.

세계적으로 성공한 CEO는 다른 일반인보다 무언가 다른 면이 존재한다. 특히 그 중에서 기업가정신은 보통사람과는 다른 측면이 많은데 성공한 기업가의 공통된 기업가정신은 기업을 성공으로 이끌었는데 이들 기업가정신을 정리해 보면 다음과 같다.

1. 도전과 개척정신

리더의 기업가정신에 있어 제일 중요한 핵심이 바로 도전과 개척정신이다. 도전과 개척정신은 리더가 창업의 뜻을 이루기 위하여 목표를 향해 도전하고, 그 과정에서 시련과 역경을 극복하며, 극한의 어려움을 무릅쓰고 과감하게 새로운 것을 개척하여 성공하는 사업정신을 말한다.

도전과 개척정신은 창업목표의 뜻을 이루게 하는 정신이며, 무(無)에서 유(有)를 창조하며, 미지의 황무지 같은 사업분야에서 과감히 도전하여 결국 정복하기 위해 과감히 부딪치는 기업가정신을 말한다.

오늘날 성공한 많은 CEO들은 기업을 창업해서 성장시키는 과정에서 신기술개발, 신제품개발, 신시장개척, 새로운 원료 확보 및 개발 등으로 국내외 새로운 사업에 도전하여 성공하였다. 따라서 리더는 조직을 단지 안정적으로 관리하는 것이 아니라 새로운 분야에 도전과 개척하는 정신으로 기업을 경영해야 한다.

Leadership Devlopment and Training **사례 2-6**

유일한 박사의 리더십

유일한 박사는 "가장 좋은 상품을 만들어 국가와 동포에게 도움을 주자"라는 정신으로 1926년 유한양행을 창립했다. 유일한 박사의 기업가정신에 대해 살펴보면 다음과 같다.

■ **진취적 기업가**

개인소유의 회사를 주식회사로 바꾸고 주식의 일부를 임직원들에게 나눠주는 이른바 종업원지주제를 최초 실시했다. 또한 기업을 키우고 보존하기 위해서는 경영을 가장 잘하는 사람에게 회사를 맡겨야 한다는 확신으로 전문경영인 제도를 도입했다.

■ **선구적 교육자**

한국전쟁이 끝난 후 가난하여 학교교육의 기회를 갖지 못한 청소년들이 거리에서 돌아다니는 것을 본 유일한은 이들을 방치할 수 없다는 생각에 회사공장 내에 임시교실을 만들고 청소년을 모집하여 학비와 숙식비를 제공하면서 기술교육을 실시했다. 그는 유한 중·고등학교, 유한대학을 설립하여 후진양성을 위해 노력했다.

■ **애국애족의 독립운동가**

국가(國家), 교육(教育), 기업(企業), 가정(家庭) – 이 모든 것은 순위를 정하기가 매우 어려운 명제들이다. 그러나 유일한 박사는 국가, 교육, 기업, 가정의 순으로 순위를 매겼다.

■ **헌신적인 사회사업가**

그의 유언장이 언론에 최초로 공개됐을 때 우리는 다시 한 번 놀라지 않을 수 없었다. 그가 소유했던 전 재산을 공익재단에 기증했기 때문이다. 그에게 있어 기업은 사회의 것이고 절대 개인이 소유할 수 없는 우리 모두의 공유물이었던 것이다.

그가 남긴 수많은 어록을 정리해 보면 다음과 같다.

- 기업의 생명은 신용이다.
- 기업에서 얻은 이익은 기업을 키워준 사회에 환원해야 한다.
- 연마된 기술자와 훈련된 사원은 기업의 최대 자본이다.
- 기업은 한두 사람에 의해 발전하지 않는다. 여러 사람의 두뇌가 참여함으로써 비로소 발전되는 것이다.
- 기업의 제1목표는 이윤추구이다. 그러나 그것은 성실한 기업활동의 대가로 얻어야 하는 것이다.
- 이윤추구는 기업성장을 위한 필수 선행조건이지만 기업가 개인의 부귀영화를 위한 수단이 되어서는 안 된다.
- 기업의 소유주는 사회이다. 단지 그 관리를 개인이 할 뿐이다.
- 기업에 종사하는 모든 사람들은 기업활동을 통한 하나의 운명공동체이다.

유일한 박사의 생활철학에 대해 살펴보면 다음과 같다.

첫째, 근면하고 검소한 생활태도이다.

유일한 박사가 세상을 떠났을 때 그가 남긴 것은 구두 두 켤레, 양복 두 벌이 전부였다.

둘째, 성실한 납세이다.

유일한 박사의 세금관에 대해 살펴보면 국가는 세금으로 유지되기 때문에 국민이라면 당연히 세금을 내야 한다. 자신이 떳떳해야 상대방에게 허점을 잡히지 않고 또한 상대방에게 깨끗함을 요구할 수 있다.

일제 때나 자유당 시절의 혹독한 세무조사에도 살아남았고, 절대 부정한 일에 협조하지 않았다. 박정희정권 시절(1968) 모범 납세인으로 선정되기도 했다.

유일한 박사의 구두

셋째, 이익의 사회환원이다.

유일한 박사의 유언장의 내용을 보면 손녀 유일링(당시 7세)에게는 대학 졸업 시까지 학자금 1만 달러를 준다. 딸 유재라에게는 유한공고 안의 (내) 묘소와 주변 땅 5,000평을 물려준다. 그 땅을 유한동산으로 꾸미되 결코 울타리를 치지 말고 유한중 · 공업고교 학생들이 마음대로 드나들게 하여 어린 학생들의 티없이 맑은 정신에 깃든 젊은

모범 납세인 표창

의지를 지하에서나마 더불어 느끼게 해달라.

내 소유주식 14만 941주는 전부 한국사회 및 교육원조 신탁기금에 기증한다. 아내 호미리는 재라가 그 노후를 잘 돌봐주기 바란다. 아들 유일선은 대학까지 졸업시켰으니 앞으로는 자립해서 살아가거라.

유일한 박사 동상 및 유언장

2. 신용제일주의 정신

성공한 리더들은 경제적 거래관계에서 약속을 지키는 것을 가장 중요하게 생각했다. 신용을 자산과 철칙으로 여기면서 어떤 일이 있더라도 상대방과의 약속을 반드시 지켰다. 특히 현대의 창업자인 고 정주영 회장은 "기업이 쓰러지더라도 신용을 지켜야 한다"는 경영이념을 실천하였다.

이러한 신용의 기반은 거래 날짜 약속, 납품 약속, 지불대금 약속, 거래 약속, 원료확보 약속 등에 의해 결정된다. 고 정주영 회장은 돈이 없어 사업을 못하는 사람을 보고는 "당신은 자본이 없는 게 아니라 신용이 없는 것입니다. 사람 됨됨이가 나쁘다는 말이 아니라 당신한테 돈을 빌려주어도 된다는 확신이 들 만한 신용을 쌓아놓지 못했기 때문에 자금융통이 어렵다는 말입니다. 당신이 일을 성공시킬 수 있다는 신용만 얻어놓았다면 돈은 어디든지 있습니다"라고 하였다. 그는 리더에게는 돈보다도 우선 믿음과 약속이 중요하다는 것을 몸소 실천한 위대한 경영자이자 사업가였다.

3. 고객만족 정신

기업이 성공하기 위해서는 가장 먼저 다가가야 하는 것이 바로 고객이다. 최근 기업의 경쟁력을 강화하기 위한 경영혁신 전략으로 '고객만족경영(Customer Satisfaction Management)이 최우선시 되고 있다. 세계 초일류의 기업들과 경쟁해야 하는 기업환경 속에서 '고객제일주의', '고객을 위한 가치창조',' 무한책임주의' 와 같은 표어들을 내걸고 고객만족경영을 실천하고 있다. 또한 고객만족경영의 실천방안으로 많은 기업들이 고객만족부서를 새로이 신설하거나 서비스를 강화하는 등 다양한 혁신운동을 전개하고 있다.

이제 기업의 미래는 고객에 달려 있다고 해도 과언이 아니다. 고객만족경영은 고객이 제품이나 서비스에 대해 원하는 것을 기대 수준 이상으로 충족시킴으로써 고객의 재구매율을 높이고, 고객의 선호가 지속 가능하도록 하는 것이다.

4. 책임주의 정신

성공한 기업가는 책임정신이 매우 강하다. 책임에는 첫째, 가정에 충실하고 둘째, 직장과 사회구성원으로서의 책임 셋째, 국가와 민족에 대한 책임 넷째, 인간으로서 세상에 태어나서 인간답게 할 일을 다 해야 할 책임을 말한다.

기업경영에 있어 개인에게는 직무가 할당되고 그 직무를 수행하기 위해 권한이 부여되며, 직무수행과 그로 인한 권한의 행사에 대한 책임을 지며, 주어진 의무를 다해야 한다. 성공한 기업가들은 자신에게 주어진 모든 것들에 대해서 항상 최선을 다하는 책임의식을 가지고 있다.

5. 정도경영

성공한 기업가는 정직을 생명으로 여기고 실천한다. 사업은 신용을 기반으로 정직하게 하는 것이 정론이다. 21세기 기업의 경쟁력의 원천은 기업윤리의 실천에 있다. 정직하고 투명한 기업만이 경쟁에서 살아남아 생존할 수 있다. 특히 오늘날 윤리경영의 실천은 기업의 성공의 중요한 열쇠가 되고 있다.

6. 인재제일주의

성공한 기업가는 인재를 중시하고 그들을 인간적으로 대한다. 특히 "기업은 사람이다"라는 원리를 최우선적으로 적용한다. 삼성그룹의 창업자인 호암 이병철 회장은 경영이념을 '인재제일주의'에 두고 삼성을 오늘날의 세계적 기업으로 성장시켰다.

특히 인적자원관리형 리더는 인재의 채용에서부터 개발과 훈련, 경력관리 등에 관심을 많이 가진다. 벤처기업의 성공에 있어 가장 중요한 것이 바로 인재이며 둘째, 기술이며 셋째, 자금 넷째, 시장이라고 지적한 바와 같이 창업의 성공 여부는 조직구성원인 사람, 즉 인재에 달려 있다.

7. 근검절약 정신

성공한 기업가는 부지런하고 검소하였다. 꼭 필요한 곳에 돈을 쓰지만 헛되거나 낭비하지 않았다. 근면하며, 절약하고, 저축하여 부를 축적하였다. 그리고 좋은 곳에 다 축적한 부를 사용하였다. 특히 오늘날 기업의 사회적 책임이 강조되고 있으며 대기업의 자발적 기부문화가 확산되고 있다.

Leadership Devlopment and Training **사례 2-7**

정주영의 구두

현대그룹을 창업한 故 정주영 회장은 한국의 대표적인 기업가 중 한 분이다. 우리나라에서 제일가는 부자였던 그는 어떠한 생활을 했을까? 그가 입고 다니는 옷은 춘추복 한 벌로 겨울에는 양복 안에 내의를 입고 지냈으며, 그의 등산 바지는 재봉틀로 깁고 기운 지게꾼 바지와 다름이 없었다. 그는 구두가 닳는 것을 막으려고 굽에 징을 박아 신고 다녔다. 계속 굽을 갈아가며 세 켤레의 같은 디자인의 구두로 30년이 넘게 신었다.

그가 세상을 떠나고 그의 유물 중에 구두가 공개되었는데 그의 구두 양쪽 엄지발톱 위치에 각각 구멍이 나 있었다. 정주영 회장은 근검절약을 생활화함으로써 그의 富가 그의 정신을 황폐화시키지 못하도록 자신을 지켰던 것이다.

8. 창의성과 혁신성

성공한 기업가는 새로운 분야를 개척하는 정신, 사업을 성공시키기 위한 신제품발명, 신기술개발, 신시장개척, 신원료확보, 신조직형성 등 창의성을 바탕으로 끊임없는 혁신이 필요하다. 기업이 지속적인 성장을 위해서는 끊임없이 창의로 아이디어를 창출하고 기술을 개발하고, 경영혁신을 해야 한다.

성공한 창업자들은 기술개발과 경영혁신을 가장 중요하게 생각하고 "창의와 혁신이 없이는 사업을 성공할 수 없으며 당연히 사업도 지속될 수 없다"라고 강조하였다.

사례 2-8

Leadership Devlopment and Training

창의력을 발휘하자!

창의력은 계발하고자 노력하는 사람에게 주어지는 신의 선물이다.

당신은 창의력을 계발하기 위해 어떻게 노력하는가?

창의력은 일의 효율성을 극대화한다.

창의력을 잘 활용하면 작은 것으로도 큰 성과를 낼 수 있다.

창의력은 생기를 부여하는 에너지이다. 그런데 창의력은 우연히 나오는 것은 아니다. 실전에서 경험하는 오랜 경험을 바탕으로 수많은 연습과정에서 나온다고 할 수 있다. 창의력을 극대화하려면? 사물을 볼 때나 일을 함에 있어서 단순히 할 게 아니라 생각을 하면서 추진하는 연습이 필요하다. 창의력도 하나의 습관으로 계발시킬 수 있다는 말이다.

9. 합리주의 정신

합리주의는 모든 사물을 판단할 때 이치로 명료하게 생각하는 태도이다. 즉, 본능이나 감각적인 느낌에 의존하지 않고, 인간이 지니는 사고력, 이성이라는 것에 바탕을 두어 논리적으로 생각하여 사물을 처리하려는 태도이다. 그래서 한편으로는 본능적인 충동이나 감각적인 욕구에 바탕을 두어 사물에 대해 일정한 태도를 취하는 것이 아니며, 동시에 종교적인 신앙, 사고를 초월한 신비적인 것에 근거를 두려는 태도와도 대립한다.

이러한 합리주의 정신은 능률적인 경영을 통하여 사회적 책임을 다하는 목적에 의해 이루어지는 것으로 구체적으로는 기업규모의 적정화, 규모의 경제, 환경의 대응능력, 경영혁신, 투명경영, 고객만족, 합리적 노사관계 구축의 바탕이 되고 있다.

10. 노사공동체 정신

21세기 노사관계는 신협력적 노사관계가 구축되어야 한다. 기존의 노사관계는 대립적 계급관계였지만 오늘날 바람직한 노사관계는 노사공동체 정신을 바탕으로 노사가 협력해야 한다. 특히 기업가는 노사관계를 대등한 관계로 인식하여 인간존중경영, 인간중심의 경영을 바탕으로 서로 협조하고 공생 · 공존하는 관계가 되어야 한다.

노사공동체 정신은 경영자가 노사관계를 공생공존으로 보고 기업을 이끌어 가는 기업가정신이다. 즉 기업의 발전을 통해 종업원들도 개인적으로 대우받는 상생의 경영철학이 바로 노사공동체 정신이다.

Leadership Devlopment and Training **사례 2-9**

한니발의 리더십

카르타고의 명장(BC 247~BC 183) 한니발은 2차 포에니전쟁에서 활약했으며, 대규모 군대와 함께 최초로 알프스산맥을 넘었으며 한니발은 장벽이 무엇이든 통과했으며, 그 결과 알렉산더 대왕, 카이사르와 함께 고대 3대 명장으로 손꼽히고 있다.

한니발의 대표적로 트레비아전투, 프라시메노전투, 칸나이전투가 있다. 트레비아전투에서는 주력의 장점을 이용한 포위 섬멸작전으로 대승했으며, 프라시메노전투에서는 지형을 이용한 포위작전을 통해 적을 섬멸 격파하였다.

칸나이전투에서는 창조적인 방어대형을 통해 적을 포위 섬멸하였다.

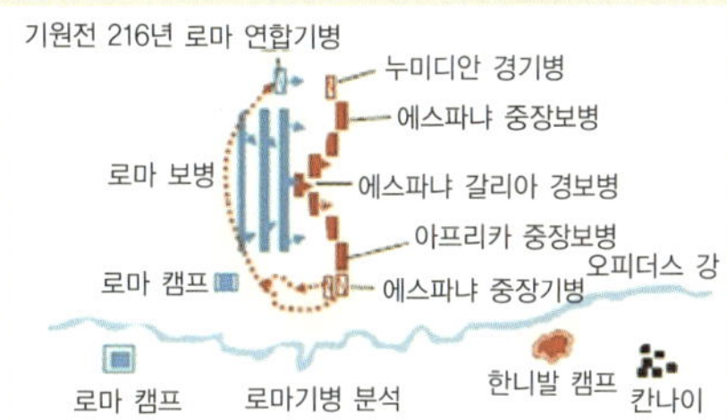

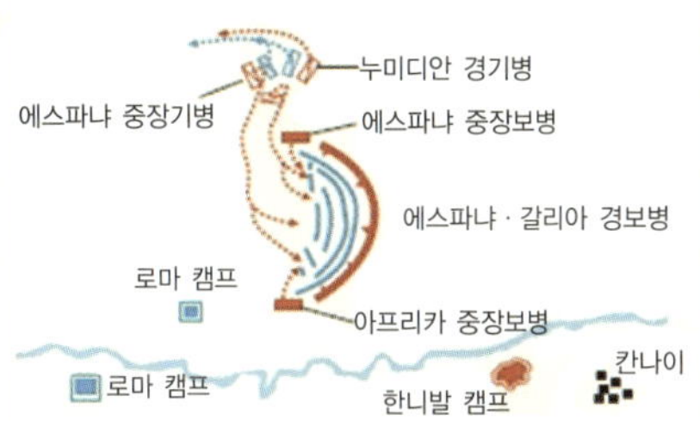

한니발의 리더십을 살펴보면 다음과 같다.

1. **솔선수범형**
   - 알프스산맥을 넘으면서 일반병사와 동일한 생활
   - 전투의 최격전지의 진두에서 지휘하는 총사령관, 어려운 상황 및 강행군에도 병력을 지휘 및 통제

2. **창조적인 리더**
   - 정보의 중요성에 대한 착안
   - 상대의 심리상태 분석 및 유도, 심리전의 대가
   - 현장정보의 융합 및 적용, 새로운 전술로 적을 혼란시킴.

3. **존경받는 리더**
   - 부하에 대한 사랑, 용병위주의 다국적 병사를 감동시켜 투심을 불러일으킴.
   - 자신감 있는 모습 및 뛰어난 언변으로 부하를 감동시킴.
   - 부하에게 책임감을 부여하고 신뢰함.
   - 매사에 열정과 노력을 다함.

4. **결과를 내는 리더**
   - 명백한 비전 제시
   - 언제나 성공하는 리더
   - 기적을 일으키는 리더, 부하들이 의지하고 믿을 수 있는 리더

제3절 | 성공하는 리더의 행동특성

기업경영에서 성공한 사람들은 어떤 리더로서의 공통적인 특성을 지니고 있을까? Neff & Citrin(2001)은 50명의 리더들의 행동특성을 조사한 후 10가지 성공하는 리더들의 특성을 제시했다.

1. 열정(passion)

리더들이 가지고 있는 특징 중 그들의 인생과 일에 대한 열정만큼 눈에 띄는 것은 없다. 성공한 리더들은 자신이 하는 일을 사랑하고 그것에 최선을 다했다. 자신의 일을 좋아하게 되면 일에 대한 긍정적인 면을 보게 되고, 일에 능률이 생기며, 더 행복한 사람이 된다. 긍정적인 태도는 전반적인 분위기에 긍정적인 영향을 미친다.

Leadership Devlopment and Training **사례 2-10**

내 안의 열정을 깨우자!

첫째, 잠재되어 있는 뜨거운 열정을 깨워 일으켜 세워라.

내가 좋아하는 것이 무엇인지 그것을 하기 위해서는 어떻게 해야 하는지를 생각해보고 실천해야 한다. 그렇게 하기 위해서는 열정을 다해 일해야만 한다.

열정이란 무엇인가? 열정이란 어떠한 일에 열렬한 애정을 가지고 열중하는 마음이다. H. W. 아놀드는 "가장 큰 파산은 열정을 잃어버리는 것이다. 모든 것을 다 잃어도 열정만은 잃지 말라."고 했다. 열정만 있으면 다시 일어설 수 있다는 말이다. 열정은 가장 중요한 자산이다. 그렇다면 어떻게 하면 열정을 회복하고 열정을 다해 일할 수 있을까?

둘째, 자기가 가장 잘 할 수 있는 일에 집중하라.

자기의 적성에 맞고 자기가 잘 할 수 있는 일을 한다면 능률이 배가 더 될 것이다. 자신이 잘 할 수 있는 일에 집중하고 노력을 기울인다면 훨씬 더 좋은 결과가 나오게 된다. 우리는 그런데 그것을 가끔 간과한다. 자의에 의한 삶이 아니라 타의에 의한 강요된 삶은 효율성도 떨어질뿐더러 참된 인생을 살아가는 맛도 없게 된다.

셋째, 준비하는 인생을 살아가라.

당신은 준비하는 삶을 살고 있는가? 삶을 준비하는 것은 자신에게도 정말 보람된 일이다. 삶을 준비한다는 것은 자신을 진심으로 존중하는 태도도 된다. 이처럼 인생을 준비한다는 건 생을 마감할 때까지 일을 갖는다는 뜻도 포함된다. 인생의 목표를 세웠으면 그 목표를 향해 끊임없이 노력하고 달려나가야 한다.

2. 지적능력(intelligence)

성공하는 사람들은 대부분 지적능력이 매우 높다. 특히 이들은 지능 못지않게 중요한 것은 복잡한 것들을 단순하게 보이게 하는 능력을 가지고 있다. 지능은 반드시 선천적으로 타고 나는 것은 아니며 학습과 응용을 통해 얼마든지 개발할 수 있다. 따라서 리더는 실용지능과 감성지능을 부단히 개발하는 데 최선을 다 해야 한다.

3. 커뮤니케이션(communication)

최고의 리더들은 원칙, 전략, 대안, 행동과정들을 효과적으로 설명하여 사람들로 하여금 의기투합하여 목표를 공유할 수 있게 한다. 1 대 1 상호작용을 통해 커뮤니케이션 기술을 발전시켜야 한다. 열린 마음자세로 정직하게 문제를 다루는 것은 사람들을 존중하는 것이며 문제를 피하는 것뿐 아니라 문제를 해결하는 것을 용이하게 한다.

Leadership Development and Training **사례 2-11**

1 대 9의 법칙

매사에 손익을 따지고 계산적인 사람이 있다. 직장에서 일을 하면서도 이것저것 계산해서 자신은 조금도 손해를 보지 않으려는 사람은 결국에 가서는 인간관계도 망치고 손해는 자신에게 되돌아온다.

어떤 이익을 분배할 때 내가 9를 갖고 상대방에게 1을 주게 되면 나는 1을 양보했는데 상대방은 2를 받았다고 생각한다. 이것을 비즈니스에서 '1 대 9의 법칙'이라고 하는데 이것은 비즈니스에서 뿐만 아니라 모든 인간관계에서 필요하다.

내가 조금만 양보를 하게 되면 상대방은 내가 양보한 것보다 훨씬 더 많은 것을 나에게서 받았다고 생각하게 되므로 상대와의 관계에서 좋지 않은 일이 생길 수가 없다. 우리가 직장에서나 일상생활에서 인간관계를 맺을 때 반드시 기억하고 있어야 할 원칙이다.

'1 대 9의 법칙,' 다른 사람들과의 관계에서 내가 입는 작은 손해는 더 큰 이익이 되어서 나에게 되돌아온다는 것을 명심해야 한다.

자료 : 한국인재개발센터(http://www.bestpdc.com)

4. 왕성한 에너지(high energy)

리더들은 평균적으로 한 주에 65시간 이상을 일한다고 한다. 일과 개인 생활 사이의 경계는 흐려진다. 전략을 개발하고 합의점을 이끌어내며, 결정을 내리고, 협상을 하며, 시장분석가, 투자자들과 커뮤니케이션을 하고 로비를 한다. 다른 사람들과 같이 일하고 조직에서 봉사하며 고객과 직원들을 만나기 위해 그리고 광범위한 여행과 출장을 다니기 위해서는 엄청난 열정, 에너지가 필요하다.

Leadership Devlopment and Training 사례 2-12

100대 기업 CEO의 평균 근무시간

우리나라 100대 기업의 최고경영자(CEO)들은 평균적으로 아침 5시 45분에 일어나 7시 47분에 출근하며 외부인사 4~5명을 만나고 오후 6시 17분에 퇴근해 11시 33분에 잠자리에 드는 것으로 나타났다.

하루 평균 근무시간은 9시간 30분으로 회의에 2시간 36분, 컴퓨터 이용에 1시간 56분, 년간 8~9회 해외출장을 가는 것으로 나타났다. 또한 CEO들이 한 달에 읽는 책은 평균 4권으로 많이 읽는 사람은 12권을 읽기도 한다고 한다.

5. 자만심의 견제(controlled ego)

최고의 리더는 주변의 모든 칭찬과 칭송에도 불구하고 자신의 성공에 대해 항시 겸손하다. 즉 열심히 일했을 뿐이며 타이밍이 좋았고, 약간의 운도 따랐으며 가족들과 동료들의 노력 덕분이라고 한다. 다른 사람들의 공로를 인정하는 데 주저하지 않는다. 매사에 신중한 자세로 임하게 되면

'공식적' 인 리더십의 자리에 있지 않다 하더라도 당신은 다른 사람들의 존경을 받으며 팀워크를 이룰 수 있고 지속적으로 성공적인 환경을 창출할 수 있다.

Leadership Development and Training 사례 2-13

매사에 자신 있는 사람

매사에 자신 있는 사람은 항상 열린 마음을 가지고 있다.

자신감이 열린 마음을 갖게 하고 개방된 태도를 유지하도록 도와준다.

자신감이 있는 사람은 생활 속에서도 늘 적극적이고 무슨 일을 해도 열정을 가진다.

그것이 성공의 가장 중요한 기본적 요소이다.

자신감이 있는 사람들은 직장에서도 다른 사람의 아이디어에 개방된 태도를 보이고, 변화에 매우 탄력 있게 대응한다.

자기의 의견에 다른 사람들이 도전해 오는 것을 두려워하거나 피하지 않고 정정당당하게 맞이하면서 그 부딪힘 속에서 아이디어를 더욱 실속 있게 만들고 끊임없이 지적인, 탐색을 시도한다.

바로 이런 사람들이 많이 모일수록 그 조직의 조직문화는 올바르게 정립되는 것이고, 지적인 갈증을 많이 느끼는 사람들이 모여질 때 그 조직은 발전이 있는 것이다.

개방적인 마음을 갖고 항상 다른 사람에게서 자신과 다른 면을 찾아보려고 노력하는 사람이 바로 성공으로 향하는 가장 강력한 열쇠 하나를 손에 쥐고 있는 사람이다.

자료 : 한국인재개발센터(http://www.bestpdc.com)

6. 내적 평화(inner peace)

성공한 사람들에게서는 어떤 견실함을 느낄 수 있다. 그들 곁에 있으면 기분이 좋다. 사람들이 그들에게 끌리고 그들을 따르는 것은 어쩌면 당연하다. 그들 곁에 있고 싶은 욕망은 그들이 내적 평화를 갖고 있기 때문이다. 그들은 스트레스를 덜 받으며, 흥분을 덜 하고 자신에 대해 잘 알고 중심을 잡고 있다. 산만한 사고는 에너지를 낭비하게 하여 의욕을 떨어지게 한다. 당신의 마음이 차분히 안정되어 있을 때 당신은 원하는 것에 집중하고 그것을 성취할 수 있다.

7. 경험 활용(a defining background)

우리가 부모를 선택하거나 어린 시절의 환경을 선택할 수는 없다. 그러나 자신이 경험한 것을 어떻게 활용하는가는 선택할 수 있다. 이것은 성공하는 사람의 공통적인 특징이다. 그들은 자신의 어린 시절, 가족, 경제형편 등을 잘 활용한다.

8. 가족 유대감(strong family life)

성공한 리더들은 다른 일반인들과는 달리 가족관계가 매우 안정적이었다. 그들은 유대감이 강한 가정환경에서 오는 균형과 가족구성원들의 객관적 충고가 자신의 성공에 많은 영향을 끼쳤다고 이야기한다. 자신이 세운 목표를 성취할 수 있었던 것은 가족들의 강한 신뢰에서 비롯되었다고 한다.

9. 긍정적인 태도(positive attitude)

성공하는 사람들의 공통점은 긍정적인 태도이다. 그들은 위험을 기회로 보며 어려운 상황에서 최선을 다한다. 자신의 실수로부터 배우고 다시 도전할 수 있는 기회에 감사한다. 실수가 학습경험으로 바뀌는 것은 긍정적인 태도를 유지함으로써 얻는 당연한 결과이다. 이런 태도를 가진 사람들은 놀랄만한 가능성을 보인다.

Leadership Devlopment and Training 사례 2-14

긍정적으로 생각하고 행동하자!

긍정적인 사고방식!

세계를 긍정적으로 발전시킨 사람들의 가장 큰 무기 중 하나는 바로 긍정적인 사고방식이었다. 그들은 자신의 눈앞에 놓여진 부정적인 상황 때문에 저 멀리서 반짝이며 등대처럼 기다리고 있는 긍정적인 결과물을 바라보는 일을 게을리하지 않았다.

숨겨진 가능성 중에 가장 위대한 재산은 긍정적인 사고방식이다. 긍정적인 생각을 할 수 있다는 것은 이미 절반의 성공이나 다름이 없다.

긍정적인 사고방식! 그것은 당신 안에 고이 잠자고 있을지도 모른다. 아니면 부정적인 사고방식에 의해 질식사하였거나 부정적인 사고로 오염 중인지도 모른다. 안 된다. 그대로 두어서는 안 된다. 부정적인 생각은 인생을 우울하게 하고 처량하게 만든다. 부정적인 생각 때문에 화려하고 고귀한 인생을 우중충한 잿빛으로 물들게 할 필요는 없다. 내 자신을 질식하게 만드는 부정적인 생각에서 과감히 머리를 털고 일어나라.

긍정적인 사고방식을 깨워라.

10. 올바른 일의 올바른 처리 의지(a focus on doing the right things right)

위대한 리더들은 "올바른 일을 올바르게 처리하겠다"는 의지가 강하다. 그들은 결과 자체에 집중하기보다는 훌륭한 결과를 창출해 줄 것들에 대해 더 집중한다. 전통적으로 성장률, 영업이익, 시장점유율, 주가 등의 성과측정은 리더의 단기적 주요 초점이 될 수도 있다. 그러나 장기적으로 성공하는 사람들은 항상 올바른 일들에 초점을 맞추어 결과를 성취한다.

사례 2-15

이순신 장군의 리더십

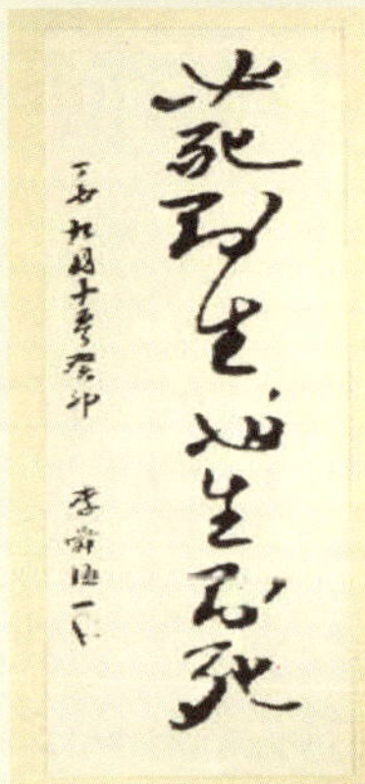

이순신(1545~1598)장군의 자는 여해, 시호는 충무공이다. 세계 최고의 명장 중의 명장이신 이순신 장군을 일본의 도고 헤이하치로는 자신을 이순신 장군과 같은 위인이라고 칭송하자 "나의 공로를 넬슨 제독에 비교하는 것은 용납할 수 있으나, 이순신 장군의 공로에는 따라 갈 수 없다."고 하였다.

러일전쟁 승전 후 도고 제독이 세계적인 영웅이 되어 있을 즈음, 미국 해군사관학교 4학년 임관 후보생들이 일본을 방문한 적이 있었는데, 이들이 도고 제독을 방문하여 인터뷰하는 과정에서 가장 존경하는 인물이 누구냐고 질문한 적이 있었다. 이때 도고 제독은 "내가 가장 존경하는 분은 조선의 수군을 지휘한 이순신 제독입니다"라는 대답을 하였다. 그러자 이순신이 누군지를 모르던 학생들이 이순신이란 인물에 대해 묻자, "이순신은 해군 역사상 가장 위대한 제독이며, 이순신과 비교하면 자신은 하사관도 못 된다"라고 이순신을 높이 평가한 이야기가 전해지고 있다.

이순신 장군의 업적에 대해 살펴보면 다음과 같다. 총 23전 23승 무패라는 전설적인 기록을 남겼다. 한산도대첩이라 불리는 전두에서는 54척으로 300여 척의 일본 수군을 전멸시켰는데 특히 많은 전력 차를 극복하면서도 적은 피해로 승리했다는 것이다. 부산포해전에서 100여 척을 격파할 때 6명 전사, 25명 부상 등 최소의 피해를 입었다.

이순신 장군의 리더십에 대해 살펴보면 다음과 같다.

1. 지위와 상관없이 맡은 일에 매우 성실히 임했다.
2. 출장 갔다가 쌀이 남으면 반납할 정도로 정직하고 원칙에 충실했다.
3. 모든 일에 만전을 기하고 무원칙적인 행위를 싫어했다.
4. 부하들에게 전쟁에 대한 승전의 희망이라는 비전을 제시하고, 임전무패라는 결과로 신뢰를 이끌었다.
5. 솔선수범하는 자세를 가졌다.
6. 엄청난 전력차이를 극복하는 전략개발로 부하들의 신뢰감을 얻었다.
7. 자신의 부하를 소중히 여겼다.

제4절 | 스티븐 코비의 성공하는 리더들의 특성

성공적인 리더의 역할을 수행하기 위해 필요한 것이 무엇일까? 스티븐 코비(Stephen R. Covey)는 그의 저서「원칙중심의 리더십」을 통해 성공하는 리더들로부터 다음과 같은 8가지 공통된 특성을 제시했다.

1. 지속적인 학습

원칙중심의 리더들은 언제나 그들의 경험을 통해 끊임없이 배우려는 자세를 잃지 않는다. 그런데 이런 리더들의 태도에서 중요한 것은 '배운다'는 자세 그 자체가 아니라, 배우려는 '마음을 지키려는' 태도이다. 즉, 모든 리더들이 배우려는 마음을 갖고 있지만, 성공하는 리더들은 그것을 언제나 주도적으로, 그리고 반복적으로 실행한다는 것이다.

2. 서비스지향

원칙중심의 리더들은 인생을 직업적인 측면에서가 아니라 하나의 사명으로 여긴다. 즉, 지금 자신이 갖고 있는 위치나 배경은 다른 사람들을 섬기기 위해 주어진 것이라고 생각한다는 것이다. 그리고 다른 사람들을 섬기려는 만큼 자신의 사명에 대한 책임의식, 서비스정신, 공헌의식이 매우 투철하다.

3. 긍정적 에너지 발산

원칙중심의 리더들은 표정이 밝고 유쾌하며 행복에 차 있다. 이들의 태도는 낙관적이고 긍정적이며 항상 기대에 차 있다. 또한 어떤 일이든지 열정적이고, 희망적이며 신념이 깃들어 있다. 많은 사람들이 부정적인 시각으로 바라볼 때에도 이들은 긍정적인 에너지를 통하여 놀라운 결과를 이루어낸다.

Leadership Devlopment and Training 사례 2-16

마틴 셀리그먼 박사의 '여섯 가지 행복의 키워드'

어떻게 하면 행복하게 살 것인가에 대해 누구나 생각하게 된다. 미국 하버드 대학에서 가장 인기 있는 과목은 경제도, 정치도 아닌 '행복학'이라고 한다. 전교생 중 5분의 1이 수강할 정도로 인기를 끌고 있다는데, 이런 걸 보면 얼마나 많은 사람들이 행복에 대해 생각하고 있는지를 새삼 느끼게 한다.

'행복학'에서는 주로 행복하기 위한 실천 방법을 제시하고 있는데 그중에서도 행복학의 창시자로 불리는 마틴 셀리그먼 박사의 '여섯 가지 행복의 키워드'가 가장 유명하다. 같은 제목의 강연이 몇 년 전 국내에서 열렸는데, 참가비 17만 원에도 800명이 참석할 정도로 성황을 이뤘다고 한다. 모든 진리가 그렇듯 그가 말하는 키워드에는 단순하면서도 핵심이 들어 있다.

1. 긍정적 감정을 가진 사람이 장수한다

긍정적 정서와 수명의 관계를 다룬 한 실험 결과는 흥미롭다. 수녀 180명을 대상으로 한 실험이었는데, 이들이 종신서원을 할 때 작성한 자기소개서와 수명 간의 관계를 연구했다. 수녀들은 사회경제적 지위가 같고, 거의 유사한 생활방식을 보이기 때문에 정서와 수명의 관계를 살펴보기에 용이하다. 연구 결과 활기찬 수녀 집단은 90%가 85세까지 산 반면, 무미건조한 수녀 집단 가운데 85세까지 산 사람은 34%에 불과했다.

2. 자신의 강점을 살려라

긍정적 정서는 행복에 영향을 미친다. 그러면 긍정적 정서를 늘리려면 어떻게 해야 하는가? 자신의 강점을 찾아내 이를 최대한 사용하는 것이 좋다. 예를 들어 자신이 사람을 만나는 것을 좋아한다면 가능한 한 그런 일을 많이 하는 식이다.

긍정성을 늘리는 것뿐만 아니라 부정성도 일상생활에서 줄일 수 있다. 일단 냉소적이거나 빈정대며 말하는 것을 줄인다. 그리고 부정적 소식을 전하는 매체에 노출되는 것을 적게 한다. 그리고 자신에게 부정적 정서를 높이는 대상이나 사람과 부딪치는 것을 최소화한다. 예컨대 자신에게 짜증을 불러일으키는 사람이 있다면, 그와의 접촉 빈도를 줄이는 것이 좋은 방법이다.

3. '진짜 웃음'이 행복을 부른다

사람의 미소는 두 가지로 분류할 수 있다. 하나가 '뒤센 미소'인데, 이 웃음을 지을 때는 양 입꼬리가 위로 올라가고 눈초리에 주름살이 생긴다. 처음 발견한 기욤 뒤센의 이름을 땄다. 또 하나는 '팬아메리칸 미소'로 불리는 가짜 웃음이다. 팬아메리칸 항공사 텔레비전 광고에 출연한 승무원의 미소에서 따온 것이다. 버클리 대학 연구에 따르면 졸업 사진에서 뒤센 미소를 지은 여대생들을 조사한 결과 이들은 대부분 30년 동안 행복한 결혼 생활을 했고, 건강도 좋았다. 웃을 때 나타나는 눈가의 주름이 행복을 예측하는 척도임을 확인한 것이다.

4. 행복한 사람은 혼자 있는 시간이 적다

셀리그먼 박사가 행복지수가 높은 상위 10%의 학생들을 집중적으로 연구한 결과, 이들은 친구 또는 가족과의 연대감이 매우 강했다. 행복한 학생들은 혼자 있는 시간이 적고, 사회 활동을 하는 시간이 많았으며 대인관계가 좋았다. 수면, 운동, 흡연, 음주, 종교생활에서는 다른 학생들과 그다지 차이를 보이지 않았다.

5. 유전자도 행복에 어느 정도 영향을 미친다

긍정심리학 연구 결과에 따르면, 유전자는 인간의 행복에 어느 정도 영향을 미친다. 미네소타 대학 리큰 교수의 연구 결과에 따르면, 이란성 쌍둥이에 비해 일란성 쌍둥이의 성격이 훨씬 더 비슷했다. 일란성 쌍둥이는 따로 성장했다고 하더라도 함께 자란 이란성 쌍둥이에 비해 행복 수준이 비슷한 경우가 50%나 더 많았다. 행복을 느낄 수 있는 능력의 절반은 유전되는 셈이다.

6. 감사를 표현하면 행복지수가 높아진다

감사를 표현하면 행복지수가 높아진다. 셀리그만 박사는 행복지수를 높이는 감사의 방법 두 가지를 제시한다. 첫 번째는 감사의 편지를 써서 직접 얼굴을 맞대고 편지를 전하는 것이고 두 번째는 매일 밤 감사일기 쓰기다. (개인적으로 나를 포함한 우리나라 사람들이 가장 실천하기 어려운 항목이 바로 6번 항목인 듯하다. 감사편지나 감사일기가 어렵다면, 그때그때 감사하다는 표현을 하는 것도 좋을 듯하다)

Leadership Devlopment and Training

사례 2-17

긍정의 힘

밝은 얼굴을 하라.
얼굴 밝은 사람에게 밝은 운이 따라 온다.
힘들다고 고민하지 말라.
정상이 가까울수록 힘이 들게 마련이다.
끊임없이 자신을 갈고 닦아라.
행운은 행복을 끌고 다니고 불운은 불행을 끌고 다닌다.
행운과 불운은 따로 있는 것이 아니라 동전의 앞뒷면처럼 함께 있는 것이다.
아침에 일어나면 '오늘은 좋은 날' 하고 큰 소리로 외쳐라.
좋은 아침이 좋은 하루를 만든다.
거울을 보며 활짝 웃어라. 거울 속의 사람도 나를 보고 웃는다.
가슴을 펴고 당당히 걸어라. 비실비실 걷지 말라.
사촌이 땅을 사면 기뻐하라. 사촌이 잘 되어야 나도 잘 되게 마련이다.
마음 밭에 사랑을 심어라.
그것이 자라나서 행운의 꽃이 핀다.
세상을 향해 축복하라.
세상도 나를 향해 축복해 준다.
어떤 일이 있어도 기죽지 말라.
기가 살아야 운도 따른다.
교만하지 말라.
애써 얻은 행운 한 순간에 날아갈 수도 있다.
밝고 힘찬 노래를 불러라.
그것은 성공의 행진곡이다.
오늘 일은 내일로 미루지 말라.
푸른 꿈을 잃지 말라. 푸른 꿈은 행운을 만드는 청사진이다.
자신을 먼저 사랑하라. 내가 나를 사랑해야 또 남을 사랑할 수 있다.
어두운 생각이 어둠을 만든다.
마음을 활짝 열어라.
대문을 열면 도둑이 들어오고 마음 문을 열면 행운이 들어온다.
집안 청소만 말고 마음도 매일 청소하라.
마음이 깨끗하면 어둠이 깃들지 못한다.
원망 대신 모든 일에 감사하라.
감사하면 감사할 일이 또 생겨난다.

4. 타인 신뢰

원칙중심의 리더들은 자신과 함께 하는 사람의 부정적인 행동에 무조건적으로 비판하지 않으며, 그리고 인간적인 약점 등에 과잉반응을 보이지 않는다. 이들은 설사 그들의 약점을 발견하더라도, "누구나 보이지 않는 잠재력을 가지고 있다"고 생각하며 그 약점을 크게 개의치 않는다. 그리고 결국 자신의 믿음대로 결과를 성취한다.

Leadership Devlopment and Training **사례 2-18**

신뢰 방정식

신뢰는 리더십과 매우 높은 정(+)의 상관관계를 가지고 있다. 신뢰는 능력과 정직성을 바탕으로 오랫동안 일관성 있게 이타적으로, 그리고 친밀하게 상대를 대할 때 비로소 싹튼다는 것을 알 수 있다.

신뢰를 구축하려는 사람들이 가장 자주 실패하는 영역이 친밀감과 낮은 자기중심성이라는 점도 눈 여겨 볼만하다. 신뢰는 리더십과 긍정적인 생각과 상관관계가 매우 높다.

아무리 조직이 작아도 리더라는 사람은 대부분 긍정적인 생각으로 무장되어 있으며 언제나 잘될 것이라는 생각한다. 만일 부정적인 생각을 가진 사람이 리더라면 그 조직은 머지않아 와해될 것이다.

그런 부정적인 생각을 가진 리더는 조직에 악영향을 미치고 그 악영향으로 인해 구성원들이 모두 비관적인 생각을 하게 되고 종국에는 조직 자체의 존립이 어려워지게 될 것이다. 그래서 많은 기업에서는 리더십을 교육하고 리더들이 긍정적이고 능동적인 생각을 갖도록 하기 위해 교육도 하고 학습도 한다.

신뢰는 개인의 능력과 정직성을 바탕으로 일관된 모습으로 다른 사람들을 위해 봉사적 희생도 감수하고 친밀하게 상대방을 대하면서 자연스럽게 형성된다. 여러 사람 사이에서 신뢰를 형성하지 못하는 사람들은 자기본위의 생각과 자기중심적인 독단적 생각을 갖는다는 공통점이 있다는 것은 시사하는 바가 크다고 할 수 있다.

이렇게 신뢰방정식을 만들어서 실천하자.

신뢰(Trust) = 능력×정직×믿음×일관성으로 이루어져 있다.

자료 : 한국인재개발센터(http://www.bestpdc.com)

5. 균형잡힌 삶

원칙중심의 리더들은 사회적, 지적, 신체적, 영적으로 균형 잡힌 삶을 살아간다. 이런 균형감각은 삶에 대한 태도에도 영향을 미치는데, 자제심과 중용 그리고 현명한 처신을 통해 자신의 행동과 태도를 조절할 수 있는 능력도 바로 균형감각에서 비롯된다. 그렇기 때문에 이들은 지난날 일들에 대해 집착하거나 미래에 대해 허망한 꿈을 꾸지 않고 현실에 입각해서 오늘을 살아간다.

6. 인생을 모험으로 여김

원칙중심의 리더들은 인생을 음미하며 재미있게 살아간다. 여기서 재미란 단순한 유흥을 의미하는 것이 아니다. 그것은 미래에 대한 도전, 그것을 향한 진취성, 창의성, 의지, 용기, 정력, 그리고 천부적인 재능이 총체적으로 사용되어짐으로써 얻어지는 결과에 대한 만족을 말한다. 그리고 이러한 삶을 살기 위해 '유연성' 이라는 원칙을 놓치지 않는다.

7. 시너지 활용

원칙중심의 리더들은 시너지를 잘 활용한다. 시너지란 전체가 부분의 합보다 더 큰 상태를 의미한다. 팀을 구성해 일을 하게 되는 경우, 이들은 자신의 강점을 최대한 살리고 자신의 약점은 다른 사람들의 강점을 이용하여 보완한다. 또한 다른 사람의 욕구와 문제해결에 적극적으로 참여한다. 그리고 '권한위임' 을 통해 시너지를 창출한다.

8. 자기 쇄신을 위한 노력

원칙중심의 리더들은 자신의 성장을 위해 사회적, 지적, 신체적, 영적인 면에서 자기 쇄신을 위한 노력을 게을리 하지 않는다. 그들이 이렇게 자기 쇄신에 힘을 쏟는 이유는 진정한 성품 및 역량 계발은 자연법칙과 같이 자연스럽고, 점진적이고, 매일매일 순차적으로 단계를 밟아가는 것이 최선이라는 것을 알기 때문이다. 그 결과 이러한 자기 쇄신을 통해 견실하고 건전한 성품의 인간이 되어 간다.

농부가 아무리 열심히 씨앗을 뿌린다고 해도 열매를 거두기 위해서는 시간이라는 요소가 반드시 필요하다. 또한 날마다 가꾸고 돌아보지 않으면 아무리 좋은 퇴비를 써도 좋은 열매를 얻을 수 없다. 그래서 스티븐 코비는 "원칙중심의 리더란 자연법칙의 기초 위에서 '씨앗과 토양'을 가지고 '농장에서' 일할 줄 아는 성품을 갖춘 인물"이라고 말한다. 이 말의 의미는 원칙중심의 리더는 결코 단기간에 열매를 거두는 데 관심을 갖기보다는 장기적 발전을 위한 자기계발을 위해 노력한다.

위에서 살펴본 8가지 특성들은 결코 한두 번 실천해서 얻어지지는 않는다. 부단한 노력 없이는 결코 원칙중심의 리더가 될 수 없다. 만약 당신이 원칙중심의 리더가 되길 원한다면, 이 8가지 특성들을 따라하지 말고, 그것이 내 몸에 자연스럽게 배이도록 노력해야 한다. 그렇게 될 때 당신은 원칙중심의 리더가 될 것이다.

제5절 | 미래 CEO의 조건 : 창의적 경영자와 리더십

1. 창의적 경영자

지난 20세기 우리나라의 기업들은 세계가 부러워할 정도의 탁월한 성과를 달성했지만 관리와 혁신기법에 있어서는 외국 선진기업을 모방하거나 벤치마킹하는 수준에 머물렀다. 그러나 21세기에는 모방에서 창조로의 패러다임의 전환이 요구된다.

슘페터(J. A. Schumpeter)는 혁신(Innovation)이란 "신기술발명, 신제품개발, 신시장개척, 신원료확보, 신조직형성 등"이라 규정하고, 이러한 혁신은 21세기 리더의 능력이라고 했다. 특히 2010년대를 지나면서 글로벌 사회에서 창의적 경영자의 역할이 중요하게 되었다.

창의적 경영자란 창의적 파괴활동을 통해 신사업, 신제품 및 신시장을 개척하는 창의적 의지와 역량을 발휘하는 경영자를 말한다. 창의적 경영자가 되기 위해서는 다음과 같은 다섯 가지 핵심조건을 구비해야 한다.

첫째, 개념적 능력이 필요하다. 이는 경영자의 창의적 경영철학, 결단력, 윤리의식을 의미한다. 이러한 요건이 경영자의 개념적 능력을 이끌어낸다.

둘째, 창의적 능력이 필요하다. 특히 창의력이 높은 경영자가 되려면 입체적인 사고를 통한 미래예측력, 그리고 위기에서 기회를 찾아내는 문제해결력이 필요하다.

셋째, 인간적 능력이 필요하다. 경영자의 비전과 전략을 효과적으로 전달할 수 있는 커뮤니케이션 능력, CEO 개인의 이미지를 관리는 '인간적 능력'을 극대화시키는 요인이 된다.

특히 PI는 경영성과 제고 및 위기관리의 출발점으로 CEO PI는 '능력 있는 CEO'를 '매력 있는 CEO'로 변신시킨다. 대내외 고객을 만족시킴으로써 경영성과를 높이는 효과를 얻을 수 있다. 최태원 SK그룹 회장은 CEO PI의 대표적 성공사례로 꼽히고 있다.

일반적으로 CEO PI는 외모 변화에서부터 시작된다. 가장 쉽고 단기간 내 큰 효과를 얻을 수 있기 때문이다. 이후 기업과 CEO가 지닌 이미지의 일치점을 찾아 포인트 메시지를 설정하고 지속적 미디어 트레이닝을 통해 커뮤니케이션 스킬 등을 구축하는 수순으로 진행된다. 전문가들은 "PI 전략은 일관성 있게 지속적으로 유지되는 게 중요하다"고 지적한다. 국내에서는 SK그룹 최태원 회장이 대표적 성공사례로 손꼽힌다. 요즘 최 회장은 '행복경영 전도사'로 통한다. 하지만 불과 10여 년 전만해도 그는 '독불장군'의 이미지가 강했다. 평소 말수가 적은 데다 내성적이었기 때문이다. 최 회장은 소버린과의 경영권 분쟁을 겪으면서 이미지 변화가 필요하다는 것을 절감했다. CEO PI를 통해 전방위에 걸쳐 자신의 부족했던 이미지를 개선하고 언론과의 연계를 통해 전략적으로 차근차근 이미지를 구축해 나갔다.

최근 공개석상에서 임직원들에게 '넙죽' 큰절을 한 것도 직원들에 대한 무한한 감사를 표하기 위한 돌출행동이라기보다 지속적으로 실행하고 있는 PI전략의 결과물이라는 분석이 등장할 정도다.

LG그룹과 GS그룹의 분사 이후 한동안 언론에 자주 모습을 드러냈던 허동수 GS칼텍스 회장은 '독보적 에너지 전문가' 이미지를 심는 데 성공했다. 과거 LG그룹 시절 미디어 노출을 최대한 자제했던 허씨 일가의 스타일에서 벗어나 그룹 분리 후 에너지전문가다운 핵심적 메시지를 지속적으로 부각한 것이 성공했다는 평가다. GS칼텍스 관계자는 PI전략에 대해 "의도적으로 허 회장의 이미지를 만들지 않지만 에너지전문가에 걸맞는 메시지를 전달하는 데 주력하고 있다"고 말했다.

이미지디자인컨설팅 이종선 대표는 "CEO PI는 CEO의 매력을 부각시킴으로써 대내적으로 직원들을 리드하고 경영능력을 보강하는 효과가 있다" 며 "대외적으로는 지원군을 얻고 정보를 입수하는 데 결정적 역할을 한다"고 주장한다.

CEO PI는 단지 성과를 높이기 위한 수단만은 아니다. 위기관리 차원에서도 PI는 중요하다. 평소 다져놓은 탄탄한 이미지는 위기상황이 발생할 때 도움이 될 뿐만 아니라 문제 발생 후 CEO의 대처방식에 따라 결과가 달라질 수 있기 때문이다.

크로스커뮤니케이션즈 이준우 대표는 "CEO의 이미지에 따라 기업의 이미지가 판가름난다"며 "국내 기업 CEO 역시 스스로 커뮤니케이션의 주체임을 인식하고 적극적으로 나서야 한다"고 강조한다. 언론 역시 기업성장을 위한 동반자라는 설명이다.

특히 그는 "언론이나 강연, 저서 등을 통해 나타나는 PI 효과들 중 가장 영향력이 큰 것이 언론이기 때문에 언론을 비즈니스 파트너로 생각하고 대처능력을 미리 키워야 한다"고 역설했다.

반면 국내 전문경영인의 경우 PI마케팅의 한계를 느끼는 경우가 많다. 단지 변신을 인기를 끌기 위한 수단이라고 생각하거나 오너 경영자보다 튀는 것을 금기시하는 국내기업 내 분위기 때문이라는 분석이다. 실제 주요 대기업 사장들이 윤리문제만큼이나 민감하게 반응하는 후문 중 하나가 "아무개 사장이 언론플레이한다"는 내용이다.

이종선 대표는 그 이유로 PI에 대한 부정적 시각을 꼽는다. 이 대표는 "CEO의 이미지 바라보는 경향이 있다"며 "그러나 왜 변해야 하는지 이면을 관심 있게 봐 달라"고 지적했다. 이준우 대표는 "오너경영인은 CEO 브랜딩의 중요도를 하위권으로 제쳐두고 있고, 전문경영인은 오너보다 튀는 것을 좋아하지 않기 때문"이라며 "경영성과 제고는 물론 위기상황에 대비하기 위해 CEO 스스로 나서야 한다는 인식의 전환이 필요하다"고 말했다.

유명 글로벌 컨설팅업체의 K이사는 "기업의 CEO는 대내외 커뮤니케이션의 총괄책임자인 동시에 최일선 홍보담당자"라며 "CEO의 언행이나 이미지가 시장의 신뢰도에 영향을 미치는 것을 알고 있다면 국내 기업들도 보다 적극적인 자세를 보여야 할 것"이라 말했다.

넷째, 기술적 능력이 필요하다. 사람의 열정을 이끌어 내는 유능한 관리자의 기술, 즉 창의적 조직관리 기술을 갖추어야 한다.

다섯째, 창의적 리더십이 필요하다.

창의적 경영자가 곧 존경받는 경영자이며, 창의적 경영자가 되고자 한다면 [표 2-1]에 제시된 5개 범주, 10가지 조건을 갖추고 있는지를 항상 점검해 보아야 한다.

표 2-1 | 창의적 경영자가 되기 위한 핵심조건

요구되는 핵심조건		내용
개념적 능력	경영철학	경영자가 경영을 보는 창으로 인간관, 역사관, 세계관으로 나타남
	결단력	경영자의 가장 큰 권한이자 미션, 이성과 직관의 조화가 생명
	윤리의식	추상적 구호가 아닌 구체적이고 실천적인 나침반을 제시해야 함
창의적 능력	미래예측력	입체적 사고를 통한 미래예측이 경쟁력의 핵심
	문제해결력	경영은 문제해결의 연속, 정보력, 다차원 사고, 실행력이 관건
인간적 능력	커뮤니케이션	수직적 소통과 수평적 소통, 포용과 원칙의 조화
	PI(President Identity)	경영자의 이미지가 곧 기업의 가치, 세련된 CEO PI가 필요
기술적 능력	조직관리	창의력과 자발성을 통해 생산성 향상 달성에 초점
리더십	모티베이션	CEO는 직원들이 스스로 동기를 찾을 수 있도록 하는 촉매 역할
	코칭	구성원의 잠재력을 일깨우는 세분화된 코칭능력이 관건

자료 : 현대경제연구원, Chairperson Note, 08-02(통권 180호), 2008.

창의적 경영자는 조직의 구성원들 앞에서 더욱 원대한 목표와 비전을 제시해야 한다. 아울러 경영자들이 시장에서 탁월한 성과를 창출하고, 사회와 구성원들로부터 존경받기 위해서는 '창의성'이라는 자질 함양을 위해서 노력해야 한다.

애플사의 스티브 잡스, 마이크로소프트사의 빌 게이츠, 스타벅스의 하워드 슐츠 등이 경영자의 대표 아이콘으로 부상하게 된 것은 바로 '창의성' 때문이다. 창의성 경영자는 창의성뿐만 아니라 통찰력(insight), 재능(talent), 리더십(leadership), 고결성(integrity), 성실성(sincerity), 도덕성(morality) 등의 자질을 함양하는 것이 필요하다.

Leadership Development and Training **사례 2-19**

독창성을 찾아라

세계 역사를 바꾼 원초적 에너지는 독창성에서 기인했다. 당신에게서도 독창성의 분량만큼 당신을 활기차게 만들게 된다.

독창성이란 무엇인가? 독창성이란 생각의 틀을 발전시키면 부수히 솟아나는 네 안에 담겨져 있는 엄청난 자본이다. 어쩌면 삶의 맛과 멋을 만들어 주는 요인이 바로 독창성이라고 할 수 있다. 그렇다면 나만의 독창성을 찾기 위해서 어떻게 해야 하는가? 누구나 독창성을 가지고 있다. 저 내면의 세계 깊은 곳에 묻어 두었을 뿐이다. 그러므로 나 자신의 퀄리티를 높이려면 우선 내 안의 나를 깨워야 한다. 인간의 능력은 무한하다. 그 무한한 내 안에 있는 능력을 끄집어내야 한다. 내 안에 있는 나를 이끌어내기 위해서는 생각하고 있는 것을 실천으로 옮겨야 한다.

어떤 새로운 일에 대한 도전을 두렵게 생각하지 말고 결단력 있게 실천하라. 두려움은 가상적인 것일 뿐 실제적인 것은 아니다. 대부분의 두려움이나 고민과 같은 부정적인 감정들은 허상임을 명심하라. 실체가 없는 것들이다. 어제 그토록 당신이 두려워했던 것들이 시간이 지나감으로서 다 해결되었다는 사실을 명심하라.

그러므로 지금 나에게 제일 필요한 게 무엇인지 생각해보고 해야 할 일이 있으면 미루지 말고 실천에 옮겨라. 늘 생각만 해서는 되는 것이 없다. 생각만 하다가는 스스로 지치고 만다. 작은 것이라도 결정하고 결정한 사항은 즉시 실천에 옮겨 보아라.

2. 미래 CEO의 조건 : 창의적 리더십

미래 CEO는 급변하는 환경변화에 적응할 수 있어야 한다. 자신을 둘러싼 환경변화에 관심을 기울이지 않으면 조직을 위기로 몰아넣게 될 것이다. 경영환경의 불확실성을 극복하고 기업의 경영체질을 개선하기 위해서는 창의적 리더십을 구비한 '창의형 CEO'가 필요하다. 창의형 CEO가 되려면 다음의 다섯 가지 조건을 갖추어야 한다(김병욱, 2004).

첫째, 창의적 CEO는 역경 속에서도 성장기회를 추구하는 경영자이다. 그는 확고한 전략적 의지를 기반으로 호황기를 대비한 선제적 투자를 실시하며, 전방위적인 위기관리시스템을 구축한다. 특히 현장중시경영을 통해 조직말단까지 조직의 활력과 현장에 긴장감을 부여한다.

둘째, 창의적 CEO는 다양한 인재를 확보하고 후계자를 양성한다. 그는

그림 2-1 | **창의형 CEO의 다섯 가지 조건**

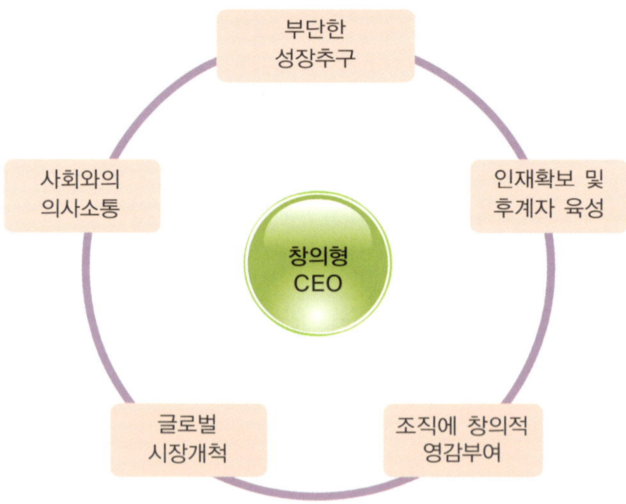

체계적인 후계자 육성 프로그램을 운영하며 도전적인 기업문화를 조성한다.

셋째, 창의적 CEO는 다양한 방식으로 조직에 창의적 영감을 부여한다. 그는 창의적 영감의 원천을 다양화하며, 디자인과 브랜드를 중시한다.

넷째, 창의적 CEO는 글로벌시장 개척을 도약의 지렛대로 삼는다. 그는 글로벌경영의 신모델을 창출하며, 자사의 핵심경쟁력을 글로벌 수준에서 활용할 수 있는 체제를 구축한다.

다섯째, 창의적 CEO는 사회와의 의사소통을 경영의 핵심요소로 인식하고 이를 통해 기업가치를 증대시킨다. 그는 기업과 사회의 상생방안을 모색하며, 윤리적 소비자의 확대와 같은 사회적 현상을 사업기회로 승화시킬 수 있는 능동적 자세를 견지한다.

3. 창의적 리더십의 사례

창의적 리더는 기존의 고정관념을 뛰어넘어 새로운 분야에 대한 호기심을 갖고 새로운 경쟁력과 가치를 만들어 내는 사람이며 자신의 창의적 잠재력을 개발 · 발휘할 뿐만 아니라 팀원들의 창의적 잠재력까지도 자극 · 실현하여 조직과 팀에 기대 이상의 성과를 창출하는 리더이다. 그 중 대표적인 창의적 리더인 애플사의 스티브 잡스와 GE사의 전 회장인 잭 웰치의 리더십에 대해 살펴보기로 한다.

1) 애플사의 스티브 잡스의 리더십

애플컴퓨터의 창업자이자 CEO인 스티브 잡스는 '세상에서 가장 창의적인 경영자' 라고 보스턴컨설팅그룹에서 격찬을 했다. 그는 '창의성 경영' 으로 경영에 일대 변혁을 일으킨 혁명가이다. 세계 최초의 개인용 컴퓨터

'애플', 최초의 3D(3차원) 디지털 애니메이션 '토이 스토리', MP3 플레이어 '아이팟'과 온라인 음악서비스 '아이튠즈' 등 그가 창안한 제품과 서비스는 세상을 놀라게 했고, 전 세계 수많은 열성 팬을 만들어냈다. 그는 단순히 제품을 만들어 파는 사업가가 아니라 세계인의 라이프스타일과 문화를 바꾼 디지털 혁명가이다.

■ 시대의 '아이콘(icon : 우상)'을 만든다

스티브 잡스는 '괴짜'다. 동양철학에 심취하여 대학을 중퇴하고 영혼의 스승을 찾겠다고 회사에 사직서를 제출하고 누더기 차림으로 인도를 여행했다. 맨발 차림에 과일 다이어트를 종교처럼 신봉하고, 샤워를 거부해서 몸에는 고약한 냄새가 진동했다.

기성체제에 얽매이지 않고, 이루고자 하는 꿈에 매달리는 잡스의 집중력과 추진력은 기업경영에 고스란히 반영되었다. 청바지 차림에 검은색 티셔츠를 즐겨 입고, "물건만 잘 만들면 1등이 되는 시대는 지났다"며 창의성과 상상력을 강조했다.

스티브 잡스는 직원들에게는 끊임없이 '주문(呪文)'을 건다. '다르게 생각하라', '미칠 정도로 멋진 제품을 창조하라', '즐기면서 일하자'가 그의 입버릇이고, '해적이 되자'라는 도발적인 말도 서슴없이 던졌다.

애플의 개발팀은 1주일에 90시간을 신나게 일한다. "단순한 제품을 넘어 시대를 상징하는 '아이콘'을 만들자"는 잡스의 비전이 직원들을 사로잡았기 때문이다. 그는 22세(1977년) 때 책상 위에 올려놓는 개인용 컴퓨터 '애플'을 출시했다. 방 하나를 가득 채울 정도의 대형 컴퓨터가 일색이던 그 당시 컴퓨터가 이렇게 작아질 수 있다는 것은 가히 혁명적인 변화였다.

■ 발상의 전환으로 세상을 바꾸다

스티브 잡스를 '경영의 제왕'으로 부상시킨 것은 MP3플레이어 '아이팟'과 디지털 음악서비스 '아이튠즈'의 대성공이다. 2001년 아이팟이 처음 나올 당시 시장에서는 삼성전자를 비롯한 선발업체들이 MP3플레이어를 팔고 있었다. 하지만 판매실적은 부진했고, 시장은 미성숙단계였다. 잡스는 "제품기술력도 중요하지만 이를 편리하게 쓸 수 있는 서비스가 없다"고 분석하고 하드웨어(아이팟)와 소프트웨어(아이튠즈)를 결합시킨다는 발상 전환으로 시장의 구도 자체를 바꾸었다. 그래서 그는 음악CD를 간단히 컴퓨터로 복사·재생할 수 있는 '아이튠즈' 프로그램을 만들어 무료로 배포했다. 음반회사와 제휴해 아이튠즈를 기반으로 한 온라인 음악 다운로드 서비스도 내놓았다. 잡스는 아이팟에도 최대한 단순하고 직관적인 디자인을 도입했다. 경쟁사들이 복잡한 기능 추가에 매달리고 있을 때 그는 정반대의 길을 갔다. 아이팟은 크기와 무게를 줄이기 위해 녹음, 라디오 기능을 모두 제거했다. 복잡한 버튼을 대폭 줄이고, 간편한 '스크롤 휠' 방식을 처음으로 채택했다. 그 결과 이용자들은 사용이 편리하고 혁신적인 디자인을 갖춘 아이팟에 열광했다. 삼성전자 윤종용 부회장은 임직원에게 "우리가 MP3플레이어를 먼저 개발하고도 시장은 놓친 것은 뼈아픈 실수"라며 "애플의 창의적 발상을 배워야 한다"고 주문했다.

■ 대중을 열광시키는 카리스마

스티브 잡스는 2005년 스탠포드대학 졸업식에서 축사를 했다. 이제 세상 속으로 나가는 젊은이들에게 그는 췌장암에 걸려 '6개월 시한부 인생'을 선고받았으나 극적으로 회생한 자신의 경험담을 털어 놓았다. 그리고 "매일을 인생의 마지막 날처럼 살아야 한다. 헝그리정신을 가지고 미련할 정도로 자기 길을 가라(Stay Hungry, Stay Foolish)"고 충고했다. 잡스의 감동적인 연설장면은 훗날 큰 화제가 되었다. 카리스마 넘치는 그의 대중

연설은 사람을 휘어잡는 마력을 갖고 있다. 잡스는 선천적으로 탤런트의 기질을 타고난 데다 철저한 사전준비가 뒷받침되었기 때문이다. 그는 연설에 앞서 연설문 문구와 무대장치까지 꼼꼼히 검토하고 스스로 만족할 때까지 사전연습을 수없이 반복했다.

그런데 잡스는 원래 독선과 아집으로 똘똘 뭉친 이기주의자였다. 회의 때면 화이트보드를 독점하며, 제품명, 포장박스 사이즈에 이르기까지 모든 일을 자신이 결정했다. 과도한 기술우월주의에 빠져 개발한 신형 컴퓨터가 줄줄이 실패하면서 1985년에는 자신이 만든 애플사에서 쫓겨나는 수모를 당하기도 했다.

20대에 억만장자에서 바닥까지 추락한 경험은 그를 새롭게 태어나게 했다. 2000년 애플의 CEO로 정식 복귀한 그는 앞머리가 벗겨지고 안경을 쓴 중년의 남자가 됐다. 당시 애플의 신제품 발표장에서 그가 한 연설은 지금도 많은 사람들에게 회자되고 있다.

"저는 세상에서 제일 뛰어난 인재들과 일하고 있습니다. 애플은 '팀 스포츠'로 움직입니다." 수천 명의 청중은 일제히 뜨거운 기립박수를 보냈다. 잡스가 가장 좋아하는 존 레논의 노래 '이매진(Imagine)'이 흘러나왔다. "You may say I'm a dreamer, but I'm not the only one…."(나를 보고 몽상가라고 비웃을지 모르지만 그러나 나만 그런 건 아니랍니다…)

자료 : 상상을 현실로…변화 · 혁신으로 세상을 바꿔, 조선일보, 2007년 1월 5일 기사 중에서

Leadership Devlopment and Training

사례 2-20

왜 스티브 잡스인가?

스티브 잡스는 1955년 2월 미국 캘리포니아주 샌프란시스코에서 출생하였는데, 태어난 지 1주일 후에, 그의 어머니에 의해 캘리포니아주 산타클라라에 사는 폴/클라라 잡스 부부에게 입양된다. 초등학교 시절 학교를 자주 빼 먹어 담임선생님이 돈과 사탕으로 구슬려 학교를 다니게 했다. 고등학교 시절 동안 그는 휴렛-팩커드사에서 방과 후 수업을 들었으며, 스티브 워즈니악과 함께 휴렛-팩커드사에서 여름 동안 임시 채용되어 일하기도 했다.

그의 괴팍하고 독선적인 성격의 예를 보면 툭하면 함께 일하는 직원에게 욕을 퍼 붇고, 일주일에 100시간 이상 일하지 않는 직원은 쓸모없는 인간이라고 말한다. 엘리베이터에서 마주친 직원에게 기습질문을 하여 대답을 하지 못하면 그 자리에서 해고를 시키기도 하여 애플 직원들 중에서는 엘리베이터를 타지 않는 사람도 있을 정도이다.

1972년 Reed대학교에 등록하여 철학을 공부하였으나 1학기만 수강한 후 중퇴하였다. 순탄치 못했던 출생과 성장기를 보낸 잡스는 어려운 역경 속에서 오히려 다른 CEO들은 갖지 못했던 세 가지를 얻게 된다.

1. 창조성

대학교를 자퇴한 후, 그는 동양철학에 심취한다. 마침 일본에서 온 코빈 치노라는 스님의 집을 빈번하게 드나들며 인생과 사업, 미래에 관해 철학적인 대화를 나누었다. 후에 잡스의 두 번째 회사인 넥스트사의 고문으로 초빙되기도 한 치노는 인도 불교사상에 정통한 스님으로 스티브 잡스의 인생의 멘토라고 할 수 있는 사람이다. 잡스는 선 사상에 더욱 심취하여, 그 해답을 얻고자 Reed대학 학우였던 다니엘 코트케와 함께 수행을 위해 머리를 밀고 승려복을 입고 인도여행을 다녀오기도 했다. 이후 선 사상은 스티브 잡스의 언행에 있어서 중심에 있었으며, 오랜 사고와 명상은 그가 가진 거침없는 언변의 바탕이 되었다. 나아가 그가 추구했던 정신적 자유의 경지는 오늘날 스티브 잡스가 가진 창조정신의 바탕이 되었다.

2. 미니멀리즘 디자인철학

스티브 잡스는 Reed대학을 자퇴한 후, 친구 기숙사에서 생활하며, 칼리그라피(calligraphy) 수업을 청강했다. 칼리그라피란 글자체를 예술로 승화시킨 학문으로, 의미를 가지는 형태 속에서 다른 글자와 조화를 이루고, 디자인이 절제되어 있으며, 세밀한 부분까지 다루어야 하는 학문이다. 이는 곧, 단순함을 최대의 미덕으로 여기는 디자인철학, 미니멀리즘과 어느 정도 일맥상통한다. 애플이 내놓은 상품을 살펴보면 아이팟, 아이맥의 외관 디자인에서부터 직관적인 인터페이스를 가진 OS X의 소프트웨어 구조까지 모두 미니멀리즘에 근거를 두고 있다. 스티브 잡스가 대학을 중퇴하고 청강한 한 과목이 오늘날 애플이 추구하는 디자인철학의 결정적인 계기가 된 셈이다.

3. 혁신정신

스티브 잡스는 현재 구글의 본사가 있는 캘리포니아의 마운틴뷰 지역으로 입양이 되었고, 휴렛-팩커드 본사 근처에 위치한 쿠퍼티노 중학교와 홈스테드 고등학교를 나왔다. 그는 어릴 적부터 실리콘밸리를 바라보며 성장했고, 벤처 업계의 대부격인 휴렛-팩커드와 게임 업계의 고전 아타리사에서 여름 인턴으로 일을 했다. 그곳에서 수많은 기업들이 창업하는 것을 목격했고, 아타리사를 포함하여 수많은 기업들이 혁신 부족으로 쓰러지는 것을 몸소 체험했다. 대부분의 기업들은 역사가 오래되고, 덩치가 커질수록 바깥 세상의 변화에 둔감하고, 자신의 혁신을 두려워한다. 하지만 애플은 오래된 역사와 큰 규모에도 불구하고 2005년부터 2007년까지 비즈니스위크지 선정 가장 혁신적인 기업 1위에 뽑혔다. 혁신정신은 잡스가 캘리포니아에서 살며 본능적으로 체득한 위기의식에 기인하며, 잡스가 수많은 실패에도 불구하고 꿋꿋이 재기할 수 있었던 힘이었다.

스티브 잡스는 췌장암 판정 이후 여러 해 동안 투병생활을 하다 건강악화로 일선에서 물러나 건강을 회복하기 위해 노력했지만 2011년 56세의 젊은 나이에 세상을 떠났다.

2) GE의 잭 웰치의 리더십

잭 웰치(Jack Welch)는 미국의 퇴임한 기업인으로, 전직 제너럴 일렉트릭의 CEO였다. 1935년 매사추세츠주(州) 피바디에서 태어나 세일럼에서 어린 시절을 보낸 뒤, 1960년 일리노이대학교에서 화공학 박사학위를 취득하였다. 같은 해 제너럴 일렉트릭(GE)에 입사해 독특하면서도 뛰어난 경영방식으로 승진을 거듭해, 1981년 최연소로 GE 회장(최고경영자)이 되었다. 이후 "고쳐라, 매각하라, 아니면 폐쇄하라"는 경영전략을 통해 10만 명 이상의 직원을 해고함으로써 언론으로부터 '중성자탄 잭(Neutron Jack)'이라는 별명을 얻었고, '6시그마 · e비즈니스 · 세계화' 등의 전략으로 GE를 혁신해 세계 최고의 기업으로 성장시켰다. 이러한 경영능력으로 그는 2001년 영국의 「파이낸셜 타임스」가 선정한 '세계에서 가장 존경받는 경영인'에 선정되었고, GE 역시 '세계에서 가장 존경받는 기업'으로 선정되었다. 2001년 9월 45세의 이멜트(Jeffrey R. Immelt)에게 회장 자리를 물려주고 퇴임할 때까지 총 1,700여 건에 달하는 기업의 인수합병을 성사시켰다. '경영의 달인', '세기의 경영인' 등 많은 별칭으로 불리며, 퇴임 직후 자서전 「가슴으로부터의 고백(Jack : Straight from the Gut)」을 출간하였는데, 한국에서는 「잭 웰치, 끝없는 도전과 용기」(청림, 2001)로 번역 출간되었다.

잭 웰치는 "최고경영자의 임무는 구상이 아니라 실행이다. 경영자가 하는 일은 사람을 다루는 일이다. 사업의 가치평가나 과학적 비즈니스전략은 모두 그럴듯한 이야기처럼 들리지만 모두 빛좋은 개살구다. 기획은 실행의 도구로 실행만이 경영자의 과업이다"라고 말했다.

■ '4E + 1P + 2I 리더십'의 핵심

잭 웰치의 경영은 '4E+1P+2I 리더십'에 잘 드러나 있다. 성공하는 리더가 가져야 할 첫 번째 E는 에너지(Energy)이다. 에너지는 힘이다. 경영자에게 필요한 에너지는 시끄럽거나 현란한 것은 아니어도 된다. 에너지는 경영자의 내면 깊숙이 있는 연료이다.

두 번째, E는 에너지를 불러일으키는 일(Energize)이다. 경영자는 조직에 에너지를 불러일으키는 사람이다. 훌륭한 경영자는 사람들이 도전적이고 적극적인 업무를 수행하고 있다는 확신을 심어주어 다른 사람에게 활력을 불어넣는 능력을 가지고 있어야 한다.

세 번째, E는 결단(Edge)이다. 경영자는 항상 모호하고 복잡한 상황에서 결단을 강요받는다. 'Yes'나 'No'로 분명하게 결단을 내리는 용기가 필요하다. 조직목표를 달성하기 위한 결단을 내릴 수 있는 리더십이 필요하다. 그는 재임기간 동안 1,200여 건의 기업인수를 단행했다. 기업인수는 아무리 단순하고 작은 규모라고 하더라도 법적 · 경제적 · 문화적으로 복잡한 문제들을 내포하고 있다. 1천 건 이상의 인수란 도저히 믿을 수 없는 숫자인 것은 당연하다. 그러나 잭 웰치는 "매출을 늘려야 한다"는 한 가지 목표를 세웠다. 그리고 그 당시 GE의 처지에서 매출을 늘릴 수 있는 유일한 방법은 인수를 통한 기업규모의 확대밖에 없었다. 이렇게 결론이 서자 다른 여러 문제들은 쳐낼 수 있는 잔가지가 됐다. 이것이 결단의 리더십이다.

네 번째 E는 실행(Execute)이다. 앞의 세 가지 E를 충족시키더라도, 실제로 계획을 실행시켜 결과를 산출하지 못한다면 아무 소용이 없다는 이야기이다. 리더들은 열정을 갖고 에너지를 불러일으키고 결단을 내려야 하기도 하지만, 그 결단이 결과로 이어지도록 실행할 줄도 알아야 한다. 네 번째 E인 'Execute'는 나머지 세 가지 E의 요약이기도 하다. '에너지,' '에너지를 불러일으키기,' '결단력'은 모두 비전에 실행력을 불러 넣기 위한 능력이다.

다섯째 P는 열정(Passion)이다. 열정은 마음에서 우러나는 깊고 진실한 흥분을 말한다. 열정을 가진 사람들은 동료가 승리하도록 진심으로 배려한다. 배우고 성장하는 것을 사랑하며 주위 사람들의 성장에 큰 자극을 받는다.

웰치는 "만약 '4E'가 모두 있다면, 마지막 요소로는 삶과 일에 대해 '열정(Passion)'이 있는지 확인해야 한다"고 덧붙였다. 열정으로 4E를 아울러 감싸야 성공적인 결과를 만들어 낼 수 있다.

웰치는 '4E'와 '열정'이 있는지 확인하기 전에 반드시 체크해봐야 할 두 가지 질문이 있다고 말했다. 하나는 그 사람이 '성실성(Integrity)'을 갖고 있느냐는 것이고, 또 하나는 다른 우수한 사람을 지휘할 만큼 폭넓은 지식을 가진 '똑똑한(Intelligent)' 사람인가라는 것이다.

한편 잭 웰치의 이런 경영원칙은 많은 비판을 받기도 했다. 단순히 목표만 강조한 나머지 매출을 올리기 위해 인수 · 합병한 뒤 무자비하게 사람을 해고하기도 했으며, 환경이나 사회 등 새로운 경영의 가치를 무시하고 매출이라는 외형적 성과만을 기준으로 기업을 경영한 구시대적 경영자는 비판을 받기도 했다.

Leadership Devlopment and Training **사례 2-21**

잭 웰치의 경영방식

1. 시장의 선두가 되어라

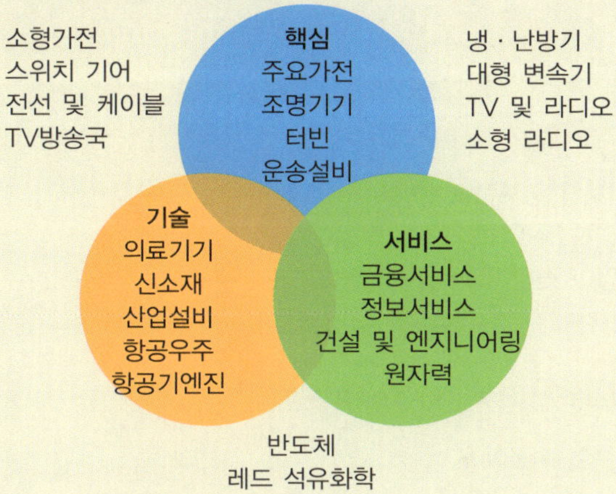

[NO.1 or NO.2]
1위나 2위 가능성 없는
기업은 과감히 매각

고쳐라
매각하라
폐쇄하라

2. 몸집을 키워 시장을 장악하라

- 몸집을 키우기 위해 비용절감과 주가상승 등 시너지효과를 가져올 수 있는 합병
  - 인수합병을 통한 경쟁사 제거
  - 1,700건의 M&A 진행
  - 효율성

3. 최고의 인재를 등용하라

- 활력곡선(Vitality Curve), 20/70/10으로 분류

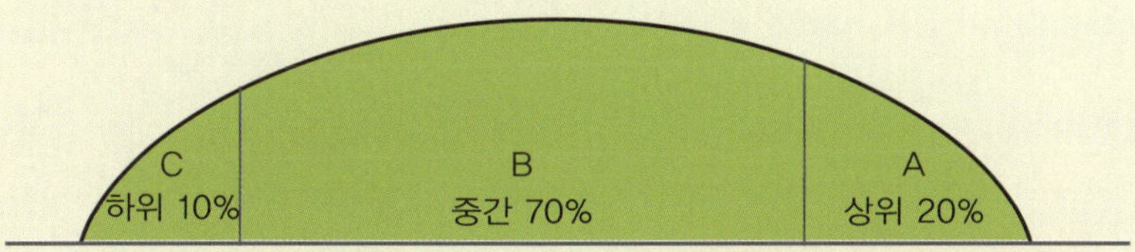

A등급 : 급료인상, 승진
B등급 : 교육
C등급 : 구조조정 대상

- 능력위주의 인사제도 마련
- 조직원들의 과업에 대한 동기부여

4. 벽 없는 조직을 만들어라

- 부서 간의 벽이 존재하지 않는 조직을 만들기 위한 전략
  - 구성원의 아이디어를 존중
  - 핵심적인 아이디어가 실행되고 발전될 수 있는 환경 구축
  - 모든 계층 간의 정보교유
- 시장 변화에 대한 적극적이고 즉각적인 대응 가능
- 유연하고 탄력성 있는 열린 기업문화 창조

5. 관리자가 되지 말고 리더가 되어라

- 리더는 뛰어난 사람들에게 가장 큰 기회부여하며 회사의 자원을 적재적소에 배분함
  - 관리자 : 감독, 관리, 지시하는 역할
    관리자들은 일을 촉진시키기보다 통제하려 함
  - 리더 : 사업을 관리가 아닌 인도(lead)함
    직원들과의 대화를 통해 사업이 원활하고 신속히 돌아가게 함

GE의 리더십 목표 : LEADER

L = listen으로 구성원의 말에 귀를 기울여라.
E = explain으로 구성원에게 잘 설명해 주어라.
A = assist로 구성원을 적극적으로 돕고 지원하라.
D = discuss로 구성원과 자주 만나서 이야기를 나누고 토론하라.
E = evaluate로 구성원을 공정하게 평가하라.
R = respond로 구성원의 요구에 대해 책임있는 반응을 하라.

Leadership Devlopment and Training

사례 2-22

빈대 같기만 해도

정주영 회장! 젊은시절엔 엄청 고생을 했다. 청년시절, 인천 부두에서 막노동을 할 때 일이다. 그는 한 푼이라도 아끼려고 노동자 합숙소에서 잠을 잤다. 합숙소의 낡은 벽 틈에는 빈대가 들끓었는데, 고된 노동으로 몸이 아주 피곤한데도 빈대가 무는 바람에 잠을 설치기 일쑤였다. 매일 밤마다 빈대와 전쟁을 치렀지만 그 많은 빈대를 감당하기엔 역부족이었다. 그래서 합숙소 안에 있던 길 다란 밥상을 가져와 그 위에 올라가 잠을 잤다. 그래도 빈대들은 상다리를 타고 올라와 그를 괴롭혔다. 그때 그의 머리에 기발한 생각이 하나 떠올랐다. 수돗가에 가서 대야 네 개를 가져와 상다리에 하나씩 받치고 거기에 물을 부었다. 아무리 악착같은 빈대라도 대야를 지나서 상위로 올라가려면 물에 빠질 수 밖에 없다고 생각했기 때문이다. “이제는 안심이다. 물에 빠져 죽으려거든 기어 올라와라” 하고 생각하며 잠을 잤는데, 그런데 이게 웬일인가? 그 날도 역시 빈대특공대의 공격을 받아야 했다. 도대체 저 많은 빈대들이 어떻게 탁자 위로 올라왔을까? 하고 신기해하며 불을 켜고 자세히 보니, 빈대들은 방벽을 타고 천장으로 올라가서는 그를 향해 공중낙하를 시도하는 것이었다. 그 순간 그는 감탄을 했다. “빈대도 저렇게 살기 위해서 노력하는구나. 그리고 빈대 머리에서 어쩜 저런 기발한 생각이 났을까? 빈대도 저렇게 열심히 사는데 내가 빈대만도 못한 인간이 될 수는 없지! 나도 열심히 노력해서 내 꿈을 꼭 이루어야지.” 그날 하찮은 빈대에게서 얻은 교훈은 그가 어려운 일에 부딪칠 때마다 이겨낼 수 있는 힘이 되었다.

Chapter
03

비전 · 전략 · 리더십

제1절 | 비전의 개념

비전(vision)은 더 나은 미래에 대한 희망과 그것이 언젠가는 달성될 것이라는 신념을 제공한다. 인간은 미래를 생각할 수 있다. 그래서 꿈을 꾸고 그 꿈을 달성하기 위해 계획을 수립한다. 미래에 대한 기대는 우리에게 기쁨과 활력을 준다. 비전과 꿈이 있어야 의욕도 생기고 몸과 마음이 건강해진다. 따라서 비전은 우리의 삶에 있어 방향을 설정한다. 즉 우리가 미래에 대한 희망을 갖고 미래로 나아가는 데 있어 이정표 역할을 한다.

비전은 단지 꿈이 아니다. 그것은 조직의 모든 사람들이 믿을 수 있고, 실제 도달할 수 있으며, 지금 현재 존재하는 것보다 더 나은 미래에 대한 야심적인 관점이다. 이처럼 비전은 쉽게 도달할 수는 없지만 아주 매력적이고 이상적인 미래이다. 그리고 비전이 아주 추상적인 것처럼 보이지만 조직이 미래에 도달하고자 하는 일종의 이상적인 모습으로 조직의 전체적인 방향을 제시하는 청사진이다. 따라서 비전은 모든 구성원들이 쉽게 이해할 수 있는 간결하고 강력한 일종의 슬로건과 같은 것이다.

그림 3-1 | 비전의 본질

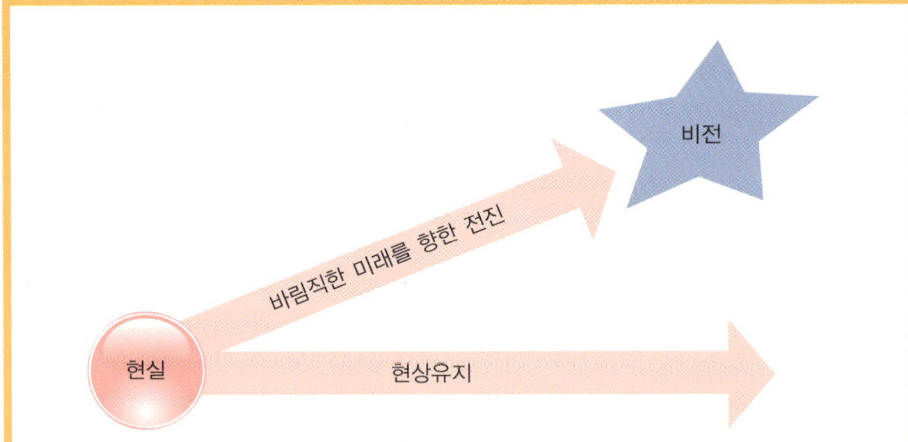

미국의 마이크로소프트 회장인 빌 게이츠는 사람들이 컴퓨터를 어떻게 켜는지조차 모르던 시절에 "모든 가정의 책상 위에 개인용 컴퓨터"라는 비전으로 회사를 이끌었다. 이러한 비전으로 조직구성원들에게 미래의 야망에 대한 도전정신으로 최선을 다하도록 용기와 힘을 실어주었다. 그러므로 [그림 3-1]에서 보는 바와 같이 비전은 바람직한 미래를 창출하기 위해 현실의 문제와 도전에 응전하면서 미래로 나아가게 안내해 주는 북극성과 같은 역할을 한다.

그러므로 비전이 현실이 되기 위해선 '비전을 어떻게 만들 것인가?', '비전을 어떻게 전달할 것인가?', '비전을 어떻게 실천할 것인가?'를 알아야 한다. 조직의 비전은 한 사람의 작품이 아니다. 비전을 다른 사람과 공유하고, 그들의 생각과 반응을 받아들여야 한다. 열린 마음으로 그들의 희망과 꿈을 포함시켜야 한다. 토론을 통해 공통요소를 찾아내고 다 같이 공감하는 비전으로 발전시켜야 한다.

비전은 계속되는 과정이며, 그에 대한 지속적인 대화가 필요하다. 비전에 대해 가능하면 많이 이야기하고 언급해야 한다. 왜냐하면 비전에 대해 집중할수록 그것은 보다 명확해지고 보다 깊이 이해되기 때문이다. 실제로 비전은 시간이 흐름에 따라 변화한다. 하지만 비전의 핵심은 그대로 남아 있다.

'비전의 실천은 어떻게 할 것인가?' 지금 궤도를 벗어났다고 해서 좌절할 필요는 없다. 궤도를 벗어나도 비전으로 다시 복귀할 수 있다. 만약 장애물이 궤도를 벗어나게 한다면 새로운 궤도를 설정하면 된다. 필요하다면 목표를 수정할 각오를 해야 한다. 변화는 항시 발생하게 마련이다. 그런 일들을 새로운 도전이나 기회로 생각할 줄 알아야 한다. 무엇보다 중요한 것은 항상 비전에 초점을 맞추는 것이다. 그리고 비전에 헌신할 수 있는 용기를 갖는 것이다. 진정한 헌신은 행동을 취할 때 시작된다. 물론 두려움이 생기겠지만 중요한 것은 그 두려움을 느끼면서 전진하는 것이다.

세상이 만들어 놓은 잣대는 중요하지 않다. 나만의 비전이 필요하며 그 비전을 위해 전진하며 비전으로 가슴이 뛰어야 한다.

삼성전자는 디지털 컨버전스를 위한 혁신적인 기술 개발을 위해 부단히 노력하고 있다. 이러한 기술을 토대로 창출된 제품과 서비스는 인류의 생활을 보다 편리하고 가치 있는 삶으로 만드는 데 공헌하고 있는데, 삼성전자의 비전은 미래 혁신 기술의 개발로 디지털 컨버전스 혁명을 주도하면서 궁극적으로 인류의 행복과 풍요로운 삶을 추구하는 선도기업이 되는 것이다.

그림 3-2 | 삼성전자의 비전

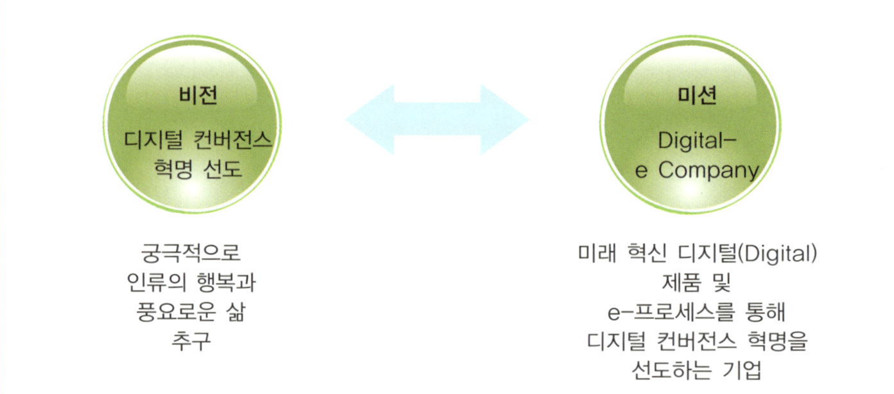

조직에서 리더는 부하들에게 무슨 일을 시킬 때 비전을 제시해야 한다. 비전을 제시하지 않고 무작정 일을 시키면 부하들은 자기가 왜 이 일을 해야 하는 것인지, 무엇 때문에 하는 것인지를 모르기 때문에 그냥 시키는 대로만 일을 하게 된다. 그러나 명확한 미래의 비전을 제시하게 되면 내가 왜 이 일을 해야 하고, 어떻게 이 일을 완성시켜야 할지 목표가 명확해지기 때문에 일을 열심히 하게 된다. 그래서 리더는 미래에 대한 탁월한 혜안이 필요하고 통찰력과 어느 정도의 예지력도 필요하다. 보통 사람들과 똑같이 행동하고, 똑같이 생각한다면 리더로서의 자질이 없다. 리더는 과거도 알고, 현재도 알아야 하며, 미래를 예측하여 미리 미리 상황에 대비할 수 있어야 한다. 하지만 그렇게 되기 위해서는 끊임없는 학습과 노력이 있어야만 가능하게 된다. 그래서 리더는 끊임없이 학습하고, 통찰력을 키워야 하고, 비전을 제시하고 그것을 달성해 나가려는 노력이 뒤따라야 한다. 리더가 갖는 통찰력과 예지력이 모두 리더의 노력에 의해 끊임없이 학습한 결과라는 것은 우리에게 시사하는 바가 크다.

Leadership Devlopment and Training **사례 3-1**

리더의 등급

리더는 혼자서 될 수 없다

- 배반할 사람을 가려내고, 위기를 예견할 줄 알고, 부하를 잘 통솔하면 열 명의 리더가 될 수 있고(十人之將)
- 아침부터 밤까지 일하고, 언변이 신중하고 능하면 백 명의 리더가 될 수 있고(百人之將)
- 부정을 싫어하고 사려가 깊으며 용감하고, 전투의욕이 왕성하면 천명의 리더가 될 수 있고(千人之將)
- 겉에는 위임이 넘치고, 속에는 물타는 투지가 있으며, 부하의 노고를 동정하는 마음씨가 있다면 만 명의 리더가 될 수 있고(萬人之將)
- 유능한 인재를 등용함은 물론 자신이 매일매일 수양에 힘쓰며, 신의가 두텁고 관용할 줄 알며, 항상 동요함이 없으면 십만 명의 리더가 될 수 있고(十萬人之將)
- 부하를 사랑하고 경쟁자에게 존경받고, 지식이 풍부하여 모든 부하가 따른다면 천하 만민의 리더(天下萬民之將)가 될 수 있다.

자료 : 한국인재개발센터(http://www.bestpdc.com)

제2절 | 비전의 기능

성공적인 리더는 비전을 제시하여 구성원들이 한 방향으로 나아갈 수 있게 한다. 비전은 현재와 미래를 연결해주고 구성원들에게 미래를 위한 동기와 열정을 제공해 준다. 따라서 리더는 조직의 비전을 설정하고 실천할 수 있는 능력을 가져야 한다. 이러한 비전의 기능에 대해 살펴보고자 한다.

1. 현재와 미래의 연결

비전은 현재 상태에서 시작해 미래 조직이 도달하고자 하는 목표를 실현하기 위해 올바른 방향으로 나아갈 수 있도록 연결해 준다. 따라서 리더는 조직의 현재 상태에서 미래의 꿈을 향해 나아가는 비전을 제시할 능력이 필요하다. 그러나 많은 리더들은 대부분의 시간을 현재 당면한 문제를 해결하는 데 대부분의 시간을 소비하는 대신 미래에 대해서는 큰 관심을 갖지 않는 경우가 많다. 따라서 리더는 현재보다는 미래 조직의 장기발전을 위한 원대한 비전을 수립하는 것이 중요하다.

2. 열정과 헌신 고무

비전은 조직구성원들에게 자신이 하고 있는 일에 열정을 불러일으킨다. 따라서 비전은 사람들에게 최선을 다해 도전할만한 가치가 있는 것에 몰입하게 한다. 그러므로 비전은 사람들에게 의지와 갈망, 헌신, 인생을 보람 있게 만들고 사회를 개선하는 일에 헌신하도록 고무시킴으로써 기대 이상의 결과를 가져오게 된다.

3. 일의 의미 고취

사람들은 자신이 하는 일에 대해 존엄성과 의미를 발견하기를 원한다. 반복적인 일을 수행하는 사람이라도 자신이 하는 일에 더 큰 목표를 갖게 될 때 보람과 긍지를 갖게 된다. 옛 고사성어에 지나가던 나그네가 석조건물을 짓고 있는 석공에 다가가 물었다. 그 중 A는 "나는 그저 돌을 자르고 있소"라고 대답했다. B는 "나는 이 건물의 초석이 될 조각을 하고 있소"라고 말했다. C는 "나는 세상에서 가장 웅장하고 위대한 건축물을 지금 짓고 있소"라고 말했다. 이들 세 사람 중 앞 두 사람은 지금 자신이 하는 일에 큰 의미를 부여하지 않고 시키는 대로 하는 반면, 마지막 사람은 자신이 하는 일에 대해 큰 사명감과 책임의식을 가지고 미래 웅장한 건축물을 기대하는, 즉 비전 속에서 일을 하고 있음을 알 수 있다.

4. 수월성 기준 제시

비전은 조직구성원이 조직에 대해 자신의 기여 정도를 평가할 수 있는 수월성(excellence) 기준을 제공한다. 즉, 모든 면에서 최상의 표준에 도달하기 위한 노력으로 비전은 개인의 노력에 대한 효과를 극대화시켜 준다.

수월성에 대해 가드너는 유능함뿐만 아니라 생활의 모든 면에 있어서 최고의 수준을 추구하고, 특출한 재능을 발견하고 계발하는 과정 및 도덕적 가치에 대한 추구하는 것을 의미한다고 하였다. 대부분의 조직구성원들은 자신이 하는 일이 조직 전체를 위해 어떻게 적합하게 이루어지고 있는지를 알고 싶어 한다. 따라서 비전은 미래상을 분명히 밝혀주고, 사람들로 하여금 그들이 어떻게 공헌하고 있는지를 보여준다. 또한 비전은 사람들에게 도전과 위험을 감수할 수 있는 용기를 심어준다.

Leadership Development and Training

사례 3-2

비전과 목표의 차이점

'비전(Vision)'이란 단어는 외국어다. 그래서 우리에게 다소 생소하게 느껴질 수도 있다. 사전적 의미로는 '미래에 대한 구상, 미래상'이라고 되어 있다. 구체적으로 살펴보면 '보는 행위 또는 능력, 보는 감각, 꿰뚫어보는 힘, 마음의 시력'을 뜻함을 알 수 있다. 흔히 상상력, 선견, 통찰력으로 번역되기도 한다. '광경, 상상도, 미래도'와 같이 보이는 모습의 의미를 담고 있기도 하다.

서양에서 들어온 말이라 우리말에 딱 들어맞는 용어가 없어 원어 그대로 비전으로 불리는 경우가 많다. 굳이 우리말과 비교해서 쉽게 말한다면 '꿈'이나 '사명'이라는 단어에 가장 근접하다. '목표, 목적, 소명, 소망, 소원, 목표설정'과 비슷한 뜻으로 이해될 수도 있다. 동양적으로 바라본다면 '삶의 철학, 사상, 가치관, 좌우명'이라는 뜻도 담겨져 있다. 구어체에서는 '어떤 사람의 됨됨이, 미래성, 발전가능성'으로 사용된다. 그래서 '비전 없는 인간'이라고 한다면 앞으로의 미래가 안 보인다는 뜻이 되기 때문에 상당한 욕이 된다.

비전은 우리 자신의 정체성과도 연관을 맺고 있다. 그래서 우리가 올바른 삶의 방향으로 나아가기 위해서는 자아(自我)에 대해서 좀 더 깊이 있게 알 필요가 있다. 비전은 자아뿐만 아니라 직업, 성공, 행복에 이르기까지 우리 삶의 모든 부분과 연관관계를 맺고 있다.

세계적인 베스트셀러 작가 켄 블랜차드는 「비전으로 가슴을 뛰게 하라」에서 '비전은 자신이 누구이고, 어디로 가고 있으며, 무엇이 그 여정을 인도할지 아는 것이다'라고 말한다.

켄 블랜차드는 비전과 목표를 구분하여 정의 내리고 있다.

비전은 목적을 달성해가는 과정에서 끊임없이 지침을 제공하는 영속적인 것이다. 목표와 비전을 구분하는 한 가지 방법은 다음과 같은 질문을 해보는 것이다. '그 다음에는?' 목표는 달성하고 나면 끝난다. 그러나 비전은 미래의 행동을 위한 뚜렷한 방향을 제시하고 새로운 목표를 설정하도록 도와준다. 많은 사람들이 목표만 있고 비전이 없는 경우가 많다. 그렇게 되면 목표만 달성되고 나면 모든 게 끝나버리고 만다.

만일 당신이 '아름다운 몸매를 가지고 싶다, 넓고 큰 주택을 구입하고 싶다, 고급 승용차를 구입하겠다, 경영자가 되고 싶다'라고 생각한다면 그것은 비전이 아니라 목표를 말하는 것이다. 이러한 목표를 비전으로 알고 살아간다면 설령 당신이 원하는 것을 성취한다고 해도 만족보다는 오히려 허무함을 느낄 수 있다. 이러한 목표는 그것을 성취하고 나면 또다시 새로운 목표를 수립해서 도전하면 된다. 하지만 비전은 내 삶에서 영원한 생명력을 가지고 있는 것이다.

제3절 | 비전의 표현 형태

비전은 꿈이다. 그렇기 때문에 머릿속에 그려 보아야 한다. 꿈꾸지 않고 보지 않는 것은 결코 이룰 수 없다. 앞으로 몇 년 뒤 혹은 10년, 아니면 20년 후 어떤 상태에 도달해 있을 것인가를 그려보는 것이 바로 비전이다. 비전은 어떻게 표현되어야 하는지 살펴보고자 한다.

① 비전은 간결하고 생생한 감동적인 표현으로 조직구성원의 이목을 사로잡을 수 있어야 한다. 또한 듣는 순간 가슴이 두근거릴 정도의 감동을 주어야 한다. 그렇게 함으로써 조직구성원의 참여를 유도할 수 있다.

② 비전은 핵심이념과 미래상을 제시하는 말이어야 한다. 핵심이념은 조직의 핵심가치와 핵심목적으로 구성되며, 미래상은 원대하고 대담한 목표를 제시해 주어야 한다.

③ 쉽게 이해하고 의사소통할 수 있게 표현해야 한다. 누구나가 30초 이내로 그 개요를 시원하게 설명할 수 있는 내용이어야 한다.

④ 관점이 명확하고, 무엇을 하겠다는 의지를 명확한 용어로 표현해야 하며, 모든 이해관계자들에게 호소력이 있어야 한다.

⑤ 조직의 변화와 단 · 중기적 성장을 자극할 수 있어야 한다.

⑥ 구성원들에게 공동의 목표의식을 부여하고, 이의 달성을 위해 공헌과 동기를 유발할 수 있어야 한다.

⑦ 명확하고, 생동감 있고, 더 나은 미래를 표현해 주는 말이어야 한다.

⑧ 중장기적 관점에서 조직구성원들에게 미래의 이상향, 꿈을 표현해 주어야 한다.

⑨ 비전은 웅대하고 거창해야 하지만 동시에 조직의 수행역량을 고려하여 표현해야 한다. 그렇지 않으면 구성원의 공감이나 참여를 유도할

수 없다.

⑩ 비전은 내부구성원의 동의와 합의에 의해 만들어져야 하며 동시에 최고 경영층의 의지와 외부전문가, 고객 등 다양한 의견을 모두 고려해서 만들어야 한다.

1. 비전 표현 사례

POSCO의 비전은 "Creating Another Success Story"이다. 창업세대들이 이루어 놓은 성공에 만족하지 않고, 새로운 창조의 발걸음을 옮기고 있다. 더 나은 인류사회를 위해 무에서 유가 아니라 유에서 또 다른 유를 만들어 나가고 있으며, 한반도를 뛰어 넘는 인도, 중국을 비롯한 세계무대에서 글로벌 성공을 이어나가고 있다. 열정과 도전으로 세계 속으로 새로운 철강 역사의 신화를 창조해 나가고 있다.

삼성전자의 VISION 2020에 대해 살펴보면 2020년을 향한 삼성전자의 VISION은 "Inspire the World, Create the Future"이다. 이는 삼성전자가 가지고 있는 "New Technology, Innovative Products, Creative Solutions"을 통하여 미래 사회에 대한 영감을 불어 넣고, 고객(Industry), 사회(Partner), 임직원(Employee)의 새로운 가치를 도모함으로써, 궁극적으로 인류사회의 번영을 가져오는 새로운 미래를 창조하기 위한 삼성전자의 의지이다. 이를 바탕으로 2020년 매출 $4,000억, 브랜드가치 Top 5를 달성하는 것이며, 이를 위해 창조경영, 파트너십경영, 인재경영을 3대 전략방향으로 설정하였다. 삼성전자는 기존 사업의 성과를 극대화하는 것은 물론 건강, 의료, 바이오 등을 포함한 새로운 사업영역을 적극 개척하여 시장을 창출하는 창조적인 리더, 인류사회의 번영에 기여하고 고객으로부터 사랑받는 진정한 글로벌 No.1 기업이 되기 위해 최선을 다하고 있다.

현대자동차의 비전으로는 "고객을 위한 혁신(Innovation for Humanity)"으로 이를 달성하기 위해 글로벌지향, 인간존중, 고객감동, 기술혁신, 문화창조를 실천과제로 삼고 있다.

그림 3-3 | 현대자동차의 비전

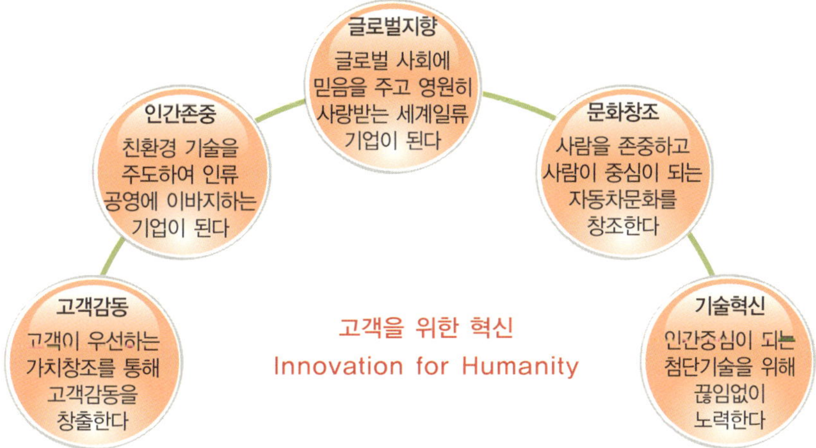

LG의 비전은 "일등 LG"이다. LG는 탁월한 품질과 브랜드가치로 고객을 감동시켜 고객 스스로 LG가 최고라고 만드는 것이며, 투자자에게는 가장 매력적인 LG를 만들기 위해 높은 투자수익률로 보장하며, 최고의 인재가 모여 주인의식을 가지고 신명나게 일할 수 있는 최고의 직장 LG, 일등 경영을 통해 탁월한 성과를 창출함으로써 경쟁사들이 두려워하면서도 배우고 싶은 LG를 만드는 것이다.

KB국민은행의 경영비전은 "최상의 고객서비스, 선진화된 시스템, 글로벌 역량을 갖춘 인재 등으로 아시아 금융을 선도하는 글로벌 뱅크"이다. 이러한 비전을 달성하기 위한 핵심가치로 프로정신, 사회공헌, 고객지향,

다양성 존중, 개척정신 등으로 삼고 있다.

대우증권의 비전은 '아시아를 대표하는 Global IB'이다. 대우증권은 사업무대 면에서는 국내시장을 넘어 이머징 마켓을 비롯한 글로벌 마켓으로 시장을 확장해 나가는 것을 의미하며, 수익구조 면에서는 자산관리(WM)와 투자은행(IB) 분야의 육성을 통해 수익원을 다변화하고, 사업 전반의 수익구조를 균형 있게 육성하는 것이다. 또한, 선진 Global IB와 직접 경쟁에서 우위를 점할 수 있는 분야를 지역 혹은 사업부문 중 최소 하나 이상 확보하는 절대우위 영역을 마련하는 일이다. 대우증권은 이 같은 비전을 달성하기 위해 중장기 전략을 수립하여 실천해 나가고 있으며, 이를 통해 시장의 기대에 부응하고 우리나라 금융산업의 꿈을 실현해 나가고 있다.

그림 3-4 | 대우증권의 비전

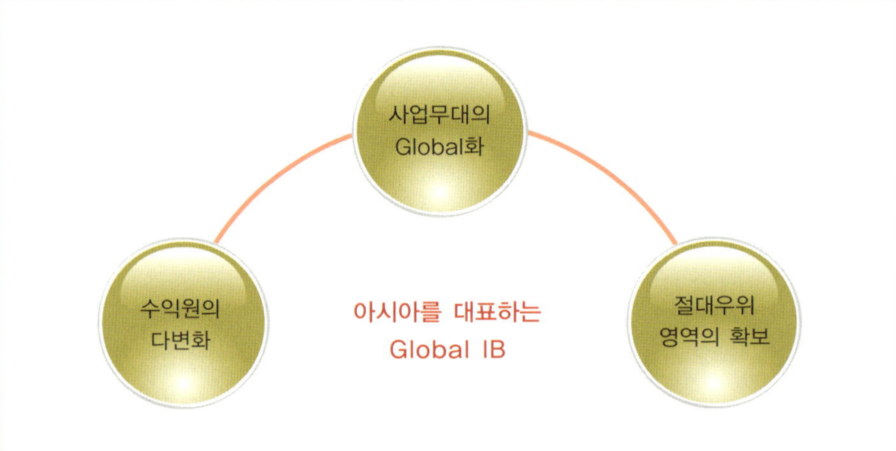

국내 유수기업들의 비전을 요약해 보면 [표 3-1]과 같다.

표 3-1 | 국내 기업비전 예

기업명	비전
POSCO	세계로 가는 도약, 미래를 여는 혁신-새로운 성공신화를 위하여
삼성전자	Inspire the World, Create the Future
현대자동차	고객을 위한 혁신(Innovation for Humanity)
대한항공	세계 항공업계를 선도하는 글로벌 항공사(To be a Respected Leader in the world Airline Community)
LG	일등 LG
KB국민은행	아시아 금융을 선도하는 글로벌 뱅크
대우증권	아시아를 대표하는 Global IB

Leadership Development and Training **사례 3-3**

비전으로 가슴을 뛰게 하라

어떤 일을 하던 '비전'을 가지고 있는 사람과 '비전'을 가지고 있지 않는 사람 간에 차이가 있다. 켄 블랜차드는 긍정적 비전을 통해 전속력으로 전진하는 것이 중요하다고 강조하고 있다. 그는 비전의 핵심요소 3가지를 제시했다.

1. 비전은 의미 있는 목적이다

목적은 존재이유가 된다. 목적은 단지 하고 있는 일을 설명하는 데 그치지 않고 '왜 그 일을 하는가?'에 대한 물음에 대한 답이다.

2. 비전은 뚜렷한 가치이다

가치는 목적을 추구함에 있어서 어떻게 진행해 나갈 것인가에 대한 폭넓은 지침을 제공한다. 가치는 '나는 무엇을 토대로 어떻게 살고자 하는가?'라는 질문에 대한 답이다.

3. 비전은 미래의 청사진이다

청사진의 힘은 그것을 이루어가는 과정이 아니라 최종적인 결과에 초점을 맞출 때 발휘된다. 막연한 것이 아니라, 실제로 생길 결과를 눈앞에 그려보는 것이다. 없애고 싶은 것이 아니라 만들어 내고 싶은 것에 초점을 두는 것이다. 지나온 일이 아니라 앞으로 다가올 일 생각하며 행동하게 된다.

2. 비전의 공통주제

Daft(2008)는 비전은 광범위한 호소력과 변화를 다루고, 믿음과 희망, 높은 이상, 구체적 목표 등을 다루고 있어야 한다고 했다.

1) 호소력

효과적인 비전은 조직구성원들을 흥분시킬 수 있는 강한 호소력이 있어야 한다. 비전은 최고경영자의 전유물이 아니라 조직구성원 전체가 비전 달성을 위해 동기를 유발시킬 수 있는 강한 메시지가 담겨 있어야 한다.

2) 변화촉진

비전은 조직으로 하여금 과감한 변화를 요구한다. 비전은 사람들에게 보다 나은 미래를 위한 중요한 변화를 하게 한다. 특히 행동의 변화는 모든 것을 바꿔 놓기도 한다. 변화에 대해 두려워하지 않고 불확실성에 맞설 수 있는 것은 리더의 확고부동한 의지가 중요하다.

3) 믿음과 희망 고취

미래는 그것을 믿는 사람에 의해서 형상화되어 진다. 비전은 미래의 꿈이며, 희망으로 상상력 속에서 존재하는 것으로 그것을 믿고 달성하기 위해 헌신할 때 실현이 가능하며, 그 결과 더 나은 미래가 보장되는 것이다.

Leadership Development and Training **사례 3-4**

피그말리온식 사랑과 피그말리온 효과

우리는 모두들 이렇게 생각하면서 살고 있다. "적어도 내가 사랑하는 사람은 이 정도는 되어야지"라는 지극히 자기중심적인 당위성에서 출발하는 사랑을 원한다. 상대를 내 맘대로 변화시키고 내가 원하는 사람으로 만들고 싶어 하는 사랑, 우리는 그런 사랑을 '피그말리온식 사랑'이라고 한다.

피그말리온은 고대 그리스의 조각가이다. 피그말리온은 아프로디테 여 사제들의 문란한 생활을 보며 평생 독신으로 살기로 결심한다. 그의 꿈은 이 세상에서 가장 아름다운 여자를 조각하는 일이었다. 그는 갖은 정성을 다해 조각상을 만들고 '갈라테이아'라고 이름을 붙였는데, 그만 그 조각성과 사랑에 빠지고 말았다. 그래서 꽃과 보석으로 조각상을 장식하고 값비싼 옷을 입히며, 조각상을 끌어안고 키스를 하는 등 마치 살아있는 여인처럼 조각상을 소중하게 다루었다. 심지어 나중에는 그 조각상을 자신의 아내라고 부를 지경에 이르렀다. 그러나 현실은 단지 조각상에 불과했고 생명체는 아니었다. 안타까운 마음에 아프로디테의 제전의 날에 피그말리온은 기도를 드렸다. "신이시여 원컨대 저에게 저 조각상 처녀와 같은 여성을 아내로 주소서." 아프로티테는 피그말리온의 간청을 들어주었다. 조각상에 생명을 불어넣어 주었다. 그리하여 피그말리온은 살아 숨쉬는 갈라테이아와 결혼을 하게 되었다. 피그말리온식 사랑은 오드리 햅번 주연의 영화 "마이 페어 레이디"나 줄리아 로버츠 주연의 영화 "귀여운 여인"에서도 잘 나타난다. 두 영화 모두 상대를 그대로 사랑했다기보다 내가 원하는 형태의 우아한 여성으로 변화시킨 뒤 사랑하게 되었다는 것이다.

피그말리온식 사랑은 지극히 위험한 자기중심적 사랑으로 자기가 창조한 대상을 소유하고 지배하려는 욕망을 내포하고 있다. 그러나 우리가 여기서 소중하게 생각해야 할 점은 간절히 바라고 노력하면 이루어진다는 것을 기억할 필요가 있다.

4) 높은 이상 반영

비전은 높은 이상을 반영하고 있다. 비전은 보다 나은 미래를 위해 노력할 때 사람들에게 영감을 주고 활력을 줄 수 있는 힘을 가지게 된다. John F. 케네디 대통령이 "인간을 달에 보내겠다"는 비전을 발표했을 때, NASA

는 달에 인간을 보낼 수 있는 기술과 지식이 거의 없었다. 그러나 그러한 비전을 달성하기 위해 모두가 노력하고 헌신한 결과 NASA는 1969년에 인간을 달에 보낼 수 있었다.

5) 구체적인 목표 제시

미래에 대한 좋은 비전은 조직이 성취하고자 하는 구체적인 결과를 포함하고 있다. 여기에 조직이 목적하는 바에 도달하도록 돕기 위한 중요한 가치들이 결합된다. 예를 들면 부산대학교의 비전은 "한국을 대표하는 세계 속의 명문대학"으로 이를 달성하기 위한 발전목표로 국내 TOP 5대학, 5개 이상의 학문분야에서 세계 100위권 대학으로 발전하는 것이다.

Leadership Devlopment and Training 사례 3-5

케네디 대통령의 리더십

케네디 대통령은 1917년 5월 29일 메사추세츠주 브루클린에서 출생하였다. 하버드대학교 정치학과를 졸업하고, 1961~1963년 제35대 미국 대통령이 되었으며, 1963년 11월 22일 텍사스주 댈러스 시에서 자동차 퍼레이드 중 암살자에 의해 사망하였다.

경력 및 업적을 살펴보면 일본의 진주만 기습 후 해군에 지원, 해군장교로 근무, 1952년 상원의원 당선, 1957년 「용기 있는 사람들」 저술 퓰리처상 수상, 1960년 대통령 선거에 민주당 후보지명을 받고 출마, 1961년 미국 역사상 최연소 아일랜드계 35대 대통령 당선 되었다.

케네디 대통령의 리더십에 대해 살펴보면 다음과 같다.

1. 비전 : 나아갈 바를 제시하라.
   "조국이 당신을 위해 무엇을 할 수 있는지 묻지 말고, 당신이 소국을 위해 무잇을 할 수있는지 물어라(Ask not what your country can do for you ask what you

can do for your country).”

2. 규칙의 파괴 : 기존의 규칙에 의문을 제기하라.
   텔레비전 생방송 회견을 이용하여 국민과 소통

3. 유연성 : 불리함을 장점으로 바꾸어라.
   가톨릭이라는 자신의 종교를 장점으로 이용

4. 카리스마 : 자신의 스타일을 정립하라.
   영화배우 같은 정치인이 되겠다는 계획으로 자신만의 스타일 정립

5. 커뮤니케이션 : 생각을 효과적으로 제시하라.
   말을 더듬고 머뭇거렸던 그는 자신의 커뮤니케이션 기술을 보다 완벽하게 하기 위한 노력에 막대한 시간 투자

6. 연설원고 작성 : 메시지 전달법을 숙달하라.
   꼭 필요한 웅변능력을 갖기 위해서는 연설에 능숙, 연설원고를 통해 능숙해짐.

7. 배우는 자세 : 자신의 고정관념에 도전하라.
   핵무기 확산 문제를 해결하기 위해 핵실험 금지조약 체결

8. 팀 구축 : 바비와 같은 오른팔을 찾아라.
   인사가 곧 정책

9. 의사결정 : 최종 책임은 자신에게 있다.

10. 오산과 그릇된 판단 : 실수에서 배우다.
    실수를 했을 때 이를 인정하고, 실수로부터 배우는 것이 중요하다.

11. 위기관리 : 가장 냉정한 사람이 되라.
    핵시대의 세계평화에 가장 큰 위협이 된 사건을 해결했다.

제4절 | 비전의 실천

성공한 리더는 모두 비전을 전략적인 행동으로 연결시켜 실천한 사람들이다. 리더가 비전을 실천하는 정도를 Hitt(1988)는 [그림 3-5]에서 보는 바와 같이 네 가지 유형으로 구분하여 설명했다.

① 비전제시와 비전실행이 모두 낮은 리더는 방관자(the uninvolved)이다. 이러한 리더는 진정한 리더라 할 수 없다.

② 행동을 취하나 비전이 없는 리더는 단순한 행동가(doer)이다. 이들은 열심히 일을 하고, 과업수행과 조직에 헌신한다. 그러나 행동가들은 맹목적으로 열심히 일할 뿐, 목적의식과 방향이 없고 행동은 아무런 의미가 없으며, 조직구성원들에게 기여하지 못한다.

③ 자신과 조직의 다른 구성원들에게 의미 있는 아이디어를 제공하지만, 전략적인 행동으로 옮기는 데 미숙한 리더는 몽상가(dreamer)이다. 이 경우 비전은 단지 꿈이고, 환상에 불과하다.

④ 꿈이 있고, 이 꿈을 전략적 행동으로 옮기는 리더야말로 효과적인 리

그림 3-5 | 비전과 전략적 행동과의 관계

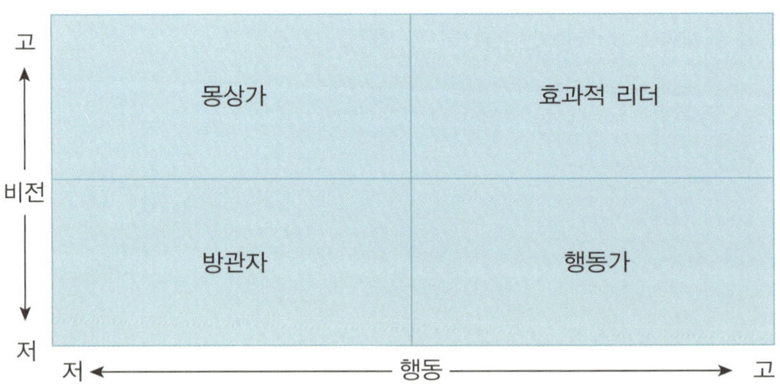

더(effective leader)이다. 이러한 리더가 진정으로 조직에 필요한 유익한 리더이다.

리더가 비전을 행동으로 실천하기 위해서는 다음 사항을 고려해야 한다(LG 주간경제, 1996).

① 조직의 핵심이념과 부합되는 목표설정이다. 핵심이념과 목표가 서로 부합될 때 핵심이념은 목표를 추구하는 데 연속성의 토대를 제공하고, 목표는 조직의 성장을 가능하게 함으로써 비전을 구현할 수 있게 된다.

② 고객에게 가치를 제공할 수 있는 영역의 설정이다. 누구를 대상으로 사업을 영위할 것인가? 고객에게 어떤 가치를 제공할 것인가? 어떤 역량으로 가치를 제공할 것인가? 등이 설정되어야 한다.

③ 비전의 수립은 미래를 향한 조직의 소망, 즉 의지에서 출발해야 구성원이 열망을 일으킨 수 있다. 이는 "무엇을 하고 싶은가?", "무엇을 해야 하는가?"라는 생각에서 출발하는 방식으로 조직의 전략적 의지를 먼저 이끌어 낸 다음에 역량과 자원 등에 대한 분석을 수행하는 것이 바람직하다.

④ 비전은 단지 구호에만 그쳐서는 안 된다. 수립단계에서부터 구성원의 의욕을 북돋우는 만큼 광범위한 공감대를 형성하여 설정되어야 한다. 이러한 방안으로는 비전을 위한 추진 조직을 만들거나 의견수렴을 통해 비전수립 과정에 조직구성원의 참여를 유도하는 것이 중요하다. 이렇게 참여시켜야 구성원의 몰입과 헌신을 이끌어 낼 수 있다.

⑤ 비전이 만들어지면 구체적으로 어떤 단계를 거쳐 실천할 것인가의 문제가 남는다. 비전을 추진하기 위해서는 가급적 기한까지 포함되는 완전한 계획을 수립하거나 명확한 과제를 선정해야 한다. 따라서 비전을 추진하기 위해서는 비전 실행을 단계적으로 접근하는 것이 중요하다.

사례 3-6

히딩크의 리더십

출생 : 1946년 11월 8일(네덜란드)

경력 : 1967~1970 데 그라프샤프 선수
1970~1972 PSV 아인트호벤
1982~1984 데 그라프샤프 코치
1986~1990 PSV 아인트호벤 (리그우승 3회, 챔스우승 1회)
1995~1998 네덜란드 국가대표팀 감독(프랑스월드컵 4강 진출)
1998~1999 레알마드리드 감독
2000~2002 대한민국 국가대표팀 감독(한일월드컵 4강 진출)
2010~2011 터키 국가대표팀 감독

히딩크의 리더십에 대해 정리해 보면 다음과 같다.

1. 무한경쟁의 글로벌스탠더드 도입
   - 현재 실력 위주의 선수 선발
   - 선수들의 경쟁심, 긴장감 유발
   - 선수 각자의 잠재능력을 최대한 끌어냄

2. 기본기 중요시
   - 꾸준한 체력훈련, 세계 강호와 평가전
   - 강한 체력과 정신력
   - 토털사커와 압박축구 완성

3. 단기실적에 연연치 않고 장기목표를 밀어붙이는 뚝심
   - 월드컵 16강 진출 목표설정
   - 비난여론에 굴하지 않음(평가전 0:5 완패)
   - 월드컵 4강 진출

4. 개인보다 팀워크 중요시
   - 단체생활의 규율 강조
   - 팀워크를 해치는 선수는 용납하지 않음
   - 선수들 사이에 협력관계 형성

5. 부드러운 연성(軟性) 리더십
   - 엄할 때와 포용할 때를 구분, 농담과 장난 즐김
   - 선수들과의 커뮤니케이션
   - 선수들에 대한 무한신뢰

6. 멋을 알고 멋을 부리는 그라운드 시인
- "새로운 자신을 발견하기 바란다"
  (이탈리아전에서 연장전에 들어가기 전 선수들에게)
- "나는 여전히 배가 고프다"(스페인전을 앞두고)
- "때로 사고뭉치가 필요한데 아무도 악역을 떠맡지 않는다"
- "우리는 오늘 즐길 권리가 있다"(폴란드전 승리 후)
- 말로 좌중을 휘어잡고 말로 사람을 움직일 줄 아는 리더

제5절 | 전략

1. 전략의 개념

비전이 "조직이 무엇(what)을 할 것인가?"에 해당된다면, 전략은 "비전(목표)을 어떻게(how) 달성할 것인가?"에 해당된다. 즉, 전략(strategy)이란 조직이 비전, 즉 조직의 목표를 달성하기 위한 다양한 방법들 중에서 소식에 가장 적합한 최선의 대안, 실천계획을 수립하는 것이다. 또한 전략은 조직이 나아가야 할 장기적인 방향을 제시하고, 지속적 경쟁우위를 유지하면서 조직의 사명과 목표를 달성하도록 하는 종합적인 행동계획이라고 할 수 있다. 따라서 전략을 제대로 수립하면 기업은 다음과 같은 능력을 갖게 된다.

① 분명한 방향을 설정한다.

② 경쟁자와 비교해서 강점과 약점의 내용을 알게 된다.

③ 기업이 보유하는 주요 기능과 핵심역량을 수행 중인 프로젝트에 희소자원을 적절히 배분한다.

④ 급격하게 변화하는 정치적 · 사회적 환경요소를 규명한다.

⑤ 어떤 경쟁자의 행동을 관찰해야 되는지를 인식한다.

이러한 전략을 구상하고 환경변화에 적합한 전략을 수립하는 것은 바로 리더의 책임이다.

2. 전략개발

비전제시만으로 조직을 성공적으로 이끌어 갈 수 없다. 조직이 성공하기 위해서는 비전을 행동계획으로 전환시키는 방법이 필요한데 이때 전략이 필요하다. 전략을 수립하는 것은 쉬운 것이 아니다. 효과적인 전략을 수립하기 위해서는 환경변화에 대한 철저한 분석과 조직 내·외부 사람들로부터 다양한 의견을 적극적으로 청취하는 것이 필요하다. 성공적인 조직은 환경적 조건에 적합한 전략을 수립해서 운용하고 있다. 따라서 경쟁력 확보를 위한 경영전략은 핵심역량(core competence), 시너지효과(synergy effect), 가치창출(value creation)에 초점을 맞춰야 할 필요가 있다(Daft, 2008).

1) 핵심역량

조직의 핵심역량은 상대적으로 경쟁기업에 비해 매우 우수한 어떤 것을 말한다. 따라서 한 조직의 핵심역량은 피나는 노력과 기술개발, 연구 등에 갖추어진다. 그러므로 조직의 전략은 이러한 핵심역량을 강화시키는 차원에서 수립되어야 한다.

Leadership Devlopment and Training

사례 3-7

장의(張儀)를 통해 본 핵심역량의 중요성

장의(張儀)는 위(魏)나라 사람으로 일찍이 소진과 함께 귀곡(鬼谷) 선생에게서 합종 · 연횡의 유세술을 배운 후, 여러 나라를 돌아다니고 있었다. 한 번은 초나라의 재상의 집에서 술을 마시게 되었는데 우연히 그날 재상의 집에서 값비싼 보석이 없어졌다. 그러자 그 자리에 있던 사람들은 모두 장의를 의심하였다.

"장의는 가난뱅이로 품행이 좋지 않으니 보석을 훔친 자는 장의가 분명하다." 그리고 장의를 붙들어 매고 수백 대의 매를 때렸다. 그러나 아무리 때려도 그런 일이 없다고 끝까지 버티자, 할 수 없이 풀어주었다.

들것에 실려 온 그를 바라보며 그의 아내가 탄식을 하였다.

"당신이 글을 읽어 유세 같은 것을 하지 않았던들, 이런 욕은 당하지 않았을 텐데…"

그러자 장의가 아내에게 신음소리를 내며 물었다.

"내 혀가 그대로 남아 있는지 한 번 봐 주오."

아내가 기가 막혀 웃더니 입안을 살펴보았다.

"있기는 있네요."

장의는 기뻐하며, "그러면 됐소" 하는 것이었다.

유세꾼 장의에게 있어서 세 치 혀야말로 자산이자, 핵심역량인 것이었다.

이처럼 기업에 있어서도 경쟁 기업과 견주어 똑부러지게 앞서 있는 능력을, 하멜(Gary Hamel)은 핵심역량(Core Competence)이라고 말했다. 즉, 제품의 배후에 존재하는 중추적 능력이며, 경쟁기업에 비해 압도적으로 우월한 기업능력을 말한다. 한마디로 경쟁 기업이 모방하기 힘든 그 기업 특유의 자원이나 능력을 말한다. 기업을 큰 나무에 비유하자면, 좋은 꽃과 열매를 맺게 하고 니무를 성장시키는 양분을 세공하는 뿌리 부분을 바로 핵심역량으로 볼 수 있다.

하멜(Gary Hamel)은 자기 핵심역량을 파악하지 못하거나, 적절한 역량을 확보하고 있지 못한 기업은 시장에서 기회가 주어져도 제대로 활용하지 못한다고 하였다.

2) 시너지효과

시너지는 조직의 각 부문들이 개별적으로 활동하여 생산한 산출물의 합보다 조직의 각 부분이 상호작용해서 생산한 결과가 더 큰 효과를 낳는다는 것을 의미한다. 그러므로 조직의 전략수립 시 각 부문의 활동이 최대의 효과를 얻을 수 있도록 전략이 수립되어야 한다.

3) 가치창출

비전을 성취하기 위한 실천계획인 전략을 수립할 때 조직의 핵심역량에 초점을 맞추고 각 부문의 활동이 시너지효과를 얻을 수 있도록 전략을 수립하면 보다 많은 부가가치를 창출할 수 있다.

3. 전략운용

전략운용은 미래를 향해 구체적 단계를 밟아나가는 일련의 과정으로 조직과 환경 사이에서 목표를 달성할 수 있도록 상대적으로 우수한 조건을 성취하기 위한 구체적인 전략을 수립하고 실행하는 데 사용되는 일련의 결정이고 행동이다. 이러한 전략운용은 전략을 수립하고, 행동으로 전환시키는 것을 찾는 것으로 리더의 중요한 임무이다. 전략운용과정을 살펴보면 [그림 3-6]과 같다.

그림 3-6 | 전략운용과정

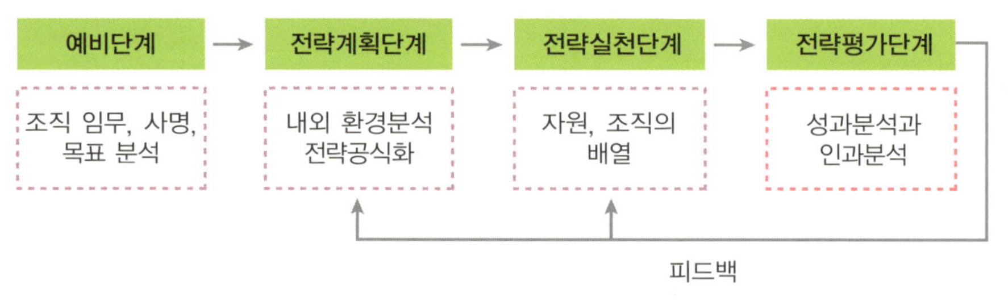

1) 전략계획단계

전략계획단계는 조직의 사명이나 임무를 확인하는 단계에서 출발한다. 상위 조직의 장기적 비전, 목표가 있으면 이를 확인하고 규명한다. 전략계획은 예비적 단계를 거친 다음 조직의 내 · 외부환경 분석을 시작한다. 그리고 환경의 위협과 기회, 조직의 자원이나 구조 등 조직의 능력을 분석한다. 환경분석이 끝나면 여러 가지 전략을 세우고 이들을 비교 · 평가하여 이들 중 최종 전략안을 결정하여 공식화한다.

2) 전략실천단계

전략계획이 마무리되면 이에 따라 전략이 효과적으로 집행될 수 있게 해야 한다. 전략에 일치하도록 조직구조를 재구조화하고 자원도 재분배한다. 그리고 전략개념에 맞춰 지휘하고 업무활동을 추진한다.

3) 전략평가 및 피드백단계

전략이 실천된 후 성과를 평가한다. 전략과 성과의 인과관계를 규명하고, 성공과 실패의 원인과 정도, 그리고 이유를 분석하여 차후의 전략 형성에 도움을 주도록 한다. 실천과정의 중간단계에서도 전략 실시의 문제점이 발견되면 전략실시에 피드백을 통해 계속 수정하도록 해야 한다.

제6절 | 비전 리더십

조직의 비전은 현실성이 있고, 매력적인 조직의 미래상이며 조직이 도달하고자 하는 종착지이다. 수많은 사람들이 공유하는 가치 있고 매력적이며 성취가능한 비전은 조직의 우수성과 성공을 위한 강력한 추진력이다.

따라서 리더의 비전은 구성원들의 행동을 고무시키고 미래를 창조하도록 도움을 준다. 그러므로 비전은 조직의 미래 청사진이다. 글로벌 경영환경 속에서 조직을 둘러싼 환경의 변화와 경쟁 속에서 조직의 미래를 예측하고 조직의 미래상을 수립하며, 이를 달성하기 위해 최선을 다하는 리더십이 바로 비전 리더십(visionary leadership)이다.

비전 리더십은 리더의 비전 행동을 중심적인 리더십 행동으로 보는 리더십이론이다. 비전 리더십 행동은 비전 개발이나 비전을 통한 의사소통 이상의 것이다. 비전 리더십은 리더에 대한 높은 신뢰, 리더에 대한 높은 수준의 몰입, 구성원 간의 높은 성과, 높은 수준의 조직의 전반적 성과를 가져오는 긍정적 효과를 가져오게 될 것이다.

1. 비전의 개발과 의사소통

비전 리더는 구성원들의 욕구나 가치관에 대한 통찰력을 가지고 그러한 욕구와 가치관을 반영하는 비전을 개발한다. 하우스나 샤미르는 리더의 비전 행동이 왜 구성원들의 성과를 향상시키는가를 설명함으로써 비전이 구성원들의 자아개념에 긍정적인 영향을 미치고 구성원들은 비전을 통하여 의미를 발견하고, 비전과 동일시하며, 비전을 믿고, 비전을 달성할 수 있는 그들의 능력을 믿음으로써 비전을 성취하기 위해 동기부여된다고 보았다.

비전 리더가 제시하는 이상적인 목표가 제대로 달성되지 않더라도 추종자들은 일상적으로 비전에 따라 행동한다. 유한양행의 창업자인 유일한 박사는 국민들의 건강을 증진시키고 생명을 살리는 데 최선을 다했다. 따라서 그가 세운 비전에 따라 자신의 이념적인 표준을 만들었다.

비전의 다른 측면은 비전을 실행하기 위한 추종자들의 능력에 대한 자신감이 표현되어야 한다. 비전의 표현은 조직의 독특한 역사에 준거가 될 수 있다. 조직의 초기 원리, 경험, 어려움을 극복한 사례, 조직이 처해 있는 특정 시장 등은 종종 비전 속에 담겨지게 된다.

Sashkin(1996)은 비전을 형성하기 위해서는 리더의 독특한 성격과 인지기술이 있어야 한다고 주장했다. 특히 리더는 장기적 관점에서 사고할 수 있는 능력을 가지고 있어야 하며, 이러한 능력은 리더가 조직의 10년, 20년, 그 이상의 미래에 도달하고자 하는 장기비전을 발전시킬 수 있다. 리더는 비전에 대해 계속적으로, 새로운 방법으로 말할 수 있는 뛰어난 의사소통기술을 반드시 가지고 있어야 한다. 그리고 이를 적합한 비전으로 만들어야 한다.

비전을 개발하고 의사소통하는 능력에 도움이 되는 것이 바로 카리스마이다. 카리스마적 리더는 자신의 설득력을 향상시키기 위해 비유, 철저한 분석, 이야기, 반복적인 방법을 사용하게 된다. 그들은 생기 있고, 자신감에 차 있으며, 극적인 의사소통 스타일을 가지고 있다. 이러한 리더의 수사학적 재능이나 자신감, 극적인 표현방법은 선천적으로 타고 나기도 하지만 훈련을 통해서도 얼마든지 개발할 수 있다.

2. 비전의 실천

비전 리더십은 비전을 만들고 의사소통하는 것과 함께 리더가 비전을 실천하는 방법에 대해서도 제시하고 있다. 비전 실천 방법을 살펴보면 다음과 같다.

1) 역할모델

구성원들이 행동을 따라할 좋은 역할모델을 갖고 있는 것은 중요하다. 역할모델은 누구든 우리가 그 행동을 따라하는 사람이다. 역할모델은 어떤 사람이라도 될 수 있다. 살아 있는 사람일 수도 있고 죽은 사람일 수도 있다. 대개 자신보다 나이가 많은 사람이다. 자신의 분야에서 성공한 사람이다. 그리고 도덕적으로 올바른 삶을 산다.

역할모델은 빌 게이츠나 마이클 조던, 테레사 수녀나 서태지 같은 유명인이 될 수 있다. 혹은 부모나 이웃, 선생님일 수도 있다. 좋은 역할모델이 있으면 인생의 목표를 정하는 데 도움이 된다. 특히 조직의 리더가 구성원들의 역할모델이 된다면 가장 이상적인 경우가 될 것이다.

2) 이미지 구축

비전 리더들은 구성원들에게 의식적으로 자신의 긍정적 이미지를 만든다. 비전 리더들은 일, 개인적인 생활, 복장, 태도 등에 자신의 비전을 반영한다. 또한 극적인 방법으로 바람직한 이미지를 표현하기 위해서 말하는 것을 연습한다.

3) 위험부담

비전 리더들은 비인습적인 행동을 하고, 구성원들이 보면 리더가 희생적이라고 인식하도록 한다. 그러나 그 위험부담은 맹목적인 것이 아니고 계산된 것으로 이러한 위험부담행동은 추종자들에게 기존의 가정에 대해 도전하여 변화와 혁신을 촉진시키도록 한다.

4) 지원

효율적인 리더는 개별적 고려를 통해 추종자들을 지원한다. 리더는 상황이 어려울 때나 구성원들이 혼란스러울 때 정서적 지원을 한다. 지원은 조직차원과 개인적 차원에서 이루어지게 된다. 또한 리더는 추종자들을 개발하기 위해 코칭과 멘토링을 한다.

5) 적응

비전리더는 변화하는 환경에 적절하게 행동하게 된다. 비전 리더는 융통성이 있으며, 주어진 문제해결을 위한 행동을 적절히 한다. 또한 정보를 효율적으로 수집하고, 처리하고, 조직에 그것을 적절히 분배함으로써 적절히 대응할 수 있게 한다.

6) 지적 자극

비전 리더들은 부하들로 하여금 기존 가정에 도전하도록 한다. 세상을 다른 관점으로 보도록 하며, 기존의 획일화된 방식을 거부하고 새롭게 도전하도록 만든다. 만약 리더의 생각이 추종자들의 신념과 다르더라도 리더의 높은 신뢰성과 몰입으로 인하여 추종자들을 설득할 수 있다.

7) 조직 개발

비전 리더들은 구성원들이 비전을 실천하도록 하는 조직의 여건을 만든다. 비전 리더는 기존의 관료제의 역기능을 없애고, 구성원들이 능률적으로 기능할 수 있도록 조직을 구조화한다. 또한 비전을 실천하고자 하는 구성원들을 선발하고, 훈련하며, 개발한다. 또한 구성원들이 비전을 잘 실천할 수 있도록 동기부여하기 위해 처벌과 보상시스템을 개발하여 적절히 사용한다.

3. 비전 리더십 이론의 적용

비전 리더십 이론은 관리자를 리더로 훈련시키는 데 사용할 수 있다. 리더에게 미래를 예측하도록 하는 훈련에 참석시켜 그런 훈련과정에서 자신이 만약 사망했을 때의 약력을 써보도록 하거나, 20년 후 자기 회사에 관한 신문기사를 작성해보도록 하거나, 새로운 신입사원들에게 영감의 연설문을 써보도록 하는 것 등에 적용할 수 있다.

바람직한 미래의 행동을 구성원들에게 설명하도록 하고 그것을 구체적인 방법으로 이야기하도록 함으로써 비전에 대한 의사소통을 훈련시킬 수 있다. 이렇게 함으로써 비전은 조직구성원들에게 의미와 동기부여를 제공할 수 있고, 그리고 다른 개념들과 비전이 다르다는 것을 가르칠 수 있다.

비전 리더십의 적용에는 조직의 제품과 서비스와 시장을 확인하기 위해서 체계적인 조치를 취하도록 하는 훈련을 시킬 수도 있다. 또한 조직의 외부환경과 내부환경을 관련시키는 분석을 통해 훈련시킬 수 있다. 그렇게 함으로써 조직의 효율적인 미래상을 그려보도록 하고, 여러 가지 비전을 만들어 그 중 가장 적절한 것을 선택하는 훈련을 시킬 수도 있다.

Leadership Devlopment and Training 사례 3-8

직원일 땐 최고였는데 임원이 되더니 최악 평가가 나왔다 … 왜?

한 식품회사의 부장인 김개동 씨(가명). 그는 입사 초기부터 적극적인 자세로 사람들의 주목을 받았다. 매사에 의욕과 에너지가 넘치는 그는 회사의 가장 중요한 프로젝트를 담당하는 팀에 여러 번 핵심 멤버로 참여한 경험이 있었다. 긴박한 상태에서 나오는 김 부장의 창의적인 아이디어는 이 회사의 역사에 길이 남을 스타 상품을 만들어내기도 했다.

부장이 되고 나서도 절대 부하직원보다 먼저 자리를 뜨지 않고 업무에 충실히 하는 자세를 보이며 사기를 북돋웠다. 자신의 일을 돕느라 늦게까지 야근을 하는 직원들에게는 위로와 격려의 말도 잊지 않았다. 경영진은 성과가 좋은 그를 일찍부터 주목했고 인사철이 되자 별다른 평가 없이 동기들보다 3년 일찍 임원으로 승진시켰다.

하지만 이사가 된 뒤부터 그에 대한 평기는 뒤집어졌다. 주요 프로젝트 총책임자가 된 김 이사는 시도 때도 없이 새로운 아이디어를 제안했고 아랫사람들은 일주일에도 두세 번씩 프로젝트를 뒤집어야 했다. 결국 제대로 된 결과물 없이 기한을 넘기기가 부지기수였다. 김 이사는 여전히 직원들에게 위로외 격려의 말을 넘기지만 이 칭잔과 격려는 소수의 인물에게 한정됐다. 그의 주변에는 늘 아첨꾼이 들끓었다. 빠른 출근과 늦은 퇴근으로 대표되는 그의 근면성은 여전하지만, 부하직원들 사이에서는 그의 눈에 들기 위해서는 항상 그와 함께 야근을 해야 한다는 소문이 떠돌았다. 직원들은 과로에 시달렸고 업무 성과는 현격히 떨어졌다.

최고 직원이었던 김개동 씨가 최악 임원이 된 것은 그가 변했기 때문이 아니다. 그는 누가 보기에도 뛰어난 사람이었고 그의 능력은 임원 자리에 올라서도 변함이 없었다. 하지만 그에게는 임원이 가져야 할 자질이 없었다. 소규모 팀이 아닌 사내 주요 조직 내 의사결정자로서의 결단력이나 소통능력은 거의 제로에 가까웠다.

김개동 씨 이야기가 '남의 일'로 들리는가? 이는 대부분 기업에서 일어나고 있는 '실제 상황'이다. IBM, 모토로라 등 글로벌기업의 임원평가를 담당해온 헤드헌팅 업체 러셀 레이놀즈의 딘 스태몰리스 사장은 "평균 40%의 임원이 임원 승진 이후 기대치만큼 성과를 이뤄내지 못한다"고 말했다. 경영진과 함께 회사의 살림을 꾸려나가는 임원의 중요성은 아무리 강조해도 지나치지 않다. 한 인사 컨설팅 대표는 "회사에서 임원 비율은 평균 3%에 불과하지만, 이들이 기업에 미치는 영향력은 80%에 달한다"고 말했다. 제대로 된 임원은 회사를 건강하게 만들며 회사의 비전을 만들어 가는 데도 상당한 역할을 한다. 반면 잘못된 임원 선임은 회사 전체를 위태롭게 만들 수 있다.

하지만 자신의 최측근으로 회사를 함께 이끌어 나갈 임원을 평가하고 선임하는 데 경영진은 지나치게 무심하다. 훌륭한 인재를 임원으로 선임하려 애쓴다고 해도 제대로 된 평가시스템을 갖춘 경우는 드물다. 아직도 많은 경영진은 스스로에게 '사람을 볼 줄 아는 눈'이 있다고 판단하고 본인이 주목해온 성과가 좋은 사람을 자신들의 곁에 두기를 원한다. 하지만 마셜 골드스미스와 딘 스태몰리스와 같은 인재관리의 대가들은 "성과에 대한 지나친 욕심을 가진 자들을 오히려 경계하라"고 조언한다. 고성과자가 임원이 되어서는 안 된다는 소리가 아니다. 이들의 양적인 성과가 임원의 진정한 자질을 평가하는 경영진의 판단력을 흔들리게 할 수 있다는 뜻이다. 빛나던 직원도 자질을 완전히 갖추지 못하면 회사를 망가뜨릴 수도 있는 맹독을 품은 임원이 될 수 있다. 이를 판단하는 기준은 경영진의 직관이 아니라 체계적인 평가시스템이어야 한다는 게 인재관리 대가들의 일치된 견해다.

자료 : 매일경제, 2010년 11월 19일 기사 중에서

Chapter 04

커뮤니케이션과 리더십

제1절 커뮤니케이션의 의의 및 중요성

제2절 커뮤니케이션의 기본지침

제3절 커뮤니케이션의 기능

제4절 커뮤니케이션의 과정

제5절 커뮤니케이션의 유형과 네트워크

제6절 커뮤니케이션의 장애요인과 개선방안

제1절 | 커뮤니케이션의 의의 및 중요성

1. 커뮤니케이션의 의의

커뮤니케이션(communication)이란 사람들 사이에 정보를 전달하는 과정을 말한다. 즉, 커뮤니케이션이란 송신자가 수신자로부터 원하는 행동을 유발시키기 위해 어떤 의미를 전달하는 과정이다. 따라서 커뮤니케이션은 송신자가 수신자에게 의사 및 정보를 전달 및 교환하며 감정을 이입시키는 행위의 수단이라고 할 수 있다.

Leadership Development and Training 사례 4-1

KISS(Keep It Short and Simple)

kiss, 즉 keep it short and simple로 커뮤니케이션은 짧고, 단순해야 된다. 신속한 의사결정이 요구되는 비즈니스 현장에서는 간략하면서도 핵심을 찌르는 커뮤니케이션 방식이 효과적이다.

예를 들어 '주장-배경-설득'의 순서에 따라 2~3문장 정도로 자신의 의견을 핵심적으로 전달하는 요령을 평소에 익혀두는 것이 좋다.

커뮤니케이션이란 원래 '공통', '공유'의 의미를 지닌 라틴어의 'communis'에서 유래된 것으로 하나 혹은 그 이상의 유기체가 다른 유기체와 지식, 정보, 의견, 감정 등을 함께 소유하는 행동이다. 또한 커뮤니케이션은 커뮤니티(community=공동체)와 그 어원이 같다. 커뮤니케이션이 없이는 개인이나 사회는 지속적인 관계가 유지될 수 없다. 따라서 개인적 자아실현과 공동체의 목표 달성은 커뮤니케이션을 통해서만 가능하기 때문이다.

사례 4-2

Leadership Devlopment and Training

소통의 의미

세상 삶은 疏通이다. 가정에서 부모와 자식들이 서로 소통하면 화목한 가정이 되고, 사회가 소통하면 이해와 화해가 넘쳐 평화가 넘치고, 조직이 소통하면 일이 즐겁고 창의력이 넘쳐 생산성이 높아 흥하고, 국가와 국민이 소통하면 부국이 될 수 있다.

疏通의 사전적 의미는 막히지 아니하고 잘 통함과 뜻이 서로 통하여 오해가 없는 상태를 말한다. 주역의 비(否)괘에 天地否 天地不交而萬物不通也(하늘과 땅이 막혀 있구나! 하늘과 땅이 서로 소통하지 못하니 만물이 불통이다) '불통하니 터지고, 싸우고, 괴변이 일어나고, 병들고 죽고 하는 비인간적인 현상이 불통이다'라고 하였다.

소통(疏通)은 Communication으로 '대화'라는 의미와 understand each other로 '상대방이 무엇을 말하고자 하는지 서로 이해하는 것'과 의사나 감정의 소통으로 커뮤니케이션(Human Communication)한다는 자기가 가지고 있는 생각이나 뜻이 상대와 서로 통하는 것으로 내 생각으로 설득하기보다는 상대방을 먼저 존중하는 데서부터 출발해야 한다는 것이다.

소통은 두 사람이 나란히 같이 함께 더불어 사는 인간관계로 서로 통하는 것, 德으로 서로에게 유익한 삶을 덕을 베풀고, 나누고, 공감하고, 감동하는 감정의 소통으로 서로 이해하는 것, 易地思之로 남의 입장에서, 남을 섬기는 자세로 상대방을 먼저 존중하고 설득하며, 눈 높이를 맞추어 순수한 아가들이 마음처럼 서로의 뜻을 헤아리려는 경청의 자세로 자신을 내주는 것이다.

커뮤니케이션은 매우 복잡하다. 특히 사회가 복잡한 관계에 의해 유지되다보니 커뮤니케이션은 범람하고 있다. 우리는 자주 커뮤니케이션 자체와 그 도구를 혼동하는 경우 많다. 대화를 했다고 해서 상대방이 전부 이해하는 것이 아니다. 많은 정보를 청취했지만 그것을 정리하지 못해서 혼란을 초래하는 경우도 많다. 대화를 한다고 해도 일방통행이나 독백으로 끝나는 경우가 많다. 이처럼 커뮤니케이션은 복잡하고 미묘한 것이다.

커뮤니케이션이란 용어는 다양하게 표현되고 있는데, 우리가 서로 이야기를 할 때에는 '대화,' 상담자와 클라이언트 간의 커뮤니케이션은 '카운슬링,' 교사가 학생에게 전달하는 커뮤니케이션은 '교육,' 상인과 고객과의 거래관계에서 나누는 커뮤니케이션을 '판매', 성직자가 신도들에게 전하는 말씀을 '설교'라고 한다. 다양하게 표현되는 이 모든 것들의 원형이 바로 커뮤니케이션이다.

Leadership Devlopment and Training **사례 4-3**

회의에서의 대화예절

1. 회의할 때의 유의사항

회의란 여러 사람이 같은 목적을 놓고 의견을 교환해 하나의 결론을 얻어내는 대화의 방법이다. 하나의 주제를 놓고 여러 사람이 의견을 말하고 때로는 상대방을 설득하고, 이해를 구해야 하기 때문에 일반 대화와는 달리 엄격한 질서가 요구된다.

직장에서의 회의는 업무의 방향을 설정하고, 이를 보다 원활하게 수행하며, 그 과정을 점검하는 데 의의가 있다. 따라서 자기의 가치관이나 판단과 차이가 있더라도 다른 사람의 입장을 존중하여 독불장군식으로 의견을 개진하지 않도록 하는 것이 중요하다.

직장에서 회의를 할 때에는 참석자의 입장에 따라 조금씩 다르지만, 일반적으로 다음과 같은 점에 유의하여 이야기하는 것이 바람직하다.

① 발언 내용은 주제에서 벗어나지 않는 것이어야 한다.
② 발언의 차례가 정해져 있는 경우 이를 반드시 지키도록 하며, 차례가 정해져 있지 않더라도 윗사람이나 상사의 발언이 끝나기를 기다려 자기의 의견을 말하도록 한다.
③ 누구나 알아들을 수 있도록 정확하고 또렷한 목소리로 말한다.
④ 혼자서 너무 오랫동안 발언하지 말고 여러 사람이 의사를 개진할 수 있도록 배려한다.
⑤ 짧은 시간에 요점을 간결하고 알기 쉽게 말한다.
⑥ 의제와 관계없는 사담은 피한다.
⑦ 남의 말을 가로막거나 중단시키는 행위는 삼가야 한다.
⑧ 남에게 불쾌감을 주는 태도나 발언은 금물이다.

2. 회의의 준비

직장에서는 모두가 각자의 부서에서 바쁘게 일한다. 그러한 귀중한 시간을 내어 회의를 하는 것이기 때문에 모임을 마련하는 입장에서는 사전에 충분한 배려와 준비가 필요하다. 다음은 모임을 주관하는 입장이라는 깃을 전제로 한 회의 준비 과정의 한 예이다.

1) 목적을 정한다

회의나 미팅은 모임의 목적이 뚜렷해야 하고, 그 다음에 모임에 필요한 시간과 장소를 정한다.

① 의제를 정한다. ② 시간을 정한다. ③ 장소를 정한다.

2) 참석자를 정한다

정례적인 회의에는 참석자가 정해져 있다. 그러나 임시 회의는 목적을 정하는 단계부터 유의하지 않으면 안 된다. 회의를 개최해야 할 필요성, 의제, 참가 대상자 선정 등이 이때 확고히 결정되어야 한다. 그 다음에는 언제, 어떠한 형식으로 통지하는가에 대해 신경을 써야 한다.

3) 의사 예정표를 만들어 참석자에게 알린다

① 의사일정을 알린다(일시, 회의 장소, 소요 시간 등)

② 참석자들이 할 일을 알린다(정보 발표, 의견 제안 등)

③ 참석자 명단을 첨부하여 배포한다.

4) 회의실을 점검한다

회의실이 확보되면 회의가 원활하게 진행되도록 준비한다. 채광, 음향 시설, 실내 온도, 커튼, 테이블 배치, 이름표, 메모지, 필기 용구, 마이크, 프로젝터, 차트, 참고 자료, 음료수와 그 밖에 참석자들에게 걸려올 전화 처리, 진행 요원 배치 등을 점검한다.

5) 시나리오를 작성한다

회의를 순조롭고 절도 있게 진행시키기 위해 사회자의 시나리오가 필요하다. 시나리오가 준비되어 있지 않으면, 뜻하지 않은 실수를 초래하여 회의의 진행을 엉뚱한 방향으로 이끌어 가기 쉬우며 흐름을 통제하지 못해 분위기가 산만해지기 쉽다.

6) 회의록 작성

3. 좌석 배치

회의의 성패는 참석자들이 얼마만큼 유능하고 성실하게 회의를 운영해 나가느냐에 달려 있지만, 그에 못지않게 중요한 것이 회의에서의 좌석 배치이다. 회의의 성격에 맞게 좌석 배치를 해야 진행이 매끄럽고 의견 교환이 원활히 이루어지게 된다. 회의록에는 다음과 같은 사항이 기재된다. 경우에 따라서는 사전에 참석자 한 명이 작성자로 임명되기도 한다. 필요한 경우에는 회의 내용을 정확히 보존하는 뜻에서 녹음기를 이용할 수도 있다.

① 회의명

② 날짜

③ 장소

④ 참석자명

⑤ 사회자명

⑥ 의제

⑦ 토론된 사항, 제안된 사항, 결정 사항

2. 커뮤니케이션의 중요성

조직에 있어 조직구성원 간 커뮤니케이션의 중요성을 아무리 강조해도 지나치지 않을 정도로 매우 중요하다. Barnard(1938)는 조직의 3대 핵심요소로 공통목표, 공헌의욕, 커뮤니케이션을 들고 있는데, 이 중에서 커뮤니케이션이 가장 중요하다고 역설했다.

과거 우리 인간에게 있어 가장 중요한 능력이 기억력이었다면 오늘날 지식정보화 사회에서 조직구성원들에게 가장 중요한 능력은 자기가 가진 지식을 다른 사람에게 설명하는 설명력, 즉 커뮤니케이션 기술이다.

커뮤니케이션을 통해 상대방의 의도를 탐색하고, 커뮤니케이션 과정에서 자신의 주체성을 나타낼 수 있다.

Leadership Devlopment and Training **사례 4-4**

소통이 조직 성과 좌우

많은 직장인들이 직장생활이 너무 힘들다고 한다. 상사는 일을 가르쳐주지 않고 윽박지르기만 한다. 학교에서 이론을 배웠지만 실무를 해본 경험이 없어 담당자 이외에는 물어볼 대상이 없지만 '맨땅에 헤딩' 하다시피 하루하루를 보내고 있는데, 상사는 이러한 상황을 이해해주지 않고 무조건 하라는 식이다.

팀장도 마찬가지로 불만이다. 요즘 사원들은 조금만 힘들면 회사를 그만두려고 하고, 주말에 특근을 하라면 그 자리에서 "다른 일이 있어 못 한다"고 한다. 보고서 내용은 많지만 알맹이는 없다. 어디서 좋은 것은 모두 모아 놓았는데 쓸 만한 아이디어가 없다.

무엇이 우리 조직에서 이런 상황을 만든 것일까? 결론은 조직 내 소통이 잘 되지 않기 때문이다. 이런 일은 조직에 일상적으로 벌어지고 있다. 그런데 문제는 이런 일을 그냥 흔한 일로 여긴다는 점이다.

조직의 생산성이 낮고 조직에 대한 직원들의 충성도가 떨어진다고 할 때 그 근본 원인은 무엇일까? 조직 내 의사소통의 장애가 조직의 생산성과 창의성을 막고 있기 때문이다. 그런데 조직 내 의사소통 문제의 심각성에 비해 그 해결책이 빈약하기 짝이 없다. 소통을 잘할 수 있는 방법에 대해 이론들은 많지만 현실은 왜 바뀌지 않고 있다. 지금까지의 소통의 방식을 바꾸고 새로운 소통의 습관을 조직 내에 자리 잡게 해야 한다. 그렇지 않고 몇몇 사람들의 각성이나 주장만으로는 조직 내 소통의 방식은 바뀌지 않는다. 조직 내 소통의 방식은 개인의 이슈라기보다는 조직 내 문화로 자리 잡혀 있다. 조직의 최고 의사결정권자부터 팀장이나 일선 관리자까지 소통의 방식을 바꾸려는 전사적 노력이 따라야 한다.

리더는 구성원들이 좀 더 적극적, 자발적으로 일을 처리하길 원한다. 구성원들은 리더가 좀 더 명확하고 구체적인 지시를 주고, 이를 활용할 수 있는 자원을 제공하길 원한다. 문제는 서로가 과업을 바라보는 차이에서 발생한다. 그러한 차이를 해소할 수 있는 것은 지시와 보고의 대화 과정에 달려 있다. 상사는 자신도 모르는 지시를 하고, 부하는 이해되지 않는 지시를 이해한 것처럼 받아들이는 현실에서 조직의 갈등과 자원의 낭비가 발생하고 경쟁력은 떨어지게 된다.

임진왜란 당시 이순신 장군이 23전 23승을 할 수 있었던 것은 '부하와의 의사소통'에서 찾을 수 있다.

"본 것을 본 대로 보고하라.
들은 것은 들은 대로 보고하라.
본 것과 들은 것을 구별해서 보고하라.
보지 않은 것과 듣지 않은 것은 일언반구도 보고하지 말라."

이것은 전장에서 전략과 전술을 수립하는 장수에게 객관적인 사실과 데이터를 확보하기 위한 지시법이다. 이렇게 구체적인 지시가 구체적인 결과를 가져온다.

세종대왕은 신하들과 효과적인 대화 방식을 선택해 자신의 논리를 관철시켰다. 경연장에서 신하들의 반대에도 불구하고 자신의 의지와 목표를 강압적으로 관철시키는 것이 아니라, 신하들의 반대가 가지는 모순을 질문을 통해 스스로 깨닫게 한 것이다. 또한 집현전 학사들의 자발적인 동의를 이끌어내는 경청과 질문의 탁월한 대화법은 최고의 업적을 탄생시킨 비결이다. 구성원들과의 효과적인 대화법이 성공적인 결과를 만들어 낸 비결임을 증명해 주고 있다.

현재 대부분의 직장은 어떻게 하고 있는가? 사원과 팀장은 마지못해 일하는 경직된 모습이 떠오른다. '소통'의 중요성은 수년 전부터 국가뿐 아니라 모든 조직의 핵심 성공요인으로 꼽히고 있다. 그럼에도 불구하고 조직 내 의사소통은 바뀌지 않고 있다. 소통이 중요하고 바뀌어야 한다는 것을 머리로는 알고 있지만 그것이 일상 대화로 표현하기 어려운 것은 크게 두 가지 이유 때문이다.

첫째, 사람은 감정을 가지고 있다는 점에서 기인한다.

의사결정의 과정 혹은 지시와 보고의 과정에서 문제에 직면하면 이성적 해결책을 찾지만 우선 화가 나거나 감정이 상하는 경우가 많다. 그렇다면 논리적 접근이나 이성적 대화를 기대하기 어려워진다. 물론 이러한 상황에서도 이성적이고 논리적 접근을 하는 사람은 어릴 적부터 그렇게 대응하도록 훈련이 된 상태이다. 그렇지 못한 대부분의 상사나 직원들은 감정적 대응이 먼저 나오게 마련이다.

둘째, 지시나 보고의 효과적인 방법에 대한 훈련이 되어 있지 않기 때문이다.

특히 일을 잘하는 사람일수록 혼자서는 잘하는데 팀으로 일하는 데는 미숙하거나 갈등을 일으키는 경우가 많다. 그것은 함께 일하기 위해서는 방법이나 순서, 기준에 대해 사전에 일하는 사람들 간에 공유가 되어야 하는데 그렇지 못한 경우가 많기 때문이다. 바로 지시나 보고 혹은 조직 내 대화방식에 대한 바람직한 습관이 형성되어 있지 않은 것이다. 특히 사원이나 대리들의 경우 자신의 감정을 억제하지 못하고 돌발적인 행동을 하는 것도 함께 대화하고 일하는 방식에 대한 습관이 형성되지 못했기 때문이다. 따라서 사원들이 함께 일하고 생각하고 대화하는 방식에 대해 조직 차원의 학습이 이루어져야 한다.

제2절 | 커뮤니케이션의 기본지침

우리들은 쉽게 "커뮤니케이션은 말하는 기술이다"라고 생각한다. 물론 말을 빼놓고서 커뮤니케이션을 말하기는 어렵다. 그러나 진정한 커뮤니케이션을 이해하기 위해서는 먼저 상대방의 마음을 이해해야 한다. 마음이 전달되지 않은 말은 상대방의 마음을 열기가 어렵기 때문이다. 마음이 통하지 않은 말은 가까운 관계에 있는 사람에게도 마음의 깊은 상처를 줄 수 있다. 사람의 마음을 효과적으로 전달하는 커뮤니케이션의 기본적인 방법에 대해 살펴보고자 한다(노언필, 2008).

1. 진실한 마음 자세

커뮤니케이션의 기본은 '진실한 마음 자세'이다. 진실은 중요한 커뮤니케이션이요, 흔들림 없이 서로에게 마음을 주고 말할 수 있는 최고의 방법이자 기술이다. 다른 방법론적 접근을 말하는 경우가 있지만 그것은 임시변통이 될 가능성이 매우 높다. 왜냐하면 진실이 빠져 있다면 상대방은 속았다는 느낌과 배신감을 갖게 되어 그러한 감정은 상대방의 말을 더 이상 곧이곧대로 들을 수 없도록 하여 커뮤니케이션에 심각한 장애를 일으키게 된다.

당장의 성과는 없더라도 진실이 전달되는 커뮤니케이션은 진정한 인간관계를 맺도록 해주는 중요한 단초가 될 것이다. 따라서 진실이 중요하며, 진실함은 가정교육의 기본이요, 최고의 기업경영기술이라고 할 수 있다. 또한 우리의 인생경영에서 빼놓을 수 없는 중요한 가치가 된다. 따라서 진실만이 상대를 설득시킬 수 있는 힘을 갖는다.

2. 기다림

커뮤니케이션의 기본은 '기다림'에 있다. 마음을 전하는 것은 시간이 필요하다. 말을 하는 것은 당장에 할 수 있으나, 나의 감정이 상대의 마음에 와 닿도록 전달하는 것은 시간이 걸릴 수도 있음을 알아야 한다. 기다림의 시간이 커뮤니케이션의 진수가 될 수 있음을 깨달아야 한다. 진정한 커뮤니케이션을 원한다면 기다림의 미학을 음미할 수 있어야 한다.

Leadership Devlopment and Training **사례 4-5**

효과적인 듣기의 3Rs

당신이 효과적으로 듣는 사람이 되었는지 어떻게 알 수 있을까? 당신이 들었다고 생각하는 것은 확실히 이해하고 있어야 한다. 효과적인 듣기의 3Rs에 대해 살펴보자.

1. Receive – 받아들이자
무언가를 이해하려면 그것을 일단 들어야 한다. 먼저 준비하자. 그리고 조용히 있자. 기다려라. 아는 체해선 안 된다. 메모를 하자. 필요하면 부드럽게 되물어 방향을 바로 잡자. 말하는 사람에게 계속해서 주의를 집중하자.

2. Reflect – 숙고하자
들은 것에 대해 생각하라. 그 의미를 파악하자. 어떤 맥락에서 나온 소리인지 따져보자. 필요하면 질문을 해야 한다. 듣기는 능동적인 과정이다.

3. Rephrase – 바꾸어 말하자

원래 'Reflect'에는 반사한다는 뜻이 있다. 그러나 여기서는 반사가 다음 단계이다. 들은 것을 이제는 방향을 바꾸어 말한 사람에게 다시 말해보자. 당신이 제대로 알고 있는지를 확실하게 할 수 있다. 그저 상대방의 말을 단순히 반복하거나 기술적으로 접근해서는 안 된다. 사려 깊게 해야 한다. "내가 듣기로는 당신은 …라고 말했죠?"식의 형식적이고 무의미한 방법은 피해야 한다. 그렇게 해서는 상대의 기분만 상하게 한다. 또한 당신 역시 상대방의 말의 본질보다는 형식에만 초점을 맞추게 된다. 메아리가 되어서는 안 된다. 당신 자신의 말로써 당신이 상대의 말을 이해하는 바를 표현하도록 해야 한다.

잘못 이해했을 수 있다는 가능성을 열어두어야 한다. 그런 일은 항상 일어날 수 있다. 누구도 완벽할 수 없다. 방어적으로 행동하지 말아야 한다. 중요한 것은 상대방의 말을 이해하는 일이다.

자료 : 코칭의 기술, 마샬 쿡 지음/서천석 옮김, 지식공작소, 2003. pp.103-104.

3. 믿음

커뮤니케이션의 기본은 상대에 대한 '믿음'이다. 이미 일어났던 일에 대해서도 상대방에 대하여 신뢰를 해 주는 것이다. 내 안에 있는 마음을 말로 정확히 전달하는 능력이 필요하다. 또 상대방의 입에서 나오는 말의 뜻을 정확하게 아는 것도 필요하다. 그러나 그와 함께 진실한 마음과 기다려주는 여유로움, 그리고 상대를 믿어주는 믿음이 우선되어야 함을 명심해야 한다.

Leadership Devlopment and Training **사례 4-6**

효과적인 커뮤니케이션 20가지 방법

1. 목표설정 시에는 직원들과 함께 설정하라.
2. 일을 훌륭하게 끝냈을 때에는 의미 있는 포상을 하라.
3. 개인적인 시간을 함께 하라.
4. 직원들의 작업공간으로 가라. 직원들의 일터에서 직원을 직접 만나라.
5. 오픈 마인드로 직업들의 의견을 물어보고 들어라. 그들의 논점을 이해하도록 노력해라.
6. 기밀이 아닌 정보는 직원들과 함께 공유하고 그 주제에 대한 반응을 들어보라.
7. 용기를 꺾는 사건이나 일들은 잘된 점을 지적하여 상쇄하고 그 기회를 통하여 경험 습

득하도록 해라.

8. 80%의 시간을 듣고, 20%의 시간을 말하라.
9. 직원들에게 루머에 대해 물어보고, 그것에 대해 이야기하도록 해라.
10. 직원들과 함께 현장에 나가라. 직원들이 효율성을 높일 수 있는 기회를 이해하고, 그 기회를 살펴라.
11. 관리자 회의가 끝난 후에는 직원들과 그 정보를 함께 나누어라.
12. 회사의 비전과 미션, 목표가 명확하고 이해하기 쉬운가를 직원들에게 물어보라.
13. 직원들을 어떻게 도울 수 있는지 물어보라.
14. 우리들의 고객과 클라이언트가 가장 만족할 만한 일과 가장 실망스러운 일이 무엇인지 물어보라.
15. 공개적으로 칭찬하고, 개인적으로 잘못을 지적하라.
16. 함께 일하는 직원이 무엇을 좋아하는지를 발견하라.
17. 매일 모든 직원들을 바라보며 활기차게 이야기하라.
18. 당신이 불편함을 느끼는 사람과 공감대를 형성하라.
19. 매달 목표를 설정하라.
20. 직원들과 신뢰를 형성할 수 있는 기회를 마련하라.

제3절 | 커뮤니케이션의 기능

Scott & Mitchell(1976)은 조직에 있어 커뮤니케이션의 기능에 대해 여섯 가지를 제시했다.

1. 조정과 통제기능

커뮤니케이션은 조정과 통제기능을 수행한다. 커뮤니케이션은 조직구성원의 행동을 통제하는 기능을 한다. 조직에는 구성원이 따라야 하는 권한계층과 공식적인 지침인 규범이 존재하는데 이러한 것은 커뮤니케이션을 통해 조직구성원에게 전달되며 구성원의 행동을 통제하게 된다.

2. 동기유발 촉진기능

커뮤니케이션은 구성원들의 동기유발을 촉진하는 기능을 수행한다. 커뮤니케이션은 구성원이 해야 할 일은 무엇이며, 자신이 하고 있는 일이 잘되고 있는지, 그리고 자신의 직무성과를 개선하기 위해서는 어떻게 해야 하는지를 알려준다. 따라서 의사전달은 동기부여의 촉매제 역할을 수행한다.

3. 사회적 욕구 충족기능

커뮤니케이션은 구성원들의 사회적 욕구를 충족시키는 기능을 수행한다. 조직구성원은 커뮤니케이션을 통해 자신의 감정을 표출하고, 다른 사람과의 교류를 넓혀 나가며 사회적 욕구를 충족시킨다.

4. 정보전달기능

커뮤니케이션은 정보를 전달하는 기능을 수행한다. 커뮤니케이션은 개인과 집단에 정보를 전달함으로써 의사결정의 촉매제 역할을 한다. 즉, 커뮤니케이션은 가치가 있는 여러 대안과 필요한 정보를 제공해 주어 의사결정이 원활하게 이루어지도록 한다.

5. 조직시스템 유지기능

커뮤니케이션은 조직시스템을 유지하는 기능을 수행한다. 조직을 구성하는 구성원이나 조직 내에서 활동하는 여러 가지 하부집단은 상호작용과 협동을 통해 유지된다. 이러한 유지가 지속적으로 되기 위해서는 하부집단의 의사와 정보를 전달하는 기능이 원활하게 이루어져야 한다. 즉, 커뮤니케이션은 조직체를 유지하는 필수적인 요소라 할 수 있다.

6. 효과적인 리더십 발휘 촉진기능

커뮤니케이션은 효과적인 리더십 발휘를 촉진한다. 리더십에 대한 구성원의 수용은 커뮤니케이션을 통해 이루어진다. 아무리 훌륭한 인격과 자질을 갖춘 리더라 하더라도 구성원들이 리더의 의견이나 리더십을 잘 수용하지 못하면 리더십은 효과적으로 발휘될 수 없다.

Leadership Devlopment and Training **사례 4-7**

대화예절

조직 생활에 있어 가장 중요한 것은 인간관계 형성이다. 어떤 일이든 혼자서 할 수 있도록 되어 있는 일은 없다. 다른 사람늘과의 협동과 교섭은 조직생활에서 반드시 필요하다. 그러기 위해서는 먼저 원활한 의사소통이 전제되어야 한다.

의사소통의 기본은 대화이다. 대화가 없으면 의사소통은 이루어질 수 없다. 그런데 대화란 생각보다 쉽지 않다. 대화를 할 때는 상대에 따라 호칭과 말씨가 달라져야 하고, 나타내려는 의사에 따라 말씨가 달라져야 하기 때문이다. 특히 여러 다른 사람들이 모여 일하는 조직에서는 윗사람이든 아랫사람이든 대화의 예절을 잘 지켜야 인간관계가 원활해지며, 업무가 보다 효율적으로 수행될 수 있다.

대화 예절에서 우선 갖추어야 할 것은 고운 말과 바른 말씨이다. 그러나 대화를 훌륭히 한다는 것은 정확하고 아름다운 말씨로 물 흐르듯 이야기하는 것만을 가리키지는 않는다. 대화를 할 때는 상대방의 입장에서 생각하는 자세가 선행되어야 한다. 처지를 바꾸어 생각한다. '역지사지(易之思之)' 라는 말이 곧 대화를 할 때 갖추어야 할 마음가짐이다.

대회에 있어 다른 무엇보다도 중요한 것은 자연스러운 대화로 발전하도록 하는 것이다. 다음은 대화할 때 갖추어야 할 기본자세이다.

1. 이야기의 시종이 논리정연해야 한다

줄거리 없이 이것저것 이야기를 꺼내다 보면 상대방을 혼란에 빠뜨리게 되고 결국에는 의사가 제대로 전달되지 않게 된다.

2. 처음부터 끝까지 분명한 목소리로 말해야 한다

말끝을 흐리거나 우물쭈물하면 의사가 정확히 전달되지 않을뿐더러 상대방으로부터 신뢰를 얻지 못할 수도 있다.

3. 말의 속도를 적절히 유지한다

한꺼번에 많은 말을 하려고 해서는 안 된다. 급히 서둔다고 많은 내용을 전달하는 것은 아니다. 상대가 알아듣도록 차분하게 말해야 한다. 그렇다고 너무 느리게 말하면 상대방이 짜증을 낼 수도 있으니 늘 말의 속도에 유의한다.

4. 상대를 이해하고 다가가려는 자세가 전제되어야 한다

상대의 의견을 존중하고 수용하려는 자세를 보여 주어야 한다. 상대방의 말이 마음에 들지 않거나 받아들일 수 없는 것이라 할지라도 딴청을 하고 비아냥거리는 등 성실하지 못한 자세를 보여서는 안 된다. 상대방에게 불쾌한 인상을 주면 상대방도 대화할 때의 예의 따위는 무시하기 때문이다.

5. 상대방이 말하는 내용을 이해하지 못한 경우 정중히 다시 물어서 확인한다

나중에 오해의 소지가 없도록 해야 하기 때문이다. "말했다", "말하지 않았다" 식의 분쟁은 뜻밖에도 자주 일어난다. 한 번 그런 일이 있게 되면 당사자끼리의 의사소통과 인간관계 회복은 상당한 노력과 시간을 필요로 하게 된다.

제4절 | 커뮤니케이션의 과정

커뮤니케이션 과정의 구성요소를 6하원칙으로 보면 누가(발신자), 무엇을(전달내용), 누구에게(수신자), 어떻게(경로 또는 수단), 왜(효과)로 구성된다. 발신자는 사실이나 생각 혹은 감정을 언어 · 그림 · 행동으로 부호화하여 직접대화, 서면, 라디오, PC, TV 등 전달매체를 통해 수신자에게 선달한다. 수신자는 이를 받아 나름대로 해석한 후 일정한 반응을 보인다.

그림 4-1 | 커뮤니케이션의 경로

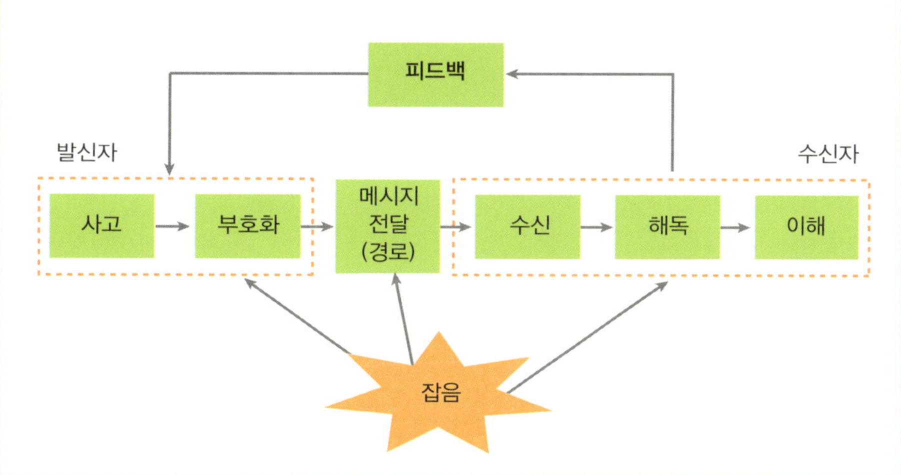

그리고 이 반응이 전달자의 기대와 다르거나 기대에 미치지 못할 때에는 다시 전달내용이나 경로를 수정하는 피드백 과정이 반복된다.

[그림 4-1]은 이 과정을 그림으로 나타낸 것이다. 커뮤니케이션과정은 발신자(sender), 부호화(encoding), 메시지(message), 경로(channel), 해독(decoding), 수신자(receiver), 피드백(feedback) 등으로 구성된다.

1. 발신자

발신자는 커뮤니케이션에서 의사를 전달하려는 사람으로 커뮤니케이션 과정의 시발점이며 근원이다. 발신자는 상대방에게 자신의 생각, 정보 등을 전달하려는 사람이다. 자신의 의사를 전달하기 위하여 제일 먼저 발신하고자 하는 정보를 선택해야 한다. 발신자와 수신자가 각각 한 사람일 때도 있고, 두 사람 이상일 수도 있다. 또한 발신자는 개인이 될 수도 있고 기관 및 조직이 될 수도 있다.

2. 부호화

부호화(encoding)는 발신자의 생각이 일련의 체계적 기호로 바뀌는 과정을 말한다. 발신자는 전달하려고 하는 아이디어를 부호화하여 메시지를 만든다. 전달자가 아이디어를 전달 가능하고 이해가능한 형태로 변환시키는 과정을 부호화라고 한다. 부호화의 대표적인 예가 말(spoken language)과 글(written language)이다. 이외에도 얼굴표정, 목소리의 어조도 발신자가 메시지를 부호화하는 데 사용되는 부호의 예이다. 예를 들어, "아직 부족해"라는 상사의 한마디는 구성원이 많은 노력을 해야 한다는 메시지에 대한 부호이다. 여기서 상사가 말하는 도중에서 목소리를 크게 높이며 손사래를 쳤다면 그것은 메시지의 내용을 강조하는 부호인 것이다.

Leadership Development and Training 사례 4-8

비언어적 커뮤니케이션 스킬

1. 호감 가는 표정

① 눈 맞추기(Eye Contact)

눈을 맞추는 것은 언어적 · 비언어적 의사소통 시 메시지를 전달하는 데 있어서 공히 중요한 요소로서 작용한다. 눈 맞추기 하나만으로도 가장 효율적인 의사소통법이 될 수 있다.

눈을 맞추는 목적은 다음과 같다.

- 주의의 관심의 정도를 나타낸다.
- 친밀한 관계를 나타내고 유지할 수 있다.
- 태도변화와 설득에 영향을 미친다.
- 상호작용을 조절한다.
- 감정을 전달한다.

진실한 눈빛은 열 마디 말보다 더 강한 호소력을 가진다. 눈동자의 크기도 얼굴표정에 결정적인 영향을 준다. 밝게 웃고 있는 입모양에도 눈동자에 미소가 없으면 그것은 자연스럽지 못한 인위적인 미소로 보이기 쉽다.

② 얼굴 표정

고객을 위한 서비스 맨의 얼굴 표정은 기본적으로 고객과의 좋은 인간관계 형성을 위해 고객의 입장에서 보았을 때 친근감 있게 표현될 수 있는 표정관리가 필요하다. 표정은 훈련으로 만들 수 있다. 서비스 맨이 고객이 정확히 판단할 수 있는 풍부한 얼굴 표정을 짓기 위해서는 다른 운동과 마찬가지로 평소에 안면 근육운동이 필요하다. 스마일은 서비스 맨의 기술이며 의무이다(웃음은 하나의 습관이며, 자신의 행복한 인생을 위해 항상 스마일을 생활화해 보자). 가장 호감이 가는 표정은 스마일이다(웃음은 앉아서 하는 조깅이다).

③ 편안함을 주는 시선 처리

④ 고개 끄덕이기

2. 바른 자세와 동작

자세가 바르지 못한 사람은 왠지 정신상태도 바르지 못한 것 같고 신뢰감도 생기지 않는다. 신체의 자세는 마음의 자세에서 비롯되므로 자세는 곧 마음으로 해석될 수 있는 것이다.

① 아름답게 서기

② 바르게 앉은 자세

신체의 중심이 되는 허리를 항상 긴장하여 바로 세운다는 것은 바로 젊음을 유지하는 비결이 되기도 한다.

③ 멋있게 앉고 서는 법

④ 어깨와 머리의 위치

바른 자세는 머리에서 발끝까지 바르게 해야 하는 것을 의미한다.

⑤ 씩씩하고 스마트하게 걷기

곧은 자세로 씩씩하고 활기차게 걷고 있는 사람은 보는 사람으로 하여금 신뢰감을 느끼게 해준다.

- 계단 오르내리기 : 올라갈 때는 남자가 먼저 올라가고, 내려갈 때는 여자가 먼저 내려가도록 한다.
- 걸음의 속도는 자신감과 비례한다.
- 발소리까지 상대를 배려해 보라.

⑥ 물건과 함께 '마음'을 전한다.

⑦ 알기 쉬운 방향 지시의 모습

3. 인사예절

① 좋은 고객 응대는 인사부터 시작된다.

② 먼저 주도권을 잡아야 한다. 사람을 보면 우선 먼저 인사한다. 먼저 본 쪽이 먼저 인사를 하는 것이 자연스럽다.누구라도 자신의 존재를 인정받으면 기쁜 것이다. 인사는 인간의 승부수다. 인사를 생활화할 때 자신의 브랜드 가치는 더욱 높아진다.

③ 올바른 인사의 기본동작

- 눈 맞춤으로 시작해서 눈 맞춤으로 끝난다.

- 인사할 때 손과 발의 자세 : 남자는 왼손을 위로 포개고, 여자는 오른손을 위로 하여 공수를 해야 한다. 이를 여우남좌(女右男左)라고 한다. 단, 흉사 시의 공수는 평상시의 반대로 한다.

④ 인사의 각도는 마음을 전달하는 방법 중 하나이다.
- 사과, 감사의 마음을 전달하는 45도 정도의 정중례
- 일상생활의 반가운 마음을 전달하는 30도 정도의 보통례
- 목을 떨구지 않고 허리를 굽히는 15도 정도의 목례

⑤ 인사를 풍성하게 하는 인사말
- 덧붙이는 말 한마디로 풍성한 인간관계를 만들 수 있다.
- 마음으로 인사한다. 형식적인 느낌이 아닌 진심어린 인사만이 고객에게 전달된다.
- 인사말로 상대의 기분까지 밝게 한다.
- 인사말도 자연스럽게 건네는 시점이 있다.
- 시간대에 따라 인사하는 방법도 요령이 있다.

⑥ 상황에 따른 인사요령

4. 신뢰감을 주는 용모와 복장

① 위생과 청결

② 화장
- 화장은 나의 이미지를 업(up)시켜 주어야지 나를 이미지를 깎아내려서는 안 된다. 타인에게 혐오감을 주어서도 안 된다. 정도를 넘는 화장은 오히려 보는 이로 하여금 부담스럽고 신뢰감을 잃게 한다.
- NO-메이크업과 FULL-메이크업을 잘 분별하라.
- 피로한 화장에 덧바름은 역효과를 초래한다.

③ 단정한 머리 손질

④ 옷차림
- 차림새도 성공전략이 필요하다.
- 단정하고 깔끔해야 한다.
- 고상해야 한다.
- 소박해야 한다.
- 센스 있는 옷차림은 직업에 맞는 옷차림이다.
- 옷차림의 최대의 포인트는 색 맞춤의 기술에서 비롯된다.
- 옷의 길이와 T.P.O.(Time · Place · Occasion)의 관계
- 유행을 쫓느냐 마느냐
- Best Dresser의 옷 연출

⑤ 그 외 옷차림의 요소들
- 멋쟁이는 구두로 연출한다.
- 밋진 스티킹, 타이즈, 양말의 이용법
- 벨트로 단정함을 플러스한다.
- 핸드백은 우아하면서도 실용적인 것으로 준비한다.
- 스카프는 우아함을 더해준다.

• 액세서리는 포인트가 되어야 한다.

• 향수 사용법

⑥ 복장준비와 점검

• 최종 점검으로 자신감 있게 일하라.

5. 공간적 신호

① 고객의 공간을 침범하지 말라.

② 정돈되지 않은 주위의 모습도 비언어적 표현이다.

Leadership Devlopment and Training **사례 4-9**

비언어적 커뮤니케이션의 중요성

1984년 미국 대통령 선거 기간 동안 로널드 레이건과 월터 먼데일의 선거전을 전하는 뉴스를 대상으로 심리학자들은 언어적 커뮤니케이션이 사람의 심리에 어떤 영향을 주는지를 연구하였다.

연구진들은 전국적인 공영방송인 ABC 피터 세닝스, NBC 톰 브로커, CBS 댄 래더의 대통령 입후보자와 관련된 뉴스를 녹화한 다음 사운드를 모두 삭제한 상태에서 무작위로 선정한 집단에게 이 화면을 공개하고 뉴스 진행자와 얼굴 표정에 등급을 매겨보게 하였다. 물론 실험 참여자들은 어떤 종류의 실험인지도 또 뉴스 진행자가 무슨 말을 하는지도 알지 못하고 있었다. 단지 그들은 21등급으로 나눈 점수표에 따라 앵커들의 얼굴 표정이 보여주는 정서적인 표현에 점수를 매겼다.

결과는 매우 흥미로웠다. 댄 래더는 거의 완벽할 정도로 중립적인 표정을 견지한 반면, 피터 제닝스는 매우 독특한 점이 있었다. 그는 먼데일을 말할 때는 다른 앵커들과 다를 바가 없을 정도로 중립적이었으나 레이건을 말할 때면 두 배 이상 고득점을 받았다.

제닝스가 레이건에 대해서 미소짓는다는 것에 대해서 좀더 객관적인 증빙을 위해서 제닝스가 보도한 많은 뉴스를 수집하여 표정을 비교분석한 결과 놀랍게도 제닝스는 다른 어떤 앵커보다도 더 표정의 변화가 없는 사람인 것으로 판정이 되었다.

결론은 제닝스가 레이건을 향해 얼굴표정에 의미심장하고 눈에 확연히 띌만한 편견을 드러낸 것이다. 그런데 한 앵커의 이러한 표정이 선거 결과에 많은 영향을 미치고 있었다. 조사 결과 ABC를 시청했던 사람들이 CBS나 NBC를 시청한 사람들에 비해 레이건에게 투표를 한 사람들이 압도적으로 많았다는 것이다. ABC의 시청자들은 레이건에게 71.4%를 투표한 반면 다른 두 방송을 시청한 시청자들은 50%에 불과했다.

이 현상을 두고 심리학자들은 제닝스의 얼굴에 드러난 친레이건에 대한 편견이 ABC 시청자들의 투표행위에 영향을 미쳤다고 판단하게 되었다. 물론 이러한 결론에 대해 ABC는 격렬

하게 반박했지만 얼굴표정이 주는 무언의 커뮤니케이션의 영향력에 대한 연구들은 이후 많은 연구에서도 동일한 결론이 도출되었다. 따라서 언어적 커뮤니케이션 이상으로 무언의 커뮤니케이션이 보이지 않는 강력한 역할을 한다는 것이 증명되었다.

그 이후 차기 공화당 후보인 부시도 좀더 좋은 미소를 보여줌으로써 ABC 시청자들이 부시에게 더 많은 투표를 할 수 있게 해주었다.

3. 메시지

메시지는 의사전달의 내용을 말한다. 즉, 발신자가 전달하는 것으로 의사전달의 내용은 발신자의 의견, 감정, 태도 또는 사실이 포함된다. 메시지는 송신자가 의도한 의미를 부호화한 결과적 산물이다. 즉, 발신자가 의도한 의미를 전달하기 위하여 사용한 부호로 구성된 것이다. 이러한 메시지는 주관적일수록 주장이 근거나 논리가 정연해야 하며, 객관적인 것일수록 정확해야 한다. 의사전달의 내용은 전체적으로 일관성이 있어야 하며 전달된 내용이 상호 간에 모순이 있어서는 곤란하다.

Leadership Devlopment and Training **사례 4-10**

회사에서의 응대 용어

[일상 대화에서 사용하는 말]	[상사나 사외 사람에게 사용하는 말]
우리 회사	저희 회사, 저희들 회사
당신네 회사	여러분 회사
나	저
데리고 온 사람	같이 오신 분
나는 ○○○입니다.	저는 ○○○이라고 합니다.
누구세요.	누구십니까?
늘 고마워요.	신세지고 있습니다. 늘 감사합니다.
무슨 일인가요.	어떤 용건이십니까?
잠깐 기다리세요.	잠시만 기다려 주십시오.
부탁해요.	부탁드립니다.

그래요.	그렇습니다.
몰라요.	모릅니다.
못 해요.	불가능합니다.
미안해요.	죄송합니다.
외출했어요.	외출 중입니다.

4. 경로

경로(channel)는 발신자가 수신자에게 메시지를 전달하는 물리적 수단이다. 경로는 크게 구두, 문자, 비언어적 경로 등으로 구분할 수 있다.

구두에 의한 의사전달은 사람과 사람 간의 가장 보편적인 커뮤니케이션 경로로서 대면담화, 회의, 전화 등이 있다. 이 방법은 비교적 간편하고 즉각적 피드백이 가능하지만 기록유지가 어렵다.

기안지, 회람, 안내문, 사보 등은 구두의 의사전달을 보완하는 공식 커뮤니케이션 채널로서 다수를 수신자로 하는 의사전달에서 주로 사용된다.

문서에 의한 커뮤니케이션은 내용의 정확성과 책임성은 확보되지만 전달에 시간이 많이 소요되고 작성이나 정보의 조직화가 쉽지 않다. 특히 비언어적 커뮤니케이션은 말 대신에 얼굴표정, 신체적 움직임, 육체적 접촉, 코웃음 등을 사용하는 의사전달방식이다.

Leadership Development and Training **사례 4-11**

비언어적 커뮤니케이션 시 유의점

- 고객의 신체부분을 만지거나 손으로 때리면서 대화하는 것
- 고객의 옷을 잡아당기는 것
- 자신의 몸을 긁거나 머리카락, 얼굴을 만지면서 말을 하는 것
- 자신의 입술을 물거나 핥는 것

• 자신의 입 근처에 손을 대는 것
• 손가락으로 두드리거나 다른 도구를 이용하여 만지작거리는 것
• 서비스 도중 음식물, 껌을 씹는 것

거울과 녹음기 등을 활용하여 말할 때 동작이 지나치게 크지는 않은지, 음성의 높낮이나 빠르기는 적절한지 스스로 점검해보고 상대방에게 부정적인 효과를 미칠 수 있는 바디랭귀지(Body language)는 보완해야 한다.

5. 해독

해독(decoding)은 수신자가 메시지를 받으면 부호를 해독하여 그 의미를 지각한다. 해독작업이 제대로 정확하게 이루어진다면 아이디어는 전달자가 의도한 대로 전해질 것이다.

대면대화를 통해 상사가 "아직 부족해"라고 말한 경우를 생각해보자. 만약 상사가 이 말을 하면서 얼굴에 약간의 미소를 띠었다면 부하는 이 메시지에 포함된 부호를 종합적으로 해독하여, 상사가 실제로 의도한 것이 질책이 아니라 은근히 칭찬을 한 것으로 이해할 수도 있다. 따라서 해독은 수신자가 송신자의 메시지를 지각한 의미인 것이다.

6. 피드백

피드백(feedback)은 메시지가 해독된 후 수신자는 메시지를 발신자에게 다시 전달해야 한다. 피드백은 의사소통의 과정이 성공적이었는지의 여부를 발신자에게 알려주는 최초의 정보이다. 발신자는 피드백을 통해 전달하려는 메시지가 제대로 전달되었고, 의도한 효과를 발휘하였는지 여부를 가늠하게 된다. 전달된 피드백은 발신자에게 다른 아이디어를 떠오르게 하므로 또 다시 커뮤니케이션과정이 시작될 수 있다. 그러므로 [그림 4-1]

에서 보는 바와 같이 커뮤니케이션과정은 연속적 과정으로 나타난다.

7. 수신자

수신자(receiver)는 메시지가 교환되는 대상이다. 교환이 이루어지지 않는다면(수신자가 메시지를 받지 않는다면) 의사소통은 없는 것이다. 두 사람 사이의 대화에서는 메시지의 수신자가 한 명이지만 조직의 구성원을 대상으로 한 리포트는 그 수신자가 다수이다. 물론 의도하지 않은 수신자도 있을 수 있다. 남의 대화를 우연히 엿듣게 되는 경우나 우편물을 읽게 되는 경우이다.

수신자는 메시지를 받게 되면 받은 메시지를 해석된 메시지 형태로 바꾸는 해독작업(decoding)을 하게 된다. 의사소통이 효과적으로 이루어지기 위해서는 발신자와 수신자가 같은 의미를 가지고 있어야 한다. 그러나 수신자가 발신자의 의도에 비추어 메시지를 해독하지 않을 경우에는 해독과정이 오해를 불러 일으킬 수 있다.

8. 잡음

커뮤니케이션에서 리더와 구성원 간에 메시지를 주고받을 때 상호 간에 오해가 생길 수 있는데 말의 의미가 전달되면서 상호 간의 지식, 자세, 배경 등의 차이에 의해 잡음이 발생될 수 있다. 잡음은 커뮤니케이션과정에서 발생하는 의미의 왜곡, 혼란, 시끄러움, 또는 단절을 의미한다.

커뮤니케이션과정을 자세히 살펴보면 여러 단계에서 잡음이 발생할 수 있음을 알 수 있다. 커뮤니케이션의 효과성은 커뮤니케이션과정에서 장애의 주요 원인인 잡음을 어느 정도 통제할 수 있느냐의 여부에 달려 있다.

Leadership Devlopment and Training **사례 4-12**

율리우스 카이사르의 리더십

카이사르는 BC 100~44의 인물로 로마 공화정 말기의 정치가이자 장군이다. 폼페이우스, 크라수스와 함께 3두동맹을 맺고 콘술이 되어 민중의 큰 인기를 얻었으며 지방장관으로서는 갈리아전쟁을 수행하였다. 1인 지배자가 되어 각종 사회정책, 역서의 개정 등의 개혁사업을 추진하였으나 브루투스 등에게 암살되었다.

카이사르의 리더십에 대해 살펴보면 다음과 같다.

첫째, 인프라 구축

그는 속국의 문화와 종교 등 전통을 인정하면서 공존공생의 자세를 가졌으며, 로마법의 제정, 달력개정, 통화개혁, 행정개혁, 사법개혁, 사회개혁, 수도재개발사업 등 사회전반의 인프라를 구축하였다.

둘째, 기본과 원칙 중시

공직자윤리법을 제정하고, 투명경영과 윤리경영을 식민지에까지도 실시함으로써 기본과 원칙이 로마제국을 지배하도록 만들었다.

셋째, 개방과 관용정신의 실천

현지의 문화와 종교를 존중하는 개방정책을 실시하였다. 어떤 사건이 발생하면 대체로 관용을 베풀었다.

넷째, 기록문화와 커뮤니케이션 중시

"갈리아 전쟁기"를 발간하고, "내전기"를 집필하였다. 원로원 회의 결과를 광장의 벽보에 써 붙였다.

다섯째, 권한위임

발부스라는 현지인을 발굴하여 정책을 실행하도록 하였다. 로마를 떠날 때는 국내 정치의 책임자를 임명하고 소신껏 일할 수 있도록 권한을 위임했다.

여섯째, 솔선수범 자세

전쟁터에서는 늘 앞장을 서며, 최전선에 나가 백인대장들의 이름을 차례로 부르며 적진으로 돌격하라고 격려했다.

일곱 번째, 투명한 인사정책 능력을 중시하며 적합한 인재를 발탁했으며, 부하가 세운 공적에 대해서는 그 부하의 이름과 공적을 기록으로 남기고 보상해 주었다.

제5절 | 커뮤니케이션의 유형과 네트워크

조직 내에서 커뮤니케이션은 공식적인 조직구조를 통하여 이루어질 뿐만 아니라 자연발생적으로 형성되기도 한다. 따라서 커뮤니케이션의 유형에는 공식적인 커뮤니케이션과 비공식적인 커뮤니케이션으로 구분해 볼 수 있다. 공식적인 커뮤니케이션에는 하향적 커뮤니케이션, 상향적 커뮤니케이션, 수평적 커뮤니케이션, 대각적 커뮤니케이션으로 구분할 수 있다.

1. 커뮤니케이션의 유형

1) 공식적 커뮤니케이션

(1) 하향적 커뮤니케이션

대부분의 경우 명령과 메시지가 지시의 형태로 상사로부터 부하에게 이르는 커뮤니케이션의 유형이다. 주로 구체적인 직무상의 지시를 위해서, 작업내용을 이해시키기 위해서, 작업에 대한 정보를 제공하기 위해서, 부하들의 업적에 대한 피드백을 하기 위해서, 조직의 목적을 이해시키기 위해서 하향식 커뮤니케이션이 이루어진다.

이러한 하향식 커뮤니케이션은 전제적인 분위기를 조성하기 때문에 부하들의 사기를 저하시킬 수 있으며, 정보가 계층을 통해 하향하면서 많은 양이 손실되고 왜곡될 수 있다는 문제점을 가지고 있다.

(2) 상향적 커뮤니케이션

상향적 커뮤니케이션은 하위계층의 부하들이 상위계층의 상사에게 보고의 형태로 이루어진다. 주로 새로운 아이디어의 제안, 의견, 태도, 성과 등이 전달되는 것으로 조직은 상향적 커뮤니케이션을 통해 조직성과의 여부를 확인할 수 있으므로 통제활동에도 필요하다. 특히 조직발전을 위한 여러 가지 아이디어나 제안을 할 수 있다.

(3) 수평적 커뮤니케이션

수평적 커뮤니케이션은 조직의 동일계층에 있거나 유기적 업무관계에 있는 같은 수준의 관리자나 종업원들 간에 업무조정이나 협조를 위해서 수행되는 커뮤니케이션을 말한다.

오늘날 이러한 수평적 커뮤니케이션에 의해 많은 활동이 이루어지므로 이는 매우 중요한 커뮤니케이션 유형이다. 주로 부서 내의 문제를 해결하거나, 부서 간의 협조가 필요할 때, 라인부서에 대한 스탭부서의 조언의 형태로 이루어진다.

수평적 커뮤니케이션의 예를 보면 생산부서와 판매 부서 간의 이해가 상충되는 경우에는 이 두 부서 간의 커뮤니케이션을 통해 문제를 해결하는 것이 매우 효과적이다. 그러나 실제로는 수평적 커뮤니케이션이 원활히 이루어지지 못하는 경우가 많으므로 부서 간의 연결을 촉진하고, 활동을 조정하기 위해 기획조정실과 같은 별도의 부서를 두기도 한다.

(4) 대각적 커뮤니케이션

이는 조직구조상 부서와 직급이 다른 사람들 간의 커뮤니케이션을 말한다. 예를 들면, 경리과 계장이 판매부 과장과 외상매출금 회수와 관련해서 회의를 하는 경우가 해당된다. 대각적 커뮤니케이션은 자주 일어나지는 않지만 잘 이용하면 아주 유용한 커뮤니케이션 네트워크이다.

대각적 커뮤니케이션은 라인부서에서 실무를 담당하는 사람이 전문(staff)부서의 자문을 자유롭게 받아들일 수 있을 때 효율적이지만 직급의 상하를 따지다 보면 극히 비효율적인 조직이 되고 만다.

그림 4-2 | 커뮤니케이션 유형과 흐름

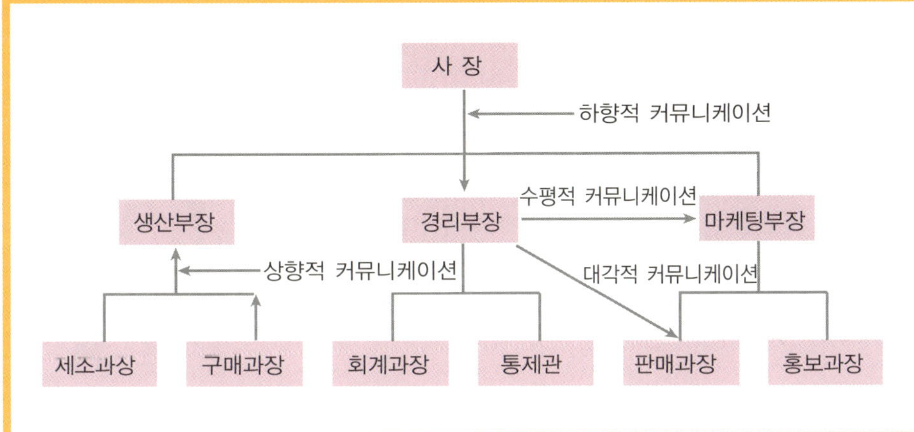

2) 비공식적 커뮤니케이션

비공식(informal) 커뮤니케이션은 공식적인 조직구조에 의거한 것이 아닌 자연발생적으로 이루어진 의사소통을 말한다. 이는 인간으로서의 감정적인 친화 이외에 학연, 지연, 입사동기와 같은 계기에 의해 형성되는데 이러한 커뮤니케이션 경로를 흔히 그레이프바인(grapevine)이라고 한다.

이는 미국 남북전쟁 당시 나무들 사이에 걸려있던 전신줄의 모양이 포도넝쿨을 닮았다 해서 붙여진 말이며, 비공식적 커뮤니케이션에서 커뮤니케이션경로가 포도넝쿨처럼 복잡함을 의미하는 것이다.

실제로 공식적인 커뮤니케이션보다도 오히려 비공식적인 커뮤니케이션이 더 활발한 경우도 있으나 비공식적 커뮤니케이션경로가 잘못된 루머를 전달하여 조직에 해를 끼치는 부정적인 측면이 발생하지 않도록 하여야 한다.

조직의 목표달성을 위해서는 공식적인 커뮤니케이션이 확립되어야 하며 비공식적인 커뮤니케이션은 보충적 수단으로 활용될 필요가 있다.

Leadership Devlopment and Training **사례 4-13**

대화매너 체크리스트

1. 대화 시 주위를 두리번거린다

대화 시에 주위를 두리번거리며 시선을 분산시키면 침착하지 못한 사람이라고 생각되기 쉬우므로 피해야 할 태도이다. 또 시계를 자주 들여다보면 대화 자체에 관심이 없다는 것을 노골적으로 나타내는 것이므로 무심결에라도 시계를 들여다 보는 행위가 있어서는 안 된다.

2. 상대방을 뚫어지게 쳐다본다

일반적으로 대화를 할 때는 상대방의 눈을 바라보며 이야기하라고 하지만, 비즈니스 사회에서는 융통성이 필요하다. 상대방에게 도전적으로 보이며 건방진 인상을 주기 때문이다. 시선은 주로 상대방의 눈과 얼굴에 두고 가끔 가슴 쪽으로 이동하는 것이 좋다.

3. 상대방이 꺼리는 화제도 서슴지 않는다

사람은 감정에 따라 순간적인 기분에 휩쓸리기 쉽다. 평소에는 대수롭지 않은 언동도 경우에 따라서는 크게 문제가 되는 일이 종종 있다. 대화를 나누다 상대방이 꺼리거나 싫어하는 기미가 보이면 즉시 다른 화제로 바꾸는 것도 대화를 자연스럽게 이끌어 가는 요령이다.

4. 과장된 제스처로 열을 올린다

대화의 내용에 필요 없는 동작은 하지 않는다. 자주 눈에 띄는 행동은 공연히 머리로 손이 가거나 다리를 떠는 경우이다. 이러한 동작이 버릇이 되어 있는 사람은 상대방에게 불쾌감을 주기 때문에 되도록이면 빨리 고치도록 해야 한다. 또 지나치게 과장된 제스처는 도리어 대화에 지장을 준다.

2. 커뮤니케이션 네트워크

개인 간의 커뮤니케이션은 발신자와 수신자 간의 직접적인 연결로 이루어지지만 집단 내의 커뮤니케이션은 여러 개의 중개점을 가지는 네트워크 형태로 이루어진다. 즉, 발신자가 보낸 메시지는 종횡으로 연결된 여러 개의 단계를 거쳐 수신자에게 전달되며 이러한 전달경로는 하나의 네트워크를 형성한다.

대표적인 커뮤니케이션 네트워크에는 사슬형, Y형, 원형, 바퀴형, 전체연결형의 다섯 가지 유형이 있다. 그 가운데 사슬형, Y형, 바퀴형의 세 가지 형태는 비교적 집중화된 형태이다. 이것은 네트워크에서 중심적인 역할을 하는 사람을 통하여 대부분의 메시지가 전달된다.

사슬형(chain type)은 팀의 서열이나 직위의 차이에 따라서 의사소통경로가 엄격하게 설성되어 있는 경우를 말한다. 팀 구성원들은 자신의 직속상사나 직속부하에게만 의사를 전달하게 된다.

Y형(Y type)은 팀 내 강력한 리더가 있는 것은 아니지만 어느 정도 대표적인 구성원을 통해서 팀 구성원들 간에 의사소통이 이루어진다. Y글자의 분기점에 있는 구성원이 의사소통의 중심적인 역할을 하는 형태이다.

바퀴형(wheel type)은 구성원이 한 사람의 감독자에게만 보고를 하는 작업집단에서 이루어지는 의사소통 유형이다. 가운데 사람이 의사소통의 중심인물이며 다른 구성원은 중심인물하고만 커뮤니케이션이 가능하다.

원형(circle type)과 전체연결형(star type)의 두 네트워크는 덜 집중화된 형태이며, 여기에서는 여러 구성원들 사이에 보다 자유롭게 의사소통이 이루어진다.

원형(circle type) 네트워크에 있어서는 각 구성원들이 한쪽 방향으로 의사소통을 하며, 구성원 간의 상호작용이 집중되어 있지 않다. 위원회조직 같은 조직에서 나타나는 유형으로 수평적 네트워크를 형성한다.

전체연결형(star type) 네트워크는 가장 분산화된 네트워크로 각 구성원들이 집단의 다른 모든 구성원들과 의사소통을 할 수 있는 유형이다. 그레이프바인(grapevine)과 같은 비공식적 커뮤니케이션 네트워크에 해당한다. 이 유형에서는 공식적, 비공식적 리더가 없이 구성원 누구나 커뮤니케이션을 할 수 있는 유형이다.

그림 4-3 | 커뮤니케이션 네트워크 비교

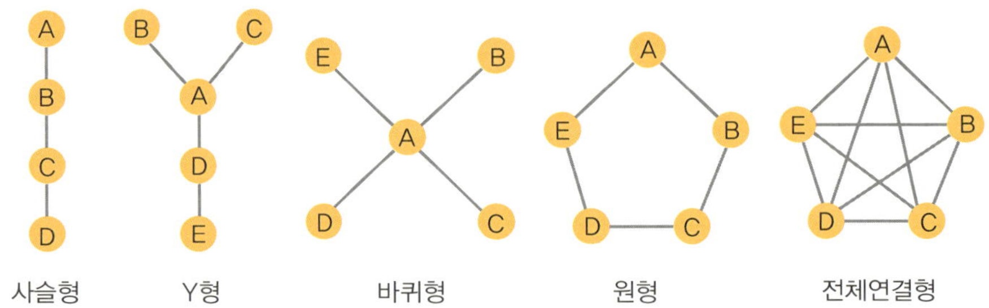

성과 \ 형태		사슬형		Y형	바퀴형	원형	전체연결형
		수직	수평				
정보전달	단순문제(정확도)	낮음	낮음	높음	높음	낮음	높음
	복잡문제(정확도)	낮음	낮음	낮음	낮음	높음	높음
	신속도	빠름	느림	빠름	빠름	느림	빠름
조직행동	문제해결속도	빠름	느림	빠름	빠름	빠름	느림
	권력집중도	높음	높음	높음	높음	낮음	낮음
	구성원만족도	낮음	낮음	–	낮음	높음	높음
	결정에 대한 수용도	낮음	–	–	중간	높음	–

Leadership Devlopment and Training **사례 4-14**

효과적인 커뮤니케이션 방법

1. 면 대 면 커뮤니케이션(Face to Face)

가장 강력하고 질이 높은 커뮤니케이션 방법은 얼굴을 서로 맞대고 눈을 쳐다보면서 하는 것이다. 이 방법은 서로 상대방의 몸동작, 음성 그리고 표현의 미묘한 변화까지도 관찰할 수 있다. 또한 상대방의 이야기를 경청함으로써 상대방에게 존중을 보여줄 수도 있고 인간적인 친밀감을 가장 잘 보여줄 수 있는 방법이다.

이 방법은 상대방과 만나기 전에 반드시 준비해야 할 두 가지가 있다.

첫째, 만남을 통해서 얻고자 하는 목표가 무엇인지 구체화하는 것이다.

둘째, 목표를 달성하기 위해서 서로 이야기해야 할 항목들의 목록이다. 미팅 시에 이 항목들을 참고하면 빠뜨린 것이 없이 모든 사항들을 이야기하는 데 도움이 된다. 미팅이 끝나면 미팅에서 이야기한 항목들을 적절하게 기록하여 빠뜨리는 일이 없도록 유의한다. 이러한 것들은 상식적이지만 면 대 면 커뮤니케이션에서 기본적인 사항들이다.

2. 전화 커뮤니케이션(On the Phone)

전화약속은 가장 생산성이 높은 최고의 커뮤니케이션 방법이다. 서로 대화한 내용을 기록하라. 그렇게 하면 합의한 내용을 제대로 이행하는 데 도움이 되고 동시에 법적인 문제가 발생할 경우 증거로서 활용할 수 있다. 특정한 시간에 전화통화를 하기로 약속을 하는 것이 좋다. 이것은 특히 서로 시간대가 다를 경우 효과적인 방법이다.

또한 손님이 찾아와 기다리고 있는데 전화를 길게 해서 오래 기다리게 하는 것과 같은 무례한 행동을 피해야 한다. 상대방은 여러분과 만나기 위해서 자신의 소중한 시간과 노력을 사용했다는 것을 명심할 필요가 있다. "상대방이 원하는 대로 상대방을 대접하라"는 백금률(platinum rule)을 준수하라.

3. 회의(Meeting)

회의와 관련된 리더십의 핵심은 회의의 목적에 초점을 집중하는 것이다. 이리저리 초점이 흔들려서는 좋은 결과를 내기 어렵다. 회의참석자의 수는 줄어들고 회의를 통해서 얻어야 하는 결과는 증가하는 흐름에 비추어볼 때 모든 참가자의 노력은 목적하는 방향에 모아져야 한다. 따라서 회의를 주재하는 사람들이 반드시 명심해야 할 것이 있다. 회의의 주재자는 회의 참석자들의 봉사자가 되어야 한다는 것이다. 그가 할 일은 회의를 통해서 얻고자 하는 목표를 달성하는 것이지 자신의 말을 하는 것이 아니다. 회의 참가자들이 회의 결과를 마음속으로 인정하고 받아들일 때 시너지가 나고 효과성이 높아진다.

제6절 | 커뮤니케이션의 장애요인과 개선방안

1. 커뮤니케이션의 장애요인

커뮤니케이션에 문제가 발생하면 조직의 업무성과를 저하시키는 결과를 초래하게 된다. 특히 정보가 잘못 전달되거나 정보가 제때 전달되지 않을 경우 경영자는 부하들에게 행동에 영향을 미치지 못하게 되며, 그로 인해 계획의 실행과 통제를 제대로 할 수 없게 된다.

따라서 커뮤니케이션의 장애요인에 대해서는 끊임없이 주의를 기울여야 한다. 효과적인 커뮤니케이션을 위해서는 의사소통을 방해하는 장애요인에 대해 이해할 필요가 있다.

1) 준거 틀

조직구성원들은 같은 정보를 전달받아도 자신의 경험에 비추어 각기 다른 반응을 나타낸다. 이러한 점은 해독과정에서 정보수신자와 정보전달자 간의 차이 때문에 나타난다. 부호화와 해독의 과정이 정확하면 커뮤니케이션이 효과적으로 이루어질 수 있다. 그러나 구성원들이 처한 상황이 서로 다르기 때문에 커뮤니케이션을 해독하는 경향도 달라질 수 있다. 그래서 정보전달자는 자신이 사용하는 언어로 수신자에게 전달하려고 하고, 그 메시지는 수신자 자신의 언어영역에서 받아들이므로 서로 차이를 보일 수 있다.

정보전달자나 정보수집자는 그들의 경험을 바탕으로 그 경험 내에서만 부호화 및 해독을 하기 때문에 그 결과로 커뮤니케이션이 왜곡될 수 있는데, 이는 각자의 준거틀(frame of reference)이 서로 다른 데 그 원인이 있다.

예를 들면 조직의 계층에 따라 준거가 다른데, 조직은 그 구조상에서 지위의 차이가 존재하고, 그 지위가 그들의 준거에 영향을 미치게 된다. 그 결과 그들의 욕구, 가치관, 태도, 기대 등이 달라짐에 따라 커뮤니케이션에 무의식적인 왜곡을 초래하게 된다.

2) 매체

커뮤니케이션의 매체(언어 또는 비언어)가 어려운 전문용어 또는 애매한 제스처였다면 수신자의 해독이 잘못될 수도 있다. 또한 수신자가 알아듣기 쉬운 말을 사용하였다고 해도 여러 가지 해석이 가능한 단어나 문구를 사용한 경우 어의상 문제로 인한 왜곡이 있을 수 있다.

3) 여과

어떤 정보를 전달할 때 발신자가 의도적으로 사실의 일부는 누락시키고 나머지만 선택하여 수신자에게 보내는 상황으로, 이런 일이 발생하는 이유는 100%의 정보가 전달될 경우 발신자 자신에게 올 불이익 때문에 미리 사실을 조작하려는 의도 때문에 커뮤니케이션에 장애가 발생하게 된다. 주로 회사 내에서 직급 간, 특히 부하가 현장의 정보를 상사에게 보고할 때, 또는 협상이나 계약을 할 때 당사자들은 상호 자기 쪽으로 유리한 정보만을 송신하려고 하게 된다.

특히 조직 내 계층수가 많으면 많을수록 현장사원이 사실정보를 목격했다고 하더라도 여러 개의 계층을 거쳐 최고책임자에게까지 올라간 정보는 하찮은 것, 엉뚱한 것으로 변해 있는 경우가 여기에 해당된다.

4) 선택적 지각

발신자가 전달한 내용을 수신자가 100% 모두 지각하지 못하고 일부만 선택할 수 있다. 이때 무엇이 선택되고 버려지느냐는 수신자에게 달려 있는데 욕구, 경험, 배경 그 밖의 많은 개인적 특성에 어울리는 것만 선택되어지는 것이다.

5) 감정상태

사람이 무엇을 말하고 듣고, 판단하고 할 때는 가능한 한 이성에 의해 합리적으로 하려고 애쓴다. 그런데 우리 인간은 이성적이면서 동시에 감정적인 동물이다. 감정이 격해지면 이성의 합리적인 활동은 지장을 받아 화가 나 있거나 놀란 상태에 이거나, 기쁜 일이 있을 때 커뮤니케이션 활동은 발신자와 수신자 모두에게 지장을 초래하게 된다.

6) 시간적 제약

시간적 제약도 커뮤니케이션에 있어서 중요한 장애요인이다. 경영관리상 한 사람의 경영자가 동시에 모든 계층으로 커뮤니케이션을 할 수 없다는 점과 또한 시간적 제약의 문제는 효율적인 커뮤니케이션을 저해하는 큰 문제가 되고 있다. 시간적 제약은 공식적인 커뮤니케이션 체계에 장애를 주어 큰 피해를 주기도 한다.

예를 들면, 영업사원이 매우 중요한 고객으로부터 긴급한 주문을 받았다면, 그 영업사원은 평소 인간관계가 좋은 생산관리자에게 계층적 커뮤니케이션 통로를 무시하고, 직접 주문품을 요구하게 되는 경우가 생길 수 있다. 이때 다른 영업사원들은 특정 영업사원에게 매우 우호적인 태도를 취하는 생산관리자에 대해 매우 당황스럽게 생각하고 반감을 가져 판매부장에게 이 사실을 보고하게 된다. 그러나 판매부장은 이미 공식적인 커뮤니케이션이 와해되었으므로 이 사실에 대해 어떤 언급도 할 수가 없게 되는 극한상황의 조직문제가 야기될 수도 있다.

7) 정보량 과다

경영자가 수행해야 하는 중요한 임무 중 하나가 바로 의사결정인데, 효율적인 의사결정을 위해서 필요한 충분조건의 하나가 바로 정보이다. 오늘날 수많은 정보가 생성되는데, 그 중 적절한 정보를 얻는다는 것은 매우 어려운 일이다. 경영자들은 홍수처럼 쏟아지는 정보와 자료를 접하게 되는데, 그 결과로 전달받은 모든 메시지를 다 수용·처리할 수가 없어 그 중 가장 적절하고 중요한 메시지를 수용해야 하는 어려움이 따른다. 그러므로 커뮤니케이션에서 정보가 많다는 것만으로 반드시 더 가치가 있는 것이 아니고 오히려 장애요인이 되는 경우도 있다.

8) 매체 간 불일치

커뮤니케이션의 전달매체는 매우 다양하다. 따라서 대개의 커뮤니케이션의 과정은 하나의 전달매체에만 의존하지 않고 여러 매체를 동시에 사용하면서 서로 보완하려고 한다.

말(언어)을 하면서 제스처(비언어)를 쓴다든지, 도표를 그리면서 말로 설명하기도 한다. 그러나 이때 복합적으로 사용되고 있는 매체들 간에 조화가 된다면 문제가 없겠지만 일치하지 않을 경우 수신자는 혼동을 하게 되고, 메시지의 정확성은 감소될 것이다. 그러므로 송신자는 비언어적 보충매체를 선택하여 사용할 때에도 많은 주의를 기울일 뿐만 아니라 비언어적 매체의 학습에도 관심을 가져야 한다.

Leadership Devlopment and Training 사례 4-15

대화 시 자세

대화는 상대방에게 자신의 의사를 가장 간편하고도 명확하게 전달하는 의사소통의 방법이자 상대방과 보다 좋은 인간관계를 맺는 수단이다. 실제로 사람들의 생활은 대부분 대화로 이루어진다고 할 수 있다. 직장에서도 당연히 대화가 주가 되게 마련이다. 간단한 인사말을 비롯하여 보고나 지시, 질문과 대답, 상담과 토의 등 모든 것이 대화에 의해 이루어지고 있다.

대화에서 가장 중요한 것은 이야기의 내용을 정확하게 전달하는 것이다. 어떤 일을 하던 대화를 통해 자신의 생각을 명확하게 전달하여 상대방을 이해시켜야 한다. 특히, 직장인으로서 훌륭하게 성공하기 위해서는 비즈니스 세계에서 통용되는 화법이나 바른 말 사용을 몸에 익혀 두지 않으면 안 된다. 때와 장소에 맞는 적합한 대화를 하고 있는지 자신이 사용하는 화법이나 단어에 대해 새로이 주의를 기울여 보도록 해야 한다.

1. 적절한 화법을 골라 쓴다

직장인이라면 누구나 자신의 말이 상대방에게 정확히 전달되지 않거나, 그런 뜻으로 말한 것이 아니었는데 상대방으로부터 오해를 받거나 한 경험이 있게 마련이다. 반대로 상대방의 이야기를 잘못 알아듣거나 속단을 하여 실수하는 일도 있다. 자신이 알고 있는 내용이라고 해서 설명을 생략해 버리면 상대방에게 의사가 제대로 전달되지 않으며, 반대로 사정을 잘 알고 있는 사람에게 장황하게 일일이 설명하면 상대방을 지루하게 만든다. 그러므로 먼저 누구에게 무엇을 어떻게 이야기할 것인가를 생각하여 적합한 화법을 골라 써야 한다. 목소리가 너무 높아 듣기 거북하다거나 발음이 불명확하다는 이유만으로도 상대방에게 나쁜 인상을 주게 된다. 자신의 이야기를 상대방이 귀담아 들어 주길 바란다면 이러한 점에도 세심히 신경을 써야 한다.

2. 때와 장소를 가려서 이야기한다

같은 사람에게 이야기하더라도 때와 장소에 따라 화법을 바꿀 필요가 있다. 상사나 선배에게 간단한 전언을 전하는 경우라도 회의 중이거나 손님이 있는 경우에는 간결하면서도 격식을 갖춘 어조로 이야기하지 않으면 안 된다. 상대방의 상황을 생각하지 않고 일방적으로 이야기하려는 것은 이야기하는 쪽과 듣는 쪽이 있어야 대화가 성립된다는 기본적인 룰에 어긋난다. 일에 몰두해 있는 사람에게 그다지 급하지도 않은 일로 질문을 하면 노여움을 살 수 있다. "별로 화낼 만한 일도 아닌데" 하고 생각하겠지만, 이는 상대방의 상황이나 입장을 전혀 고려하지 않은 쪽의 잘못이다.

3. 습관적인 말의 사용을 피한다

습관적으로 말을 반복하여 사용하는 것만큼 듣기 거북하고 지루하다. 이러한 말버릇은 다른 사람으로부터 지적받지 않는 한 본인은 눈치 채지 못하는 경우가 많다. 짧은 대화를 하는 가운데 "음~, 에~, 저~, 또~, 네네~, 결국~, 역시~, 어쨌든~, 아무쪼록~, 그래서~, 그러므로~, 그러니까~, 그래도~"와 같은 단어가 몇 번씩이나 반복되어 나오면 듣는 사람에게는 대화 자체가 고역이 될 수 있다. 또 이럴 경우 이야기 내용을 간결하게 전달하는 데 방해가 된다. 이처럼 자신도 의식하지 못하는 사이에 튀어나오는 말버릇이 있다면 테이프에 녹음해 체크하는 방법을 써서라도 의식적으로 고치도록 한다.

4. 상대방이 이해하기 쉬운 말로 한다

전문 용어, 업계 용어, 생략어 등을 사용하여 대화할 때는 서로가 그 의미를 잘 알고 있다는 것이 전제되어야 한다. 고객과 이야기할 때는 특히 이 점을 신경 써야 한다. 사내에서 통용되고 있다 해서 누구나 알고 있는 것은 아니기 때문이다. 외래어는 아주 일반화되어 있는 것 이외는 가급적이면 쓰지 않도록 한다. 외래어를 남발하거나 적절하지 않은 외래어의 사용은 오히려 그 사람의 이미지를 손상시킬 뿐 아니라 대화를 원활하게 하는 데 방해가 될 수 있다. 이야기는 상대방이 알아듣기 쉽게 전하는 것이 원칙이며, 어려운 용어는 신중히 사용해야 한다.

5. 불유쾌한 화제는 피한다

자기 자랑이나 남에 대한 험담, 뜬소문이나 지어 낸 이야기 따위의 유쾌하지 못한 내용을 화제로 삼지 않는다. 인격을 의심받는 요인이 될 수도 있다. 속마음을 이느 정도 딜어놓을 성도의 사이가 되면 부지불식간에 이런 종류의 화제를 말하기 쉬운데 각별히 주의해야 한다.

2. 커뮤니케이션의 개선방안

커뮤니케이션 과정에는 여러 가지 장애현상이 발생하고 이로 인하여 정확한 정보전달이 어렵게 된다. 따라서 이러한 장애를 줄여야 커뮤니케이션의 효과성과 정확성을 기대할 수 있다. 커뮤니케이션의 장애를 극복하기 위한 개선방안은 다음과 같다.

1) 발신자 측에서의 개선방안

첫째, 발신자가 효과적으로 커뮤니케이션을 하기 위해서는 정보를 전달한 후 그 전달된 정보에 대하여 반드시 피드백을 받도록 해야 한다. 특히, 전달되는 내용이 많고 복잡할수록 쌍방적 커뮤니케이션을 위한 피드백이 필수적이다.

둘째, 발신자는 전달하고자 하는 내용이 수신자에게 정확히 전달되어 이해할 수 있도록 정확한 용어를 사용하여야 한다. 정확한 용어를 사용함으로써 의미가 왜곡되지 않는다. 이를 위해서는 발신자가 정확한 정보를 가지고 있거나 전문지식이 확보되어야 한다.

셋째, 발신자는 의사를 전달받는 수신자의 입장에서 이해하는 자세를 가져야 보다 효과적인 커뮤니케이션을 할 수 있다.

2) 수신자 측에서의 개선방안

첫째, 수신자는 발신자가 전달하고자 하는 메시지나 정보에 집중하여 필요한 내용을 정리하고 종합해야 하므로 정신을 집중하여 발신자의 의도를 정확히 파악하여 이해하여야 한다.

둘째, 감정이입(empathy), 즉 수신자도 발신자의 입장에서 그가 말하는 바를 이해하도록 노력해야 한다. 서로가 태도와 관심 그리고 기대가 다르기 때문에 감정이입이 제대로 이루어지지 못하면 수신자가 상대방의 메시지를 오해할 가능성이 높아진다.

셋째, 전달내용을 끝까지 청취하고 편견을 갖지 말고 객관적인 자세를 가져야 한다. 일반적으로 자신이 동의할 수 없는 내용을 듣게 되면 중간에 발신자와 다른 반대 논리를 제기하게 된다. 그러면 전달하고자 하는 메시지의 나머지 부분을 놓치게 될 수가 있다. 따라서 수신자는 발신자가 전달하는 메시지에 대하여 자신의 판단을 배제하고 끝까지 경청할 필요가 있다.

넷째, 수신자는 발신자가 의도하는 메시지 내용을 잘 이해하고 있다는 반응을 적극적으로 보여야 한다. 특히 비언어적 신호를 통해 잘 이해하고 있음을 발신자에게 반응을 보이는 것은 매우 중요하다.

Leadership Devlopment and Training **사례 4-16**

효과적인 커뮤니케이션 스킬

1. 확인 잘 하기

대화의 상대가 이해 받기를 원하고 있거나, 감정이 복잡해져 있거나, 갈등을 겪고 있거나 등으로 도움을 원하고 있을 때 상대방의 이야기를 듣고 일방적으로 자기의 이야기를 하는 식의 대화방법보다는 상대방의 이야기를 듣고 그 이야기를 내가 어떻게 들었는가를 확인해 주는 대화방법이 매우 효과적이다. 이 확인의 과정은 내가 상대의 이야기를 단순히 듣고만 있는 것이 아니라, 이해하고 받아들이고 있다는 것을 알려주는 중요한 수단이기 때문이다

상대방의 이야기를 듣고 이야기해 줄 수 있는 것은 상대가 이야기하고자 하는 사실적인 내용, 사실의 밑바탕에 깔린 상대방의 기분, 상대가 미처 구체화하지 못했거나, 구체적으로 표현하지 못한 말속에 숨어 있는 뜻과 숨은 기분 등이다. 확인할 때 주로 사용하는 수단은 사실의 확인, 기분확인, 숨은 뜻과 숨은 기분의 확인(반복, 요약, 공감, 수용, 질문)이다.

2. 공감 · 수용하기

상대방의 이야기를 들으면서 말 속에 담겨 있는 기분을 상대방의 입장에서 공감하고 받아들이는 일은 대인관계에서 가장 중요한 기술이다. 공감이나 수용의 능력이 없다면 상대에게 정보를 제공하고, 그가 가지고 있는 사실적인 문제의 해답을 줄 수는 있을지 몰라도 진실로 한 인간을 돕는다는 것은 불가능한 일이다.

3. 존중과 온정

상대의 이야기를 듣고 있으면서도, 상대를 한 사람의 인격체로 존중하지 않는다면, 그것은 구태의연하게 표현하지 않더라도 금방 상대방에게 전달되고 만다. 물론 대화 중에 당신이 상대를 얼마나 존중하고 있느냐는 것이 분명히 드러날 때도 있다. 또한 마음속에서 우러나오는 따뜻한 정으로 상대를 감싸준다는 것은 상대로 하여금 안심하게 하고, 있는 그대로의 자기를 나타내 보이고, 터놓고 이야기할 수 있는 분위기를 만들어 준다.

그러나 존중과 온정의 척도는 확인하기나 공감하기와는 달리 나타나는 부문이 많거나 말속에 암시되고 있는 경우가 많다. 분명하게 들어나지는 않더라도 존중하고, 온정하는 태도의 밑바탕이 없이는 상대와 한 인간 대 인간으로서의 만남은 불가능하다.

4. 비슷한 점 찾기

혼자 떨어져서 완전히 외톨이가 되었을 때 견딜 수 없는 외로움을 느끼게 되고, 남들이 겪지 않는 어려운 일을 자기만 겪게 된다면 힘들다고 느끼게 될 것이다. 그러므로 대인관계에서 상대의 이야기를 듣고 자기와 닮은 점을 찾아서 들어내 보여주는 것은 두 사람의 관계를 깊게 해줄 뿐만 아니라, 어려움을 겪고 있는 상대에게는 대단한 용기와 희망을 주게 된다.

5. 칭찬과 격려

사람을 돕는다는 것은 그 사람 스스로 자신감을 가지고, 자부심을 가질 수 있도록 돕는 것이 되어야 한다. 그러기 위해서는 상대를 평가, 판단, 분석, 비판, 비난하기보다는 칭찬, 지지, 격려하는 것이 훨씬 더 효과적일 때가 많다.

6. 분명하게 하기

어려움에 처한 사람을 도우려고 한다면 우선 상대를 분명하게 알고, 상대의 처지를 이해하고, 심정을 공감하고 받아들여야 한다. 상대방의 문제해결이나 개선이 필요한 경우에는 문제의 핵심을 포착하고 문제점을 분명히 하도록 해야 한다.

7. 지지하기

상대에게 영양을 미치거나 도움을 주려면 우선 상대가 나를 안심하고 대할 수 있도록 만들어 주어야 한다. 그러나 상대방을 지지한다는 것은 자칫하면 상대에게 의뢰심을 길러주고 무책임하고, 나태하게 만들 염려가 있기 때문에 조심해야 한다.

지지를 한다는 것은 지지를 받는 사람으로 하여금 자기는 유능하고, 가치 있는 존재라는 믿음을 더 강하게 가질 수 있도록 해야 한다.

8. 진실성

있는 그대로의 자기를 드러내 보인다는 것은 상당한 용기가 필요하다. 솔직하게 이야기하다가는 때로는 남의 감정을 상하게 하거나 미움을 받을 가능성이 있고, 무시당하거나 이상한 사람으로 취급을 받을 가능성이 있기 때문이다. 그러나 이러한 어려움을 무릅쓰고 마음속에 있는 생각과 느낌을 있는 그대로 나타내지 않는다면 상대에게 신뢰감을 주기는 어렵다.

9. 피드백

우리들의 일상생활이란 끊임없는 피드백의 연속이다. 다른 사람과 만나는 순간부터 자신의 행동이 그 사람에게 어떻게 전달되었는가를 그 사람의 반응을 통해 알아내고, 또한 그 사람의 행동이 나에게 미친 영향을 그 사람에게 되돌려 보낸다.

우리는 흔히 "문제는 항상 나에게 있는 것이 아니라, 너에게 있는 것이다"라는 식으로 떠넘기기를 잘 한다. 내게 부정적인 반응을 보이는 상대방의 반응을 받아들이고, 너 나아가서 그 상대를 받아들여서 상대가 나를 좋아하지 않을 수 없도록 만들기를 원하고, 내 말이 모든 사람에게 잘 받아들여지기를 원한다면 바로 효과적인 피드백의 방법을 배워야 한다.

효과적인 피드백 요령으로는 다음과 같다.

① 행동을 있는 그대로 기술한다(옳고 그름에 대한 판단을 해서는 안 된다).

② 피드백은 특별한 행동이나 행동을 꼬집어 지적하는 것이어야 한다(너무 막연하게 피드백하지 말아야 한다).

③ 가능한 피드백하고자 하는 행동을 한 뒤에 즉각적으로 반응하는 것이 좋다.

④ 집단 내에서의 피드백은 여러 사람에게 공통적으로 관찰되어질 수 있는 행동에 근거를 두는 것이 좋다.

⑤ 피드백은 받는 사람에게 강요되기보다는 요청하는 것이다.

⑥ 피드백은 근본적으로 당신을 위해서가 아니라 다른 사람을 돕고자 하는 욕구에서 출발해야 한다.

⑦ 피드백은 사람이 통제할 수 있는 행동을 목표로 한다.

3) 기타 개선방안

조직 내에서 발신자나 수신자의 노력만으로 의사소통과정에서 발생하는 장애를 극복하는 데는 한계가 있다. 그러므로 조직의 분위기를 신뢰가 넘치는 분위기로 만들고 새로운 매체를 선택하거나 커뮤니케이션제도를 보완할 필요가 있다.

첫째, 새로운 매체의 선택으로는 컴퓨터시스템과 전자우편시스템, 화상회의, 전자칠판, 인터넷폰 등을 활용하는 것이다.

둘째, 커뮤니케이션의 제도의 보완으로는 제안제도, 고충처리제도 등을 적극 활용하고 미비한 제도는 보완을 해야 한다.

Leadership Devlopment and Training

사례 4-17

징기스칸의 명언

① 내 '귀'가 나를 '가르쳤다.'

② 성을 쌓는 자는 망할 것이고, 이동하는 자는 흥할 것이다.

③ 새로운 것에 대한 도전 없이 한 가지 성과에 만족하여 안주한다면 발전은커녕 현재의 위치조차 유지하기 어렵다.

④ 내 자손들이 비단옷 입고 벽돌집에 사는 날 나의 제국은 멸망할 것이다.

⑤ 말(馬)로 천하를 '얻을 수' 있으나 말(馬)로 천하를 '다스릴 수'는 없다.

⑥ 모두가 내 발밑에 쓰러지기 전까지는 결코 승리했다고 말할 수 없다.

⑦ 먼저 '너 자신'을 '다스려라'! 그러면 세계를 다스릴 것이다.

⑧ 내 육체가 죽어 없어지더라도 내 조국을 죽게 내버려 두지 마십시오.

⑨ 나는 하늘의 도움으로 거대한 제국을 건설했다. 하지만 내 인생은 너무나 짧았다－세계를 정복하기에는. 이 임무는 그대를 위해 남겨져 있다.

⑩ 강한 자가 살아남는 것이 아니고 살아남는 자가 강한 자이다.

⑪ '화'가 나 있을 땐 그 어떤 행동도 하지 마라.

⑫ 집안이 나쁘다고 탓하지 말라. 나는 아홉 살 때 아버지를 잃고, 마을에서 쫓겨났다.

⑬ 배운 것이 없다고, 힘이 없다고 탓하지 말라. 나는 내 이름도 쓸 줄 몰랐으나 남의 말에 귀 기울이면서 현명해지는 법을 배웠다.

⑭ 적은 밖에 있는 것이 아니라 바로 내 안에 있었다.

Leadership Devlopment and Training

사례 4-18

메라비언의 법칙이란?

표현이 좋아도 커뮤니케이션에 성공 못한다. 말, 즉 좋은 표현을 해야만 상대방에게 내 아이디어를 잘 전달할 수 있을까? 아니면 커뮤니케이션에는 말에다 플러스 α가 존재하는 것일까? 이와 관련 미국 UCLA대학의 명예 교수인 알버트 메라비언(Albert Mehrabian)의 이론에 귀를 기울일 필요가 있다. 메라비언은 말 외에 말이 아닌 다른 부분도 커뮤니케이션에 중요한 역할을 한다고 주장했다.

메라비언은 커뮤니케이션에서 다음 세 가지 요소가 핵심 역할을 수행한다는 것을 발견했다.

- words(말, 결국 무엇을 말하는가)
- tone of voice(소리, 결국 소리의 대소, 고저, 음색 등)
- body language(태도, 자세, 몸놀림, 얼굴표정, 겉모습, 시선 등)

흥미로운 사실은 말보다는 다른 요소가 커뮤니케이션에서 더 영향력이 준다는 것이다. 메시지 호감도에서 단어가 발휘하는 역할은 약 7%, 소리부분이 38%, 그리고 바디랭귀지가 55%로 나타났다. 다시 말해, 타인과의 커뮤니케이션에서 '무엇을 말하는가' 보다도 '어떻게 말하는가', '어떻게 보일 수 있는가' 와 같은 감각적인 면이 대단히 중요하다는 것이다.

1. 몸짓이 커뮤니케이션 임팩트 좌우

예를 들어 인사를 할 때에 고개를 숙이고 밑을 보며 망설이면서 작은 소리로 "안녕하십니까?" 라고 말하는 것과 시선을 딱 고정시키고 방긋 웃으면서 커다란 소리로 말하는 것은 임팩트가 전혀 다르다.

아무리 좋은 내용의 강의라도 전달하는 방법이 나빠서는 성공할 수 없다. 그런데 평범한 강사는 말하는 내용에만 신경을 쓰고 온 힘을 기울인다. 하지만 소리가 작고 바디랭귀지가 나쁘면 그 강의는 치명적인 실패로 끝날 가능성이 높다.

2. "눈이 입만큼 말을 한다"

특히 커뮤니케이션에서 중요한 것은 시선이다. 옛날부터 '눈은 입만큼 말을 한다' 고 할 정도로 바디랭귀지 중에서 눈이 중요한 역할을 수행한다. 서양에서는 '눈은 마음의 창' 이라 하여 그 사람의 마음속이 눈에 나타나 있다고 할 정도다. 강의를 할 때 그 사람의 침착하지 못함, 초조함, 자신감의 결여 등은 반드시 눈에 나타난다. 사람들 앞에서 이야기할 때는 절대로 시선을 조절하지 않으면 안 된다.

강연이나 프리젠테이션에서 '이이 컨택트(eye contact)' 라고 하여 철저하게 끈질길 정도로 청중을 보고 이야기하는 것이 중요하다.

메라비언이 강조하는 7%(말)-38%(소리)-55%(몸짓)가 어떤 상황에나 적용되는 '불변의 법칙' 은 아니다. 이는 특정 조건하에서 실시된 실험을 통해 나타난 결과치일 뿐이다. 따라서 상황에 따라, 대상에 따라, 그 영향력은 달라질 수 있다. 그러나 중요한 것은 커뮤니케이션에서 몸짓을 어떻게 하느냐에 따라 상대방에게 전해지는 느낌을 크게 달라질 수 있다는 것이다.

PART 03

전통적 리더십이론

Global Leadership

Chapter
05

특성이론

제1절 | 특성이론의 의의

특성(자질)이론(trait theory)은 리더십 연구의 초창기(1930~1950년대)에 걸쳐 학자들의 관심대상이 되었던 것으로서 리더십이론을 위한 최초의 체계적인 시도였다. 1900년대 초에 무엇이 사람들로 하여금 위대한 리더가 되게 만드는가(What made certain people great leader?)를 알아보기 위해 리더십 특성을 연구하기 시작하였다.

리더십 이론 개발을 위한 초창기의 관점은 리더는 어떤 고유한 개인적 특성이나 자질을 완비하는 것이 바람직한가에 초점이 모아졌다. 따라서 초기 리더십 이론을 연구한 학자들의 관심은 역사상 가장 유명했던 위대한 인물들이었다. 즉, 위인들의 자질과 배경 등에 관한 분석에 연구의 초점이 맞추어졌는데 이때 개발되었던 이론이 '위인이론(great man theory)' 이다.

이러한 위인들이 범인들보다 우수한 어떤 자질을 가지고 있다면 그것들은 과연 무엇일까? 이와 같이 리더가 될 수 있는 고유한 개인적 자질 내지 특성이 존재한다는 가정하에 리더의 외양이나 개인적인 퍼스낼리티에서 공통적인 특성들을 찾아내고자 하는 리더십 연구의 흐름을 리더십 특성이론 또는 자질이론이라고 한다.

특성이론에 의하면 어떤 사람이 리더의 자질에 해당하는 개인적인 특성을 가지고 있다면 그는 리더가 될 수 있다는 것이다. 그러나 1900년대 중반에 와서 이 같은 특성이론은 리더십 특성의 보편성에 의문을 제기했던 연구들에 의해 도전을 받게 되었다.

대표적인 사람이 바로 Stogdill(1948)이다. 그는 리더십연구의 개관에서 여러 가지의 다양한 상황에 걸쳐 리더와 비리더를 구분지어주는 일관된 특성이 없다는 것을 발견하였다. 어떤 특정한 리더십 특성을 가진 사람이 어떤 상황에서는 리더가 될 수 있어도 다른 상황에서는 리더가 되지 못할 수도 있다는 것이다. 따라서 그는 리더십이 어떤 개인이 갖고 있는 자질이라기보다는 사회적 상황 속에서 발생하는 사람들 간의 관계라고 개념화하였다.

그런데 리더의 특성에 대한 연구가 최근 다시 관심을 받고 있다. 리더의 개인적인 인적특성(personal traits)이 리더십에 어떤 영향을 미치고 있는가를 설명하고 있다.

로케(Locke, 1991)는 유능한 리더는 실제로 여러 중요한 측면에서 다른 사람들과 구별되는 유형의 사람들이라고 주장했다. 특성연구에 대한 새로운 관심의 결과로 나타난 대표적인 이론으로는 비전 리더십과 카리스마적 리더십이다.

Leadership Devlopment and Training **사례 5-1**

나폴레옹의 리더십

나폴레옹은 1769년 코르시카라는 작은섬에서 태어났다. 9세 때부터 프랑스에서 교육받았으며 파리의 육군사관학교를 졸업하고, 리페르(LaFere)언내에 포병소위로 임관하였다. 그는 유럽 여러 국가와의 전쟁에서 눈부신 승리를 거두었다. '프랑스혁명'의 혼란기에 쿠데타를 통해 황제로 등극하였고, 유럽 전역에 걸친 거대한 제국을 건설하게 된다.

1. 최고의 창의력을 가진 리더

- 원칙 1 : 작전군은 동일한 작전 목표를 가진다.
- 원칙 2 : 적 야전군의 주력을 격멸시키는 것을 작전의 제1목표로 한다.
- 원칙 3 : 전쟁개시 초기에는 휘하의 병력을 넓은 지역에 분산 배치한다.
- 원칙 4 : 적의 측면이나 배후에 아군의 주력을 배치하라.

2. 부하들의 사기를 올릴 줄 아는 리더

- 군대의 숫자보다는 사기가 승리를 결정한다.
- 용기가 군인의 첫 번째 품격이라면 인내는 두 번째이다.
- 용기는 돈으로 얻을 수 있는 것이 아니다.
- 비상한 기억력

3. **책임과 권한을 슬기롭게 분배한 리더**
   - 부하들의 책임과 권한 인정
   - 현명한 지시와 임무부여
   - 리더가 없어도 와해되지 않는 조직

4. **최고의 신념을 가진 리더**

   "내 사전에 불가능이란 말은 없다." 불가능이란 소심한 사람의 허깨비이며, 비겁한 사람의 도피처이다. 목표를 향해 가는 여정에는 늘 장애물에 부딪히게 마련이고, 그런 장애물 따위는 목표를 향한 투지와 집념으로 극복할 수 있다고 믿었다.

나폴레옹의 다양한 관리법을 요약하면 다음과 같다.

1. **계획수립법**
   - 예측할 수 있는 모든 것에 대비하라.
   - 작전을 세울 때 나는 세상에 둘도 없는 겁쟁이가 된다. 상상할 수 있는 모든 위험과 불리한 조건을 과장해보고 끊임없이 "만약에?"라는 질문을 되풀이한다.

2. **실행원칙**
   - 단순할수록 강력하다.
   - 전쟁은 복잡한 작전을 요구하지 않는다. 장군들이 실수를 저지르는 이유는 대개 기교를 부리려고 하기 때문이다. 목표, 프로세스, 메시지를 최대한 간결하게 하라.

3. **동기부여법**
   - 강한 정신력은 '칼'도 정복한다.
   - 승전을 가져다주는 것은 군의 수가 아니라 군의 정신력이다.
   - 정신력은 물리적 힘의 세 배 효과를 낸다. 의욕을 고취하고 성과에 보상하라.

4. **임기웅변술**
   - 유동적이지 않은 계획은 쓸모가 없다.
   - 모든 전투는 다 첫 전투이다. 전투마다 상황, 지세, 군대의 기상, 성격, 컨디션이 제각기 다르기 때문이다. 변하는 상황에 맞추어 전술을 융통성 있게 바꿀 수 있어야 한다.

5. **인격론**
   - 인격이 뒷받침되지 않는 리더는 명령자일 뿐이다.
   - 정직, 침착함, 책임감이야말로 리더가 갖추어야 할 인격의 핵심요소이다. 정직성이란 가치와 언행이 완벽하게 일치되는 상태이고, 침착성은 시시각각 변하는 상황에 현명하게 대처하는 힘이며 책임감은 과정과 결과에 대한 무거운 주인의식이다.

제2절 | 리더십의 특성요소

초기 리더십 연구자들은 효과적인 리더십에 필수적인 특성은 리더와 비리더를 비교하는 실증연구에서 파악할 수 있다고 자신했다. 초기 리더십 연구에서 빈번하게 연구된 특성으로는 신체적 특징(예 : 키, 외모), 성격적인 특징(예 : 자존감, 지배성, 정서적 안정성), 적성(예 : 지능, 언어구사력, 창의성) 등을 사용하였다. 초기 리더십 연구자들은 리더와 비리더를 비교하거나 새로이 구성된 집단에서 출현하는 리더의 특성을 분석하였다.

특성연구가 20세기 전 기간에 걸쳐 이루어졌지만, 특성연구는 스톡딜(Stogdill, 1948, 1974)의 두 차례에 걸친 리더십 연구에 의해 완성되었다.

첫 번째 연구에서 스톡딜은 1904년부터 1947년 사이에 이루어졌던 124건의 특성연구를 종합 · 분석하였다.

그리고 두 번째 연구에서는 1948년부터 1970년 사이에 완성된 163건의 특성연구를 분석하였다. 여러 해 동안에 걸쳐 이루어진 특성연구의 결과들을 면밀히 검토한 결과 "개인의 특성이 리더십과정에 어떤 영향을 미치는가?"에 대해 보다 더 면밀한 이해를 할 수 있게 되었다.

스톡딜은 그의 첫 번째 연구에서 일련의 중요한 리더십의 특성을 발견하였는데 매우 다양한 특성들이 리더가 되는 것과 밀접하게 관련이 있음을 알게 되었다. 그의 연구결과에 의하면 조직에서 훌륭한 리더로서 역할을 다하고 있는 사람들은 다음과 같은 점에서 일반 집단성원들과 차이가 있다는 것을 확인할 수 있었다.

① 지능(intelligence)

② 민감성(alertness)

③ 통찰력(insight)

④ 책임감(responsibility)

⑤ 주도성(initiation)
⑥ 지속성(persistence)
⑦ 자신감(self-confidence)
⑧ 사교성(sociability)

그리고 스톡딜의 첫 번째 연구의 결과에서 한 개인이 어떤 특성을 소유하고 있을 때에만 리더가 되는 것이 아니라는 것이다. 오히려 리더가 가지고 있는 특성들은 그 리더가 활동하고 있는 상황에 적합하여야 한다고 주장했다. 즉, 어느 한 상황에서의 리더가 다른 상황에서도 반드시 훌륭한 리더가 되지는 않을 수도 있다는 것이다. 그리고 연구결과에 따르면 리더십은 수동적인 것이 아니라 리더와 집단성원들 간의 작업상의 관계에서 기인된다는 것이다. 스톡딜의 연구에 의해서 리더의 행동과 리더십상황과의 관계에 대한 새로운 리더십연구의 단초가 되었던 것이다.

스톡딜의 두 번째 연구(1974)는 163건의 새로운 특성 연구를 분석하고, 그 연구결과를 첫 번째 연구에서 나타난 연구결과와 비교하였다. 두 번째 연구는 리더십 특성의 역할에 관한 설명을 통해 첫 번째 연구보다 한층 발전된 내용을 발표하였다.

스톡딜의 첫 번째 연구에서는 리더의 리더십은 성격특성보다는 주로 상황요인들에 의해 결정된다는 것이다. 그러나 두 번째 연구는 성격특성과 상황요인 모두가 리더십의 결정요인이라고 주장하였다. 두 번째 연구에서는 리더의 특성이 정말로 리더십의 한 부분을 이루고 있는지의 여부를 검증하는 것이었다.

두 번째 연구에서도 첫 번째 연구와 마찬가지로 리더십과 리더십 특성 간에는 정(+)의 상관관계가 있음을 확인하였다. 연구 결과에 의해 찾아낸 리더의 특성으로는 다음과 같다.

① 과업완성을 위한 책임감과 추진력

② 목표추구에 있어서 활력과 지속성
③ 문제해결에 있어서 모험성과 독창성
④ 사회적 상황에서의 솔선 · 주도성의 발휘
⑤ 자신감 및 자기정체감
⑥ 의사결정 및 활동의 결과를 수용하려는 자발성
⑦ 대인 간 스트레스 완화를 위한 준비성
⑧ 욕구불만과 지연을 참아내는 수용성
⑨ 다른 사람의 행동에 영향을 미치는 능력
⑩ 목표를 위해 사회적 상호작용시스템을 구조화하는 역량

Mann(1959)은 소집단연구에서 성격특성과 리더십에 관한 1,400건의 연구결과를 검토하였다. 그는 상황적인 요인들이 리더십에 어떤 영향을 미치는가에 대해서는 중요하게 여기지 않는 대신에 성격특성이 리더와 비리더를 구분하는 기준으로 사용될 수 있을 거라고 제언하였다. 그의 연구결과에 의하면 리더들은 다음과 같은 특성에서 강한 면모를 보이고 있다는 것이다.

① 지능(intelligence)
② 남성적 기질(masculinity)
③ 적응성(adjustment)
④ 지배성(dominance)
⑤ 외향성(extroversion)
⑥ 보수기질(conservatism)

Lord 등(1986)은 정교한 메타분석(meta-analysis) 방법을 이용하여 Mann(1959)에 의해 제시된 연구결과를 재평가하였다. Lord와 그의 동료 연구자들은 지능, 남성적 기질 및 지배성 등이 개인들의 리더에 대한 지각

표 5-1 | 리더십의 특성 요소

<table>
<tr><th>학자</th><th colspan="4">리더십의 특성 요소</th></tr>
<tr><td rowspan="2">바나드
(C.I. Barnard)</td><td>기술적
측면</td><td colspan="3">① 체력(physical), ② 지식(knowledge), ③ 기억력(memory), ④ 기술(technology), ⑤ 지각(perception), ⑥ 상상력(imagination)</td></tr>
<tr><td>정신적
측면</td><td colspan="3">① 결단력(determination), ② 지구력(persistence)
③ 인내력(indurance), ④ 설득력(persuasiveness)
⑤ 책임감(responsibility), ⑥ 용기(courage)</td></tr>
<tr><td>티드
(O. Tead)</td><td colspan="4">① 육체적 · 정신적 에너지, ② 목적의식과 지시능력, ③ 정열, ④ 친근감과 호기심, ⑤ 품성, ⑥ 기술적 우월성, ⑦ 과감성, ⑧ 지능, ⑨ 지도능력, ⑩ 신념</td></tr>
<tr><td>데이비스
(K. Davis)</td><td colspan="4">① 이성(intelligence), ② 사회적 성숙함과 원만성(social maturity and breadth), ③ 내적 동기부여능력(inner motivation), ④ 인간관계적 태도(human relations attitude)</td></tr>
<tr><td>레이번
(S.W. Reyburn)</td><td colspan="4">① 건강(health), ② 성실성(sincerity), ③ 지능(intelligence), ④ 경력(career), ⑤ 분석력(analytical ability), ⑥ 근면성(industry), ⑦ 판단력(judgement)</td></tr>
<tr><td rowspan="4">스톡딜
(R.M. Stogdill)</td><th>특성</th><th>빈도</th><th>특성</th><th>빈도</th></tr>
<tr><td>① 신체적 특성
• 활동성, 정력</td><td>
24</td><td>④ 인격 · 성격
• 상량
• 공격성 · 자기주장
• 지배성
• 정서의 안정 · 통제력
• 독창성 · 비동조성
• 독립성 · 창조성
• 자신감</td><td>
11
12
31
14
13
13
28</td></tr>
<tr><td>② 사회적 배경
• 교육 정도
• 사회적 지위</td><td>
14
19</td><td>⑤ 과업관련 특성
• 성취욕구
• 책임욕구
• 과업지향</td><td>
21
17
13</td></tr>
<tr><td>③ 지능 능력
• 시능
• 지식
• 화술</td><td>
25
12
15</td><td>⑥ 사회적 특성
• 관리 능력
• 사회성 · 대인관계 기술</td><td>
16
35</td></tr>
</table>

과 유의한 정(+)의 상관관계가 있음을 발견하였다. 그들은 연구결과를 토대로 '성격특성'이 모든 상황에 걸쳐 일관되게 리더와 비리더를 구분(식별)하는 데 사용될 수 있다고 주장하였다.

Kirkpatrick & Locke(1991)는 "리더는 비리더와 분명히 다른 점을 가지고 있는 것이 분명하다"고 주장했다. 그들의 주장에 의하면 리더십 특성이 리더와 비 리더를 구분지을 수 있기 때문에 이들 6가지 특성에 있어서의 차이가 리더십과정의 중요한 한 부분으로 인정될 필요가 있다는 것이다.

특성연구에 대한 리더십 연구자들은 리더가 지니고 있는 공통적인 특성을 규명하는 데 노력을 기울였다. 이들 특성이론의 연구자들의 리더십 특성을 정리해 보면 [표 5-1]과 같다.

Leadership Devlopment and Training 사례 5-2

열정으로 똘똘뭉친 피아니스트 임현정

한국인 여성이 빌보드 클래식 주간차트 1위를 정복하다! 2012년 6월, 데뷔앨범 '베토벤 피아노 소나타'로 한국인 최초로 빌보드 클래식 주간차트 1위에 오른 신예 피아니스트 임현정, "그녀의 연주는 마치 마법 같다. 그녀를 따라올 만한 연주자는 없다"고 세계적인 지휘자 알렉산드레 라비노비치는 말했다.

그녀는 유튜브에서 세계에서 가장 빠른 '왕벌의 비행' 연주로 조회수 25만 건을 넘기며 일약 스타덤에 올랐고, 그 여세를 몰아 빌보드 정상까지 거머쥐었다. 그녀가 지금처럼 스타가 된 것은 작고 우연한 계기에서 비롯됐다. 평소 가족들에게 자신의 연주를 보여주지 못해 아쉽기만 했던 그녀는 자신의 연주회 앙코르 곡을 인터넷 동영상으로 공개했다. 팬 서비스 차원에서 원래 빠르기로 유명한 림스키 코르사코프의 '왕벌의 비행'이란 곡을 다른 연주자들의 거의 2배가 넘는 속도로 연주한 영상으로, 이 영상은 단숨에 조회수 25만 건을 넘기며 세계인의 입에서 찬사가 터져 나오게 했다. 이를 계기로 그녀는 굴지의 음악 매니지먼트사인 해리슨 패롯과 세계적 음반 기획사인 EMI와 계약을 체결하면서 본격적인 스타 피아니스트의 길을 걷게 되었다.

피아노를 사랑했던 소녀가 세계적인 피아니스트가 되는 데에는 그 만한 이유가 있었다.

1. 데뷔 앨범으로 세계 음악계를 강타하다

2012년 2월, 그녀는 자신의 첫 데뷔앨범 연주곡으로 베토벤 소나타 전곡을 선택했다. 최고의 피아니스트들도 어려워하는 베토벤 소나타의 전곡 녹음을 신인이 데뷔 앨범으로 선택한 것은 클래식 역사상 전무하다. 총 8장의 CD를 한 세트로 구성한 그녀의 데뷔앨범은 한국인 최초로 빌보드 클래식 차트에서 1위를 차지했다.

그녀의 데뷔앨범 발매 이후 전 세계 언론에서는 호평일색이었다. 영국의 대표 일간지 「텔레그라프」는 임현정의 앨범에 대하여 "그녀의 베토벤 연주는 이제까지 우리가 공연장이나 음반에서 접하였던 것과는 차원이 다른 새로운 음악이다"라며 극찬하였다. 침체된 음악계를 뒤흔드는 21세기 베토벤의 연주에 전 세계가 주목하고 있다.

2. 영국 최고의 공연장, 런던 로얄 알버트 홀에서의 화려한 데뷔

2012년 9월 24일, 임현정은 세계 뮤지션들에게 있어서 최고의 무대인 영국 로얄 알버트 홀에서 공연했다. 스코틀랜드 왕립 오케스트라와의 협연이었던 이 무대는 3개월 전부터 전석 매진을 기록하며 유럽의 이목을 집중시켰다. 이날 임현정은 '라흐마니노프 피아노 협주곡 2번'을 멋지게 소화, 관객들을 매료시켰다. 임현정과의 첫 번째 협연을 한 스코틀랜드 왕립 오케스트라의 지휘자 더글라스 보이드는 "세계에서 임현정만큼 이 곡을 잘 소화할 수 있는 사람은 없을 것이다"라고 극찬했다.

3. 13세 소녀, 프랑스에서 천재성을 발견하다

그녀의 집안에는 음악을 하는 사람은커녕 피아노조차 없었다. 단지 왼손을 쓰면 머리가 좋아진다는 이유로 동네 피아노 학원에 다니게 된 게 피아노와의 첫 만남이었다. 그녀는 유명한 선생님한테 레슨을 받거나 예술 중학교에 입학하는, 이른바 '엘리트 코스'를 밟지도 않았다. 그러나 피아노를 치면 칠수록 그녀의 피아노에 대한 사랑은 깊어졌고 급기야 부모님을 졸라 13살의 어린 나이에 홀로 파리로 유학을 떠나게 되었다. 파리에 오면서 그녀의 재능은 눈에 띄게 성장하기 시작했다. 그녀의 첫 유학 생활이었던 콩피엔느 음악원을 5개월 만에 수석 졸업하고 루앙 국립음악원을 3년 만에 조기 졸업했다. 그리고 16살 때 입학문이 좁기로 유명한 파리 국립음악원을 최연소 입학했을 뿐만 아니라 최연소로 졸업, 그녀의 천재성을 발휘하기 시작했다. 이후 한국인 최초로 퀸 엘리자베스 국립음악원의 최고 연주자 과정을 합격하고, 벨기에 국가 장학생으로 선발되며 유럽 음악가들의 이목을 끌기 시작했다.

"항상 '내 머리 위에는 나를 따라오는 별이 있다'는 생각을 했거든요. 음악을 하고 싶고 하면 될 거라는, 어떻게 보면 순진한 믿음이 있었던 것 같아요. 그 믿음이 오히려 저에게는 도움이 되었다고 생각해요."

4. 음악은 나의 힘

그녀의 음악에 대한 애착은 남다르다. 유럽 클래식계의 신예로 떠오른 그녀, 유럽 전역을 돌아다니며 연주를 하느라 스케줄이 빡빡하다. 때로는 세 번 연속 연주를 한 뒤, 다른 나라로 가 또 세 번의 연주를 하는 강행군을 했다. 그러다 보니 밥 먹을 시간도 없어 차 안에서 식사하는 것도 다반사. 하지만 밥 먹을 시간은 없어도 혼자만의 연습 시간은 놓치지 않는다. 그녀가 연습할 때에는 잠도, 밥도 마다한 채 오로지 연습에만 몰두한다. 연습하는 그 시간이 자신을 되찾는 가장 소중한 시간이기 때문이다.

그녀의 열정은 데뷔 앨범에서도 드러난다. 애초에 음반사 EMI에서는 라벨과 스크랴빈을 연주할 것을 제안했지만, 그녀는 당시 자신이 '미쳐 있던' 베토벤의 소나타 전곡을 데뷔음반곡으로 택했다. 베토벤의 편지와 서적을 구해 읽으며 열정적으로 연구한 끝에 그녀는 베토벤 소나타 30곡을 8개 테마로 구성, 새로운 베토벤 해석을 창조해냈다. 반평생을 베토벤 연구에 몰두했던 그녀였기에 음반사 EMI는 프로듀싱과 곡 해설서까지도 그녀에게 전적으로 맡겼다.

이렇듯 음악을 사랑하고 끊임없이 더 나은 음악을 탐구해나가는 자세가, 그녀의 앞날을 기대하게 하는 이유이다.

"제가 벌써 성숙하고 인생의 아픔을 안다고는 얘기할 수 없지만 탐구자라고 생각해요. 인생은 모험이자 하나의 탐구니까요. 탐구자로서 이건 너무 좋은 기회죠. 음악으로서 사람의 영혼을 탐구할 수 있으니까요."

최근 리더십연구 주제 중에서 가장 많이 주목받고 있는 것이 바로 리더의 특성에 관한 것이다. 특성연구는 처음에는 위인들의 자질을 확인하는 것에서 시작되었다가 그 이후 리더의 행동스타일의 연구로 바뀌었고, 상황변수의 리더십에 대한 영향에 관한 연구를 거쳐 최근에는 효과적인 리더십에 영향을 미치는 리더의 개인특성이 중요한 것으로 방향이 되돌아오고 있다.

리더의 특성에 대한 연구에서 연구자들이 공통으로 제시하고 있는 리더의 특성으로는 지능(intelligence), 자신감(self-confidence), 결단력(determination), 성실성(integrity), 사교성(sociability) 등에 대해 자세히 살펴보도록 한다.

1. 지능

지능, 즉 지적 능력(intellectual ability)은 리더십과 정(+)의 상관관계를 가지고 있다. 지능과 리더십에 대한 최근 연구 결과에 의하면 리더는 비리더보다 높은 지능을 가지는 경향이 있다는 것을 발견하였다. 특히 강력한 언어구사능력, 지각능력, 추리력을 가지고 있을 경우 더 좋은 리더가 될 수 있다는 것이다.

그런데 여기서 간과해서는 안될 것이 총명한 것이 좋기는 하지만 리더의 지적 능력이 부하들의 지적 능력과 너무 큰 차이가 나서는 안 된다는 것이다. 리더의 지적 능력과 부하들의 지적 능력에 있어 그 차이가 클 경우에는 비생산적인 영향을 미치기 때문이다. 지나치게 높은 지적 능력을 가진 리더는 부하들과 의사소통에서 많은 어려움을 겪기도 한다. 그 단적인 예로 리더의 생각이 너무 앞서 가 있기 때문에 추종자들이 리더의 의도를 전혀 이해하지 못할 수 있기 때문이다.

따라서 리더의 지능은 "복잡한 문제해결역량"과 "사회적 판단력"에 영향을 미치는 특성으로 효과적인 리더십을 위한 개인역량에 있어 매우 중요하다.

2. 자신감

자신감(self-confidence)은 한 개인을 리더가 되게 하는 데 중요한 역할을 하는 특성이다. 자신감은 자신의 유능성이나 역량을 확신하는 것으로 자존감, 자신의 능력에 대한 신뢰, 해낼 수 있다는 믿음 등이 그것이다.

리더십은 타인에게 영향을 미치는 과정이기 때문에 사신감은 리더로 하여금 영향을 미치려는 그의 시도가 옳고 적정하다는 것을 확신하게 만든다.

3. 결단력

리더는 결단력이 있어야 한다. 결단력이란 일을 완성하겠다는 욕망을 가리키는 말로 진취성, 지속성, 지배성, 추진력 등과 같은 특성이 포함된다.

결단력이 있는 사람들은 기꺼이 자기주장을 내세우며, 전향적(proactive)이고 장애에 직면하여도 굽힐 줄 모르고 참아내는 능력을 가지고 있다.

4. 성실성

성실성은 정성스럽고 참된 품성으로 리더에게서 중요한 리더십 특성의 하나로 정직성과 신뢰성을 의미한다. 따라서 리더가 매사에 원칙을 지키고 자신의 행동에 책임을 진다면 성실한 것으로 판단할 수 있다. 그러므로 성실한 사람은 다른 사람들로부터 신뢰를 받게 된다.

성실한 리더는 매사에 충실하며, 신뢰할 수 있으며 거짓이 없다. 기본적으로 성실성은 리더를 신용하고 신뢰받을 수 있게 만드는 가장 으뜸이 되는 것이다. 최근 우리 사회에서 리더들에게 보다 더 높은 수준의 성실한(정직한) 품성을 요구하고 있다.

5. 사교성

리더는 사교성이 있어야 한다. 사교성이란 대인관계에 있어 즐거운 사회적 관계를 추구하는 리더의 성향을 가리키는 말이다. 리더가 사교적 성향을 가지고 있으면 친절하고 개방적이고 예의바르고 재치가 있으며 친화적이다. 또한 다른 사람들의 요구에 민감하고 다른 사람의 복지에 더 많은 관심을 보인다. 그리고 사교적인 리더는 좋은 대인기술을 가지고 있으며 부하들과 협동적인 관계를 만들어간다.

리더의 특성 중 가장 대표적인 다섯 가지(지능, 자신감, 결단력, 성실성, 사교성)에만 초점을 맞추고 있지만, 훌륭한 리더는 이들 다섯 가지 이외에도 [표 5-1]에 제시되고 있는 특성을 가지고 있다. 그러나 존경받는 리더라고 해서 이들 모든 요소를 다 갖추고 있는 것은 아니다.

Leadership Devlopment and Training

사례 5-3

기업에서 요구하는 인재상

취업포털 잡코리아(www.jobkorea.co.kr)가 자사에 등록된 채용공고 12,665건을 분석한 결과, 기업에서 가장 많이 요구하는 인재상(*복수응답)으로 '성실성(74.5%)'이 1위에 올랐다. 이어, △책임감(45.3%) △열정(37.8%) △목표의식(35.1%) △적극성(34.0%) △도전정신(31.4%) △도덕성(31.2%) △팀워크(25.8%) △고객지향성(25.6%) △주인의식(24.4%) 등의 순이었다.

인재상은 기업형태별로 차이를 보였다. 공기업의 경우 상위 5위까지는 △성실성(72.7%) △창의적 인재(39.4%) △고객지향성(36.4%) △글로벌 인재(33.3%) △책임감(30.3%) △적극성(30.3%) 등의 순이었다.

외국계기업은 △글로벌 인재(75.1%) △성실성(50.6%) △목표의식(38.2%) △도전정신(38.2%) △열정(36.9%)이 차지했다.

대기업의 경우 △성실성(54.0%) △열정(48.5%) △도전정신(46.0%) △고객지향성(46.0%) △책임감 · 적극성(31.9%) 등의 순이었다.

중견기업은 △성실성(56.8%) △도전정신(47.7%) △목표의식(47.4%) △열정(43.2%) △고객지향성(36.4%) 등이 차지했다.

중소기업은 △성실성(77.4%) △책임감(46.7%) △열정(37.1%) △적극성(35.1%) △목표의식(34.4%) 등의 순이다.

잡코리아 김화수 사장은 "많은 구직자들이 스펙을 올리는데 힘쓰고 있으나 정작 기업에서는 인성을 중요한 평가항목으로 삼고 있다"며 "인성부분을 어필할 때는 추상적으로 성실하다고 말하기보다 본인이 경험한 성공사례를 이야기하는 것이 설득력이 있다"고 설명했다.

자료 : 잡코리아

제3절 | 성격모형과 리더십

최근까지의 리더십과 성격특성에 관한 연구들을 개관한 바에 의하면 거의 모든 연구들이 정성적 연구였다. 게다가 그 연구들에는 공통된 연구의 틀이 없었다. 그런데 리더의 성격과 리더십에는 어떤 상관관계가 있을까? 수많은 연구자들이 성격(personality)에 대해 오랜 기간 연구한 결과 성격의 '기본적 요인'을 규명하였다.

리더십 특성(leadership traits)의 정량적 측정을 시도한 것이 바로 '성격의 5요인 모델(the five-factor model of leadership)' 인데, 이들 '5가지 주된 성격특성' 이 리더십과 어떤 관련성이 있는가를 설명하고 있다. 연구 결과 성격 요인으로 대표적인 'the Big Five' 라는 다섯 가지 성격 요인으로 신경증적 성질(neuroticism), 외향성(extroversion; surgency : 감성적 외향성), 개방성(openness; intellect : 지적 개방성), 동조성(agreeableness), 성실성(conscientiousness; dependability : 신뢰할 수 있는 성실성 내지는 확실성) 등이다.

표 5-2 | Big Five 성격요인

요인	설명
신경증적 성질	의기소침하고 불안해하며 자신감이 없고 상처받기 쉬운 성격
외향성	사교적이고 적극적이며 자신감과 활기가 넘치는 성격
개방성	견문이 넓고 창의적이며 직관력(통찰력)이 있으며 호기심이 강한 성격
동조성	수용적이고 순응적이며 잘 믿어주는 성격
성실성	매사에 철저하고 조직적이며 감정을 잘 조절하며 신뢰할 만한 성격

자료 : P.G. Northouse/김남현, 리더십 4판, 경문사, 2009, p.32.

'The Big Five' 와 리더십 간의 연결관계를 측정한 결과 the Big Five 성격특성과 리더십 간에는 일반적으로 정(+)의 상관관계가 있다는 것이다. 연구 결과를 요약해 보면 '어떤 성격특성을 가지고 있는 것'과 '효과적인 리더가 되는 것' 간에 관련성이 매우 높다는 것을 알 수 있다.

구체적으로 살펴보면 외향성(extroversion)은 리더십과 가장 강한 정(+)의 상관관계가 높은 것으로 나타났으며 효과적이고 훌륭한 리더가 되는 데 가장 중요한 요인이 되는 것으로 증명되었다. 그리고 성실성(conscientiousness)은 외향성 다음으로 리더십과 정(+)의 상관관계를 가지고 있었다. 신경증적 성질(neuroticism)과 개방성(openness)은 각각 리더십과 그 다음으로 강한 관계가 있었고, 특히 신경증적 성질은 리더십과 부(−)의 상관관계를 가지고 있었다. 마지막 요인인 동조성(agreeableness)은 리더십과 단지 약한 관계가 있다는 것을 발견하였다.

Leadership Devlopment and Training **사례 5-4**

내성적인 사람들을 위한 새로운 인간관계 규칙

[규칙 1] 일시 정지(Pause)
잠시 멈추고 전략과 계획을 세워라

내성적인 사람은 생각한 다음에 말한다는 점을 이해하고 그 특성을 기술로 바꿔라. 상대를 만나기 전에 많은 시간을 들여 계획을 세우고 전략을 재검토한다. 먼저 대화를 시작하기보다 잠깐 그 자리에 서서 관찰하고 자료를 수집하는 재능에 집중할 필요가 있다. 그리고 다른 사람의 말을 잘 들어주고 반응을 여러모로 살핀다.

이렇게 잠깐 멈춰서 다음 단계를 준비함으로써 더욱 명확하고 정확하게 의사소통을 할 수 있다. 수다에 재능이 없다면 당신이 가진 것, 즉 잠깐 그 자리에 서서 관찰하고 자료를 수집하는 재능에 집중하라.

[규칙 2] 탐색과 정보처리(Process)
정보를 수집하여 상대를 파악하라

내성적인 사람은 자기 얘기를 하는 것을 불편해하며 많은 주제를 혼자 생각한다. 하지만 반드시 자기 얘기를 해야만 인간관계가 시작되는 것은 아니다. 새로운 사람에 관하여 수많은 정보를 획득하는 데에도 내성적인 성격의 특성을 활용하면 된다.

상대방에 대해 깊이 있게 탐색하고 질문한 뒤 정보를 꼼꼼하게 파악하는 기술이다. 사람들은 보통 자기 얘기를 먼저 하는 것을 불편해하면서도 그렇게 해야 대화가 계속된다고 생각한다. 하지만 반드시 자기 얘기를 해야만 인간관계가 시작되는 것은 아니다. 상대의 시선과 몸짓에 집중하면서 사려 깊고 적절한 질문을 하면 더 깊고 오래가는 관계를 만들 수 있다.

처음에는 내성적인 것처럼 보였던 사람이 알고 보면 흥미로운 경력과 재능, 성격의 소유자인 예가 많으며, 관계가 친밀해지면 이를 자연스럽게 드러낸다.

[규칙 3] 속도 유지(Pace)
분위기에 휩쓸리지 말고 자신의 속도에 맞춰 조절하라

내성적인 사람은 혼자 있을 때 기운을 얻는다. 기본 중의 기본이다. 이 규칙은 내성적인 사람의 기본 욕구에서 비롯된 것이다. 인간관계에 성공하기 위해서는 자신의 장점을 인정할 뿐 아니라 자신의 욕구도 존중해야 한다.

내성적인 사람은 깊이 파고들기 때문에 동시에 여러 가지를 추구하면 상황에 압도될 수 있다. 이런 상황이 오지 않게끔 미리 혼자만의 시간을 가져서 재충전할 시간을 가져야 한다. 내성적인 사람의 공식을 만들면 다음과 같다.

자료 : 혼자가 편한 사람들의 관계 심리학

제4절 | 리더십 특성연구의 특징과 비판

1. 리더십 특성연구의 특징

리더십 특성연구는 다른 리더십이론과 매우 다르다. 리더십 특성연구는 오로지 리더에만 초점을 맞추고 있으며, 추종자나 상황변인에는 전혀 초점을 맞추지 않고 있다. 이런 점 때문에 특성연구가 다른 연구보다 이론적으로 매우 단순하다.

예를 들면 리더십 특성연구는 리더의 특성과 관련된 연구로서 리더가 보이고 있는 특성이 무엇인가? 그리고 누가 그 같은 특성을 가지고 있는가? 등과 같은 문제에 관한 연구로 일련의 가설이나 원칙을 설정하지 않고 있다. 즉, "어떤 특정한 상황여건에서 어떤 리더십 특성이 바람직하고, 리더는 무엇을 해야 하는가"에 대한 가설을 설정하고 있지 않다. 단지 바람직한 리더의 특성을 가지고 있는 리더를 보유하는 것이 조직의 효과성을 위해 매우 중요하며 이러한 특성이 리더십과정에서 중심을 이루는 것은 바로 리더의 특성(성격특성)이라는 것이다.

이러한 리더십 특성연구가 가지고 있는 특징을 살펴보면 다음과 같다.

첫째, 리더십 특성연구는 직관적으로 흥미를 끈다. 본 연구의 핵심은 사람들이 생각하기에 훌륭한 리더는 보통 사람과는 다르고, 매사에 적극적이며 앞서가는 사람들이고, 우리를 인도하는 사람들이라는 생각과 잘 조화되기 때문이다. 따라서 일반적으로 리더는 특별한 일을 할 수 있는 천부적 재능을 가진 사람들이라는 것이다.

리더십 특성연구에서는 리더라면 다른 사람과는 분명히 차이가 있고, 그 같은 차이는 그들이 소유하고 있는 특별한 특성 때문일 것이라는 전제를 바탕으로 하고 있기 때문이다. 따라서 훌륭한 리더가 되기 위해서는 타고난 재능과 특성을 가지고 있어야 한다는 것이다.

둘째, 특성연구는 오랜 기간 동안 많은 연구자들의 연구에 의해서 뒷받침되고 있다는 점이다. 특성연구처럼 연구의 넓이와 깊이를 자랑할 만한 다른 이론은 거의 찾아볼 수 없다. 그리고 장기간에 걸친 연구이기 때문에 다른 연구에서 볼 수 없는 신뢰성의 척도가 되고 있다. 이같이 오랜 기간에 걸쳐 많은 리더십 연구자들에 의해 완성된 연구 결과에서는 "다양한 성격특성이 리더십과정에서 중요한 역할을 한다는 것"을 강조하고 있다.

셋째, 리더십 특성연구가 리더십과정의 구성요소인 리더, 추종자 그리고 상황 중에서 첫 번째 요소인 리더에만 초점을 맞추고 있다는 것이다. 이 점이 특성이론의 약점이기도 하지만 리더십과정에서 오로지 리더의 역할만을 강조함으로써 특성연구는 리더십과정에서 리더와 리더의 성격특성이 어떤 관계를 갖고 있는가에 대한 이해를 제공할 수 있게 되었다.

넷째, 리더십 특성연구는 누구든지 리더가 되고 싶다면 "리더가 되기 위해 갖추어야 할 특성이 무엇인지"를 제시해 주고 있다. 즉, 어떤 특성을 가지고 있어야 훌륭한 리더가 될 수 있는지 확인해 주기 때문이다.

또한 특성연구의 연구의 결과를 바탕으로 성격측정의 방법들이 개발·사용되었고, 그 결과로 관리자들에게 그들의 강점과 약점에 관한 매우 가치 있는 정보를 제공하게 되었다.

2. 리더십 특성연구의 비판

리더십 특성연구는 초기 리더십 연구에 있어서 기초가 되었고, 또한 많은 강점에도 불구하고 몇 가지 점에서 비판을 받고 있는데 현재 제시되고 있는 비판에 대해 살펴보면 다음과 같다.

첫째, 리더십 특성연구는 상황을 전혀 고려하지 않고 있다. 주어진 상황을 동시에 고려하지 않고 단지 리더의 성격특성만을 따로 떼어내어 분리해내기가 어렵다. 어떤 특정한 상황에서 리더로서 특성을 소유한 사람이 다른 상황에서는 리더가 되지 못하는 경우가 있기 때문이다. 또한 어떤 특정한 상황에서 리더로서의 특성을 가지고 있었지만 시간이 경과하여 그 리더십지위를 유지하게 하는 특성을 가지고 있지 않는 경우도 있다. 이는 주어진 상황이 리더십에 영향을 미치고 있기 때문이다. 따라서 모든 경우에 적합한 일련의 리더십 특성을 확인하기란 매우 어렵다.

둘째, 리더십 특성이론은 리더의 개인적 특성에만 초점을 맞추고 있어 개인이 리더십 상황에서 실제로 어떻게 행동하는가를 밝혀주고 있지 않다. 이 이론은 어떤 특성을 가진 사람이 리더인가를 확인해 주기는 하지만 리더가 어떻게 해서 부하들에게 영향력을 행사하는지를 설명해 주지 못하고 있다.

셋째, 리더십 특성연구가 훌륭한 리더가 되는 '결정적인 리더십 특성목록'의 범위와 한계를 정확히 정하지 못하고 있다는 점이다. 리더십 특성에 관한 수많은 연구가 이루어졌지만, 이들 연구들의 결과는 다양하고 모호하거나 때때로 불확실하기까지 하였다. 더욱이 리더십 특성목록에 나타난 특성들의 수가 너무나 많아 끝이 없는 것처럼 보인다.

앞에서 살펴본 [표 5-1]은 리더십 특성을 제시하고 있는데, 여러 연구자에 의해 나타난 리더십 특성들의 표본에 불과하다. 그 만큼 리더의 특성은 다양하다는 것이다.

넷째, 리더십 특성연구는 가장 중요한 리더십 특성의 결정에서 매우 포괄적이고 광범위하기 때문에 연구결과에서 얻은 자료의 의미에 대한 해석이 매우 주관적인 것이다. 예를 들어, 어떤 학자는 리더의 특성으로 지능이나 자신감이 중요한 리더십 특성이라고 확인한 반면, 다른 학자는 결단력과 성실성이 가장 중요한 리더십 특성이라고 한다. 이러한 두 가지 경우에서처럼 리더십 특성의 확인은 연구자마다 자신의 주관적인 경험과 관찰에 기반을 둔 것이기 때문이다.

다섯째, 리더십 특성연구는 리더십의 성과와의 관계에 대해서는 구체적으로 연구가 이루어지지 않았다. 리더십 특성연구가 리더의 특성들의 확인을 강조했을 뿐 리더십 특성이 집단구성원의 업적에 어떤 영향을 미치고 있는지에 대해서는 제대로 검증하지 않고 있다는 것이다. 연구자들은 리더의 보편적 리더십 특성을 규명하기 위해 노력하면서 어떤 특정적인 특성이 리더로 부상하는 것인가에 초점을 맞추었다. 그러나 '리더십 특성'과 생산성 혹은 성원들의 만족 등과 같은 '성과에 영향을 미치는 요소' 간의 관계를 규명하는 데 소홀히 했다.

예를 들어, 리더십 특성이 조직상황에서 집단이나 팀의 성과에 어떻게 영향을 미치는지를 설명하는 데 미흡하고, 높은 지능과 성실성을 가진 리더가 그와 같은 특성을 갖지 않은 리더보다 더 좋은 성과를 만들어내고 있는지에 관한 실증적 연구에 대한 결과를 제공해 주지 않고 있다는 점이다.

여섯째, 리더십 특성연구는 리더십훈련이나 개발을 위해 유용하지 못하다는 점이다. 결정적인 리더십 특성이 확인되었지만 그러한 리더의 특성을 개인적으로 갖도록 교육하는 것이 쉽지 않기 때문이다. 한 개인의 특성은 쉽게 변하지 않기 때문이다.

예를 들어, 관리자들에게 지능 향상을 위한 훈련프로그램에 참여하도록 하거나 평소 성격이 내향적인 사람을 외향적 성격을 갖도록 훈련시켜 성격을 변화시키는 것은 매우 어렵기 때문이다. 원래 한 개인의 성격은 비교적 고정되고 안정된 심리구조이기 때문에 교육이나 리더십훈련의 효과에 의해 쉽게 변화되지 않기 때문이다.

Leadership Development and Training **사례 5-5**

잠자리 형태별 성격 특성

- 태아형 : 옆으로 웅크리고 자는 모습
  사람을 처음 보면 수줍어 할 수 있으나 곧 적응에 빨라 편안하고 부드럽게 다가 갈 수 있는 형이다.

- 전봇대형 : 옆으로 쭉 뻗어 자는 자세
  마음 자체가 태평하며 근심걱정은 항상 내일로 미루고 오늘만 행복하면 된다는 베짱이형으로 양말, 옷 등을 아무 곳이나 벗어두고 잘 씻지도 않는 형이다.

- 십자가형 : 천정 보고 대자로 뻗어 자는 자세
  항상 편안주의자다. 반찬 투정도 집안일도 관심이 없다. 오로지 오늘 하루를 위해서 돈을 다 쓰는 형이다.

- 맷돌형 : 손을 머리를 받쳐 들고 자는 자세
  매사 의욕이 없고 하루하루를 힘겹게 보내고 마음도 불안정한 형으로 자신을 한탄하고 남에 대해 비판하거나 지적을 잘한다.

- 만세형 : 두 손을 머리 뒤로 하고 자는 자세
가장 이상적인 형으로 남을 배려하는 마음이 깊고 성실한 형으로 주위 칭찬을 자주 들으며 지도자 형이다.

- 새우형 : 옆으로 원을 그리듯이 둥글게 자는 자세
꿈을 자주 꾸는 자세로서 자기만의 환상을 자주 그린다.
매사에 현실에 적응하기보단 드라마처럼 사는 그런 인생을 자주 그리는 형이다.

- 개구리형 자세 : 다리를 구부리거나 베개를 받쳐서 자는 자세
남의 기분이나 생각은 별로 관심 없고 배려와도 거리가 멀다.
혼자 즐기기 좋아하며 대인기피증도 있다.

- 수영자유형 : 엎어져 자는 사람
인생을 피곤하게 사는 사람이다. 쉬운 길도 어렵게 내딛는 형으로 만사 자유형이다.
간섭하는 걸 싫어하고 자신에 대한 믿음이 확고한 형이다.

제5절 | 리더십 특성연구의 활용

리더십 특성연구는 여러 미비점에도 불구하고 리더십 연구에 있어 소중한 정보를 제공해 주고 있다. 그리고 리더십 특성이론에 담겨 있는 내용을 모든 유형의 조직과 모든 계층의 사람들에게 두루 적용시킬 수 있다. 비록 리더십 특성연구가 리더의 정형화된 특성을 제공해 주지는 못하고 있지만 만약 리더의 지위에 오르고자 하는 사람이 있다면 어떤 리더십 특성을 갖추고 있어야 하는지에 관한 정보를 제공해주고 있는 점에서 유용하다.

그럼 개인적으로 자신이 어떤 특성을 소유하고 있는지를 알아보고자 한다면 MBTI 성격검사나 MMPI 등과 같은 검사를 받음으로써 쉽게 알 수 있다. 성격검사를 통해 현재 리더십지위에서 중요하다고 생각되는 특성을

가지고 있는지의 여부에 대한 점검을 통해 자신이 현재 가지고 있지 못하거나 미흡한 특성이 무엇인지를 알게 됨으로써 어떤 부분에 대해 개발을 해야 되는지를 알 수 있다.

또한 리더십 특성연구는 관리자들이 조직 내에서 자신의 위치와 직위를 보다 더 잘 유지하기 위해 무엇을 해야 하는가를 알아보기 위해 특성연구에서 얻은 정보를 활용할 수 있다. 자신의 성격특성이 회사의 어느 분야에 가장 적합한가를 알 수 있게 해주고, 어떤 훈련이 필요한지를 알 수 있게 해준다.

따라서 리더는 자신의 특성에 관한 정보를 통해서 자신에 대한 보다 깊은 이해가 가능하며, 조직 내에서 다른 사람들에게 어떻게 영향을 미치게 될 것인가에 대한 이해를 넓히는 데 유용하다.

Leadership Devlopment and Training 사례 5-6

멋진 삶을 만드는 방법

1. 웃음으로 시작하고 웃음으로 마감하라. 여기가 천국이다.
2. 기쁨으로 수용하라. 기뻐하면 기뻐할 일만 생겨난다.
3. 힘든 것에는 뜻이 있다. 감사함으로 수용하라.
4. 믿음의 열도를 10배로 늘여라. 100배의 수확이 보장된다.
5. 모두를 위하는 사람이 되라. 그것이 나를 위하는 지름길이다.
6. 진리가 아니면 따르지 말라. 길 한 번 잘못 들면 평생 후회한다.
7. 인연을 소중히 하라. 인연 중에 소중하지 않은 인연은 없다.
8. 인생 드라마는 스스로 연출한다. 명연기를 보여 주라.
9. 건강해야 건강한 운을 만든다. 과욕을 버려라.
10. 잠에서 깨어나라. 그래야 지혜의 눈을 크게 뜰 수 있다.
11. 하늘은 스스로 돕는 자를 돕는다. 하늘이 좋아하는 자가 되라.
12. 지혜로운 사람이 되라. 어리석은 사람은 길을 두고 모로 간다.
13. 자신의 무한 능력을 발견하라. 복된 나날이 펼쳐진다.
14. 머리를 써라. 머리는 하늘이 나에게 준 보물 창고다.
15. 실패를 뒤집어 보라. 그 속에 성공이 들어 있다.

16. 아낌없이 베풀어라. 샘물은 퍼낼수록 맑은 물이 솟아난다.
17. 자신의 눈을 믿지 말라. 남의 눈으로 자신을 바라보라.
18. 최대의 기쁨으로 하루를 맞이하라. 살아 있는 날은 경축일이다.
19. 먼저 부모를 공경하라. 자손 대대로 번영한다.
20. 눈앞의 문제에 집착하지 말라. 문제 뒤에 해답을 찾아내라.
21. 나날이 향상하라. 향상하지 않으면 퇴보한다.
22. 남의 말을 좋게 하라. 없던 복도 굴러 온다.
23. 음식만 골라 먹지 말라. 말도 골라서 하라.
24. 복을 많이 지어라. 내가 지은 것만이 내 것이 된다.
25. 복을 달라고 안달하지 말라. 복을 담을 그릇을 먼저 만들어라.
26. 가슴 펴고 당당하게 살아가라. 병든 닭처럼 비실대지 말라.
27. 오늘은 나의 시간, 내일은 신의 시간. 나의 시간을 창조하라.
28. 어떤 일에도 불평하지 말라. 불평은 불운을 끌고 다닌다.
29. 항상 감사하라. 감사할 때 천사의 손길이 나에게 다가온다.
30. 남이 만나고 싶어 하는 사람이 되라. 외면하는 사람은 되지 말라.
31. 좋은 취미를 만들어라. 좋은 취미로 풍요로운 삶이 만들어진다.
32. 불행 중 다행은 있어도 다행 중 불행은 없다. 안심하고 살아가라.
33. 쓰러짐을 부끄러워 말라. 일어서지 않음을 부끄러워하라.
34. 신념에 불타는 친구를 사귀어라. 좋은 친구는 우량 주식이다.
35. 부정적인 친구는 만나지 말라. 그는 친구가 아니라 원수다.
36. 아는 길도 물어 가라. 내가 안다고 아는 것이 아니다.
37. 안 풀리는 것은 일단 멈춤 신호다. 멈춘 다음 원인을 찾아내라.
38. 남의 잘못은 한 눈을 감아라. 잘함을 볼 때는 두 눈을 크게 떠라.
39. 세상만사 우연은 없다. 인연을 소중히 하라.
40. 진심으로 봉사하라. 10배 100배의 축복이 펼쳐진다.
41. 투덜대지 말라. 그러다간 평생 덜덜대며 살게 된다.
42. 상상력을 키워라. 상상은 현실을 만드는 청사진이다.
43. 우물 안 개구리가 되지 말라. 기회는 하늘의 별만큼 많다.
44. 끊임없이 기도하라. 기도는 영혼의 호흡이다.
45. 자신을 칭찬하라. 나는 사랑 받기 위해 태어난 사람이다.
46. 자신을 해방시켜라. 자신은 노예가 아니라 주인이다.
47. 가정은 행복을 만드는 성전이다. 성전을 빛나게 하라.
48. 문제가 생긴 다음 기도하지 말라. 평상시부터 거래를 터라.
49. 활기찬 노래를 불러라. 활기찬 노래는 성공 행진곡이다.
50. 어깨동무하며 어린 시절로 돌아가라. 희망이 함께 자란다.

Leadership Devlopment and Training

사례 5-7

리더십 특성 측정

한 개인의 성격특성을 측정하기 위해 개발된 많은 도구들이 있다. 대표적으로 MMPI (Minnesota Multiphastic Personality Inventory), MBTI(Myers-Briggs Type Indicator) 등이 오늘날 표준화된 성격측정도구로 사용되고 있다.

LTQ(Leadership Traits Questionnaire : 리더십특성설문지)는 리더의 리더십 특성을 측정하기 위한 것으로 리더 개인의 지각과 그 리더의 부하나 동료와 같은 특정한 관찰자들의 지각을 계량화하게 된다. 이런 측정도구를 통해 리더는 자신의 특별히 강한 측면과 약한 측면을 알 수 있게 된다.

LTQ에서 얻은 점수는 리더 자신의 점수와 리더를 잘 알고 있는 타인이 리더를 어떻게 보고 있는가에 대한 정보를 제공해 주고 있다. 채점 결과 분석표에서 설명력, 지각력, 침착성, 신뢰성, 일관성, 사교성의 경우 리더는 다른 사람들이 평가하고 있는 것보다 더 높게 평가하고 있다. 그리고 자신감, 단호성은 리더 자신이 다른 사람들이 평가하는 것보다 낮게 평가하고 있는 것으로 나타났다. 지속성, 친절성은 자신의 측정이 다른 사람들의 측정과 비슷하게 나타났다.

리더십측정설문지에는 최선의 답은 없다. 이 측정의 목적은 리더의 자신의 강점과 약점을 측정하는 방법을 제공하고 있는 것으로 리더 자신이 지각하고 있는 것이 다른 사람들이 지각하고 있는 것과 어떤 부분에서 동일하고 어떤 부분에서 다른지를 평가하려는 데 있다.

리더십측정설문지(LTQ)

리더신측정설문지는 리더의 리더십 특성을 측정하기 위한 것으로 리너 사신에 의해 작성되거나 그 리더와 평소 친숙하게 잘 알고 있는 개인들에 의해 작성되어야 한다. 다음 설문지에 제시된 각 형용사와 문장이 그 리더를 어느 정도 잘 설명하고 있는지 1부터 5까지의 숫자 중 해당되는 숫자에 3하세요. 각 숫자는 귀하가 표시한 의견을 나타내고 있습니다.

1=전혀 그렇지 않다 2=그렇지 않다 3=뭐라고 말할 수 없다
4=그렇게 생각한다 5=전적으로 그렇게 생각한다

1. 설명력	다른 사람들과 효과적으로 의사소통을 한다.	① ② ③ ④ ⑤
2. 지각력	식별력이 있고 통찰력이 뛰어나다.	① ② ③ ④ ⑤
3. 자신감	자기의 능력을 믿는다.	① ② ③ ④ ⑤
4. 침착성	의심이 없고 확신에 차 있다.	① ② ③ ④ ⑤
5. 지속성	여러 장애물에도 굴하지 않고 목표에 집착한다.	① ② ③ ④ ⑤

6. 단호성	확고한 입장을 가지고 행동한다.	① ② ③ ④ ⑤
7. 신뢰성	신뢰할 수 있다.	① ② ③ ④ ⑤
8. 일관성	일관성이 있다.	① ② ③ ④ ⑤
9. 친절성	친절하고 온화하다.	① ② ③ ④ ⑤
10. 사교성	개방적이고 친화적이다.	① ② ③ ④ ⑤

채점결과 분석

	N_1	N_2	N_3	N_4	N_5	N_6	평균	자신	차이
1. 설명력	3	4	5	3	2	4	3.5	4	−0.5
2. 지각력	2	3	4	2	3	4	3	4	−1.0
3. 자신감	5	3	4	4	5	3	4	3	+1.0
4. 침착성	3	4	4	4	3	3	3.5	4	−0.5
5. 지속성	3	4	3	4	4	5	3.8	4	−0.2
6. 단호성	4	5	3	4	5	4	4.1	3	+1.1
7. 신뢰성	2	3	4	3	5	4	3.5	4	−0.5
8. 일관성	3	4	4	4	3	4	3.6	5	−1.4
9. 친절성	4	4	5	3	4	5	4.1	4	+0.1
10. 사교성	4	5	4	4	5	4	4.3	5	−0.7

Chapter 06

행동이론

제1절 | 행동이론에 대한 이해

1950년대와 60년대 심리학자들은 리더의 행동에 관해 관심이 많았다. 리더의 행동에 대한 연구는 주로 오하이오주립대학교와 미시간대학교에서 실시한 연구프로그램에 의해 정립된 연구패턴을 따르고 있다.

리더십에 대한 연구가 초기에는 리더의 개인적 성격 특성에 대한 연구에서 이제는 리더의 행동을 강조한 리더십 유형 연구로 전환되었다. 그러므로 리더십 행동에 관한 연구는 리더의 성격특성을 강조하는 리더특성 연구와는 매우 큰 차이가 있다. 따라서 리더십연구의 초점이 리더가 보유하고 있어야 하는 특성의 관점에서 행동유형으로 개념화하는 방향으로 전환되었다는 것을 의미한다.

리더십 행동에 관한 연구에 참여한 연구자들은 "리더십이란 기본적으로 일반적인 두 가지 종류의 행동으로 이루어져 있다"고 단정하였다. 두 가지 종류의 리더십행동이란 바로 과업지향적 행동과 관계지향적 행동을 말한다. 리더의 과업지향적 행동은 목표달성을 촉진하는 행동으로 집단성원들이 그들의 과업목표를 달성하도록 도와주는 행동들이다. 그리고 관계지향적 행동은 하위자들이 서로 간에 좋은 인간관계를 가지고 잘 지내도록 도와주며, 일터에서 만족을 느끼도록 도와주는 행동을 말한다.

따라서 리더십 행동에 관한 연구의 주요 목적은 리더가 어떻게 하면 이들 두 가지 유형의 행동을 잘 조합하여 하위자들이 과업목표 달성을 위한 노력에 영향력을 미칠 것인가를 설명하려는 데 있다.

리더십 행동에 관한 연구는 수많은 학자와 대학에서 수행되었다. 그 첫 번째 연구는 Stogdill의 연구결과를 토대로 하여 1940년대말 미국 오하이오주립대학교에서 실시되었다. 이 연구에서는 리더십과정에서 리더의 특성보다는 리더의 배려행동(관계성 행동)이 리더십 효과를 달성하는 데 중요하다는 것을 지적하였다.

이와 비슷한 시기에 미국의 미시간대학교에서도 리더십 연구자들에 의해 리더십 행동연구가 이루어졌다. 미시간대학교 연구의 초점은 리더행동, 집단과정, 그리고 집단성과 간의 관계를 파악하는 데 있었다. 연구의 초점은 리더십이 소집단에서 어떻게 기능하는가를 탐색하는 연구를 실시하였고, 효과적인 관리자와 비효과적 관리자를 비교한 결과 관리행동에서 흥미로운 차이가 드러났는데 이는 Likert(1961, 1967)에 의해 정리되었다.

1960년대 초에는 Blake & Mouton(1964)에 의해 리더의 행동에 관한 연구를 수행되었는데, 이 연구에서는 조직상황에서 관리자들이 과업행동과 관계성행동을 어떻게 조합하여 행동하고 있는가를 탐구하였다.

Leadership Devlopment and Training 사례 6-1

광개토태왕

1. 생애

- 374년 출생
- 391년 광개토태왕 즉위
- 392년 백제 공격하여 10성 함락, 거란을 정벌
- 393년 백제가 침입하자 이를 격퇴
- 395년 비려 정벌
- 396년 백제 공격하여 58성 차지, 백제 아신왕의 동생과 대신을 인질로 잡아 옴
- 397년 후연의 요동성을 점령함
- 398년 숙신을 정벌함
- 400년 백제 · 가야 · 왜 연합군 격파
- 404년 대방(帶方)에 침입한 백제 · 왜 연합군을 전멸
- 405년 요동성/목지성을 공격한 후연의 군대를 격퇴
- 410년 동부여를 통합함
- 412년 광개토태왕 죽음

2. 천하관

- 천손의식
  - 부계는 천제, 모계는 하백
  - 고구려의 국가적 자존의식과 중국에 대응하는 동방의 패자라는 대외의식을 천명한 것으로, 천손의식을 바탕으로 한 제국의 질서를 완성하고자 한 고구려의 의지의 발현

- '영락(永樂)' 이라는 연호를 사용
  - 중원 왕조의 연호를 사용하는 것이 일반적이지만 고구려 중심의 새로운 천하질서를 구축하고 동아시아의 주도권을 확립하려 한 고구려의 천하관을 과시

3. 업적

가. 외정

- 남방정벌
  - 백제와의 갈등
  - 고구려, 신라 vs 백제, 왜, 가야
- 서방정벌
  - 후연과의 갈등
- 동북방정벌
  - 동부여 토벌
  - 숙신에 대한 지배권 강화

나. 내치

- 사상체계의 정비
  - 건국신화 정리
  - 불교 권장
- 행정제도의 개선
- 군사제도의 정비
  - 2원적 군사체제의 일원화
  - 수군 장려

4. 광개토태왕의 리더십

- 고구려 문명의 전성기를 이끎
  - 고조선의 옛 영역을 회복
  - 약소국에 불과한 고구려를 세계질서를 좌우하는 거대 국가로 성장시킴
  - 백성들의 생활을 안정시킴
- 한반도의 간접적 통일
  - 백제와 신라, 가야가 모두 고구려의 영향권 안에 들어오게 됨
  - 민족사의 발전에서 자연적으로 나타나는 통일의지의 구현"이며 이는 "고구려가 한국사의 주류에 당당히 위치함을 의미하는 것"

제2절 | 리더십의 행동연구

1. 권위주의적 · 민주적 · 자유방임적 리더십 연구

1) Lewin · White · Lippitt 등의 연구

리더십 행동이론의 초기연구에서는 리더의 대표적인 스타일을 정치지도자의 행동적 관점에서 찾았는데, 그 같은 관점에서 리더십 분류 형태로 권위주의적, 민주적, 자유방임적 리더십으로 구분하였다. 이 같은 분류는 무엇보다 의사결정권의 위치에 주요한 기준을 두고 있다.

즉, 리더가 거의 모든 의사결정권을 가질 경우를 권위주의적 리더(authoritarian leader)라고 하며, 의사결정을 하위계층에 대폭적으로 위양하면 민주적 리더(democratic leader)라고 하며, 의사결정의 문제를 구성

표 6-1 | 권위주의형 · 민주형 · 자유방임형 리더십의 특징

리더십 유형	행동 예
권위주의형	• 모든 중요한 결정은 리더가 독단적으로 결정하고, 구성원들은 결정된 사항을 집행 · 수행할 임무만 진다. • 리더는 모든 작업 세부 활동에 대해 세세히 명령 · 지시한다. • 통상 미래의 계획 등에 대해서는 집단구성원들이 잘 모르게 한다.
민주형	• 모든 결정은 집단토의를 통해 한다. 따라서 중요사항 결정과정에 구성원을 적극 참여시켜 해결방안을 모색 · 검토한다. • 구성원의 창의력과 생산성을 높여주고 구성원들 간의 원만한 인간관계 유지를 중시한다. • 리더는 집단 활동을 격려하고 도와주며, 기술적인 조언이 필요할 때에는 여러 대안을 제시한다.
자유방임형	• 작업 수행 시 구성원의 질문이 있을 때에만 답해 준다. • 구성원들에게 주요 권한을 대폭 위임하고 구성원들로 하여금 목표설정에서 집행에 이르기까지 일체의 일을 수행하게 한다.

원 개개인에게 맡겨두고 리더가 관여하지 않는 형태를 자유방임적 리더(laissez-faire leader)라고 한다. 레윈(Kurt Lewin), 리피트(Ronald Lippitt), 화이트(R.K. White) 등이 이와 같은 방식으로 분류한 최초의 학자였다.

2) Tannenbaum과 Schmidt의 연구

탄넨바움(Robert Tannenbaum)과 슈미트(Warren H. Schmidt)는 리더십의 유형을 독재형(autocratic style), 민주형(democratic style), 자유방임형(lasses-faire style)으로 나누었다. 이들에 의하면 리더는 리더십 기능을 발휘하는 데 있어서 여러 가지 의사결정에 당면하게 되는데, 이 경우 리더가 의사결정권을 어떻게 행사하느냐에 따라 리더십 유형이 결정된다는 것이다. 즉, 의사결정을 함에 있어서 리더가 자신보다 부하에 대한 고려를 많이 할수록 민주적 스타일이고, 리더가 독단적으로 의사결정을 하고 이러한 의사결정과정에 리더의 개인적 고려가 많이 들어갈수록 독재적 혹은 권위주의적 스타일이라고 하였다. 또한 자유방임적 리더십유형은 부하에게 최대한 자유를 허용함으로써 리더십 기능이 거의 발휘되지 않는 상태

그림 6-1 | 리더십의 유형

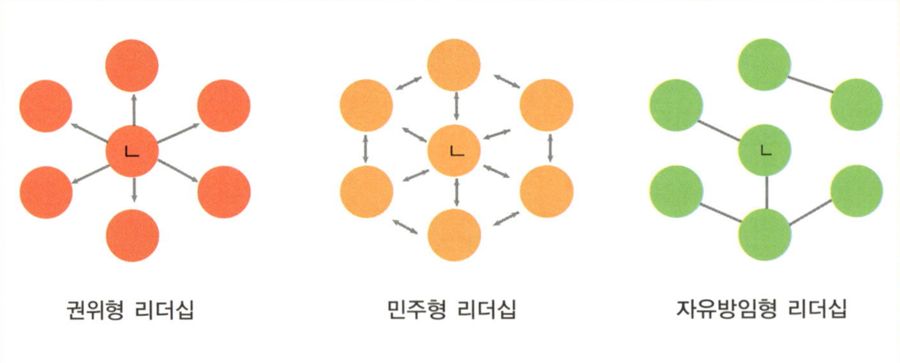

를 말한다.

2. 미시간대학교의 리더십연구

오하이오주립대학교의 연구자들이 리더행동기술설문지(Leader Behavior Description Questionnaire : LBDQ)를 개발하고 있는 동안 거의 비슷한 시기에 미시간대학교의 연구자들도 리더십행동을 탐구하고 있었다.

미시간대학교의 연구의 초점은 리더행동, 집단과정, 그리고 집단성과 간의 관계를 파악하는 데 있었다. 그들은 리더행동이 소집단(예로 보험사의 지역관리자들, 제조회사의 감독자들, 선로 보선반의 감독자들)의 업적에 미치는 영향에 특별한 관심을 기울였다.

미시간대학교의 연구에서는 두 가지 유형의 리더십행동을 확인하였다. 즉 종업원지향(employee orientation)과 생산지향(production orientation)적 행동 등이 그것이다.

1) 종업원지향적 행동

리더의 종업원지향적 행동은 종업원들에 대하여 좋은 인간관계를 강조하는 리더들의 행동을 말한다. 종업원지향적 행동을 하는 리더는 인간적으로 종업원들에 대한 관심이 많고, 종업원들의 개인적 개성을 존중하며, 개개인의 욕구에 특별한 관심을 보인다.

종업원지향적 행동은 오하이오주립대학교의 연구에서의 '배려행동'으로 분류되었던 행동과 유사하다. Likert는 관리자는 부하들이 스스로 가치가 있다고 느끼고 중요한 존재로 생각하도록 부하의 각자를 지원해야 한다고 제안했다.

2) 생산지향적 행동

생산지향적 행동은 직무의 기술적 측면과 생산측면을 강조하는 리더십 행동을 가리킨다. 이때 리더는 작업자를 과업완성을 위한 수단으로 여기게 되는데, 오하이오주립대학의 연구에서 확인된 '구조주도행동'과 비슷한 행동이다.

그런데 미시간대학교의 연구자들은 오하이오주립대학교의 연구자들과는 달리 초기연구에서 종업원지향적 행동과 생산지향적 행동을 단일연속체상의 양극단에 있는 것으로 개념화하였다. 이것은 곧 생산지향적인 리더는 덜 종업원지향적이고, 종업원지향적인 리더는 덜 생산지향적이라는 것을 의미한다. 그러나 연구를 진행함에 따라 연구자들은 이 두 구성개념을 오하이오주립대학교의 연구와 비슷하게 두 가지의 독립된 리더십지향으로 재개념화하였다. 이들 두 가지 리더행동이 독립적으로 다루어질 경우 리더는 동시에 생산지향적일 수도 있고, 종업원지향적 행동을 할 수 있다는 말이다.

1950년대와 1960년대에 오하이오주립대학교와 미시간대학교의 연구자들에 의해 수많은 연구들이 수행되었다. 이들 연구자들의 주된 관심은 "리더의 행동이 성원들의 만족과 업적에 미치는 정(+)의 영향을 극대화하기 위해 어떻게 하면 그들의 생산지향적 행동과 종업원지향적 행동을 가장 잘 조합할 수 있는가"에 있었다.

따라서 연구자들은 모든 상황에서의 리더십 효과성을 설명해주는 보편적 리더십이론을 추구하고 있었다. 그러나 이 같은 수많은 연구문헌의 분석에 의해 나타난 결과는 상호 모순되고 불명확한 것이었다.

어떤 연구들의 결과에 의하면 모든 상황에서 높은 생산지향적 행동과 높은 종업원지향적 행동이 효과적인 리더십인 것으로 나타나기도 하였지만 이 분야의 연구에서 그 타당성과 우월성은 아직 미지수이다.

표 6-2 | 종업원, 생산지향적 행동의 예

행동 유형	구체적 행동 예
종업원지향	• 지원과 격려를 해준다. • 부하에게 도전적인 목표를 달성할 수 있다는 자신감을 표현한다. • 관계를 구축하기 위해 사람들과 친목을 도모한다. • 공헌과 성취를 인정해 준다. • 코치와 후견인 역할을 한다. • 중요한 사안에 대해 서로 협의한다. • 중요한 정보를 제공한다. • 갈등을 해결하도록 도움을 준다. • 팀 상징, 의식, 행사, 일화 등을 사용하여 팀 정체성을 구축한다. • 모범적인 행동의 모델이 된다.
생산지향	• 효율성을 높이기 위해 업무활동을 체계화한다. • 단기운영계획을 세운다. • 업무를 집단이나 개인에 할당한다. • 역할기대와 과제목표를 명료화한다. • 규칙, 방침, 표준운영절차를 설명해 준다. • 집단의 활동을 지휘하고 조정한다. • 운영과 수행을 점검한다. • 업무를 방해하는 당면문제를 해결한다. • 효율성, 생산성, 품질의 중요성을 강조한다. • 집단의 수행에 내해 높은 기준을 설정한다.

Leadership Development and Training

사례 6-2

김 부장은 1,200명을 고용하고 있는 사무용 가구를 생산하고 있는 대규모 제조업체의 디자인부서에 재직하고 있다. 디자인 부서는 80명의 종업원들로 구성되어 있고 8개의 작업팀으로 편성되어 있다. 김 부장은 비교적 최근에 입사하였고 그가 연구 개발담당 부사장으로 일했던 소규모 경쟁업체로부터 스카웃이 되어 왔다. 전직회사에서 리더로서의 그의 평판은 일반적으로 호의적인 것이었다.

부임한 첫 해 동안 김 부장은 자기 부서의 문화를 고양하느라 많은 시간을 보냈다. 사업의 진행상황을 감시하고 회사의 목표달성을 강조하느라 상당한 시간을 보냈던 전임 부장과는 달리, 부서 내의 분위기 및 진로 등의 문제에 깊이 관여하고 있다. 그래서 김 부장은 성원들의 생각과 관심사를 서로 간에 공유할 목적으로 근무시간 중에 새로운 부서모임을 갖기로 하였다. 부서 내의 실제적인 일을 계속하는 동안, 금요일에는 도시락을 가져오도록 하여 함께 먹음으로써 집단정신을 촉진하기 위해 노력해오고 있다.

그리고 김 부장은 매주 팀 리더들과 비공식적인 만남을 갖고 있다. 그들이 원하는 것이 무엇이었고 또 그들이 어떻게 일들을 하고 있는가를 감지하기 위해서이다. 그는 근무시간 이외의 사교모임을 위한 강력한 지원자이다. 여름이면 디자인 부서에서 '야외 가족 바비큐파티'를 갖고 있다. 이 같은 일은 회사에서 처음 있는 일이다.

공휴일 같은 때에는 자기 집에서 오픈하우스 파티를 열었다. 직원들의 말로는 그 같은 행사는 정말 으뜸가는 것이고 여러 달 동안 두고두고 종업원들 입에 회자되고 있다. 디자인 부서의 대부분의 직원들은 김 부장의 첫 해 업적에 대해 긍정적인 평가를 내리고 있다. 디자이너들과 직원들 모두 한결 같이 김 부장이 정말 좋은 분으로 인상적이라고 말하고 있다. 과거 여러 해 동안 디자인 부서는 약간 침체되어 있었다. 그러나 김 부장의 부임과 함께 어떤 생기가 제자리를 잡아가고 있고 종업원들은 부서 내에서 새로운 생동력이 일어나고 있음을 실감하고 그것을 즐기기 시작하고 있다. 그리고 그들은 다정한 이야기는 많아지고 불평은 줄어들고 있음을 실감하고 있다.

질문

김 부장은 리더십 유형 연구의 주된 유형들 중의 하나임이 분명하다.

1. 그것은 무어떤 리더십 유형인가?
2. 그 유형은 가구회사의 디자인 부서의 상황에서 효과적인 것처럼 보이는가?
3. 당신은 김 부장 밑에서 일하고 싶은가 아니면 일하고 싶지 않은가?
4. 그 같은 리더십 유형에 나쁜 측면은 없는가? 있다면 그것을 설명해 보라.

3. 오하이오주립대학교의 리더십연구

1950년대에 효과적인 리더십행동에 관한 설문지 연구는 오하이오주립대학교에서 실시된 초기 연구에 의해 영향을 많이 받았다. 이들 연구자들이 먼저 관련된 리더십 행동의 범주를 확인하고, 얼마나 자주 리더가 이러한 행동을 하는지를 측정하기 위한 설문지를 개발하는 것이었다. 연구자들은 대략 1,800개 문항의 리더십 행동 목록을 수집한 다음, 그 중에서 중요한 리더십 기능을 잘 나타내는 것으로 보이는 150개 문항으로 축소하였다. 이것을 소위 리더행동기술설문지(Leader Behavior Description

Questionnaire : LBDQ)라고 부른다.

이 LBDQ를 교육, 군대 및 산업분야의 조직에 종사하는 100여 명의 사람들에게 배부하고 응답하도록 하였다. 이렇게 수집된 설문지를 분석한 결과 비슷한 행동들을 한데 묶어 몇 가지의 전형적인 리더행동으로 분류할 수 있었다. 5년 후 Stogdill(1963)은 LBDQ의 축소판을 발표하게 되었고 그것을 LBDQ-XII라고 불렀다. 이 설문지는 리더십행동 연구에서 아직도 널리 활용되고 있다. 그리고 누구든지 LBDQ를 이용하여 자신의 리더십행동을 측정해 볼 수 있다.

연구자들은 마침내 설문지에 대한 하위자들의 응답에 따라 두 가지 유형의 리더행동을 중심으로 분류할 수 있다는 것을 발견하였다. 설문지 응답을 요인분석 결과 부하들은 상사의 행동을 주로 '구조주도(initiating structure)'와 '배려(consideration)'라는 두 가지의 폭넓게 정의된 범주로 지각하는 것으로 나타났다.

Leadership Development and Training **사례 6-3**

리더십 측정도구

리더의 리더십유형을 측정하기 위해 많은 상이한 측정도구들이 있지만 가장 일반적으로 사용되고 있는 두 가지 측정도구는 리더행동기술설문지(LBDQ : Leader Behavior Description Questionnaire, 1963)와 그리드(1991)이다. 이들 두 측정도구는 리더가 과업지향적인지 관계지향적인지 그 정도에 관한 정보를 제공해 준다.

LBDQ는 기본적으로 리더십연구를 위해 설계되었으며, 1960년대 이래로 광범하게 사용되고 있다. 그리고 리더십 그리드는 기본적으로 훈련과 개발을 위해 설계되었고 오늘날까지 리더십과정에서의 관리자와 감독자들의 훈련을 위해 계속 사용되고 있다.

리더십유형이 어떻게 측정되고 또한 자기 자신의 리더십유형은 어떤 것인가에 대한 이해를 넓히는 데 도움이 되도록 하기 위해 리더십측정설문지가 여기에 제시되었다. 이 설문지는 두 가지 요인, 즉 과업과 관계성을 측정하고 있는 20개 문항으로 구성되어 있다. 이 설문지를 채점해 봄으로써 자신의 리더십행동의 일반적인 모습을 알 수 있다.

과업점수는 종업원들의 역할을 확정해주고 그들에게 기대되고 있는 것이 무엇인지를 알려줌으로써 그들의 과업수행을 돕고 있는 정도를 가리키고, 관계성점수는 하위자들로 하여금 자신은 물론 서로 간에 그리고 집단과의 관계에서 평안을 느낄 수 있도록 노력하는 정도를 가리킨다. 즉, 이 측정치는 자신이 어느 정도로 인간지향적인가를 나타내는 측정치이다.

리더십행동유형의 측정을 위한 설문지의 채점결과는 자신이 과업지향적인가 관계지향적인가에 관한 데이터를 제공한다. 자신의 점수가 자신의 리더십유형이 무엇이라고 말하고 있는가? 여러분 자신은 과업을 강조하면서 집단을 지도하고 싶은지, 관계성을 강조하는 리더십을 발휘하고 싶은가? 리더십유형설문지에 대한 자신의 반응(점수)을 해석해 볼 때 과업이나 관계성에 대한 강조를 바꿈으로써 자신의 리더십유형을 바꿀 수 있겠는가?

자신의 리더십유형에 관한 더 많은 정보를 얻기 위해서는 4~5명의 동료작업자들이나 하위자들로 하여금 설문지(리더로서의 여러분 자신에 대한 그들의 지각을 바탕으로 응답하도록 한 리더십유형 설문지)를 작성하게 하여 그 결과를 분석해 볼 필요가 있다. 이렇게 해봄으로써 자기 자신에 관한 자신의 점수와 비교하고 대조할 수 있는 추가적인 데이터를 얻을 수 있게 될 것이다.

리더십유형 설문지

다음의 각 문항을 읽고 귀하가(귀하가 평가하고 있는 그 사람이) 어느 정도로 그와 같은 행동을 하고 있는지를 생각해 보고 각 항목의 오른쪽에 있는 1부터 5까지의 숫자 중 해당되는 숫자 위에 ✓를 하십시오. 각 숫자는 다음과 같이 정도를 나타내고 있습니다.

① 전혀 그렇지 않다	② 좀처럼 그렇지 않다	③ 때때로 그렇다
④ 자주 그렇다	⑤ 항상 그렇다	

1. 집단성원들에게 해야 할 일이 무엇인가를 구체적으로 말해준다.	①②③④⑤
2. 집단성원들을 친절하게 대한다.	①②③④⑤
3. 집단성원들에게 업적기준(업적목표)을 설정해준다.	①②③④⑤
4. 다른 사람들을 도와 집단 내에서 만족을 느끼도록 한다.	①②③④⑤
5. 문제해결을 위해 제한을 한다.	①②③④⑤
6. 다른 사람들이 내놓은 제안에 대해 호의적인 반응을 한다.	①②③④⑤
7. 자신의 생각이나 관점을 다른 사람에게 분명히 제시한다.	①②③④⑤
8. 다른 사람들을 대할 때 불편부당하지 않고 공정하다.	①②③④⑤
9. 자신이 직접 집단을 위해 행동계획을 작성한다.	①②③④⑤
10. 집단성원들이 예측가능하게 행동한다.	①②③④⑤
11. 집단성원 각자에게 역할책임을 확정해준다.	①②③④⑤
12. 집단성원들과 적극적으로 의사소통을 한다.	①②③④⑤

13. 집단 내에서 자신의 역할이 무엇이라는 것을 분명히 한다.	①②③④⑤
14. 다른 사람들의 개인적 복지에 대한 관심을 보인다.	①②③④⑤
15. 작업이 어떻게 수행되어야 하는가에 대한 계획을 세운다.	①②③④⑤
16. 의사결정에서 융통성을 보인다.	①②③④⑤
17. 집단의 업적기대치나 업적기준을 설정해준다.	①②③④⑤
18. 집단성원들에게 자신의 생각이나 감정을 털어놓는다.	①②③④⑤
19. 집단성원들이 작업의 질을 높이도록 고무한다.	①②③④⑤
20. 집단구성원들이 서로 간에 잘 지내도록 도와준다.	①②③④⑤

채점요령

리더십유형설문지는 리더십의 두 가지 주된 행동유형인 과업행동과 관계성행동을 측정하기 위해 설계된 것이다. 설문지 채점요령은 다음과 같다.

① 홀수문항들의 점수를 합산한다. 이것이 귀하의 과업행동점수이다.

② 짝수문항들의 점수를 합산한다. 이것이 귀하의 관계성행동점수이다.

총점 : 과업행동(점)   관계성행동(점)

채점결과 해석

점수	해식
45~50	매우 높은 범주
40~45	높은 범주
35~39	중간 정도의 높은 범주
30~34	중간 정도의 낮은 범주
25~29	낮은 범주
20~24	매우 낮은 범주

1) 구조주도행동

이 범주의 행동은 리더의 과업성취에 대한 관심과 관련된 것이다. 리더는 집단의 공식목표를 달성하기 위해 자기 자신의 역할은 물론 부하의 역할을 정의하고 구조화한다.

리더의 구조주도적 행동의 예로는 부하의 불량한 작업을 비판하거나 마감시한 준수의 중요성을 강조하며, 부하들에게 과업을 부여하고, 명확한 성과기준을 제시하며, 표준절차 준수를 강요하거나, 문제에 새로운 접근 방식을 제안하며, 부하들의 활동을 조정해 주는 것 등이 있다.

구조주도행동은 기본적으로 과업행동이며, 거기에는 일의 조직화, 작업 상황의 구조화, 역할 및 책임의 확정, 작업 활동의 일정계획 등과 같은 활동 등이 포함된다.

2) 배려행동

이 범주의 행동은 리더의 사람에 대한 관심과 대인관계에 관한 것이다. 리더는 친밀하고, 지원적이며, 부하에게 관심을 보이고, 부하의 복지를 돌봐준다. 배려행동의 예를 보면 부하에게 개인적 호의를 보이고, 부하의 의견을 경청하며, 부하의 어려운 일에 나서서 도와주거나 지원을 아끼지 않으며, 중요한 문제에 부하와 협의하고, 부하의 제안을 수용하며, 부하들을 공평하게 대해 주는 것 등이 있다.

리더의 배려행동은 기본적으로 관계성행동인데 거기에는 종업원들 간의 동무관계를 만들고, 존경, 신뢰구축, 리더와 추종자들 간의 인간관계 등이 포함된다.

LBDQ-XII에 의해 확인된 두 가지 유형의 리더행동은 리더십유형(행동) 연구의 핵심적 내용을 대표하고 있는 것이다. 이 같은 두 가지 유형의 행동은 리더들이 행동하고 있는 것들의 중심을 이루고 있기 때문이다. 즉, 두 가지 유형의 행동이란 리더들이 하위자들에게 작업활동을 구조화해주고 그들을 보살피며 양육하는 행동이다.

오하이오주립대학교의 연구에서는 이들 두 가지 행동을 별개의 독립된 것으로 보았다. 그 둘은 하나의 단일한 연속체상의 두 점으로 보지 않고 두 개의 독립된 별개의 연속체로 보았다는 말이다. 예를 들어, 리더는 구조주도행동에는 높은 성향을 보이지만, 배려행동에서는 낮다거나, 구조주도행동에는 낮은 성향을 보이지만 배려행동에서는 높은 성향을 보일 수 있다는 것이다. 이것은 리더가 어떤 한 가지 행동유형을 보이고 있는 정도는 다른 유형의 행동을 보이고 있는 정도와 관련이 없다는 의미이다.

"어떤 리더십유형이 어떤 상황에서 가장 효과적인가"를 규명하려고 많은 연구들이 이루어졌다. 어떤 상황에서는 높은 배려행동이 가장 효과적인 것으로 드러났고 또 다른 상황에서는 높은 구조주도행동이 가장 효과적인 것으로 판명되기도 하였다. 그리고 어떤 연구는 두 가지 행동유형 모두에서 높은 성향을 보이는 것이 최선의 리더십유형이라고 주장하기도 한다.

그래서 "리더가 과업행동과 관계성행동 간의 최적결합을 어떻게 유지할 것인가?"는 리더행동유형 연구자들의 중심적인 과제가 되었다. 조사연구 결과 일관된 연구결과의 대부분은 배려행동과 부하의 만족 간의 긍정적 관계뿐이었다.

4. 브레이크와 무톤의 리더십 그리드연구

Blake & Mouton(1964)의 리더십행동모형은 관리격자모형(the managerial grid) 내지 리더십 그리드(leadership grid) 모형이라고 한다. 1960년대 초에 처음으로 등장하였고, 그 후 계속해서 여러 차례에 걸쳐 다듬어지고 또 개정되었다. 이 모델은 조직의 관리자훈련이나 리더십 개발 분야에서 현재 광범위하게 활용되고 있다.

관리격자모형은 나중에 '리더십 그리드'로 이름을 바꾸었지만, "두 요인들(생산을 위한 관심(concern for production)과 사람을 위한 관심(concern for people))을 통해 리더가 어떻게 하면 조직을 도와 목표를 달성할 수 있도록 할 것인가?"를 설명하기 위해 만들어진 것이다. 이들 두

요인들을 모델에서 리더십지향성으로 서술하고 있지만, 이들 두 요인들은 과업행동 및 관계성행동과 일치하고 있다.

'생산을 위한 관심'은 리더가 "조직의 과업달성을 위해 어떻게 노력하고 있는가?"를 가르킨다. 이것은 리더의 광범위한 활동들을 포괄하는 것으로서 거기에는 정책결정, 신제품개발, 생산과정상의 문제해결, 작업분담, 판매량 등과 관련된 활동 등이 포함된다. 리더가 생산을 위한 관심은 조직이 달성하려고 추구하는 것에 관심을 가지고 애쓰는 것을 가리킨다.

'사람에 대한 관심'은 리더가 "목표달성을 위해 노력하고 있는 종업원들을 위해 어떻게 마음을 쓰고 배려하는가?"를 가리킨다. 즉, 조직을 위한 헌신과 신뢰 구축, 종업원들의 개인적 가치의 실현, 좋은 작업환경의 제공, 공정한 임금구조의 유지, 좋은 사회적 관계의 촉진 등과 같은 활동들이 해당된다.

리더십 그리드는 두 개의 교차하는 축선으로 된 모델 속에 '생산에 대한 관심'과 '사람을 위한 관심'을 결합시키고 있다. 횡축 선은 리더의 생산에 대한 관심을 나타내고, 종축 선은 리더의 사람을 위한 관심을 나타낸다. 이들 두 축선은 9점 척도로 되어 있고, 각 척도상의 1은 최소한도의 관심을 나타내는 것이고, 9는 최대한도의 관심을 나타내고 있다. 각 축선 상에 점수를 표시하면 여러 가지 리더십유형들이 나타날 수 있다. 리더십 그리드는 다섯 가지 주된 리더십유형을 제시하고 있다. 무관심형(1·1), 과업형(9·1), 인기형(1·9), 타협형(5·5), 팀형(9·9) 등이 그것이다.

1) 무관심형(1·1)

무관심형은 과업수행이나 대인관계 어느 쪽에도 거의 힘쓰지 않는 리더들의 대표적인 리더십유형이다. 이 같은 유형의 리더는 리더시늉은 하지만 일에 상관하지 않고 소극적이며 한 걸음 물러나 있다.

무관심형 리더는 종종 추종자들과 거의 접촉하지 않는다. 그리고 이들은 무관심하고, 확실한 의견을 주지 않으며(발뺌할 여지를 남겨 두고 태도가 애매하며), 체념적이고 무감동한 것으로 묘사될 수 있다.

2) 과업형(9·1)

과업형은 종업원들이 과업완수와 직무상의 요구에 따를 것을 매우 강조한다. 그리고 '종업원들이 직무완성의 수단이라는 생각'을 제외하고는 사람에 대한 관심은 매우 낮다. 그리고 리더는 작업지시의 목적 이외에는 하위자들과의 의사소통이 이루어지지 않는다. 이 유형은 성과지향적이고 사람을 목표달성의 수단으로 여긴다. 그래서 과업형 리더는 통제적이고, 너무 많은 것을 요구하고 강하게 몰아붙이며 고압적이라는 말을 자주 듣는다.

3) 인기형(1·9)

인기형은 과업완수에 대한 관심은 낮고, 대인 간 관계에 대한 관심이 매우 높은 리더십유형이다. 생산에 대한 관심을 덜 강조하는 인기형 리더는 조직구성원들의 태도와 감정에 대한 관심이 높고 추종자들의 개인적 요구와 사회적 욕구가 충족되도록 매우 관심을 보인다. 그리고 이런 유형의 리더는 부하들을 만족하게 하고 열심히 도우며 편안함을 느끼도록 하고 논쟁이 없는 긍정적 분위기(풍토)를 조성하려고 노력한다.

4) 중도형(5·5)

중도형은 절충형 리더라고 말할 수 있다. 이 중도형 리더는 과업수행을 위해 중간 정도의 관심을 보이고 그 과업을 수행하는 사람들을 위해서도 중간 정도의 관심을 보인다. 그들은 작업상의 요구사항의 준수를 강조하면서도 사람과 관련된 사항을 고려에 넣는 균형감각을 가지고 있다.

그리고 이들 중도형 리더들은 생산을 밀어붙이기식으로 추진하지 않는다. 또한 종업원들의 욕구에 많은 관심을 보이지도 않는다. 균형을 맞추기 위해 중도(5·5)형 리더는 갈등을 피하고 적당한 정도의 생산활동과 대인관계를 유지한다. 그래서 이들 중도형 리더는 적당주의 리더 혹은 편의주의자라고 묘사되기도 한다. 그리고 이들은 중간입장을 더 선호하며 의견불일치가 있어도 표현을 완곡하게 하지 않고 진보·발전을 위한 확고한 신념도 부족하다.

그림 6-2 | 관리 그리드 행동유형

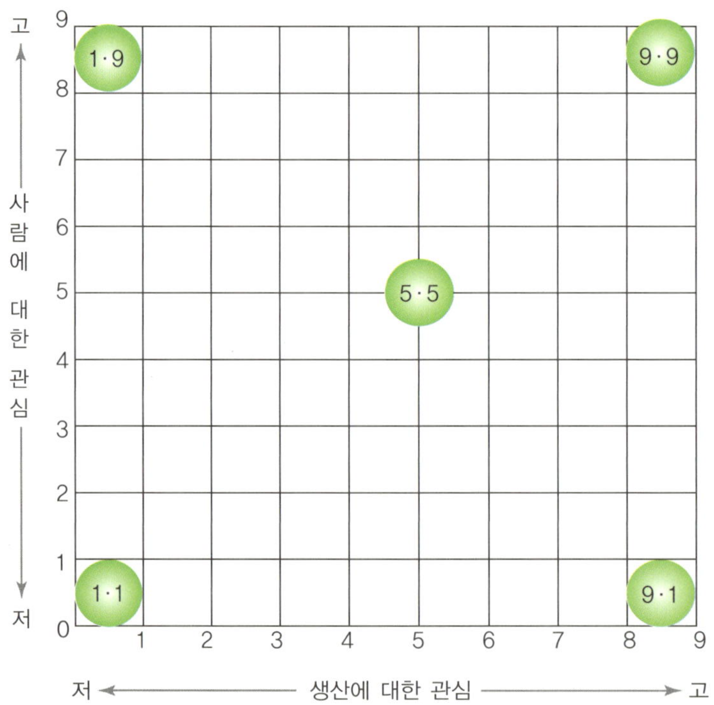

5) 팀형(9·9)

팀형은 과업수행과 대인관계 양쪽 모두를 강조하는 이상형이다. 팀형 리더는 높은 정도의 참여와 팀워크를 촉진한다. 참여와 헌신을 촉진하기 위해 종업원들의 기본적 욕구를 충족시킨다.

팀형 리더를 묘사할 때 사용되는 말들을 열거하면 다음과 같다. 참가를 자극하고 촉진한다. 결연히(단호하게) 행동한다. 현안문제를 공개한다. 우선순위를 명백히 한다. 일을 끝까지 잘 마무리한다. 열린 마음으로 행동한다. 일을 즐기며 한다.

가장 이상적인 리더로 업무계획과 추진에 부하들의 참여와 단결을 호소하고 열심히 노력하는 분위기를 만들어 갈등없이 적극적으로 목표달성을 추구하도록 지도하는 리더이다.

제3절 | 행동이론의 효용과 공헌

1. 행동이론의 효용

행동이론은 리더십의 많은 다른 접근법(이론)과는 달리 잘 다듬어진 이론으로서 효과적인 리더십행동을 위해 간결하고 조직화된 일련의 처방을 제공해 주고 있다. 특히 리더십 행동연구는 과업과 관련된 행동이나 관계성과 관련된 행동처럼 리더십행동을 광범하게 측정할 수 있는 틀을 제공하고 있다.

행동이론은 리더들에게 어떻게 행동하라고 말만 해주는 것이 아니라 그 같은 행동의 주된 구성요소가 무엇인지를 제시해 줌으로써 그 효력을 발휘하게 한다. 그리고 리더십 행동이론은 리더들에게 하위자들에 대한 그들의 행동이 과업행동이나 관계성행동의 수준별로 행동해야 한다는 것을 상기시켜 준다. 즉, 어떤 상황에서 리더는 더 과업지향적이어야 될 필요가 있고, 또 다른 상황에서는 보다 더 관계지향적이 되어야 하는지를 말해주고 있다. 이와 마찬가지로 어떤 종업원은 지시행동을 많이 하는 리더가 필요한가 하면, 다른 종업원들은 지원적 행동을 많이 하는 리더와 양육적 행동을 많이 하는 리더를 원하기도 한다. 그래서 리더십 행동연구는 리더가 자신의 행동을 두 가지 행동차원으로 분할해서 자신의 행동을 보도록 하는 방법을 제공하고 있는 것이다.

한 예로 두 분의 교수가 있다. 학기가 개강하고 첫 수업시간이다. 이들 두 교수는 전혀 다른 행동유형을 보이고 있다. A교수는 강의실에 들어와 자신을 소개하고, 출석을 체크한 후 한 학기 강의계획서를 설명하고 나서 과제를 내주고 수업을 바로 끝마쳤다.

B교수는 교실에 들어와 자신을 소개하고 강의계획서를 나누어주고 나서 학생들에게 자신의 전공, 자신의 교외활동 등을 다른 수강생들 앞에 소개하게 함으로써 학생 상호 간에 친숙해 질 수 있는 장을 마련해 주었다.

두 교수의 리더십유형은 전혀 상이한 것이다. A교수의 주된 리더십행동유형은 과업지향적인 데 반해, B교수의 리더십행동은 관계성행동이다.

따라서 리더십 행동이론은 두 교수의 행동의 차이를 구분하는 방법을 제공하고 있다. 그리고 두 교수는 자기들의 행동유형에 대한 학생들의 반응에 따라 강의의 효과를 위해 자신들의 리더행동을 변화시켜 볼 것을 고려하게 될 것이다.

이상에서 살펴본 리더십 행동이론은 리더의 행동을 일반적인 방법으로 측정하는 방법을 제공해 주고 있다. 그리고 이 연구는 리더가 종업원들에게 미치는 영향은 그들의 과업행동과 그들의 관계성 행동을 통해 나타난다는 것을 알 수 있다.

2. 행동이론의 공헌

행동이론은 리더십 과정을 이해하는 데 있어 몇 가지 긍정적인 공헌을 하고 있다.

첫째, 리더십 행동이론은 리더십연구의 초점을 보편적인 것으로 바꾸기 시작했다. 행동이론에 대한 연구가 시작되기 이전의 연구자들은 리더십을 단지 성격특성으로 다루었다. 그러나 행동이론은 리더십연구의 범위를 넓혀 리더의 행동들을 포함시켜 여러 다양한 상황에서 그들이 무슨 행동을 하는가를 연구하였다. 그 결과 리더십연구의 초점이 리더의 개인적 특성에만 있지 않고 "리더의 행동과 리더가 어떻게 행동하는가?"를 포함시키는 방법으로 확대되었다.

둘째, 리더십유형에 관한 광범한 연구가 리더행동의 유형을 검증하였고 이 연구의 기본적 주장에 신뢰성을 부여하고 있다는 점이다. 처음 오하이오주립대학교와 미시간대학교의 연구자들에 의해 계획 · 수행되고 그 이후 Blake와 Mouton(1964, 1978, 1985)의 연구에 의해 완성된 이 연구는 수많은 후속연구들에 의해 실증적으로 구체화되었고 리더십 과정의 이해를 위한 생동적인 이론이 되고 있다.

셋째, 개념적 수준에서 리더십 행동이론은 리더십 행동유형이 기본적으로 두 가지 주된 행동유형으로 구성되었다는 것이다. 과업행동과 관계성행동 두 가지 인데, 이와 같은 아이디어의 중요성은 과소평가될 수 없다. 리더십이 있는 곳에는 언제나 과업행동과 관계성행동 모두를 하고 있기 때문이다. 따라서 유능한 리더는 이들 두 행동들의 조합을 어떻게 만들어 가느냐에 달려 있다. 그래서 두 가지 행동유형의 조화가 리더십과정의 핵심을 형성한다는 것이다.

넷째, 행동이론은 문제 발견식 학습방법을 제공하고 있다. 이 이론은 리더십의 복잡성을 이해하는 데 유용한 '광범한 개념적 안내도'를 제공하고 있다. 이를 통하여 리더는 자신에 대해 많은 것을 배울 수 있게 된다. 그리고 자신들의 행동을 과업차원과 관계성차원의 관점에서 살펴봄으로써 다른 사람에게 어떻게 접근할 수 있는가를 배우게 된다.

리더십행동 유형연구를 근거로 리더는 자신의 행동을 측정하고, 자신의 리더십유형을 개선하기 위해 어떤 변화를 시도해야 할 것인가를 결정할 수 있게 한다.

Leadership Devlopment and Training **사례 6-4**

손정의의 리더십

손정의는 재일교포 3세로 다국적 인터넷기업인 소프트뱅크의 창업자이자 최고경영자이다. 벤처기업 전용 주식시장인 나스닥 재팬을 설립하였으며, 각종 인터넷 관련 사업을 이끌고 있다. 1999년 「포브스」가 발표한 세계 200대 부호 가운데 53위이다. 같은 해 「비즈니스위크」의 아시아 스타 50인, 인터넷시대를 주도하는 25인에 선정, 2010년 말 기준 총자산은 81억 달러로 일본 최대 부호이다.

그의 약력을 보면

- 1957년 : 재일교포 실업가의 차남으로 일본 사가현에서 태어남
- 1973년 : 고교 입학
- 1974년 : 고교 중퇴 후 미국 유학(셀러몬드고교 편입학)
- 1975년 : 미국 홀리네임즈 컬러지 입학
- 1977년 : 미국 캘리포니아대학 버클리교 경제학부 편입
- 1979년 : 자신이 만든 자동번역기를 샤프에 매각(1억 엔)
  미국 현지에 Unison World사를 설립
  결혼
- 1980년 : 캘리포니아대학 버클리교 졸업(경제학 학사)
  일본으로 돌아와 창업을 위한 사무실 개설

- 1981년 : 후쿠오카현 오오노죠시에서 '일본 소프트 뱅크' 설립
  후쿠오카시에서 '유니숀. 월드' 설립
- 1990년 : 일본 귀화
- 1994년 : 소프트뱅크사 주식 공개
- 1996년 : 미국 야후와 함께 일본 야후 주식회사 설립
- 2001년 : 야후사와 공동으로 ADSL접속 서비스인 Yahoo!BB의 제공을 체결
  이후 IT인프라 사업에 주력
- 2004년 : 일본 텔레콤(현, 소프트뱅크 텔레콤)을 매입, 동사 회장에 취임
- 2006년 : 보도폰(현, 소프트뱅크 모바일)을 매입, 동사 대표 사장 겸 CEO에 취임

시바 료타로의 소설 「료마가 간다」로 유명한 막부 말기 일본의 풍운아 사카모토 료마가 있다. 그는 격변기 짧은 기간의 치열한 활약을 통해, 일본이 도쿠가와 막부체제를 종식시키고 일왕 중심의 중앙집권적 근대국가로 재탄생하는 길을 여는 데 기여했다. 이에 따라 그는 일본에서 국민적 영웅으로 널리 추앙받기도 한다. 그런 사카모토 료마와 손정의는 많은 부분 닮은 곳이 많다.

손정의와 사카모토 료마, 닮은꼴 인생

자료 : 소프트뱅크

손정의(1957~)		사카모토 료마(1836~1867)
규슈 변방 한인촌의 재일교포 3세	배경	시코쿠 시골마을의 최하급 무사
17세, 각혈하는 부친 두고 단독 미국 유학	출사표	28세, 가족 희생 뒤로 한 채 소속지에서 이탈(탈번)
종합ICT그룹 '소프트뱅크'	핵심조직	무역결사대 '가이엔타이'
일본의 디지털 혁명 주도	산업혁신	일본 최초 주식회사 '가메야마사후' 실립
일본 신재생에너지 프로젝트 시동	사회변혁	'대정봉환'으로 메이지유신 초석 닦아
"경영권 가족 승계는 없다" 후계양성 위한 아카데미 설립	후계	"대정봉환 뒤 새 정부에 내 자리는 필요 없다"

※ 대정봉환(大政奉還) : 1867년 일본 에도막부가 천황에게 국가통치권을 돌려준 사건

손정의 曰, "계획을 세우고 실행에 옮기면 이 세상에 불가능한 일은 많지 않다"고 하였다. 그의 비전을 살펴보면 다음과 같다.

그는 19세에 '손정의 인생 50년 계획'을 세운다. 20대부터 60대까지, 앞으로 50년 동안 내가 도전할 것들, 이루어내야 할 것들에 대한 비전을 완성한 것이다. 이후 그의 삶은 온전히 그 비전을 현실화하는 데 바쳐졌다. 계획을 바꾼 적도, 목표치를 낮춘 적도, 이를 달성하지 못한 적도 없다. "신중히 계획하되, 반드시 실행 한다". 이것은 그가 평생을 두고 지켜온 원칙이라고 한다.

• 20대에 창업한다.
• 30대에 군 자금(회사자산) 천억 엔을 만든다.
• 40대에 승부를 건다(실제 이때에 일본 경제계에 다크호스로 등장한다).
• 50대에 사업을 완성시킨다(매출 1조 엔).
• 60대에 다음 세대에게 사업을 승계한다.

손정의의 아이디어 창출방법에 대해 살펴보면 다음과 같다.

• 주변의 문제에서 해결할 수 있는 답을 찾는다.
• 큰 것을 작은 것으로, 둥근 것을 네모난 것으로 바꿔보는 식의 변환을 시도한다.
• 기존의 것들을 새롭게 조합해본다.

손정의 회장이 말하는 손자병법을 인용한 손정의 제곱병법을 살펴보면 다음과 같다.

• 일류공수군(一類攻守群)
  – 공수의 균형을 이룬 팀을 이루어 최고가 된다.
• 도천지장법(道天地將法)
  – 전쟁에서 승리하기 위해서는 사람들 간의 공감대가 가장 중요하고 주변의 상황과 변화를 알아야 하며 훌륭한 리더십으로 법과 규율을 다스려야 한다.
• 지신인용엄(智信仁勇嚴)
  – 지도자는 지혜, 신의, 어짐, 용기, 엄격함이 있어야 한다.
• 정정략칠투(頂情略七鬪)
  – 이길 수 있는 확률이 70%가 되어야 싸운다.

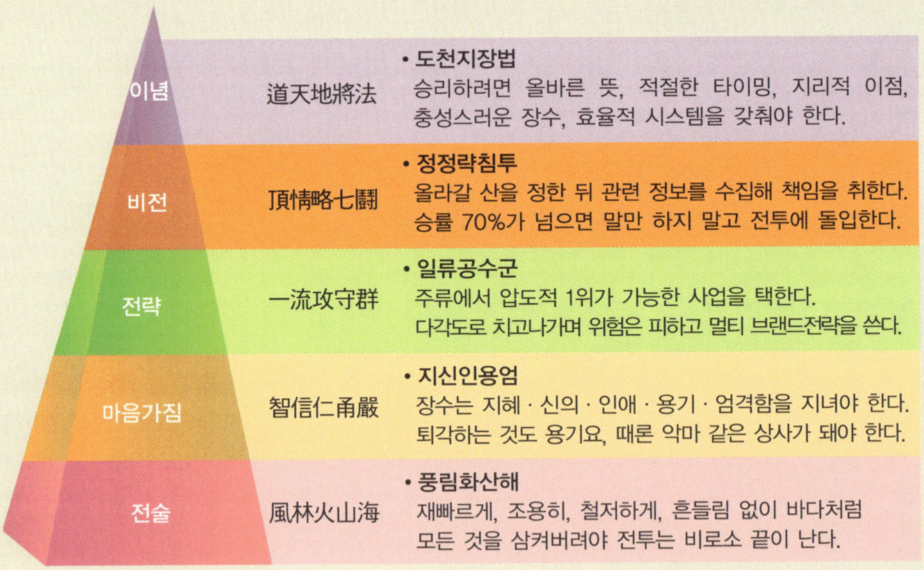

• 풍림화산해(風林火山海)

– 움직일 때는 바람처럼 이동하고, 멈출 때는 숲처럼 정지하고, 공격할 때는 불처럼 뜨거워야 하고, 방어할 때는 산처럼 단단해야 하며, 상대를 만나면 바다처럼 삼켜야 한다.

손정의 회장은 평소 포부와 비전, 그리고 전략 이 세 가지를 가장 중요하게 생각했다. 내가 무엇을 해야겠다고 결심하는 것도 내다보는 눈도 중요하고 어떻게 적절하게 전략을 짜야 하는지도 중요하다. 이 세 가지의 조화가 잘 이루어졌을 때 가장 멋지게 성공할 수 있다.

"사람은 지혜롭기만 해서는 안 됩니다. 우직할 정도로 한 우물을 팔 줄 아는 근성이 없으면 큰 인물이 될 수 없다. 어떤 일을 하든지 근성을 빼놓을 수 없다. 우직하다는 소리를 들을 지언정 한 우울을 파기 시작했으면 끝은 봐야 한다. 한 번밖에 없는 인생이니 후회하고 싶지 않다. 과감하게 일을 벌이는 쪽이 훨씬 재미있다. 인생의 막을 내릴 때 '아, 내 삶은 참으로 보람된 삶 이었다' 라고 느낄 수 있는 그런 삶을 살아야 한다. 후회하는 삶은 살고 싶은 사람은 없겠지만 누구나 찾아오는 후회… 그렇다면 위의 말 처럼 해보고 싶은 것을 해보고 후회하는 편이 낫다. 그러나 최선을 다 해서… 최소한의 후회가 되도록 노력해야 한다."

손정의 회장 리더십의 핵심에 대해 살펴보면 다음과 같다.
미래에 대한 통찰력과 비전 그리고 과감한 의사결정과 강력한 실행력에서 찾을 수 있다. 세상을 바꾸는 위대한 비전은 멀리 보는 습관에서 나온다. 손정의 회장은 "눈앞을 보기 때문에 멀미를 느끼게 된다. 몇백 킬로 앞을 보라. 바다는 기름을 제거한 것처럼 평온하다. 나는 그런 장소에 서서 오늘을 지켜보고 사업을 하고 있기 때문에 전혀 걱정하지 않는다"라고 말한다. 손정의 회장이 비전을 얼마나 중요하게 생각했는지를 짐작케 하는 에피소드를 보면 스물네 살 창업 당시, 손정의 회장은 허름한 창고에 직원 2명을 채용해 아침 조회를 하면서 "우리 회사는 5년 이내에 1백억 엔, 10년 후에는 5백억 엔, 언젠가는 1조 엔대의 기업이 될 것이다"라고 열변을 토했다. 다음 날 두 명의 직원은 사장이 이상하다고 하면서 회사를 그만두었다. 현재 소프트뱅크의 경영철학은 '생각을 실천하는' 경영이다. 이러한 경영방침에 따라 손정의는 상식을 뛰어 넘는 아이디어를 발판으로 끊임없이 비전을 창출해오고 있다.

제4절 | 행동이론의 비판과 응용

1. 행동이론의 비판

행동이론은 앞에서 살펴본 여러 공헌점과 리더십 이론의 발전에 기여하고 있음에도 불구하고 다음과 같은 몇 가지 문제점을 가지고 있다.

첫째, 행동이론은 리더십유형이 업적성과와 어떤 관계를 가지고 있는가를 적절하게 보여주지 못하고 있다는 점이다. 연구자들은 과업행동 및 관계성행동과 집단성원들의 사기, 직무만족 및 업적 등과 같은 '효과성' 간의 일관된 관계를 입증하지 못하고 있다.

Yukl(1994)는 리더십에 대한 수많은 연구를 통해 얻은 연구결과들이 대부분 상호 간에 모순되거나 결정적으로 타당성이 떨어진다는 것을 비판하고 있다. 그러나 한편으로는 '리더의 많은 배려행동'과 '부하들의 높은 만족' 간에 유의한 정(+)의 상관관계가 있다는 연구결과가 유일하게 높은 타당성을 가지고 있다는 것이다.

둘째, 행동이론에 대한 연구결과가 조직의 거의 모든 상황에서 효과적일 수 있는 보편적 리더십유형을 찾아내지 못했다는 점이다. 리더행동의 유형을 연구한 연구자들이 내걸었던 목표는 언제나 일관되게 효과적인 성과를 초래하게 하는 일련의 보편적 리더십행동을 확인하려고 했지만, 연구결과의 비일관성 때문에 그 같은 목적은 달성될 수 없었다.

특성연구에서와 같이 리더십유형연구에서도 리더십효과성과 일관되게 관련성을 가지고 있는 보편적 리더십행동을 확인해 낼 수 없었다.

셋째, 행동이론은 가장 효과적인 리더십유형이 높은 과업행동, 높은 관계성행동이라고 한다. 즉, '팀(9·9)형 리더십유형'이라고 주장한다는 점이다. 비록 몇몇 연구자들이 팀형 리더를 가장 효과적이라 말하고 있지만, 모든 조직, 모든 상황에서 효과적인 것만은 아니라는 것이다. 실제 많은 연구결과를 보면 실제로는 제한적으로만 보편적 리더십유형을 지지하고 있을 뿐이다. 상황에 따라서는 팀형 리더십유형이 아닌 다른 리더십 유형이 더 바람직한 효과를 나타내고 있기 때문이다. 즉, 어떤 상황은 복잡하여 높은 과업행동이 요구될 수 있고, 다른 상황은 너무 단순하여 관계성행동이 더 요구될 수 있기 때문이다.

따라서 리더십 행동이론에 관한 연구 결과는 현시점에서 '높은 과업행동-높은 관계성행동'의 유형이 가장 이상적인 리더십유형인지 여부는 아직 불분명하다고 할 수 있다.

2. 행동이론의 응용

앞에서 살펴본 리더십 행동이론의 비판에도 불구하고 여전히 리더십 행동이론은 리더십 상황의 현장에 쉽게 응용될 수 있다. 모든 형태의 조직과 조직의 모든 계층에서 관리자들은 매일 과업행동이나 관계성행동을 하고 있다. 그러므로 리더는 자신들의 행동유형을 측정해 봄으로써 다른 사람들에게 어떻게 행동하고 있는가를 알게 되고, 보다 좋은 리더가 되기 위해서는 자신의 행동을 어떻게 변화시켜 나가야 하는지를 알 수 있게 된다.

행동이론은 리더들에게 하나의 거울을 제공하고 있다. 즉, "나는 리더로서 어떻게 행동하고 있는가?"라는 질문에 대답하는데 도움이 되는 거울을 제공하는 것과 같다. 이를 위해 대부분의 리더십 개발과 훈련프로그램들이 리더십 행동 유형연구를 중심으로 설계되어 있다. 대부분의 프로그램들이 훈련프로그램에 참가하고 있는 관리자들에게 설문지 형식의 측정도구를 나누어주고 하위자들에 대한 자신들의 과업행동과 관계성행동들을 측정하도록 하고 있다. 측정한 결과를 토대로 참가자들은 자신들의 전반적인 리더십유형을 개선하기 위해 어떤 측면에 노력을 더 해야 되는지를 알 수 있다. 그러므로 리더십 행동이론은 리더행동의 거의 모든 영역에 응용될 수 있다.

Chapter 07

상황이론

제1절 | 상황이론의 의의

지금까지 살펴본 여러 리더십 유형에 관한 연구의 공통적 과제는 조직의 효과성을 증진시키는 데 가장 적합한 이상적인 리더십 유형이나 형태를 발견하기 위해 많은 연구가 이루어졌지만 모두 실패했다. 즉, 어떤 상황에서는 최적이라고 여겨지는 리더십 유형이 그와 전혀 다른 상황에서는 전혀 적합하지 않다는 것을 발견하게 되었다. 이러한 리더십 유형 연구의 한계에 직면하여 어떤 상황하에서도 가장 바람직하고 효과적인 리더십 유형이란 있지 않다는 것을 인지하고 리더십 효과성과 유효성을 상황과 연계시키고자 등장한 것이 바로 리더십 상황이론(contingency theory)이다.

리더십의 효과성을 이해하기 위해서는 리더가 리더십을 발휘하고 있는 상황에 대한 이해가 필수적이다. 효과적인 리더십은 리더의 행동유형을

그림 7-1 | 일반적 리더십 모형과 상황적 리더십 모형의 비교

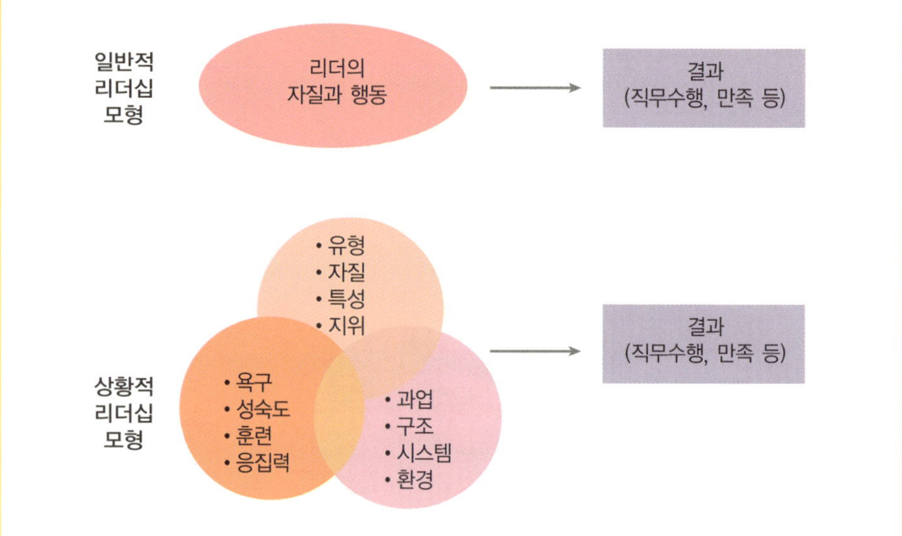

자료 : Daft & Lim, 2004, p.82.

적절한 상황과 잘 조화시키는 데 달려 있기 때문이다.

상황이론의 대표적 이론으로는 Fiedler의 상황적합이론, House의 경로-목표이론, Hersey와 Blanchard의 상황이론, Kerr & Jermier의 대체이론 등이 있다. 이러한 상황이론은 리더십 이론 중에서 가장 각광을 받고 있다.

제2절 | Fiedler의 상황적합이론

상황적합이론이라고 불리는 리더십 접근법들이 여러 가지가 있지만 가장 널리 인정을 받고 있는 것이 Fiedler(1964)의 상황적합이론이다. 상황적합이론은 리더-적합이론(leader-match theory)이라고도 하는데, 그것은 리더가 그의 리더십을 적절한 상황에 적합시켜야 한다는 것을 의미한다. 그리고 이 접근법이 '상황(contingency)'이라고 불리는 것은 리더십의 효과성은 리더의 행동유형이 상황과 어느 정도로 잘 적합하느냐에 달려 있기 때문이다.

따라서 리더십의 효과성을 이해하기 위해서는 리더가 리더십을 발휘하고 있는 상황에 대한 이해가 필수적이다. 왜냐하면 효과적인 리더십은 리더의 행동유형을 적절한 상황과 잘 조화시키는 데 달려 있기 때문이다.

Fielder는 상이한 상황에서, 특히 군대조직에서 근무하는 여러 리더들의 행동유형에 대한 연구를 통하여 상황적합이론을 개발하였다. 그는 리더의 행동유형을 측정하고 나서 그가 일하고 있는 상황을 측정하였다. 그리고 그 리더가 효과적인 리더인가의 여부를 알아보았다.

업적이 좋은 리더들과 업적이 나쁜 리더들의 리더십 행동유형을 분석한 후 피들러와 그의 동료들은 주어진 조직상황에서 어떤 리더십유형이 최선의 것이고, 어떤 유형이 부적합한 리더십 유형인가를 실증적으로 검증하여 일반화할 수 있었다.

피들러의 상황적합이론은 리더십행동유형 및 상황과 관련된 이론으로서 리더십유형과 상황변인들을 효과적으로 적합시키는 틀을 제공하고 있다.

1. 리더십의 유형

상황적합이론의 틀 안에서 리더십의 유형은 과업지향(task motivated)과 관계성 지향(relationship motivated)으로 설명되고 있다. 과업지향적 리더는 주로 목표달성에 많은 관심이 있지만 관계성지향적 리더는 주로 친밀한 대인관계를 개발하는 데 주된 관심이 있다.

리더유형을 측정하기 위해 피들러는 LPC조사표라는 독특한 태도측정조사표를 창안하였다. LPC조사표는 '가장 선호하지 않는 동료(LPC : Least Preferred Co-Worker scale)' 에 대한 리더의 태도를 묻는 8점 척도의 문항들로 [사례 7-1]과 같이 구성되어 있다. 각 응답자는 그가 지금까지 만난 동료 작업자들을 모두 고려해 보고, 이들 가운데 함께 일하기 가장 거북하고 힘들었다고 생각되는 한 사람을 택하여 그를 평가하도록 했다. 각 응답자의 LPC 점수는 그가 각 문항의 8점 척도에 매긴 점수들을 합하여 얻는다.

피들러는 LPC점수에 따라 응답자의 리더유형을 결정할 수 있다고 믿었다. 만일 응답자가 LPC점수에서 비교적 높다면 그 응답자는 관계지향적 리더로 간주된다. 왜냐하면 '가장 선호하지 않는 동료' 를 호의적으로 보기 때문이다. 반면, LPC점수가 비교적 낮은 응답자는 과업지향적 리더로 간주된다. '가장 선호하지 않는 동료' 를 박하게 평가하는 리더는 과업을

Leadership Devlopment and Training

사례 7-1

LPC 척도

경험을 돌이켜 보면 귀하는 어떤 목표를 달성하기 위해 다른 사람들과 함께 일해 본 경험이 있을 것입니다. 그 당시 어떤 동료들과는 함께 일하기 쉬웠고, 즐거웠던 반면, 어떤 동료들과는 함께 일하기 매우 불쾌했던 적이 있었을 것입니다. 그러면 지금 함께 일했던 여러 사람 중에서 가장 싫었거나 일하기 힘들었던 사람을 생각하고 이제 그 사람을 가장 잘 설명한다고 생각되는 아래 문항에 체크(✓)해 주시기 바랍니다.

응답 시 특별히 주의할 점은 척도의 양단에 있는 형용사들을 먼저 읽고 하나도 빠뜨리지 말고 모든 문항들에 응답해주시기 바랍니다. 그리고 가능한 빠른 속도로 응답해 주시기 바랍니다. 왜냐하면 맨 처음에 선택한 응답이 가장 정확한 판단일 가능성이 높기 때문입니다.

LPC 척도표

유쾌한(사람)	8	7	6	5	4	3	2	1	불쾌한(사람)
친절한	8	7	6	5	4	3	2	1	불친절한
거부적인	1	2	3	4	5	6	7	8	포용적인
도움을 주는	8	7	6	5	4	3	2	1	좌절시키는
열의가 없는	1	2	3	4	5	6	7	8	열성적인
긴장시키는	1	2	3	4	5	6	7	8	편안한
소원함	1	2	3	4	5	6	7	8	친근함
냉정함	1	2	3	4	5	6	7	8	다정한
협조적인	8	7	6	5	4	3	2	1	비협조적인
지원적인	8	7	6	5	4	3	2	1	적대적인
따분함	1	2	3	4	5	6	7	8	재미있음
호전적인	1	2	3	4	5	6	7	8	화평한
자신 있는	8	7	6	5	4	3	2	1	주저하는
능률적인	8	7	6	5	4	3	2	1	비능률적인
우울한	1	2	3	4	5	6	7	8	명랑한
활달한	8	7	6	5	4	3	2	1	소심한

총점 : (　　　　)

LPC 점수해석

LPC점수가 64점 이상인 응답자는 '높은 LPC리더(High LPC leader) 또는 관계지향적 리더로 간주되며, LPC점수가 57점 이하의 응답자는 '낮은 LPC리더(Low LPC leader) 또는 과업지향적 리더로 간주된다. LPC점수가 58점과 64점 사이에 응답자의 비율은 대략 16%에 이르고, 이 범위에 있는 응답자는 관계지향형 리더나 과업지향형 리더로 분류할 수 없으며, 따라서 상황적합이론의 예측가능한 범위 밖에 있다.

성공적으로 수행하는 데 1차적 관심을 두며, 과업의 성공적인 수행에 별 도움이 되지 않거나 방해가 되는 것으로 보기 때문이다.

2. 상황변인

피들러는 상황적합이론에서 리더십상황은 세 가지 요인을 측정함으로써 그 특성을 구분할 수 있다고 한다. 세 가지 상황요인은 다음과 같다.

① 리더-성원관계(leader-member relation)

② 과업구조(task-structure)

③ 지위권력(position power)

첫 번째 '리더-성원관계'는 집단 분위기, 신뢰 정도, 충성도, 하위자들의 리더에 대한 호감(매력) 등을 가리킨다. 만약 집단분위기가 긍정적이고 하위자들이 그들의 리더를 신뢰하고 좋아하며 리더와 친밀하게 지내고 있다면, 리더-성원 관계는 좋은 것으로 판정한다.

반면 집단분위기가 좋지 않고 집단 내에 갈등이나 마찰이 있다면 리더-성원 관계는 나쁜 것으로 판단한다.

두 번째 상황변인(situational variable)인 '과업구조'는 과업상의 요구, 즉 과업의 내용이 명확하고 그 과업수행의 절차가 일일이 기록되어 있는 정도를 말한다.

완전하게 구조화된 과업은 리더에게 더 많은 통제력을 제공하지만 모호하고 불분명한 과업은 리더의 통제력과 영향력을 감소시킨다. 다음과 같은 경우에 과업이 구조화되어 있다고 할 수 있다.

① 과업상의 요구가 분명하게 기술되어 있고, 그 일을 수행하는 성원들이 그것을 잘 이해하고 있다.

② 과업완성의 방법이 몇 가지 밖에 없다.

③ 완성된 과업의 모습이 명확하게 표시되어 있다.

④ 과업을 해결하는 해결책이 여러 가지가 아니고 한정되어 있다.

고도로 비구조화된 과업(highly unstructured task)의 예를 보면 지역발전기금모금위원회를 운영하는 과업의 경우가 해당된다. 거기에는 따라야 할 분명한 규칙도 없고, 모금활동에는 여러 가지 다양한 방법이 동원되어야 하고, 그 방법이 올바른 것인지의 여부를 입증할 수도 없으며, 또한 모금을 하는 데는 유일최선의 방법이 존재하지 않기 때문이다.

세 번째, '지위권력(position power)' 이다. 지위권력은 리더가 하위자들에게 상과 벌을 줄 수 있는 권한의 양을 가리키는 말로 개인이 조직 내의 어떤 지위에 올라감으로써 얻게 되는 합법적 권력(legitimate power)이 포함된다. 만약 리더가 하위자들을 채용 · 해고할 수 있는 권한을 가지고 있고, 승진이나 급여인상의 권한을 가지고 있다면, 그 리더의 지위권력은 매우 강하다고 할 수 있다. 그러나 리더에게 이 같은 권한이 주어지지 않는다면 그의 지위권력은 약한 것이라고 말할 수 있다.

이 같은 세 가지의 상황요인들이 결합하여 조식 내 여러 가지 상황의 '호의성(favorableness)을 결정한다. '호의성이 가장 높은 것' 으로 측정되는 상황은 리더-성원 관계가 좋고, 내용이 뚜렷이 명시된 과업(defined talk)과 강한 지위권력이 있는 리더십상황이다.

반면 '가장 유리하지 않는 상황' 은 리더-성원 관계가 나쁘고, 과업이 비구조화되어 있으며, 리더의 지위권력이 낮은 상황이다. 그리고 '중간 정도의 호의성' 을 가진 상황은 위의 양극단 사이에 있는 상황이다.

피들러는 연구결과를 근거로 하여 상황적합이론은 어떤 리더십유형이 어떤 상황에서는 효과적인 반면, 다른 상황에서는 비효과적이라는 것이다. 과업지향적인 리더(낮은 LPC점수)는 매우 유리하거나 유리하지 못한 상황에서 효과적이고, 관계성지향적인 리더(높은 LPC점수)는 중간 정도로 유리한 상황(어느 정도의 확실성은 있으나 일들이 완전히 리더의 통제하에 있지도 않고 완전히 통제 밖에 있지도 않은 상황)에서 효과적이다.

3. 리더와 상황적합관계

피들러는 상황과 리더를 분류한 후 각각의 상황을 위한 모델을 발전시키면서 [그림 7-2]의 각각의 상황에 맞는 가장 효율적인 리더십 유형이란 과연 어떤 것인가를 정하고자 하였다. 분석 결과를 바탕으로 다음과 같이 리더와 상황의 적합관계를 설명하고 있다.

첫째, LPC점수가 낮은 리더, 즉 과업지향적 리더는 분류집단 1, 2, 3에서와 같이 집단상황이 그에게 호의적이거나 8에서와 같이 매우 비호의적인 상황에서 가장 잘 과업을 수행하는 것으로 나타났다.

둘째, LPC점수가 높은 리더, 즉 관계지향적 리더는 일반적으로 4, 5, 6, 7의 상황과 같이 리더에 대한 호의성이 중간 정도일 때 가장 일을 잘 수행하는 경향이 있다. 호의성이 중간 정도라는 것은 과업이 구조화되어 있으나 부하들이 리더를 싫어하므로 리더가 부하들의 감정을 중시하지 않아도

그림 7-2 | 피들러의 리더십 유효성 상황모델

	1	2	3	4	5	6	7	8
리더와 구성원의 관계	좋음	좋음	좋음	좋음	나쁨	나쁨	나쁨	나쁨
	+	+	+	+	+	+	+	+
업무의 구조화 정도	구조화	구조화	비구조화	비구조화	구조화	구조화	비구조화	비구조화
	+	+	+	+	+	+	+	+
리더의 직위권력	강함	약함	강함	약함	강함	약함	강함	약함
	↓	↓	↓	↓	↓	↓	↓	↓
	T	T	T	R	R	R	R	T

T 과업지향적 리더십 R 관계지향적 리더십

되는 상황이거나, 부하들이 리더를 좋아하기는 하나 업무구조가 구조화되어 있지 못하므로 부하의 창의성과 참여를 구해야 하는 상황을 말한다.

그런데 "왜 높은 LPC점수를 받은 리더가 중간 정도로 유리한 상황에 효과적이고, 왜 낮은 LPC점수를 받은 리더는 매우 유리하거나 매우 불리한 상황에서 효과적인 것일까?"에 대한 그 명확성이 완전하게 제시되지 않고 있다. Fiedler(1995)는 그 이후 추가적인 연구를 통해 제시된 결과를 통해 어느 정도 명확성에 어느 정도의 보탬이 되고 있다. 그는 적합하지 않는 상황에서 일하는 리더들이 비효과적인가에 대한 다음과 같은 일련의 추론을 제시하고 있다.

① LPC에 의한 리더십유형이 그 특정 상황과 적합하지 않을 때 리더는 스트레스와 불안을 경험하게 된다.

② 그와 같은 스트레스하에서 리더는 발달(성장)초기단계에서 학습된 덜 성숙된 대처방식으로 되돌아간다.

③ 그때 리더의 덜 성숙된 대처방식은 낮은 수준의 의사결정을 하게 되며 그로 인하여 부정적인 결과를 초래하게 된다는 것이다.

제3절 | House의 경로-목표이론

1. 경로-목표이론의 의의

House(1971)의 경로-목표이론(path-goal theory)은 리더가 하위자들을 어떻게 동기유발시켜 설정된 목표를 달성하도록 할 것인가에 관한 이론이다. "무엇이 종업원들을 동기유발시키는가?"에 관한 연구결과를 토대로 경로-목표이론이 리더십 연구문헌에 처음 등장한 것은 House의 "A Path-Goal theory of Leader Effectiveness"의 연구에 의해서였다.

경로-목표이론은 종업원의 동기유발에 초점을 두어 종업원의 업적과 종업원의 만족을 증진시키는 데 있다. 이 이론은 다른 상황이론과 달리 리더의 리더십유형(스타일)과 하위자들의 특성 및 과업특성 간의 관계를 강조한다. 경로-목표이론의 기본가정은 기대이론(expectancy theory)에서 유래된 것으로 기대이론에 의하면 하위자들은 다음과 같은 경우에 동기유발된다는 것이다.

① 노력하면 그 과업을 수행해 낼 수 있다고 생각할 때,
② 노력의 결과가 어떤 성과(보상)를 초래하게 될 것이라고 믿을 때,
③ 과업수행의 결과로 얻은 보상이 가치 있는 것이라고 믿을 때 등이다.

기대이론이 리더들에게 주는 교훈은 하위자들의 동기유발을 이끌어 내기 위해서는 리더는 부하들의 필요(욕구, motivational needs)에 가장 적합한 리더십유형을 활용하라는 것이다. 이 같은 일은 작업상황에 결여된 것을 보완하거나 보충할 수 있는 행동을 선택함으로써 이루어진다. 그래서 리더들은 작업상황에서 정보나 보상을 제공함으로써 하위자들의 목표달성수준을 제고하려고 노력한다. 따라서 리더는 하위자들에게 그들의 목표를 달성하기 위해 필요하다고 생각되는 요소들을 제공하게 된다.

House & Mitchell(1974)에 의하면 하위자들이 작업의 대가로 받게 되는 보상의 양과 보상의 종류를 증대시킴으로써 종업원들의 동기유발을 가능하게 한다는 것이다. 또한 리더는 다음과 같은 경우에도 종업원들의 행동을 유발시킬 수 있다는 것이다.

① 목표달성의 경로를 분명히 하고, 코칭(coaching)이나 지도를 통해 그 경로를 쉽게 통과해 가도록 할 때
② 목표달성으로 가는 길에 놓인 장애물을 제거하여 줄 때

③ 작업 그 자체에서 개인적으로 만족을 느끼도록 할 때

이상과 같은 것 등을 통해 리더는 종업원들을 동기유발시킬 수 있다는 것이다.

경로-목표이론은 리더가 어떻게 하면 종업원들의 요구와 그들의 작업상황에 가장 적합한 리더행동을 선택함으로써 부하들이 목표달성의 경로를 따라 잘 가도록 도울 수 있을 것인가를 설명하기 위해 설계된 이론이다. 리더는 적절한 리더십유형을 선택함으로써 종업원들의 '성공적인 과업수행과 만족'의 수준을 증진시킬 수 있게 된다.

2. 경로-목표이론의 기본적 아이디어

경로-목표이론은 개념적으로 비교적 복잡한 개념이다. 이론을 보다 쉽게 이해하기 위해 더 작은 단위들로 쪼개어 복잡한 내용을 더 잘 이해하는 네 도움이 된다. [그림 7-3]은 경로-목표이론의 기본적 아이디어를 요약한 것이다. [그림 7-3]에서 보는 바와 같이 하위자가 조직목표를 달성하는 과정에는 여러 장애물이 있다. 이때 리더는 부하에게 목표를 명확히 설

그림 7-3 | 경로-목표이론의 기본적 아이디어

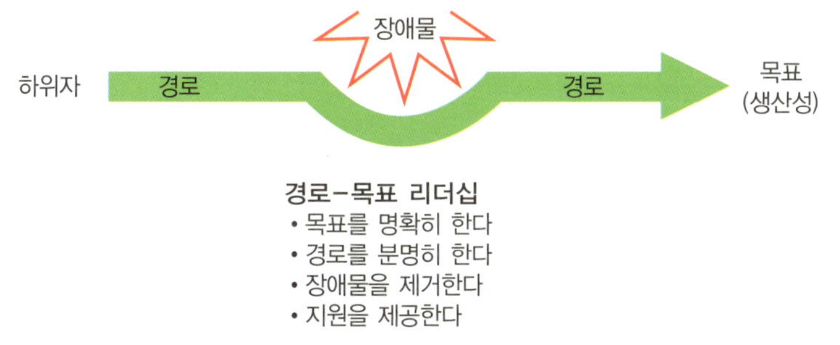

정해주고, 경로를 분명히 하며, 그 과정에서 생길 수 있는 여러 장애물을 제거해 주고, 아낌없이 지원을 제공해 주어야 한다.

3. 경로-목표이론의 모형

경로-목표이론은 [그림 7-4]에서 보는 바와 같이 리더는 부하의 특성과 환경요인을 고려한 적합한 리더십 행동을 발휘하게 됨으로써 리더십의 효과를 얻게 될 것이다.

경로-목표이론에서는 각각의 리더행동은 하위자들의 동기유발에 상이한 영향을 미친다는 것이다. "어떤 특정한 리더행동이 하위자들의 행동을 유발시킬 수 있는가"의 여부는 부하의 특성과 과업과 환경적 특성에 달려 있는 것이다.

그림 7-4 | 하우스의 경로-목표이론 모형

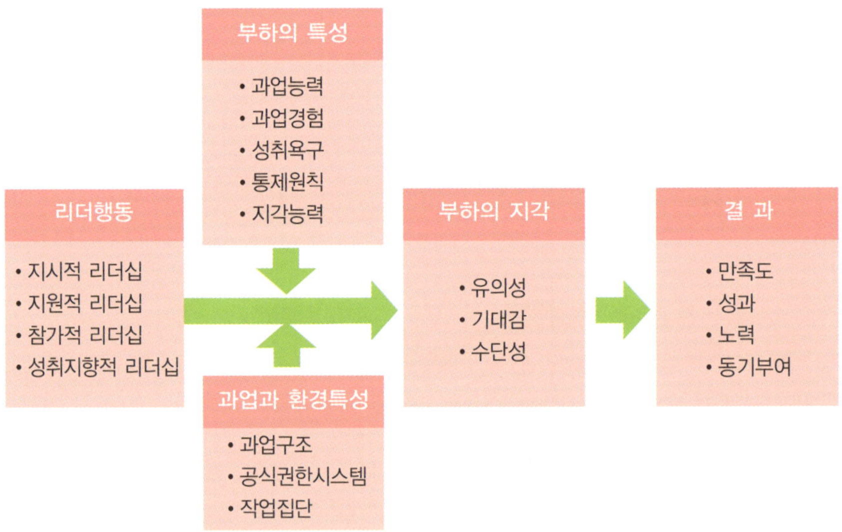

4. 리더십 스타일

경로-목표이론에서 리더의 행동에는 대표적으로 지시적 행동(directive behavior), 지원적 행동(supportive behavior), 참가적 행동(participative behavior), 성취지향적 행동(achievement oriented behavior) 등이 있다(House & Mitchell, 1974).

1) 지시적 리더십

지시적 리더십은 오하이오주립대학교의 연구에서 말한 구조주도행동(initiating structure)과 유사하다. 지시적 리더행동의 특성으로는 하위자들에게 과업수행을 위한 작업지시를 하고, 그들에게 기대되고 있는 것이 무엇이고, 그 과업이 어떻게 수행되어야 하는가에 대해 알려주며, 그리고 과업이 완성되어야 할 기한을 제시한다. 분명한 업적기준을 설정하고 하위자들이 따라야 할 규칙이나 규정을 명확하게 알려준다.

2) 지원적 리더십

지원적 리더십은 오하이오주립대학교의 연구에서 확인된 배려행동(consideration behavior)의 개념과 유사하다. 지원적 리더는 추종자들에게 친절하고 접근하기 쉽도록 한다. 그리고 부하들의 복지와 욕구에 유의하기도 한다. 그리고 구성원들 간에 상호 만족스러운 인간적 관계의 발전을 강조한다.

3) 참가적 리더십

참가적 리더십은 하위자들을 의사결정과정에 참가시키는 행동을 가리킨다. 참가적 리더는 하위자들과 상의하고 그들의 아이디어나 의견을 구하고, 정보를 공유하며 그들의 제안을 받아들여 집단이나 조직이 일들을 어떻게 진행시켜 갈 것인가에 관한 의사결정에 반영한다.

4) 성취지향적 리더십

성취지향적 리더십의 특성은 하위자들에게 일에 대한 도전적인 자세를 요구하여 가능한 한 최고의 수준으로 업적을 완수하도록 한다. 그리고 성취지향적인 리더는 하위자들에게 높은 수준의 목표를 설정해주고 지속적인 개선을 추구한다. 하위자들로부터 많은 것을 기대도 하지만 하위자들이 도전적인 목표를 설정하게 하고 그것을 달성할 수 있다는 고도의 신뢰를 보인다.

5. 상황요인

House와 Mitchell의 주장에 의하면 리더는 이들 네 가지 행동유형의 일부나 혹은 모두를 상이한 상황과 하위자에 따라 다르게 해 보일 수 있다는 것이다.

따라서 경로-목표이론은 리더를 어느 한 가지 리더십에 한정시키는 리더특성이론과는 다르다. 리더는 자신의 리더스타일을 부하의 특성 과업과 환경특성에 따라 다르게 발휘해야 한다. 리더의 리더십 스타일은 부하의 특성과 과업과 환경특성에 달려 있다.

1) 부하의 특성

부하의 특성은 주어진 작업상황에서 부하가 리더의 행동을 지각하는 데 영향을 미친다. 리더십 연구자들은 부하들의 친화욕구와 구조화된 업무선호, 통제욕구, 과업능력에 대한 자기지각의 수준 등에 연구의 초점을 맞추어 왔다.

부하들의 이 같은 특성들은 물론 부하들의 다른 특성들도 리더의 행동이 만족의 직접적인 원천인지 아니면 미래의 만족을 위한 수단이 될 수 있는지에 대한 그들의 지각에 영향을 미친다.

경로-목표이론에 의하면 친화욕구가 강한 부하들은 지원적 리더십을 더 선호한다는 것이다. 왜냐하면 친화욕구가 강한 사람은 친절하고 사회적 욕구에 관심이 높은 리더십이 만족의 원천이 되기 때문이다.

독단적이고 권위주의적인 부하가 불확실한 상황에서 일하고 있는 경우 경로-목표이론은 지시적 리더십을 권고하고 있다. 지시적 리더행동은 심리적 구조와 과업의 명확성을 제공해주고 있기 때문이다. 사실 지시적 리더십은 목표로 가는 경로를 분명히 해주고 또 거기에서 모호한 요소를 제거해주기 때문에 부하들이 목표를 지향하는 데 도움이 된다. 그리고 권위주의적인 사람들은 작업상황에서 확실성을 감지할 때 더 평안을 느끼게 된다.

부하들의 통제욕구는 성격개념인 통제의 위치(내적 통제위치와 외적 통제위치로 나누어진다)에 관한 연구를 통해 특별한 주목을 받아 왔다. 내적 통제위치(internal locus of control)의 부하들은 자기생애에서 일어나고 있는 사건들의 책임이 자기에게 있다고 믿는 사람들인 반면에, 외적 통제위치(external locus of control)의 부하들은 자기생애에서 일어나고 있는 사건들은 우연이나 운명 그리고 외부세력 때문이라고 믿는다.

이에 대한 경로-목표이론의 주장은 다음과 같다. 즉, 내적 통제위치의 부하들은 참가적 리더십을 가장 만족해한다는 것이다. 참가적 리더십이 그들로 하여금 일에 대한 책임감을 느끼도록 하고, 의사결정과정에 참여하여 결정의 주체가 되기 때문이다. 그리고 외적 통제위치의 부하들에게는 지시적 리더십이 가장 적절하다는 것이다. 왜냐하면 자신들의 주위에서 일어나고 있는 일들은 외부세력에 의해 통제된다는 부하들의 느낌과 궤를 같이 하고 있기 때문이다.

리더십이 부하들의 동기유발에 영향을 미치는 또 하나의 조절요인은 부하들의 지각, 즉 어떤 특정한 과업을 수행할 수 있는 자신의 능력(자신의 과업수행능력)에 대한 지각이다. 자신의 능력이나 유능성에 대한 지각이 높아짐에 따라 지시적 리더십에 대한 필요성은 낮아진다. 사실 부하가 자신의 과업완성을 위한 자신감과 자기 유능성을 느끼고 있는 경우 지시적 리더행동은 불필요한 행동이고 지나친 통제가 될 것이기 때문이다.

2) 과업과 환경특성

부하의 특성 이외에도 환경요인들이 부하들의 동기유발에 영향을 미친다. 리더는 네 가지 리더십 행동패턴이 동기부여와 직무만족에 미치는 영향은 두 가지의 상황요인에 의하여 결정된다. 즉, 리더는 부하들의 특성과 과업과 환경특성들을 고려하여 리더 행동패턴을 결정하여야 한다. 과업과 환경특성으로는 과업구조, 공식권한시스템, 작업집단의 특성에 따라서 리더십 스타일이 결정된다.

즉 과업의 구조화가 잘 안 되어 있는 경우에는 하급자들은 지시적 리더십에 보다 호의적인 반응을 보인다. 이는 지시적 리더십이 그들의 목표달성을 위한 경로를 보다 분명히 해 주기 때문이다. 이에 반해 작업의 구조화가 잘 되어 있는 경우에는 지시적 리더십은 불필요하고 엄격한 통제의 인상을 주므로 오히려 지원적 리더십이 과업의 일상성의 결과로 발생하는 좌절을 감소시켜 줄 수 있는 역할을 한다.

과업집단의 특성도 리더 행동 수용에 영향을 준다. 리더십 유형과 과업집단의 행동과의 관계는 집단의 발전단계에 따라 리더십 유형이 달라져야 한다는 것을 의미한다. 조직의 공식권한 시스템도 리더십 행동에 영향을 미치는데 방침 · 규율 · 절차 등이 명백한 조직에서는 지시적 리더십이 부적합하다.

6. 적합한 리더십 스타일과 상황 간의 관계

경로-목표이론은 리더가 하위자들의 필요와 그들이 수행하고 있는 작업상의 필요에 가장 잘 부합되는 리더십유형을 선택해야 한다고 주장한다. 그래서 이 이론이 예측하는 것은 지시적 리더십유형은 “하위자들이 독단적이며 권위주의적이고 과업이 모호하며 규칙이나 절차가 불분명한 상황에 가장 적합한 유형”이라는 것이다. 이 같은 상황에서 지시적 리더십유형은 하위자들에게 지침과 심리적 구조를 제공함으로써 작업상황에 결여된 것(확실성)을 보완해주기 때문이라는 것이다.

과업이 구조화되어 있고 욕구불만이 있는 작업상황에서는 리더가 지원적 리더십유형을 활용해야 한다고 한다. 지원적 리더십유형은 반복적이고 비도전적인 과업에 종사하고 있는 하위자들에게 양육적 지원을 제공함으로써 그들의 작업 상황에 결여된 것을 제공해 준다. 그리고 지원적 리더십은 오늘날의 기계적인 활동에 종사하는 하위자들에게 인간적인 감동이나 인간적인 접촉을 가능하게 해준다.

참가적 리더십은 과업이 모호한 상황에서 최선의 리더십유형으로 고려될 수 있는 리더십유형이다. 참가를 통해서 어떤 경로가 어떤 목표로 이어지는가에 대해 명백히 알 수 있게 되기 때문이다. 그래서 참가적 리더십유형은 하위자들을 도와 무엇이 무엇으로 이어지는가를 알게 해준다. 하위자들이 자율적이고 자기통제의 욕구가 강할 때 리더십효과성에 정(+)의 영향을 미친다. 하위자들이 의사결정과 과업의 구조화과정에 참가하게 되면 호의적인 반응과 실천의지 및 헌신성을 보이기 때문이다.

성취지향적 리더십은 하위자들이 모호한 과업수행을 요구받고 있는 상황에서 가장 효과적이라는 것이다. 이 같은 상황에서 하위자들에게 높은 수준의 과업목표를 설정해 주고 도전적 자세를 갖도록 고무하는 것은 그들의 자신감(목표달성능력에 대한 자신감)을 고조시키는 결과를 초래한다. 실제로 성취지향적 리더십은 하위자들을 도와 그들의 노력이 효과적인 과업수행의 결과로 이어질 수 있다는 자신감을 느끼게 해준다. 그러나 과업이 더 구조화되어 있고 덜 모호한 상황에서는 성취지향적 리더십이 하위자들의 작업노력과 유의한 상관성이 없는 것으로 나타났다.

경로-목표 리더십 설문지

본 설문지는 경로-목표이론에서 리더의 상이한 리더십유형에 관한 문항을 담고 있다. 각 문항을 읽고 자신의 행동을 어느 정도로 잘 나타내고 있는지를 해당되는 숫자를 각 문항의 기재하시기 바랍니다. 1부터 7까지 숫자는 다음과 같이 그 정도를 나타내고 있습니다.

1=결코 그런 적이 없다 2=거의 그런 적이 없다 3=좀처럼 그렇지 않다
4=때때로 그렇게 한다 5=가끔 그렇게 한다 6=보통 그렇게 한다
7=항상 그렇게 한다

문항	내용	응답
1	나는 하위자들에게 "기대하고 있는 것이 무엇인지"를 알려 준다.	
2	나는 하위자들과 우호적인 '작업상의 관계'를 유지하고 있다.	
3	어려운 문제에 봉착했을 때 나는 하위자들과 상의한다(하위자들의 자문을 구한다).	
4	나는 수용적인 자세로 하위자들의 아이디어나 제안을 경청한다.	

5	나는 하위자들에 무슨 일을 어떻게 수행해야 하는지에 대해서 알려준다.	
6	나는 하위자들에게 최고수준의 업무수행을 기대한다고 말한다.	
7	나는 나의 하위자들과 상의 없이 내 나름대로 결정하고 행동한다.	
8	나는 우리 집단의 성원이 된 것을 즐겁고 행복하게 느끼도록 하기 위해 할 수 있는 일들을 다한다.	
9	나는 하위자들에게 표준적인 규칙이나 규정을 따르도록 요구한다.	
10	나는 도전적인 '하위자들의 업적목표'를 설정하고 있다.	
11	나는 하위자들의 개인감정을 상하게 할 만한 말을 한다.	
12	집단과업을 어떻게 수행할 것인지에 관한 제안이나 아이디어를 제출하도록 하위자들에게 요청한다.	
13	나는 하위자들에게 업무수행에서 계속적인 개선을 위해 노력하도록 고무한다.	
14	나는 하위자들에게 '기대하고 있는 업적수준'이 어느 정도인가에 대해 설명해 준다.	
15	나는 하위자들을 도와 과업수행에 방해가 되는 문제들을 극복하도록 해준다.	
16	나는 하위자들에게 목적달성능력에 대한 나의 의심을 나타내 보인다.	
17	나는 하위자들에게 업무할당을 어떻게 하는 것이 좋은지에 대한 제안을 하도록 요정한다.	
18	나는 하위자들에게 직무상 기대하고 있는 것이 무엇이라는 것을 적당하게 설명해 준다.	
19	나는 일관되게 하위자들에게 도전적인 목표를 설정해 준다.	
20	나는 하위자들의 개인적인 욕구의 충족을 위해 한결 같이 마음을 쓴다.	

자료 : J. Indvik, "A Path-Goal Theory Investigation of Superior Subordinates Relationships," University of Wisconsin-Madison, 1985. P. G. Northouse/김남현, 리더십, 경문사, 2009. pp.196~198.

채점요령

1. 문항 7, 11, 16, 18의 점수를 뒤바꾼다(예 : 1↔7, 2↔6, 3↔5)
2. 지시적 유형 : 문항 1, 5, 9, 14, 18의 점수를 합산한다.
3. 지원적 유형 : 문항 2, 8, 11, 15, 20의 점수를 합산한다.
4. 참가적 유형 : 문항 3, 4, 7, 12, 17의 점수를 합산한다.
5. 성취지향적 유형 : 문항 6, 10, 13, 16, 19의 점수를 합산한다.

채점결과의 해석

리더십 유형	점수 해석
지시적	18점 이하는 낮은 점수, 중간치의 점수는 23점, 28점 이상은 높은 점수
지원적	23점 이하는 낮은 점수, 중간치의 점수는 28점, 33점 이상은 높은 점수
참가적	16점 이하는 낮은 점수, 중간치의 점수는 21점, 26점 이상은 높은 점수
성취지향적	14점 이하는 낮은 점수, 중간치의 점수는 19점, 24점 이상은 높은 점수

경로-목표 리더십설문지(the path-goal leadership questionnaire)에서 받은 점수는 귀하가 어느 유형을 가장 빈번하게 사용하고 또 어느 유형을 덜 빈번하게 사용하는가에 대한 정보를 제공해 준다. 그 밖에도 이 점수들은 귀하가 각 유형의 사용을 다른 유형의 사용과 대비하여 측정하는 데 사용될 수 있다.

제4절 | Hersey와 Blanchard의 상황이론

Hersey & Blanchard(1982)의 상황이론은 부하의 준비성(readiness) 수준에 따라 적절한 리더십 형태가 결정된다는 이론이다. 어떤 특정 상황에 어떤 리더십유형이 요구되는가를 결정하려면, 리더는 그의 부하를 평가하고 그가 특정한 과업의 수행을 위해 어느 정도의 유능성과 헌신성이 있는가를 측정해야 한다.

종업원들의 유능성과 동기유발의 수준은 시간의 경과와 함께 달라진다는 가정에 기초하여 리더십 상황적 접근법은 변화하는 유능성 및 헌신성의 수준에 맞추기 위해 리더는 지시적 행동의 정도와 지원적 행동의 정도를 변경시켜 가야 한다는 것이다. 즉, 리더는 그의 행동유형을 하위자의 유능성과 헌신성의 정도에 적합시켜야 한다는 것이다.

따라서 유능한 리더는 종업원들에게 요구되고 있는 것이 무엇인가를 부하의 유능성 및 헌신성 수준에 비추어 확인하고 나서 자기 자신의 리더십 유형을 거기에 맞추어 나가는 사람인 것이다.

리더십의 상황적 접근법은 Hersey & Blanchard(1969)가 개발한 원래의 상황적 리더십 모형을 확대 · 개선한 것으로 Blanchard 등(1985)에 의해 개발된 모형이다. 이를 Situational Leadership Ⅱ(SLⅡ)모형이라고 부른다.

상황적 리더십의 역동성은 SL Ⅱ모형을 두 부분, 즉 ① 리더십 유형(leadership style)과 ② 부하의 발달수준(development level of subordinates)을 분리함으로써 가장 잘 이해할 수 있다.

그림 7-5 | 상황적 리더십모형

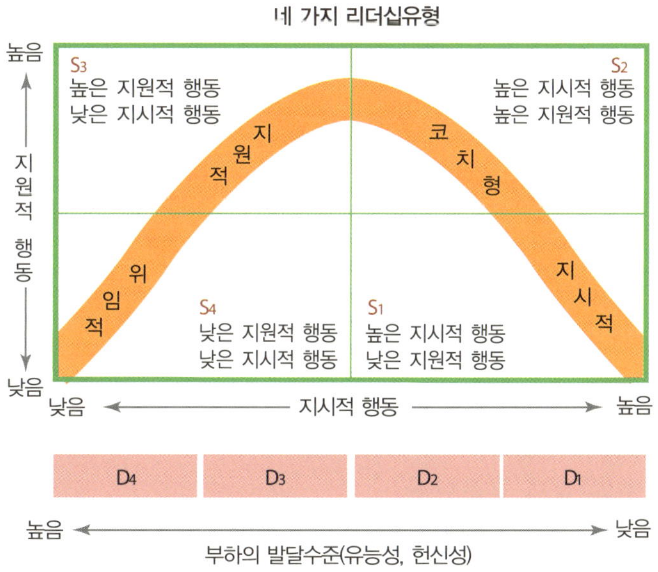

자료 : K. Blanchard, P. Zigarmi and D. Zigarmi, Leadership and the One Minute Manager : Increasing Effectiveness Through Situational Leadership, New York: William Morrow, Used with permission, 1985.

1. 리더십 유형

리더십 유형은 다른 사람들에게 영향을 미치려고 시도하는 한 개인의 행동양식으로 지시적(과업) 행동과 지원적(관계성) 행동으로 이루어진 구성개념이다.

지시적 행동은 지시를 하고 목표를 설정하며, 평가방법을 고안하고 근무시간 및 작업시간 등을 설정하며, 역할을 확정하고, 목표달성의 방법을 말해주는 등 집단 성원들이 목표달성을 위해 매진하게 하는 행동들이다.

지원적 행동은 집단성원들을 도와 성원들 자신에 대한 만족은 물론 동료작업자들이나 일하고 있는 상황에 대해 만족을 느끼도록 하는 행동이다. 지원적 행동은 쌍방적 의사소통을 통해 이루어지며 집단성원들에게 사회적 지원과 정서적 지원을 하는 행동들로 이루어진 구성개념이다. 지원적 행동에는 문제해결을 위해 의견이나 아이디어의 제출을 요구, 칭찬, 정보공유, 적극적 경청 등을 들 수 있다. 리더십유형은 더 나아가 지시적 행동과 지원적 행동을 조합하여 네 가지 범주의 행동들로 분류된다.

첫 번째 유형(S_1)은 높은 지시적-낮은 지원적 행동유형' 으로서 모델상의 지시적 리더십유형을 가리킨다. 여기에서는 대부분의 의사소통의 초점이 목표달성에 맞추어져 있으며, 지원적 행동을 위해서는 보다 더 적은 양의 시간을 소비한다. 이 같은 리더십유형을 사용하는 리더는 집단성원들이 무슨 목표를 어떻게 달성해야 하는가에 대한 작업지시를 하고 성원들의 작업활동을 주의 깊게 감독한다.

두 번째 유형(S_2)은 코치형 접근법이라 부르며 '높은 지시적-높은 지원적 행동유형' 이다. 여기에서 리더는 의사소통의 초점을 목표달성과 사회정서적 지원 양쪽에 맞추고 있다. 코치형 리더는 종업원들의 참여를 고무하고 아이디어의 제출을 권유함으로써 자신과 성원들이 모두 참여하는 팀

정신을 촉구한다. 그러나 코치형은 S_1유형을 확대한 것이다. S_2유형도 여전히 무슨 목표를 어떻게 달성할 것인가에 대한 최종결정을 리더가 내려야 한다는 것을 요구하고 있기 때문이다.

세 번째 유형(S_3)은 지원적 접근법으로서 '높은 지원적－낮은 지시적 행동유형'이다. 여기에서 리더는 목표에만 초점을 맞추지 않고 지원적 행동을 통하여 성원들이 달성해야 할 과업을 위해 능력을 발휘하도록 동기유발을 시도한다.

지원적 유형은 경청, 칭찬, 아이디어 제출의 권유 및 피드백의 제공 등과 같은 것을 포함하는 구성개념이다. S_3유형의 리더는 일상적인 의사결정의 책임을 하위자들에게 넘기지만 문제해결을 촉진하는 책임은 그대로 리더 자신이 가지고 있다. 그리고 S_3유형의 리더는 하위자들의 우수한 업적에 대한 신속한 피드백 및 인정과 사회적 지원을 제공한다.

네 번째 유형(S_4)은 '낮은 지원적－낮은 지시적 행동유형'으로 위임적 접근법이라 부른다. 이 접근법에서는 리더가 과업완수를 위한 지시적 행동을 덜하고 사회적 지원도 덜 제공한다. 그리고 과업과 관련하여 자신감이나 자율성 및 동기유발을 촉신한다. 위임적 접근법을 사용하는 리더는 계획, 세밀한 통제 및 목표를 명확히 하는 등의 활동을 줄인다. 수행해야 할 업무에 대한 합의가 이루어지고 나면 그 업무의 수행방법의 결정과 업무완성의 책임을 하위자들에게 위임한다. 그리고 S_4유형의 리더는 통제권을 하위자에게 넘기고 불필요한 사회적 지원을 함으로써 작업상황에 개입하는 것을 삼간다.

[그림 7-5]의 SLⅡ모형은 지시적 리더십행동과 지원적 리더십행동과 지원적 리더십행동이 네 가지의 상이한 리더십유형의 각각을 위해 어떻게 조합을 이루고 있는지를 잘 나타내 보이고 있다. 모형의 아래쪽과 왼쪽의 화살표가 보이고 있는 바와 같이 지시적 행동은 S_1과 S_2에서 높고 S_3과 S_4에서는 낮으며, 반면에 지원적 행동은 S_2와 S_3에서 높고 S_1과 S_4에서는 낮다.

2. 부하의 발달수준

상황적 리더십모형의 두 번째 주된 부분은 부하의 발달수준과 관련된 것이다. 발달수준이란 부하가 주어진 과업이나 활동을 완성하는 데 필요한 유능성과 헌신성을 가지고 있는 정도를 가리킨다. 부하가 특정한 과업을 수행하기 위해 숙달된 기술이나 역량을 가지고 있는지의 여부와 그리고 그가 과업수행에 대해 긍정적 태도와 자발성을 가지고 있는지의 여부를 가리키는 말이다. 만약 집단성원들이 자신이 맡고 있는 일에 흥미와 자신감을 가지고 있고 또 그 과업을 수행방법을 잘 알고 있다면 그들은 높은 발달수준에 와 있는 것이다. 그러나 만약 집단성원들이 당장 과업수행을 위한 기술이 거의 없고, 과업완수를 위한 동기유발이나 자신감을 느끼지 못한다면 그들은 낮은 발달수준에 있는 것이다.

부하의 발달수준은 유능성과 헌신성의 여러 가지 조합을 의미한다. 이렇게 발달수준을 네 개(D_1, D_2, D_3, D_4)로 구분한 것은 종업원이 수행하고 있는 과업과 관련된 구체적인 유능성과 헌신성을 중심으로 구분한 것이지 일괄적으로 그 종업원들을 분류하려는 것이 아니다.

구체적으로 살펴보면 D_1 종업원은 유능성은 낮고 헌신성(자신감, 동기유발)도 낮은 사람들이다. 이 사람들은 주어진 과업이 생소하고 그 과업의 수행방법을 정확히 알지 못하고 있다.

D_2 종업원들은 새로운 과업수행에 대한 의지가 있고 자신감은 있지만 능력이 부족하다.

D_3 종업원들은 중간 정도에서 높은 정도의 유능성이 있으나 아직도 헌신성은 결여된 종업원들이다. 이 같은 종업원들은 주어진 직무수행을 위한 기술이나 노하우를 기본적으로 잘 습득하고 있으나 아직도 자기 스스로 그 과업을 완성할 수 있는지의 여부에 대하여는 확신이 없다.

마지막으로 D_4 종업원들은 발달수준이 최고수준에 있는 종업원들로서 유능성의 정도도 높고 직무완성을 위한 헌신성도 높다. 다시 말해서 직무수행을 위한 기술이나 노하우를 다 터득하고 있고 그 과업을 완성하려는 동기유발의 수준이 높은 사람들이다.

Leadership Devlopment and Training **사례 7-2**

어떤 리더십 유형을 사용하는 것이 바람직할까?

A는 약 50명의 종업원을 고용하고 있으며 설립된 지 15년이 된 소규모의 제조업체의 소유경영자이다. 이 회사는 기술, 판매, 생산 등의 세 가지 영역으로 이루어져 있으며, 각 영역은 한 사람들의 관리자에 의해 관리되고 있다.

B는 기술부서의 책임자이다. 그는 경험이 풍부한 엔지니어이며 올해 나이 58세로 회사에서 가장 나이 많은 직원이다. B는 그의 기술적 능력과 경험 때문에 이 회사에 채용된 사람이다. 이 회사에 입사하기 전 B는 현대자동차회사에서 20년간 기술자로 근무한 적이 있었다. 그리고 그의 동료작업자들은 그가 매우 유능하고 차분하고 온화한 사람이며 회사발전에 많은 관심을 기울이고 있는 사람으로 인식하고 있다. 최근 몇 주 동안 B는 회사의 장기발전계획에 그의 대부분의 시간을 쏟아오고 있다. 그의 목표는 미래의 물자비용, 장비, 공장개발 및 인사분야의 창의적인 의사결정을 위한 모델을 개발하는 데 있다. B가 느끼기로는 자신의 계획초안에 대한 상위관리자들의 반응이 좋은 것으로 느끼고 있다.

C는 판매부서의 책임을 맡고 있다. 이 회사의 판매부서는 회사에서 규모가 가장 작은 부서이다. C는 회사에서 가장 최근에 채용된 직원이고, 다른 생산영역에서 10년간 판매 경험을 쌓은 직원이다. 그의 동료직원들은 그가 고도로 동기 유발된 사람이지만 본사제품의 특성에 대해 잘 알지 못하고 있다고 생각하고 있다. C의 목표는 회사의 연간 매출의 50%를 증진시키는 데 있다. 그러나 1/4분기의 판매실적은 단지 5%의 성장에 불과하였다.

C는 회사에 첫 발을 내딛는 순간부터 매우 낙관적이었지만 최근 몇 주 동안 부서 내에서 몇 가지 문제에 직면하고 있다. 판매직원들이 그가 회사와 관련 산업에 대해 너무나 모르고 있다고 불평하기에 이른 것이다. 신제품에 관한 토의에서 C는 가끔 혼동을 일으키고 있으며, 외부고객들에게 회사의 공급능력을 설명하는 데 어려움을 느끼고 있다. 이 회사가 생산하고 있는 제품이 어떻게 기능하고 있는가를 충분히 이해하고 있지 못하고 있기 때문이다.

D는 생산부서의 관리자이고 입사 이후 계속 이 부서에서 근무하고 있다. D는 고등학교 졸업 이후 이 회사에 입사하여 줄곧 똑같은 부서에서 일하였고, 그의 열심히 일하는 노력 때문에 현재의 직위에 오르게 되었다. 그의 목적은 생산을 능률화하고 비용을 30% 절감하는 것이다. 그는 생산이 향상되기도 하고 퇴보되기도 한다는 것을 알고 있으나 생산관리자로서의 그의 새로운 역할에 대하여 염려하고 있다. 사실 D는 그가 관리자로서 실패하지나 않을까 염려하고 있는 것이다. 그는 지금 자신의 업무가 다른 사람들의 업무수행에 의존하고 있을 때

다른 사람들의 업무도 자신의 업무수행에 의존하고 있다는 사실을 모르고 있다.

A는 D에 대한 신임이 크고 여러 차례 그와 회합을 갖고 그의 새로운 역할을 분명히 하고 그 업무를 잘할 수 있을 것인가를 재차 확인하고 있다. 그래서 그는 D가 훌륭한 생산관리자가 될 것을 확신하고 있다. A는 매주 이들 관리자들과 회합을 갖고 각 집단들이 전체적인 회사목표에 맞추어 잘 나가고 있는가를 논의한다. 다음 회의에서 그는 이들 세 사람의 부서장들과 장기적인 업적개선을 위해 그들의 부서 내에서 어떤 새로운 절차를 수립 실천할 수 있을 것인가에 대해 토의하고 싶어 한다. 지금 A는 그가 이들 관리자 각자에게 어떤 방법으로 접근하는 것이 좋은가를 생각하고 있다.

질문

상황적 리더십의 기본적 가정에 비추어

1. 위 사례의 세 사람의 관리자들은 SLII모델의 발달단계 중 어느 단계에 속한다고 말할 수 있는가?
2. 만약 귀하가 A라면 이들 각 관리자에 대해 똑같은 방법으로 행동하겠는가?
3. 어떤 회의가 가장 어려운 회의이고, 어떤 회의가 가장 쉬운 회의인가? 그 이유는 무엇인가?

제5절 | Kerr와 Jermier의 대체이론

Kerr와 Jermier(1978)는 리더십행동의 효과성을 대체 또는 소멸시켜 버리는 상황을 다루는 대체이론으로 발전시켰다. 이 이론은 기존 리더행동의 효과가 제한되는 상황을 찾아내는 것에 주목한다. 이 이론은 대체요인(substitute)과 중화요인(neutralizer)이라는 두 가지 상황변인을 제안한다.

대체요인은 리더행동을 불필요하거나 중복되는 것으로 만드는 상황요인이다. 예로, 부하들의 명확한 역할인지, 작업방법 숙지, 고도의 동기화, 높은 직무만족 등은 모두 리더행동의 효과를 대신할 수 있는 상황요인이 될 수 있다.

중화요인은 리더행동을 방해하거나 좌절시키는 상황요인을 말한다. 예를 들면 리더가 높은 성과를 달성한 부하에게 상을 줄 수 있는 권한이 없다면 리더의 보상부여행동을 못하게 하는 중화요인으로 작용하는 상황이라고 볼 수 있다. 또한 리더가 제시한 보상에 대해 구성원들이 아무런 관심을 갖지 않는다면 리더의 보상행동의 효과를 약화시킨다.

과업지향적 리더십과 관계지향적 리더십에 대한 대체요인과 중화요인에 대한 사항을 살펴보면 [표 7-1]과 같다. 과업지향적 리더십은 구조주조와 비슷한 유형이며, 관계지향적 리더십은 배려와 비슷한 유형이다.

표 7-1 | 리더십 대체요인과 중화요인

변인		과업지향적 리더십	관계지향적 리더십
조직특성	집단응집성	대체요인	대체요인
	공식성	대체요인	영향 무
	경직성	중화요인	영향 무
	낮은 지위권력	중화요인	중화요인
	물리적 격리	중화요인	중화요인
과업특성	고도로 구조화된 과업	중화요인	영향 무
	자동적 피드백	중화요인	영향 무
	내재적 만족	영향 무	중화요인
부하특성	진문가의식	대체요인	대체요인
	훈련/경험	대체요인	영향 무
	낮은 보상가치	중화요인	중화요인

자료 : Daft, R. L.(2008), *The Leadership Experience*, Mason, OH : South-Western, p.86.

조직특성에서 집단응집성이 매우 높은 경우에는 구성원들 간에 심리적 안정감과 서로 간의 신뢰로 인하여 리더의 인간관계적 행위가 별로 필요 없게 된다.

조직의 공식화 정도가 높은 경우에는 과업지향적 리더십 행위는 불필요하게 만든다. 이미 규칙, 규정, 정책 등이 세부적으로 공식화된 조직에서 리더의 지시와 통제가 크게 필요하지 않기 때문이다.

리더의 지위권력이 낮은 경우 리더의 관계행동과 과업행동의 효과는 줄

어든다. 또한 구성원들이 지리적으로 멀리 떨어져 있어서 접촉이 매우 제한된 상황은 리더의 관계행동이나 과업행동의 영향력은 크게 약화된다.

과업특성에서 보면 과업이 단순하고 반복적인 상황은 부하들이 단기간에 필요한 지식과 기술을 습득할 수 있어 과업지향적 리더십이 거의 불필요하게 만든다. 과업수행 결과가 자동적으로 피드백되는 시스템을 갖추었다면 리더의 과업 지향적 리더십 행위는 거의 불필요하게 된다. 과업이 흥미를 유발하고 만족을 주는 경우, 부하들의 지루함을 달래주기 위한 관계지향적 리더십은 불필요하다.

부하의 특성에서 보면 전문적 직업주의정신이 투철하다면 과업지향적 리더십 행동과 관계지향적 리더십 행동은 불필요하다. 또한 풍부한 경험이나 훈련은 리더의 과업지향적 리더십 행동에 대체요인이 된다. 보상에 대한 부하들이 무관심하다면 리더의 관계행동과 과업지향적 행동의 효과를 약화시키는 중화요인으로 작용하게 될 것이다.

PART 04

현대적 리더십이론

Global Leadership

Chapter 08

리더-구성원 교환이론

제1절 | LMX이론의 개념

대부분의 리더십이론들은 리더십과정을 리더의 관점(리더십특성연구, 리더십유형연구)이나 혹은 하위자와 상황의 관점(상황이론, 상황적합이론, 경로-목표이론)을 강조하였다. 그런데 리더-구성원 교환이론(Leader-Member Exchange : LMX Theory)은 리더십을 리더와 하위자 간의 상호작용을 중심으로 나타나는 과정으로 개념화하였다. [그림 8-1]에서 보는 바와 같이 LMX이론은 리더와 하위자 '두 사람 간의 짝 관계(dyadic relationship)'를 리더십과정의 초점으로 삼고 있다.

LMX이론 이전에는 연구자들이 리더십을 리더가 모든 하위자들에 대해 영향력을 미치는 것으로 다루었다. LMX이론은 리더와 부하들 개개인 사이의 역할형성 과정 및 리더와 부하 간의 교환관계가 시간이 지남에 따라서 발전되어 가는 것을 설명한다.

그림 8-1 | 리더십의 차원

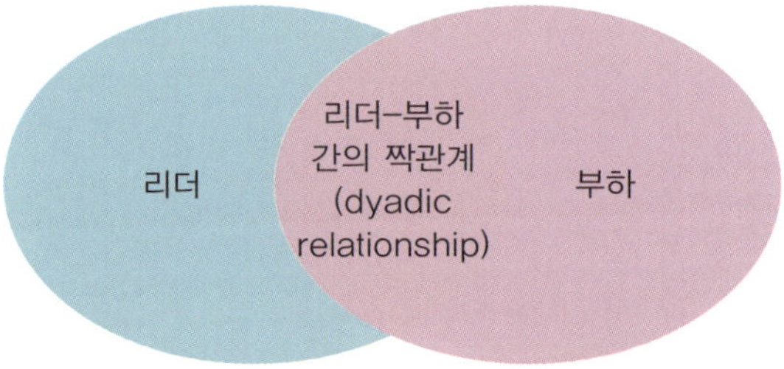

자료 : G. B. Graen & M. Uhl-Bien, Relationship-Based Approach to Leadership : Development of Leader-Member Exchange(LMX) Theory of Leadership Over 25 Years : Applying a Multi-Level, Multi-Domain Perspective, 1995.

제2절 | 초기 LMX이론

초기 교환이론의 연구에서는 '수직짝 연계이론(vertical dyadic linkage(VDL) theory)' 이라고 불렀다. 연구자들은 [그림 8-2]에서 보는 바와 같이 리더가 하위자들 각자와 형성하고 있는 수직적 관계의 성질에 초점을 맞추었다.

그림 8-2 | 두 사람 간의 수직적 짝관계

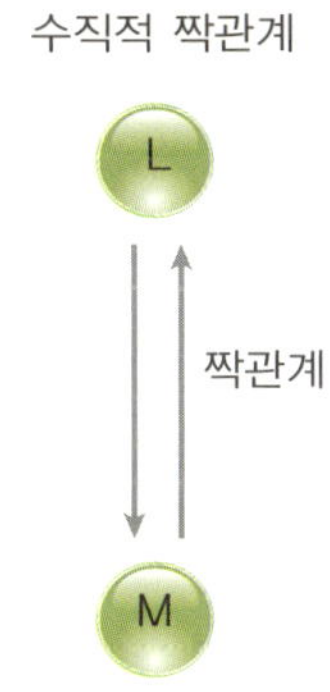

☞ 리더는 하위자들 각자와 개별적인 작업상의 관계 형성. 리더와 하위자 간의 교환은 그들 '두 사람 간의 짝관계(dyadic relationship)' 를 나타냄.

그리고 [그림 8-3]에서 보는 바와 같이 리더와 작업 단위 전체와의 관계를 '일련의 여러 수직짝 연계(a series of vertical dyads)' 로 보았다.

이 같은 '수직짝 연계' 의 특성을 측정하는 과정에서 연구자들은 [그림 8-4]에서와 같이 두 가지의 일반적인 관계유형을 발견하였다.

역할확대(expand role)와 역할협의(negotiated role), 즉 '공식적 역할 이외의 역할(extra-roles)' 에 근거한 관계유형-이것을 내집단(in-group) 관계라고 하였다.

공식적 고용계약에 의해 명시된 역할에 근거한 관계유형을 외집단(out-group)관계라고 하였다.

그림 8-3 | 여러 개의 수직짝 연계

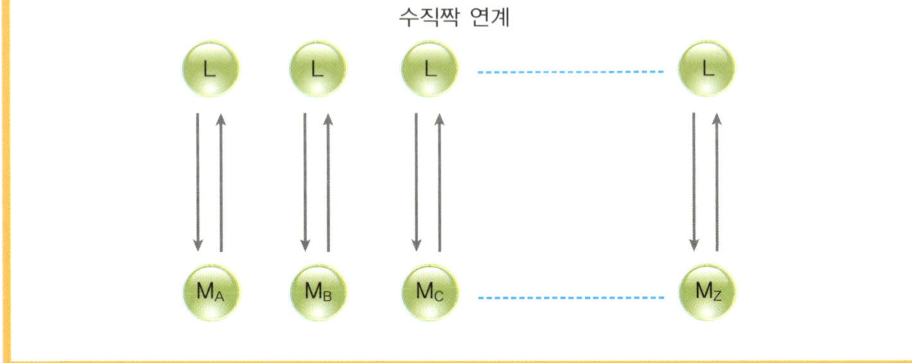

☞ 리더는 모든 하위자들과 개별적 관계 형성. 이 같은 각각의 관계는 특별하고 그 나름의 독특한 특성을 가지고 있음.

그림 8-4 | 내집단과 외집단

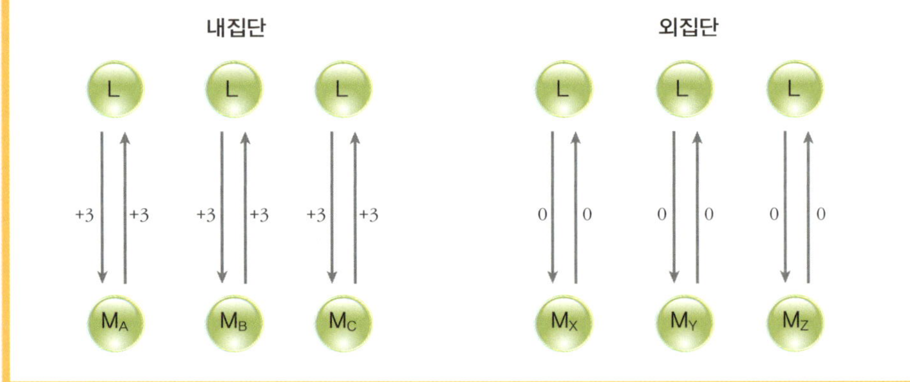

☞ 리더와 그의 하위자는 특이한 개별적 관계 형성(양질의 관계 : +3, 낯선 관계 : 0)
내집단 : 상호 간의 신뢰와 존경, 호감, 상호적인 영향관계 등의 특성을 가짐.
외집단 : 직무기술서상에 근거한 공식적 의사소통에 머물게 됨.

조직의 작업단위 내에서 하위자들은 리더와 그들 간의 작업상의 관계에 따라 내집단의 일원이 되거나 외집단의 일원이 된다. 성격특성이나 개인적 특성의 유사성이 이 같은 과정에서 관계가 있다. 상사와 부하가 유사한 성격특성을 가지는 경우 상사와 부하 간에 교환관계가 형성될 확률이 높기 때문이다. 그 밖에도 내집단의 일원이 되는 것은 하위자 자신들이 리더와 함께 그들의 확대된 역할책임(직무기술서에 명시된 공식적 역할책임을 넘어 확대된 역할책임)에 얼마나 열중하는가에 달려 있다.

그리고 집단을 위해 자신들이 기꺼이 할 수 있는 일이 무엇인가에 대해 리더와 협의하는 데 관심이 있는 하위자들은 내집단의 일원이 될 가능성이 높다. 이 같은 협의에는 다음과 같은 교환관계가 포함되어 있다. 즉, 하위자들이 공식적인 직무기술서 상의 역할책임의 범위를 넘어선 활동을 하게 되면 리더는 이들 하위자들에게 그 반대급부로 더 많은 것을 해준다. 그러나 만약 하위자들이 새롭고 공식적 역할책임 이외의 활동을 하는 데 관심이 없다면 그들은 외집단의 일원으로 남게 된다.

Dansereau 등(1975)은 내집단의 하위자들은 외집단의 하위자들보다 리더로부터 더 많은 정보와 영향, 신임을 받게 되고 더 많은 관심의 대상이 된다고 주장했다. 그 밖에도 내집단의 구성원은 외집단의 하위자들보다 더 신임을 받게 되고 보다 더 일에 열중하며 리더와 의사소통이 더 용이하게 된다. 내집단 성원들(in-group members)이 리더를 위해 공식적인 역할 이외의 활동을 하게 되면 리더도 그 보답으로 그들에게 작업상의 혜택을 더 해주는 반면에 외집단의 하위자들은 리더와 친밀하게 지내지 못하고 단지 출근하여 정해진 일을 수행하고 퇴근하는 것을 반복하는 것이 일반적이다.

제3절 | 내집단과 외집단의 비교

1. 내집단과 외집단의 특징

먼저 내집단(in-group)의 특징은 리더가 부하들 중 특별한 대인적 관계를 유지하고 있는 부하집단으로 리더와 부하 간 신뢰와 존경의식이 강하고, 리더와 부하는 공동운명체의식과 긴밀한 교류관계를 유지하게 된다. 또한 리더와 부하 간 사회적 관계 및 교환을 통해 리더와 부하 간 높은 수준의 상호작용이 유지된다.

반면 외집단(out-group)은 리더가 부하와 특별한 관계를 유지함이 없이 어느 정도의 거리감을 유지하면서 공식적으로 대하는 집단이다. 리더와 부하 간 신뢰와 존경의식이 미약하고, 상호 긴밀한 결속력이 유지되지 못한다. 따라서 리더와 부하 간에는 꼭 필요한 경제적 교환 외의 상호작용이 없다.

Leadership Devlopment and Training 사례 8-1

백 마리째 원숭이 효과

일본 미야자키 현의 사찌시마섬에서 원숭이를 고구마로 길들일 때 이야기다. 처음에 원숭이들은 고구마에 묻은 흙을 손으로 툭툭 털어내고 먹었다. 그러던 어느 날 원숭이 한마리가 강물에 고구마를 씻어먹기 시작했다. 그러자 다른 원숭이들도 하나 둘 흉내를 내기 시작하더니, 얼마 후부터는 모든 원숭이들이 고구마를 씻어 먹게 되었다.

일은 여기서 끝나지 않는다. 고구마 씻기를 하는 원숭이의 수가 어느 정도까지 늘어나자 이번에는 사찌시마섬 이외 지역의 원숭이들 사이에서도 똑같은 행위가 동시다발적으로 나타났다. 불가사의하게도 이곳에서 멀리 떨어진 다카자키산을 비롯한 다른 지역에서 서식하는 원숭이들까지도 역시 고구마를 씻어먹기 시작하였다. 그들 사이에 서로 아무런 접촉도 없었고 의사소통도 할 수 없는 상황에서 그럼에도 마치 정보가 흘러들어간 것처럼 똑같은 행동을 했던 것이다.

미국 과학자 라이언 왓슨은 이것을 '백 마리째 원숭이 현상'이라고 이름을 붙였다. 어떤 행위를 하는 개체의 수가 일정량에 달하면 그 행동은 그 집단에 국한되지 않고 공간을 넘어 확산되어 가는 불가사의한 현상을 말하는 것이다.

2. 내집단과 외집단의 차이점

내집단과 외집단의 차이점을 살펴보면 [표 8-1]과 같다.

표 8-1 | 내집단과 외집단의 차이점

구분	내집단(in-group)	외집단(out-group)
대우	정보공유, 급여인상, 의사결정 참여, 특별보상, 개인적 지원과 승인, 경력촉진, 특별보직 부여	통상적 대우
역할 수행	공식 및 비공식적 역할 수행	공식적 역할(의무, 규칙, 표준절차, 공식적 지시)만 주로 수행
의사결정 참여	참여	미참여
리더의 권한행사	비공식적 방법으로 행사	공식적 방법으로 행사
재량권	많은 재량권 부여	적은 재량권 부여
리더-부하관계	부하는 리더와의 관계를 자연스럽게 생각하고 편안하게 느낌	부하는 리더와의 관계에서 큰 부담감을 느끼고 불편해 함
책임감	높음	낮음
직무성과	높음	낮음
만족도	높음	낮음
영향력	높음	낮음

제4절 | 외집단에서 내집단으로의 진입과정

Deborah & Robert는 교환관계를 당사자 간 역할의 상호관계로 파악하여 시간의 경과에 따라 역할획득(role taking), 역할형성(role making), 역할발전(role developing)의 3단계로 설명하고 있다.

1. 역할획득단계

먼저 역할획득단계에서는 부하에게 과업을 할당하고 부하가 그 과업을 어떻게 수행하는지를 탐색한다. 이때 상사와 부하와의 관계는 공식적인 틀을 넘어서지 않는다.

2. 역할형성단계

역할획득단계에서 발전한 것이 바로 역할형성단계이다. 이 단계에서는 상사와 부하 간 자원과 정보 등이 공유되고 양자 간 기여도에 근거한 교환행동이 나타난다. 이때 상사는 부하가 더 많은 역할과 중요한 일을 수행할 수 있는지, 부하는 상사가 역할과 권한을 위임할 의사가 있는지를 서로 검증하게 된다. 검증 결과가 양자 간에 긍정적이면 역할발전 단계로 이어진다.

3. 역할발전단계

역할발전단계에서는 역할형성이 일상화된 단계로 상사와 부하 간에 신뢰와 존중은 물론 의무감을 갖게 되고 광범위한 측면에서 상호영향을 주고받게 된다. 이러한 상사-부하의 교환관계의 발전에 따라서 LMX의 질이 결정된다.

한편 외집단에 속한 사람도 [그림 8-5]와 같은 과정을 통해 외집단의 구성원에서 내집단의 구성원으로 격상될 수 있다.

그림 8-5 | 외집단에서 내집단으로 진입과정

1단계 검증 및 평가단계	→	2단계 교환단계	→	3단계 작동단계
• 리더와 부하는 서로 간에 동기, 태도, 교환가능한 잠재적 자원, 상호역할기대에 대한 평가		• 구체적 교환관계 발생 • 상호 신뢰, 충성심, 존경심 발현		• 내집단 구성원이 됨 • 리더의 개인적 이익에 근거한 교환이 작업집단의 임무와 목표에 상호 개입하는 방향으로 변환됨

제5절 | 리더십 만들기

Graen & Uhl-Bien(1991)은 리더와 하위자 간의 교환관계가 '리더십 만들기(leadership making)' 에 어떻게 활용될 수 있는가에 초점을 맞추었다. '리더십 만들기' 란 리더십의 처방적 접근법으로서 리더가 단지 몇 사람 하위자보다는 모든 하위자들과 양질의 교환관계를 개발해야 한다는 것을 강조한다. 그 결과 모든 하위자들이 자신들을 내집단의 구성원으로 느끼도록 해야 한다는 것이다. 그렇게 함으로써 공정성 비판을 피할 수 있고,

구성원들이 외집단 내에 머물러 있는 데서 오는 부정적 관계를 제거할 수 있는 것이다.

일반적으로 '리더십 만들기'는 협동관계(partnership)의 구축을 촉진하고 그 같은 협동관계 속에서 리더는 작업단위부서의 모든 종업원들과 효과적인 짝관계를 구축하게 된다. 그 결과 리더들은 조직 전체에 걸친 '협동관계의 연결망'을 만들 수 있게 되고 그렇게 되면 조직목표의 달성은 물론 그들 자신의 경력 상의 진보에 도움을 얻을 수 있게 된다는 것이다.

Graen과 Uhl-Bien(1991)에 의하면 [그림 8-6]에서 보는 바와 같이 '리더십 만들기'는 시간의 경과와 더불어 점차로 세 단계를 거쳐 발전해 간다고 한다. ① 낯선단계(the stranger phase), ② 친지단계(the acquaintance phase), ③ 성숙한 협동단계(the mature partnership phase)로 발전하게 된다.

1. 낯선단계

첫 번째 단계, 즉 '낯선단계'에서는 리더-하위자 짝관계 내에서의 상호작용이 일방적이다. 공식적인 규칙의 한계 내에서 이루어지고 공식적인 계약관계에 크게 의존한다. 리더와 부하는 미리 규정된 조직상의 역할범위 내에서 서로 간의 관계가 이루어진다. 그래서 그들은 낮은 정도의 교환관계를 가지고 있으며, 앞에서 논의한 외집단 성원과의 교환관계가 비슷하다.

이 단계에서 하위자들은 리더의 통제하에 있는 경제적 보상을 얻을 목적으로 조직계층상의 공식적 리더에게 복종하게 된다. 이 낯선단계에서 하위자들의 행동의 동기(motives of the subordinate)는 집단의 이익보다는 이기주의 지향적이다(Graen & Uhl-Bien, 1995).

2. 친지단계

두 번째 단계, 즉 친지단계는 리더나 하위자가 경력지향적이고 사교적 교환관계의 개선을 위하여 '정보의 제공'으로 시작한다. 여기에는 개인에 관한 정보나 작업에 관한 정보를 서로 나누는 일 등이 포함된다. 그리고 이 단계는 리더와 하위자 양쪽이 서로 간의 관계를 시험하는 기간으로서 리더는 하위자가 더 많은 역할이나 책임을 맡는 데 관심이 있는가의 여부를 시험해 보려고 하고 또한 하위자는 리더가 기꺼이 하위자들에게 새로운 도전적인 일을 맡기려 하는지의 여부를 시험해 본다. 이 기간 동안에는 상호 간의 짝관계(dyads)가 '직무기술서에 명시된 역할에 따라 엄격하게 규제되는 상호작용'으로부터 '새로운 방식의 상호관계'로 변환된다.

LMX이론에 의해 측정되고 있는 바와 같이 이 단계에서는 상호 간의 교환관계의 질이 전 단계보다 향상되어 있다. 친지단계에서 성공적인 짝관계가 이루어지면 서로 간에 보다 더 많은 신뢰와 존경의 관계로 발전하기 시작한다. 그리고 그들의 행동의 동기는 덜 이기주의지향적이 되고 전 단계보다 더 집단목표지향적이 된다.

3. 협동단계

세 번째 단계, 즉 성숙한 협동단계는 양질의 리더-구성원 교환관계로 특징될 수 있다. 리더-구성원 관계가 이 단계까지 진전되면 그들은 고도의 상호 신뢰와 존경 및 서로 간에 의무감 같은 것을 경험하게 된다. 그들은 이미 그들의 관계를 시험하였고 그들이 서로 간에 의존할 수 있다는 사실을 알게 되었기 때문이다. 그래서 성숙한 협동단계에서는 리더와 하위자 간에 고도의 상호 협력관계가 형성되어 서로 간에 영향을 주기도 하고 영향을 받기도 한다.

그림 8-6 | 리더십 만들기 단계

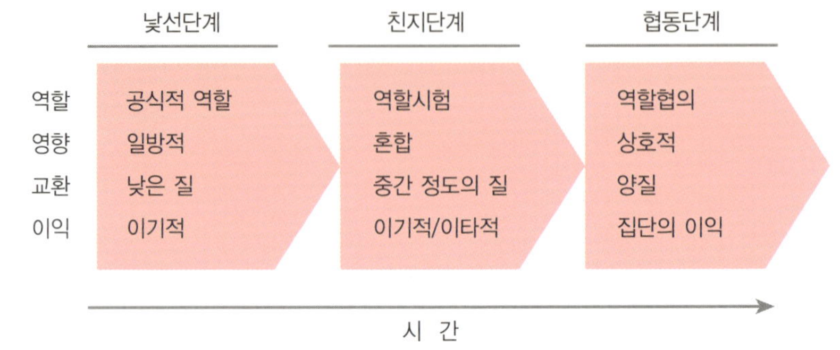

자료 : Adapted froms the Life Cycles of Leadership Making in "Relationship-Based Appreach to Leadership : Development of Leader-Member Exchange(LMX) Theory of Leadership over 25 Years : Applying a Multi-Level Mutti Domain Perspective," by G. B. Graen and M. Uhl-Bien, Leadership Quarterly 6(2), 231. 1995.

제6절 | 팀-구성원의 교환관계

조직과 개인 간에 형성되는 교환관계는 다양하게 연구되어 왔다. Seers(1989)는 팀-구성원 교환관계(team-member exchange : TMX)에 대해 연구를 했다. TMX의 개념은 하나의 팀으로서 동료집단에 대한 구성원의 교환관계에 대해 분석하는 것으로 특정 구성원과 그 구성원이 속한 팀 간의 상호관계로서 그 구성원의 아이디어, 피드백, 타 구성원에 대한 원조와 인정, 도움, 정보수령 등에 대해 평가한다.

TMX의 개념은 특정 구성원이 자신의 동료들에 대해 중요 집단으로 인식함과 더불어 자기 자신에 대해서는 그 집단에 없어서는 안 되는 한 부분으로 분명히 지각하도록 개별 구성원의 존재를 확인시켜주는 것이 중요하다. 팀 내에서 조직구성원들을 질적인 차이에 따라 내집단(in-group)과 외집단(out-group)으로 분류할 수 있다. 그러나 리더에게 내집단 구성원인 사람이 동료들에게는 외집단 구성원으로 분류될 수 있는데 이와 같은 경우 이들은 리더의 '정예요원'이라기보다는 '아첨꾼'으로 여겨질 수도 있다.

이와 반대로 동료들에게는 내집단 구성원이지만 리더에게는 외집단 구성원으로 인식되는 경우에 이 사람은 '패배자'라기보다는 '반역자'로 낙인찍힐 수도 있다.

이처럼 TMX는 업무집단 구성원들 간의 교환관계를 보여주는 것으로서 팀·구성원들 간의 교환관계가 긍정적인 구성원들은 상호 간에 개방적인 의사소통, 지원 및 원만한 대인관계를 유지하게 된다. 또한 이들은 과업수행 과정에서 팀·구성원들과의 교환관계가 원만하지 못한 구성원들보다 문제해결에 필요한 피드백을 더 많이 그리고 보다 적절히 제공받게 될 것이다.

제7절 | LMX이론의 효용과 비판

1. LMX이론의 효용

LMX이론은 리더십을 서술하고 있으면서도 또한 리더십을 처방하고 있다. 이들 양쪽 모두에서 그 중심적 개념은 리더가 하위자들 각자와 형성하는 '두 사람 간의 짝관계(dyadic relationship)'이다.

서술적 측면에서 보면 LMX이론은 조직 내에 내집단과 외집단의 실존을 인식하는 것이 중요하다고 한다. 내집단을 활용하여 목표를 달성하는 것은 외집단에 의한 목표달성과 비교하여 상당한 차이가 있다는 것이다.

내집단과 더불어 일함으로써 리더는 내집단 없이 일하는 것보다 더 많은 일을 더 효과적인 방법으로 해낼 수 있기 때문이다. 그리고 내집단의 구성원들은 공식적인 직무기술서에서 요구하는 것보다 더 많은 일을 기꺼이 자발적으로 수행하며 집단목표달성을 향상시키기 위해 창의적인 방법을 추구한다. 이 같은 역할 외의 노력과 헌신에 대한 반대급부로 리더는 그들에게 더 많은 책임과 기회를 제공하게 된다. 그리고 리더는 내집단의 성원들에게 더 많은 시간을 할애하고 더 많은 지원을 제공한다.

반면 외집단의 성원들은 내집단의 성원들과는 매우 다르게 행동한다. 외집단의 성원들은 역할 이외의 일을 하기보다는 미리 규정된 조직상의 역할범위 내에서 규정된 대로 일을 처리한다. 그러나 그들은 그들에게 요구하고 있는 일만을 하고 그 이상의 역할 이외의 일은 하지 않는다. 리더는 외집단의 성원들을 공평하게 대하고, 공식적인 고용계약을 따를 뿐이고 그들에게 특별한 관심을 기울이지 않는다.

LMX이론의 처방적 측면에 대해 Graen과 Uhl-Bien(1991)은 '리더십 만들기 모형(leadership making model)'에서 리더는 내집단의 관계에서와 같이 모든 하위자들과 특별한 개별적 관계를 만들어 가야 한다는 것이다. 리더는 하위자들 각자에게 기회를 제공하여 새로운 역할과 책임을 맡도록 해야 한다. 더욱이 리더는 '하위자들과의 양질의 교환관계'를 양육하듯이 키워가야 한다. '리더십 만들기 모형'은 내집단 성원들과 외집단 성원들 간의 차이에 초점을 맞추기보다는 리더가 하위자들 모두와 존경과 신뢰관계를 구축할 수 있는 방법들을 찾아내어 작업단위부서 전체를 내집단으로 만들어 가야 한다는 것을 제안하고 있다.

그 밖에도 리더는 그의 지도하에 있는 작업단위부서의 범위를 넘어서 조직 전체의 개인들과 양질의 협동관계를 만들어 가야 한다. 따라서 LMX이론이 서술적이든 처방적이든 간에 리더와 구성원들 간의 특별하고 특유한 교환관계에 주목하고 있다. 이 같은 관계가 양질의 것이 될 때 리더의 목표, 하위자의 목표, 그리고 조직목표의 달성이 가능하게 될 것이다.

2. LMX이론의 비판

LMX이론에 대해 가해질 수 있는 가장 두드러진 첫 번째 비판은 표면적으로 공정성에 위배된다는 것이다. 인간의 기본적 가치는 모든 사람을 평등하게 대하도록 노력해야 한다고 교육받아 왔다. 그리고 내집단(in-group)이나 파벌을 조성하는 것은 그 집단에 속하지 못한 사람들에게는 해로운 것이 될 수 있기 때문에 잘못된 것이라고 교육받아 왔다. 그러나 LMX이론은 작업단위부서를 두 부류의 집단으로 구분하고 한 부류의 집단은 특별한 주목을 받고, 다른 집단은 주목을 받지 못하기 때문에 집단에 대한 차별대우처럼 보인다.

LMX이론의 두 번째 비판은 이론의 기본적 아이디어가 충분히 개발되지 않고 있다는 점이다. 예를 들어, 양질의 리더-구성원 교환관계가 만들어지는 방식에 대해 충분히 설명하지 못하고 있다는 것이다. 초기의 연구에서 밝힌 바에 의하면 그 같은 양질의 교환관계가 형성된 것은 리더가 어떤 하위사들과 잘 지낼 수 있게 하는 일치점(유사성), 즉 성격특성이나 대인간의 기술, 직무상의 유능성 등에 있어서의 일치점을 발견하였기 때문이라고 하였다.

그러나 이 같은 연구들은 다양한 요인들의 상대적 중요성을 결코 설명하지 않고 있으며 또 그 같은 교환관계의 형성과정이 어떻게 이루어지고 있는가에 대한 설명도 없다(Yukl, 1994). 최근의 연구에서 리더가 모든 하위자들과 양질의 교환관계를 만들기 위해 노력해야 한다는 것을 제안하고 있으나, 그 같은 관계가 어떻게 이루어지는가에 대한 구체적인 설명이 부족하다.

세 번째의 비판은 LMX이론에서 리더-구성원 교환관계를 측정하기 곤란하다는 것이다. 예를 들어, LMX과정을 분석하기 위해 수직짝 관계의 측정치를 사용한 실증연구들이 없다는 것이다. 지금까지 교환관계의 측정을 위해 여러 가지 상이한 유형의 '리더-구성원 교환관계 측정도구'가 사용되었고 분석수준을 달리 하고 있어서 그 결과들은 직접 비교할 수는 없다. 더욱이 그 같은 측정도구들이 내용타당성이 결여되어 있는데 이것은 의도한 것을 실제로 측정할 수 없다는 것을 의미하는 것이다.

네 번째 비판은 교환관계의 측정을 위해 사용되는 표준척도가 단일차원인가 아니면 다차원인가에 대한 의문이 제기되고 있다는 것이다.

Leadership Development and Training **사례 8-2**

리더십 측정도구

리더와 하위자들 간의 '작업상의 상호관계'의 질을 측정하는 데 가장 정형화된 설문지가 바로 Graen & Uhl-Bien(1995)에 의해 사용된 LMX 7이다. LMX 7은 리더-구성원 관계의 세 가지 차원(존경 · 신뢰 · 의무감)을 측정하기 위해 고안되었다.

구체적으로 보면 먼저 리더와 하위자가 서로의 일처리 능력에 대해 상호 존경하는 정도와 상호적인 신뢰를 느끼고 있는 정도, 그리고 서로 간에 의무감을 느끼고 있는 정도를 측정하려는 것이다. 이 세 가지 차원들은 강한 협동관계를 형성하는 데 필요한 요소가 되기 때문이다.

LMX 7 설문지

작성 요령

본 설문지는 '귀하와 귀하의 리더와 관계' 혹은 '귀하와 귀하의 부하들 중의 한 사람과의 관계'를 묻고 있는 문항들입니다. 각 문항마다 관계의 정도를 나타내는 숫자가 기록되어 있습니다. 귀하의 경우를 가장 잘 나타내고 있는 숫자 위에 O표 하여 주십시오.

1. 귀하는 귀하의 리더(부하)와의 관계가 어떻습니까? 귀하의 리더(부하)는 귀하가 하는일에 대해 어느 정도로 만족하고 있다고 생각하십니까?

거의 만족하지 못한다	때대로 만족한다	자주 만족한다	꽤 자주 만족한다	매우 자주 만족한다
1	2	3	4	5

2. 귀하의 리더(부하)는 귀하의 직무상의 문제점이나 직무상의 필요를 어느 정도 잘 이해하고 있습니까?

조금도 이해하지 못한다	약간 이해하고 있다	상당히 이해하고 있다	꽤 많이 이해하고 있다	아주 많이 이해하고 있다
1	2	3	4	5

3. 귀하의 리더(부하)는 귀하의 잠재능력을 어느 정도 잘 인식하고 있습니까?

전혀 인식하지 못한다	약간 인식한다	중간 정도 인식한다	대부분 인식한다	충분히 인식한다
1	2	3	4	5

4. 직위에 부여된 공식권한과는 상관없이 귀하의 리더(부하)는 그의 권력(영향력)을 이용하여 귀하를 도와 작업상의 문제를 해결해 줄 가능성은 어느 정도입니까?

거의 없다	약간 있다	중간 정도이다	높다	매우 높다
1	2	3	4	5

5. 귀하의 리더(부하)가 가지고 있는 공식적 권한과는 상관없이 귀하의 리더(부하)가 자신의 희생을 무릅쓰고 귀하를 어려운 처지에서 구해내 줄 가능성은 어느 정도인가?

거의 없다	약간 있다	중간 정도이다	높다	매우 높다
1	2	3	4	5

6. 나는 나의 리더(부하)를 충분히 신뢰하고 있기 때문에 그의 결정을 옹호하고 정당하다고 인정할 것이다.

절대 그렇게 하지 않겠다	그렇게 하지 않겠다	잘 모르겠다	그렇게 하겠다	전적으로 그렇게 하겠다
1	2	3	4	5

7. 귀하의 리더(부하)와의 작업상의 관계는 어떻다고 말할 수 있습니까?

매우 좋지 않다	좋지 않다	보통이다	좋다	매우 좋다
1	2	3	4	5

해석방법

LMX 7에서 얻은 점수는 다음 지침에 따라 해석하면 된다.

LMX 7 점수	관계 정도
30～35	매우 높음
25～29	높음
20～24	중간 정도
15～19	낮음
7～14	매우 낮음

높은 범주의 점수는 보다 강하고 보다 높은 질의 리더–구성원 교환관계를 나타내며(내집단), 반면 낮은 범주의 점수는 낮은 질의 교환관계(외집단)를 나타낸다.

Chapter 09

임파워먼트

제1절 | 임파워먼트의 정의

1. 임파워먼트의 사전적 의미

임파워는 사전적으로 "파워 또는 권한을 주다"는 뜻이 있으며, 이외에 'enabling'과 같은 뜻으로 정의되고 있는데, 이때의 의미는 단순히 권한을 주는 것과는 달리 자신의 능력에 대한 강한 자신감과 신념을 갖도록 지원해주는 것을 의미한다.

'empower'란 단어를 살펴보면 'em'의 접두어에 'power'를 혼합시킨 단어로서 어원에 따라 이 단어를 해석하면 "파워를 부여한다"로 해석된다. 일반적으로 empower의 통용되는 사전적 의미는 두 가지가 있다.

첫 번째 empower의 의미는 "법률상 …에게 권한을 부여하다, …할 권력을 위임하다"의 뜻으로 파워를 권한, 권력의 의미로 해석하였다.

두 번째 empower의 의미는 "…할 능력(자격)을 부여하다, …하도록 하다, …할 것을 …에게 허용하다"의 뜻으로 power를 능력의 의미로 해석하고 있다.

2. 조직차원의 의미

조직차원에서의 임파워먼트는 관계구조적 측면과 positive-sum적 측면으로 나눌 수 있다.

1) 관계구조적 의미

관계구조적 측면에서의 임파워먼트는 조직구성원에게 활력을 불어넣기 위한 권한부여, 조직 내의 일정한 권한을 배분하는 것을 의미한다. 이는 임파워먼트의 첫 번째 사전적 의미로서, power를 zero-sum적으로 접근하여 해석한 것이다.

power의 zero-sum적 접근에 의하면 power란 A가 B에게 A가 원하는 것을 B가 하도록 영향을 미칠 수 있는 잠재적 능력으로, House는 저항을 극복하면서까지 다른 일들로부터 순종을 획득할 수 있는 조직구성원들의 능력이라고 정의하였다.

임파워먼트는 조직구성원을 활력을 불어 넣어 주기 위해 권한을 조직구성원에게 부여하는 과정 또는 조직 내의 일정한 권한을 배분하거나 법적인 파워를 조직구성원에게 배분하는 과정이다. 이는 조직 내에 정해진 범위 내에서 주어진 권한을 알맞은 사람에게 적절히 배분하여 그 사람이 업무를 수행하는 데 도와주고 동시에 하위구성원들은 권한이 부여된 사람에게 순종함으로써 조직목표를 성취하게 된다. 즉, 적절한 권력이동을 통한 권력의 균형을 꾀하는 과정이다.

따라서 임파워먼트에 대한 연구는 목표에 의한 관리(MBO), 목표설정 등과 같이 조직을 효과적으로 운영하기 위해 권한을 적절히 배분하는 방법을 모색하는 데 연구의 초점을 두고 있다.

2) positive-sum 측면

power의 의미 해석이 positive-sum적 측면에서 이루어짐에 따라 임파워먼트는 협력에 의하여 양자 모두와 집단과 조직의 power 자체를 커지게 하는 현상으로 그 의미가 확대되었다. 즉, 임파워먼트란 zero-sum의 파워

게임이 아니라 단순한 파워 재분배의 반대적인 상황에도 그 파워를 배가시키는 힘의 공동 상승효과에 관한 가정을 기초로 한 프로세스이다.

positive-sum적 측면에서 개인을 임파워먼트시킬 뿐만 아니라 조직을 임파워먼트된 개인과 기존의 틀 속에 있는 조직 사이의 갭을 줄이고, 더 나아가 조직의 활성화를 도모해 나간다는 것이다. 이는 구성원 간 파워의 상호작용과정을 통한 파워의 시너지효과를 추구하는 것으로 파워의 증대에 초점을 두고 있다.

따라서 임파워먼트의 의미는 조직구성원 각자가 파워나 능력을 향상시키고 조직구성원 상호 간에 영향을 주면서 상호작용의 추가적인 노력과 자신감, 즉 시너지효과적 파워를 창조하는 과정으로 파악하였다.

이처럼 positive-sum적 측면에서 임파워먼트의 범위를 확대시켜 파워의 시너지효과를 조명한 것은 임파워먼트가 단순히 권한 또는 자아-효과성 등을 부여해 주는 것 이상의 의미가 있다.

Leadership Devlopment and Training 사례 9-1

칠레의 33인 광부

2010년 8월 5일 칠레 광산붕괴 사고가 발생했다. 사고 이후로 드릴을 통하여 구조를 시도했지만 모두 광산 위치를 찾는 데 실패, 다들 가망이 없다고 생각하기 시작하였다. 그러나 2010년 8월 22일 구조대가 뚫은 드릴에 "33명 모두 살아있다"는 생존 소식을 알리는 쪽지가 발견되었다.

2010년 10월 13일 루이스 우르수아를 마지막으로 33명 모두가 69일 만에 구출되었다.

광부 33인 중 동그라미 친 부분이 리더의 역할을 했던 루이스 우르수아로 현장 인부 중 가장 선임이었고, 마지막으로 구조를 자처하면서 끝까지 지도자의 역할을 충실히 하였다.

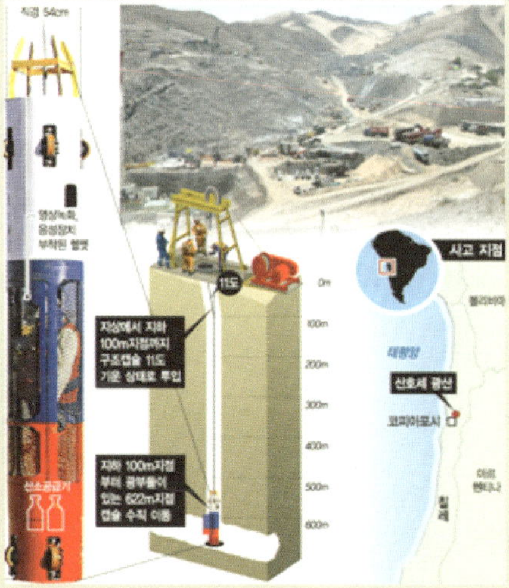

위험한 작업환경에서 일하는 광부들의 규율과 위계질서가 군대만큼 엄격하였고, 그 중 가장 선임이었던 루이스 우르수아는 700m 갱도에 갇혔을 때 광부들이 사실상 살아 돌아간다는 보장이 희미하고, 식량 부족, 추가 붕괴에 대한 공포심으로 인한 패닉상태를 막았다.

33명에게 3명씩 전우조의 개념으로 같이 다니게 하고, 각각 개개인에게 임무와 권한을 부여하여 임무를 수행했다. 예를 들면 간호사 출신 광부에게 건강 체크, 엘비스 프레슬리기록 담당 광부에겐 하루하루 광부들의 상태와 일상에 대해 기록하도록 했다.

이렇게 광부들은 조직에 대해 서로 봉사하면서 서로 돕고 자신에게 주어진 역할을 충실히 수행하여 69일 동안을 견뎌낼 수 있었다.

또한 먼저 식량배급량을 책정해 48시간마다 과자 반 조각, 참치통조림 두 숟가락, 우유 반 컵을 배급했다. 간호사 출신 광부에게 건강 체크, 엘비스 프레슬리 흉내를 잘 내는 광부에게 오락을 담당하게 하는 등 역할을 분담하게 했다. 기록 담당 광부에겐 하루하루 광부들의 상태와 일상에 대해 기록하도록 했다. 그리고 항상 희망과 유머를 잃지 밀자고 독려했다.

우르수아는 광부들이 일상적인 생활을 유지하도록 일정표를 작성하였다. 아침 7시에 기상해 아침식사와 샤워를 하고, 3개 조를 나눠 오전에는 갱도의 공기와 붕괴 상태를 체크하고, 외부와 연락을 취하는 등 각각 임무를 수행했다. 저녁에는 조명을 줄여 낮과 밤의 개념을 잊지 않도록 했다.

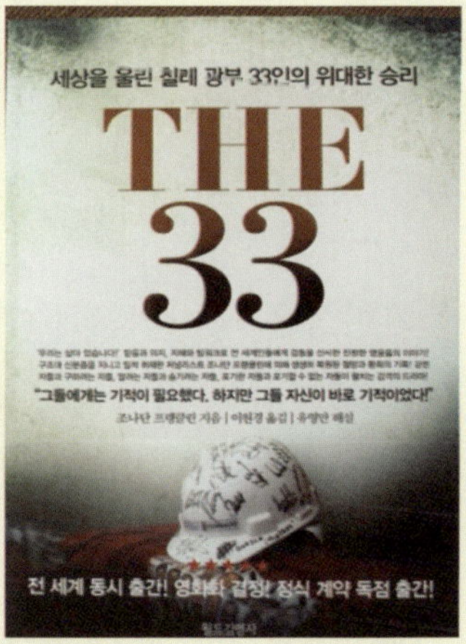

사건 당시 34명에서 1명이 잠시 밖으로 빠져나오고 있을 때 갱도가 무너졌다. 1명은 무사히 빠져나왔다. 8월 22일 드릴로 그들의 위치를 찾고 무전기를 통해 그들이 한 말은 먼저 빠져 나간 그 광부가 무사한지 알고 싶다는 내용이었다. 자신들이 더 위험한 상황에 있어도 먼저 나간 동료를 생각하였다.

칠레의 33인 광부 구출 사건에서 리더의 역할을 했던 루이스 우르수아는 3가지 리더십과 부하를 생각하는 깊은 마음을 이용해 지도자로서 소임을 충분히 소화하여 기적 같은 일을 해 낼 수 있었다고 할 수 있다. 즉 카리스마적 리더십, 임파워먼트, 변혁적 리더십이다.

제2절 | 임파워먼트의 요소

리더가 부하들의 상위욕구를 충족시킬 수 있는 여러 방법들 중 하나가 바로 임파워먼트이다. 즉, 조직의 권력을 상위계층에서 하위계층으로 이동시켜 부하들과 공유하는 것이다.

리더는 부하들의 행동을 통제하기보다는 팔로워들이 공유된 목표를 스스로 달성하도록 부하에게 권력을 공유함으로써 책임과 열정을 다해 조직에 공헌하게 만드는 것이다.

1. Spreitzer의 임파워먼트 요소

임파워먼트의 요소에 대해 Spreitzer(1995)는 의미성, 자기결정성, 자기효능감, 영향력 등의 네 가지를 제시했다.

1) 의미성

의미성은 자신의 직무가 자신의 목표와 기준에 비추어 볼 때 중요한 가치를 부여하는 정도를 말한다. 즉, 주어진 직무가 자신의 목표를 달성하는데 가치 있는 특성을 갖고 있느냐에 따라 구성원들은 의미성을 다르게 느끼게 된다.

의미성은 헤크만과 올드햄의 직무특성이론의 과업중요성과 매우 유사한 개념이지만 직무와 관련된 제한된 범위 내에서의 과업중요성과는 다르게 개인의 활동 전반의 의미성을 의미하는 것이다. 즉, 과업중요성이 개인의 직무가 다른 사람에게 영향을 미치는 정도를 의미하는 것으로 현재 자신이 맡고 있는 직무의 영향력에 국한되어 정의되지만, 반면 의미성은 현재 자신이 맡고 있는 직무의 영향력뿐만 아니라, 자신이 비공식적으로 조직에서 담당하고 있는 역할이나 공식적으로 맡고 있는 직위와 관련되어 수행되는 업무 및 역할이 조직의 성과에 영향을 미치는 중요한 가치를 모두 포함한다.

또한 의미성은 업무의 의미가 자신의 내재된 욕구, 신념, 가치와의 일치 여부에 따라 달라지며 이에 따라 행동에 영향을 미치게 된다. 즉, 구성원들이 업무를 수행하면서 작업역할에 대한 신념과 가치를 가지고, 자신의 이상이나 기준과 일치 시키려는 과정을 겪는다.

이와 같이 의미성은 자신의 직무에 대한 가치를 부여하는 내적인 직무동기를 향상시킬 뿐만 아니라 자신의 직무에 대한 가치와 자신의 가치를 일치시키는 과정에서 자아실현의 욕구를 충족시키는 일환으로서도 작용하게 된다.

2) 결단력

결단력은 자기에게 주어진 업무에 대해 스스로의 결정에 의해 선택하는 개인의 의식을 의미하는 것으로서 결단력은 자신의 능력에 대한 성과기대로 나타난다. 성과기대는 주어진 행동이 확실한 성과를 유도할 것이라는 측면으로 구성원들에게 인간적 측면에서 가치 있는 보상에 대한 욕구를 불러일으켜 노력을 하고자 하는 마음의 자세를 부여하는 것이다.

이러한 결단력을 학자들은 자기결정성이라고 표현하는데, 개인의 창의적이고 일상적인 활동에서 선택할 수 있는 능력을 말한다. 이러한 자기결정력은 작업행위와 과정의 시작과 지속에 영향을 미치게 된다.

3) 자기효능감

자기효능감은 특정 과업에 대한 역량을 말하는 것으로 직무수행에 대한 기술을 갖고 과업을 수행해 나갈 능력이 있다고 믿는 개인의 신념으로 능력과 동일한 개념이다.

임파워먼트는 개인의 역량을 개발 · 확장시켜 조직의 성과를 지속적으로 향상시켜 가는 과정이다. 이러한 개개인의 역량은 조직의 과업을 향상시키기 위해 내적으로 보유하고 있는 잠재력으로 이러한 개인의 잠재성은 업무능력을 향상시킬 수 있다는 자기효능감을 갖게 한다.

또한 역량과 유사한 개념이 행동능력인데, 이러한 행동능력의 심리적 측면은 임파워먼트를 창조해 나감으로써 얻을 수 있다. 심리적 측면에서의 행동능력이란 문제가 발생한 경우 이를 신속하고 적극적으로 해결할 수 있고, 지나친 노력의 낭비를 하지 않고, 상사의 도움없이 이를 해결할 수 있다고 느끼는 정도를 의미하는 것으로서 임파워먼트를 저해하는 요인들을 제거함으로써 행동능력을 강화시킬 수 있다.

따라서 자기효능감은 개인의 기술이나 지식 등을 바탕으로 업무를 잘 수행할 수 있다는 신념과 창의적 업무를 수행할 수 있는 잠재적 능력을 포함하는 개념이다.

4) 영향력

영향력은 개개인이 작업에 있어서의 전략적, 행정적 또는 운영적 결과에 영향을 미칠 수 있는 정도를 의미한다. 영향력에는 Power의 의미가 함축되어 있다. Power는 행동에 영향력을 미치는 신념으로 모든 능력의 원천은 신념에서 비롯된 것으로 능력과 신념을 한 연장선상에서 보는 것이다. 이러한 Power의 개념을 바탕으로 역할 영향력은 과업을 달성하는 데 있어 자신의 노력이 결과를 크게 좌우하는 정도로 의미한다.

이처럼 영향력은 통제와 달리 작업과정에 의해 다른 업무에 영향을 미친다. 즉, 일반적으로 인식되는 통제는 외적인 수단이나 시스템을 통하여 타인에게 영향을 미치는 데 반해 영향력은 자신의 능력과 업무에 관한 지식 등을 바탕으로 조직성과나 타인의 업무에 영향을 미치고, 내재적 과업수행동기나 구성원에게 부여된 조직목표를 위해 몰입하여 어떤 상황에서도 강한 신념을 가지고 탄력적으로 행동할 수 있게 한다. 따라서 내재적 과업수행동기는 영향력으로 발휘되게 된다.

Leadership Development and Training **사례 9-2**

맡기자니 불안하고 혼자하려니 힘들고… 임파워먼트의 딜레마

매사에 치밀하고 꼼꼼한 김 사장은 회사 일을 하나부터 열까지 모두 챙겨왔다. 그런데 회사 규모가 커지면서 상황이 달라졌다. 모든 일에 일일이 관여하다 보니 중요한 결정이 늦어지고, 엄청난 업무량에 건강까지 상한 것이다. 이에 김 사장은 임직원들에게 일을 나눠줘 봤지만 그들의 성과가 영 마음에 들지 않았다. 모든 업무에 일일이 간섭할 수도 없고, 그렇다고 믿고 맡기기도 불안한 김 사장은 고민이다.

기업의 규모가 어느 정도 커지면 CEO(최고경영자)가 모든 일에 관여하기란 불가능하다. 작은 일까지 챙기다 보면 CEO가 정작 장기적 사업 방향 설정 같은 핵심 업무에 집중하지 못하게 되기도 한다. 하지만 막상 권한을 위임하고 나면 그 결과에 만족하지 못하는 리더가 많다.

그 원인은 위임받는 직원보다는 위임한 리더에게 있는 경우가 많다. '알아서 하겠지' 하고 손 놓고 있다가, 막상 결과물을 받아 들고는 기대와 다르다고 실망한다는 것이다. 아지리스(C. Argyris) 는 권한을 위임한다는 것이 팔짱 낀 방관자가 되라는 말은 아니라고 강조했다. 리더가 권한위임을 제대로 하려면 적어도 네 가지 사항을 짚어줘야 한다. 바로 'M.O.R.E.'이다.

'M.O.R.E.'의 'M'은 Motivation, 즉 동기유발이다. 직원들이 위임받은 일을 책임감 있게 완수할 수 있도록 시동을 걸어줄 필요가 있다. 지금 맡겨진 일이 회사에서 얼마나 중요하고 의미 있는 일인지, 본인의 성장에는 어떤 도움이 될지, 그리고 어떤 보상이 주어질지에 대해 말해줘야 한다. 가령 김 사장이 영업팀 강 팀장에게 신규 고객 유치 프로젝트를 맡긴다면 이렇게 말할 수 있다. "강 팀장, 작년 대비 30% 매출 성장을 위해서는 신규 고객 확보가 무엇보다 중요해. 기존 고객 관리에만 집중해왔던 자네의 경력 관리에도 이 일은 큰 도움이 될 걸세. 다음번 승진 때도 큰 영향을 줄 거고" 등으로 동기부여를 해야 한다.

둘째, 'O'는 방향성 제시를 뜻하는 'Orientation'이다. 권한을 주되 무엇을 중시하면서 일을 해야 하는지, 즉 일의 우선순위를 짚어줘야 한다. 가령 김 사장은 강 팀장에게 "알다시피 우리 회사가 제일 중시하는 것이 '고객에 대한 신뢰'일세. 새로운 고객 유치 과정에서 신뢰도가 떨어지지 않도록 조심해야 해" 하고 말해 주는 것이다. 만약 이 말을 해주지 않는다면 강 팀장은 '신규 고객 유치'라는 성과에만 매달리게 돼, 과장 광고 등 고객의 불만을 부르는 행동을 할 수 있다. 이렇듯 리더의 방향성 제시가 생략되면 결과물은 통제 불가능해진다.

셋째, 'R'은 'Resources' 즉 자원인데, 이는 위임받은 일을 성공적으로 해낼 수 있도록 지원해 주라는 것이다. 리더는 위임받은 직원이 사용 가능한 자원과 리더가 해줄 수 있는 지원에 대해 알려주어야 한다. 예컨대 "이번 일 관련 예산은 3,000만 원 정도네. 인원이 부족하면 영업팀에서 1명 정도 지원받도록 하게. 그리고 고객사 대표를 만나야 한다든지 내 도움이 필요하면 언제든지 요청하고" 하는 식이다.

넷째, 'E'는 'Effective feedback(효과적 피드백)'이다. 리더는 중간중간 적절한 피드백을 통해 길잡이 역할을 해주어야 한다. 중요한 것은 피드백이 잔소리나 간섭으로 들려서는 안 된다는 점이다. 피드백을 하겠다고 시도 때도 없이 찾아가서 '어떻게 돼가고 있는지' 물어본다거나, 수시로 이런저런 평가를 내놓는다면 직원에게는 참견처럼 보일 수밖에 없다. 따라서 공식적으로 피드백을 해줄 시점과 횟수를 미리 정해두는 것이 좋다.

피드백을 할 때에는 결과물에 대한 객관적 사실 기술, 그에 대한 생각이나 느낌 표명, 피드백의 긍정적 의도 설명, 양쪽이 수용할 만한 해결책 제안 등의 순서로 하는 것이 좋다. 예컨대 중간 목표를 달성하지 못했을 때 "이번 달 신규 고객 확보는 목표보다 20% 미달했더군(사실 기술). 중간 성과가 이렇게 저조해 실망했네(생각이나 느낌). 목표를 재점검하고 대응책을 마련해야 최종 목표를 달성할 수 있을 것 같군(긍정적 의도). 목표와 전략 수정 방향에 대해 초안을 잡아 나와 한번 이야기해 보는 게 어떻겠나(해결책 제안)?" 하고 말하는 것이다.

임파워먼트의 덕을 가장 크게 보는 사람은 리더 본인이다. 훨씬 더 중요한 일에 집중할 수 있기 때문이다. 아울러 위임받는 직원들도 성장할 기회를 누리게 되고, 주인 의식을 갖고 일할 수 있게 된다. 창조성은 기업의 가장 큰 경쟁력이다. 이는 리더가 직원들을 일일이 '통제'하는 데서 나오기보다는 직원 스스로 주인 의식을 갖고 일에 '몰입'할 때 나온다. 직원들이 일에 몰입하게 만들려면 임파워먼트부터 이루어져야 한다. 권한을 제대로 위임하는 리더가 회사와 직원을 성장시킨다는 것을 잊지 말아야 한다.

2. Daft의 임파워먼트 요소

임파워먼트를 제대로 하기 위해서는 먼저 조직에 기여할 능력과 욕구를 가진 인재를 모집하여 선발하는 것이며, 이들이 직무수행을 통해 탁월한 역량을 발휘할 수 있도록 임파워먼트의 요건을 갖추도록 해야 한다. Daft(2008)는 임파워먼트의 핵심요소에 대해 다섯 가지를 제시했다.

1) 정보제공

조직에서는 구성원들에게 모든 정보를 공개하는 것이 임파워먼트의 첫 번째 요건이다. 충분히 임파워먼트가 된 조직에서는 어떤 정보도 비밀이 되어서는 안 된다. 조직은 개방적으로 운영되어야 하며 구성원들에게 조직의 성과에 대한 정보를 정기적으로 제공해 주어야 한다.

2) 지식과 기술향상을 통한 역량강화

조직은 구성원이 개인적으로 조직목표 달성에 필요한 지식과 기술을 갖출 수 있도록 구성원의 역량강화를 위한 효과적인 교육훈련프로그램의 운영이 필요하다. 구성원 개개인의 지식과 기술은 자신의 직무를 성공적으로 수행할 수 있다는 믿음을 갖게 함으로써 자신의 능력을 충분히 발휘할 수 있게 된다.

3) 의사결정참여

조직의 사소한 분야에 대한 구성원들의 의사결정에 대한 참여는 임파워먼트의 동기유발이 크지 않다. 구성원이 직무에 대한 주인의식을 갖게 될 정도로 상당한 재량권이 주어질 때 임파워먼트의 동기유발이 살아난다.

대부분의 경쟁력 있는 조직들은 구성원들에게 자율관리팀을 통해 업무 과정과 조직의 방향에 영향을 미칠 수 있는 권한을 부여한다. 이런 자율관리팀은 구성원들에게 팀의 생산목표, 업무수행계획, 구성원 개인의 연간 휴가와 같은 현안들을 스스로 결정을 할 수 있게 허용하고 있다. 조직구성원들에게 스스로 결정할 수 있게 허용함으로써 팀 구성원들은 각자 자신에게 주어진 업무 전반에 긍정적인 영향을 미치게 된다.

4) 업무의 의미에 대한 이해

임파워먼트된 구성원은 자신이 현재 수행하고 있는 직무가 조직에 있어 얼마나 중요하며 개인적으로 의미 있는 일이며 조직의 비전 실현에도 크게 기여한다고 생각을 하게 된다. 구성원들이 매일 매일 수행하는 활동과 조직의 전반적인 비전 간의 관계를 이해하는 것은 구성원에게 방향감각과 자신이 수행하는 업무의 의미가 무엇인지를 알게 해준다.

업무의 의미에 대한 이해는 자신의 행동을 비전에 적합하도록 맞추게 되어 그 결과 수행하는 업무의 성과는 높게 나타나게 된다.

5) 공정한 보상

임파워먼트에 따른 기업의 금전적 보상제도로 이윤분배제와 종업원지주제의 도입을 들 수 있다. 이들 방법은 보상이 개인적이기보다는 집단의 실적에 초점을 맞추고 있다. 이러한 보상은 동기의 원천이라기보다는 임파워먼트의 한 구성요소가 된다.

제3절 | 임파워먼트를 촉진하는 영향요인

임파워먼트를 고취하고 강화시키기 위해 여러 연구자들이 다양한 제안을 했다. 대표적인 예로 Argyris(1998), Bowen & Lawler(1992), Conger(1989), Howard(1998), Randolph(1995), Spreitzer(1996) 등을 들 수 있다.

1. 명확한 비전과 원칙 제시

임파워먼트가 성공적으로 실행되기 위해서는 기업의 비전과 전략 방향이 명확하게 제시되어야 한다. 또한 구성원들에게 임파워먼트의 의미를 명확하게 이해시켜야 한다. 조직구성원들은 이러한 이해를 바탕으로 상사의 허락이나 지침을 기다리지 않고, 자기 스스로 업무를 수행함으로써 조직의 성과와 개인의 능력을 향상시킬 수 있다. 동시에 구성원들이 가지고 있는 재량권이 한계가 어디까지인가를 확실하게 인식시켜야 한다. 이러한 가이드라인이 없다면 구성원들은 임파워먼트되기보다는 오히려 혼란을 느끼게 될 것이다.

리츠-칼튼(Ritz-Carlton)은 고객만족을 자사의 가장 중요한 전략 과제로 제시했다. 따라서 모든 종업원들은 불만을 갖는 손님들을 만족시키기 위해 모든 노력을 기울여야 한다. 하지만 거기에 소요되는 비용이 2,500달러를 초과하지 못하도록 한계를 두고 있다.

메리어트(Marriott)는 '안전구역(Safe Zones)'이라는 것을 제시하고 있다. 이에 근거하여 종업원들은 스스로 의사결정을 내려야 할 상황과 그렇지 않는 상황을 명확하게 인식하고 있다.

2. 직무

종업원들이 일상적이고 반복적인 생산직무 또는 일상적인 서비스활동을 위해 고객과 짧은 기간 동안만 상호작용하는 직무를 수행할 때에는 임파워먼트 기회가 거의 없다.

반면 과업이 복잡하고 보다 장시간 동안 상호작용하며 동일 고객과 지속적으로 관계를 맺는 직무에서는 의미 있는 작업과 자기결정성에 대한 잠재력이 더 많다. 특히 업무를 수행하는 데 필요한 정보와 자원에 대한 접근이 허용이 될 때에는 자기결정성과 자기효능감을 크게 증가시킨다.

3. 조직구조

최고경영진에게 권력이 매우 집중되는 조직에서는 중간 및 하위관리자들이 권력이나 권한을 거의 갖지 못한다. 이것은 위임이나 직무충실을 사용할 기회를 제한하기 때문이다. 또한 낮은 원가와 대량판매를 경쟁전략으로 선택했다면 조직은 광범위하게 공식화되고 표준화됨으로써 모든 지역에서 똑같이 업무를 효율적으로 수행하기 위한 수많은 상세한 규칙과 절차를 수립하게 임파워먼트를 촉진할 수 없다.

이와는 반대로 개별화된 제품과 서비스를 바탕으로 경쟁하는 분권화된 조직은 종업원들에게 업무를 수행하는 방식을 자체적으로 결정하고 문제해결에서 주도성을 행사할 수 있는 더 많은 기회를 제공하게 된다.

4. 인적자산을 중시하는 기업문화 구축

기업은 구성원들이 회사가 자신들을 임파워먼트시키기 위해 노력한다는 것을 느낄 수 있도록 인적자산을 중시하는 기업문화를 구축하여야 한다. 예를 들어 A사는 “우리는 우리의 구성원들이 존경받고 있으며, 정당하게 대우 받고, 자신들의 의견이 존중되고 있으며, 기업의 일원이라고 느끼기를 원한다. 우리는 우리의 종업원들이 회사에 공헌하고, 새로운 것을 학습하고, 성장할 수 있는 기회를 가질 수 있기 때문에 자부심을 갖고 회사에 남아 있으려 하는 기업이 되기를 원한다”라고 명시함으로써 인적자산의 중요성을 강조하고 있다.

그러므로 A사에 종사하는 구성원들은 자신의 직업과 회사에 대해서 긍지를 느끼며, 다른 구성원들과 문제를 해결하기 위해 함께 일하고 있다는 동료애를 느끼게 된다. 또한 구성원들은 자신들이 존중받고 있으며, 자신들의 의견이 경청되고 있다는 것을 느낄 수 있다. 이런 감정을 느낄 수 있을 때 자신이 맡은 일에 주인의식을 갖고 성과향상을 위해 최선의 노력을 다하게 된다.

5. 실패에 대한 격려

임파워먼트는 새로운 아이디어를 생각해 내고 과거의 관행에 얽매이지 않고 새로운 행동방식을 실험해 나가는 것을 권장한다. 따라서 이에는 반드시 위험이 수반되기 마련이다. 기업은 구성원들이 이러한 위험을 감수하고 업무를 주도적으로 추진하는 동안 발생하는 실패에 대해서는 그것을 인정하고 격려하는 문화를 가져야 한다. 만약 업무를 수행하면서 발생한 실수에 대해 강력한 문책성 제재가 가해진다면 대부분의 조직구성원들은 상사의 허락을 받기 전에는 새로운 업무를 스스로 수행하려고 하지 않을 것이다.

이러한 사례로 UPS의 한 종업원이 크리스마스 시즌에 배달 물량이 폭주

하자 이들 물품을 적시에 고객에게 보내기 위해 보잉 737기를 주문하였다. 물론 이러한 행동은 이 종업원의 권한 영역 밖의 일이었다. 그러나 회사는 그 종업원에게 제재를 가하기보다는 그가 주도적으로 일을 처리하려고 노력한 것에 대해 높이 평가하고 격려하였다고 한다. 이러한 사례에서 보듯이 일을 열심히 하려고 하거나 그로 인해 비록 실패를 하더라도 처벌하기보다는 오히려 격려를 해줌으로써 향후에는 더욱 열심히 하게 된다는 것이다.

6. 공정한 보상

임파워먼트된 종업원들은 열심히 업무를 수행하고 그에 따른 책임감의 증가에 따라 보상이 이루어져야 한다. 성공에 대한 적절한 보상은 생산성을 향상시키고 조직에 대한 관심도 및 몰입도를 제고시킨다.

공정하고 적절한 보상을 통해 기업은 구성원 모두가 자신의 능력 개발을 위해 열심히 노력하고, 신바람 나게 일할 수 있는 조직풍토를 구축할 수 있다. 만약 이러한 환경이 조직의 기본으로 확립된다면 임파워먼트 실행의 성공 가능성은 매우 높을 것이다.

7. 역할 재정립의 마인드 개발

기업이 우수한 관리방식이나 시스템을 구축하고 임파워먼트를 지원하는 환경이 마련되었더라도 구성원들 스스로가 임파워먼트되기를 원하지 않는다면 아무런 소용이 없다. 결국 임파워먼트의 핵심은 조직의 구성원들이 얼마나 능동적으로 조직 내에서 자신의 역할 수준을 재정립하고 이를 실행해 나가려고 하는 마인드를 확립하느냐가 중요하다.

오늘날 많은 조직구성원들은 스스로 주도권을 쥐고 업무를 수행하기보다는 현실에 안주하는 위험회피적인 태도를 갖고 있는 경우가 많다. 따라서 이들에게 교육을 통해 다음과 같은 특성을 갖도록 하여야 한다.

예를 들어 조직의 전체적인 전략 방향이 결정되면 조직구성원들은 자신의 업무목표 달성 방법의 선택에 대한 재량권을 갖고 의사결정을 할 수 있어야 한다. 조직구성원들이 스스로 자신이 하는 일에 대해 주인의식을 갖고 열정을 쏟도록 하여야 한다. 또한 자신에게 부여된 과업을 제대로 수행할 수 있는 능력을 보유하고 있어야 하며, 자신의 능력을 통해 업무목표를 달성할 수 있다는 자신감을 가질 수 있도록 하여야 한다. 그리고 자신의 수행 과업에 대해 영향력을 가지고 있으며, 상사나 동료들이 자신의 의견을 존중하고 있다고 느낄 수 있어야 한다.

8. 능력과 리더십의 조화

임파워먼트에 관한 많은 문제점들은 구성원들의 능력과 관리자들의 리더십 스타일이 제대로 조화되지 못했기 때문에 발생한다. 따라서 임파워먼트가 성공적으로 실행되기 위해서는 구성원들의 능력 정도에 따라 적절한 리더십이 발휘되어야 한다.

만약 구성원들이 임파워먼트를 실행할 수 있는 능력이 전혀 갖춰지지 못했다고 판단되면 명령/지시 위주의 통제형 리더십이 성과를 달성하는데 더 바람직하다. 능력이 부족한 구성원들에게는 교육과 보다 밀접한 통제가 필요하다. 따라서 리더는 부하들에게 전체 과업을 분담해 수행하도록 하며 업무조정과 통제를 수행하여야 한다. 동시에 지속적인 교육을 통해 과업에 대한 주인의식과 고난이도의 과업을 수행할 수 있는 능력을 개발시켜 나가야 한다.

반면 어느 정도 능력이 갖추어진 구성원들에게는 재량권을 일부 부여하는 대신 구성원들의 취약한 부분에 대해서는 어느 정도의 의사결정권을 유지하는 참여적 리더십이 적절하다.

임파워먼트를 실행할 수 있는 충분한 능력을 구비하고 있는 구성원들에게는 조언과 폭넓은 가이드라인만 제공하고 모든 과업에 대한 재량권을 업무수행자에게 부여하는 코치형 리더십이 적절하다.

임파워먼트에 대한 준비가 전혀 되지 않은 구성원들에게 코치형 리더십을 적용한다면 효과보다는 오히려 부작용이 더 클 것이다. 마찬가지로 구성원들의 능력이 아무리 높다 할지라도 통제형 리더십을 적용한다면 임파워먼트가 발생될 수 없다.

따라서 구성원들의 능력에 따라 책임감의 정도를 적절하게 조정하고, 동시에 능력 개발을 도모함으로써 결과적으로 구성원들이 임파워먼트되어 스스로 업무를 처리할 수 있도록 만들어야 한다.

임파워먼트는 조직 현장에서 반드시 이루어져야 하며 조직구성원들은 스스로 임파워먼트되어 자신의 능력을 향상시켜 자신의 가치를 높여야 한다. 만약 그렇지 못한다면 조직에서 도태될 수밖에 없다는 것을 인식하여야 한다. 그리고 경영자도 스스로 먼저 임파워먼트되지 못한다면 남을 임파워먼트시킬 수 없다는 것을 인식하고 솔선수범하여 자기 자신을 임파워먼트시키기 위해 노력해야 한다. 그리고 구성원들을 임파워먼트시킬 수 있는 환경을 조성해야 한다.

9. 의사결정시 참가를 위한 공식적 절차

임파워먼트는 구성원이 조직의 중요한 의사결정에 대해 상당한 영향력을 행사할 수 있도록 공식적 절차가 마련되어 있을 때 향상될 수 있다. 몇 몇 조직에서는 중요한 문제에 대해 다수결로 의사결정을 하기 위해 구성원의 투표나 회의를 반드시 개최하도록 규정으로 명시하고 있다.

또한 대부분의 조직에서는 직접참여가 어려운 경우 임파워먼트의 대안으로 각 하부조직 단위에서 정책협의회 대표자를 선출하도록 하거나, 관리자들의 회의에 종업원 대표를 참석하게 한다. 한편 대부분의 상당수의 공공조직의 구성원은 중대한 사안에 대한 의사결정이 이루어지기 이전에 위원회나 협의회의 공개 회의석상에서 의견을 개진할 수 있는 권한을 가지고 있다. 미국의 공공조직에서는 리더의 선출과 선출된 구성원으로 구성된 정책수립협의회나 위원회의 활용이 일반적이다.

전략적 의사결정에 대한 구성원의 영향력 증가를 위한 공식적 구조 및 절차가 성공적인 것인가에 대해서는 논쟁이 되고 있다. 임파워먼트의 잠재적 이익을 달성하기 위해서는 구성원들의 만족이 절대적인 것이라고 본다면 구성원들을 의사결정에 참여시키는 것이 바람직하다.

10. 리더십 공유

한 사람의 리더보다는 소규모 조직이나 팀의 구성원에게 리더십 책임이 공유될 때 임파워먼트는 향상될 수 있다. 최근 많은 기업에서 자율경영팀의 운영이 확대되고 있다. 리더십의 공유가 이루어지면 모든 중요한 의사결정은 집단으로 이루어지고 매일 매일의 운영에 대한 리더십에 대한 책임을 구성원이 지게 된다. 이러한 형태의 임파워먼트는 소수의 구성원으로 이루어진 협력적이고 자발적인 조직에서 찾아볼 수 있다.

이상에서 살펴본 임파워먼트를 촉진하는 조건을 정리해 보면 [표 9-1]과 같다.

표 9-1 | 임파워먼트를 촉진하는 조건

조건	불리	유리
조직구조	높은 집중화와 공식화	높은 분권화, 낮은 공식화
경쟁전략	낮은 원가, 표준 제품/서비스	개별화된, 매우 분화된 제품/서비스
과업설계/기술	단순, 반복과업과 신뢰할 수 있는 기술	복잡, 비일상적인 과업과 신뢰할 수 없는 기술
고객과의 관계기간	짧은 기간/짧은 교류	지속적 관계/반복교류
주된 문화적 가치	어떤 잘못도 없이 신뢰성 있고 효율적 운영	유연성, 학습 및 참여
종업원 특성	낮은 성취동기, 외적 통제, 정서불안정	높은 성취동기, 내적 통제, 정서안정성
종업원 능력	미숙련, 미경험	매우 숙련된 전문인력
종업원 재직조건	비정규직	정규직
주인의식과 보상	없거나 매우 적음	주주, 공동소유주
종업원참여 프로그램	없음	최고경영진이 강력 지지하는 광범위한 프로그램
상호신뢰	낮음	높음

자료 : Gary Yukl 지음/강정애 외 4인 옮김, 현대조직의 리더십이론, 시그마프레스, 2009, p.157.

사례 9-3

남자의 자격의 지휘자 박칼린의 리더십

- 성명 : 박칼린(1967년 5월 1일 출생)
- 학력 : 서울대학교 대학원 국악작곡 석사
- 소속 : 킥 뮤지컬 대표
- 수상 : 제13회 뮤지컬대상 음악상(2007)
  제19회 기독교문화대상 뮤지컬부문 수상(2006)
  연극 '불의가면' 작곡상(1990)
- 경력 : 호원대학교 방송연예학부 뮤지컬전공 주임교수(2010)
  동아방송대학 공연예술계열 뮤지컬전공 전임교수(2005)
  에이콤 뮤지컬 아카데미 강사(1994)

무대에는 긴장한 서른 세 명의 단원들이 지휘자를 바라보고 서있다. 이들의 마음을 헤아리고 있는 듯 지휘자는 전체를 바라본 후 씽긋 웃음을 보낸다. 이에 화답하듯 단원 한 명 한 명은 표정을 가다듬으며 안정을 찾는다. 이어 무한신뢰를 보내는 지휘자의 섬세한 움직임에 단원들은 온 몸의 세포와 신경을 집중하며 그동안 쌓은 기량을 유감없이 발휘한다. 합창이 끝나는 순간 단원들은 감격의 눈물을 흘리고 이러한 감정은 시청자에게도 고스란히 전해져 온다. '남자의 자격'이라는 예능 프로그램의 장면이다.

단원 중에는 노래를 전공하거나 직업으로 하는 사람들도 있었지만, 소위 당나라 군대와 같은 오합지졸(노래에 관한 한)들을 묶어 두 달이라고 하는 짧은 시간에 이만큼의 놀라운 성과를 이룬 것은 전적으로 박칼린이라는 리더의 힘이다. 축구의 승패는 전적으로 선수의 기량에 달려 있다고 생각한 적이 있었다. 이러한 관념을 히딩크 감독이 깨 주었듯이 박칼린은 잊혀질 듯한 시기에 다시 한번 리더와 지도자의 중요성을 상기시켜 주었다. 그의 무엇이 사람들을 움직였고 아직도 흔들고 있는가?

첫째, 실력 있는 리더의 모습을 보여 주었다. 대학과 대학원에서 첼로와 국악을 전공했고, 국내 뮤지컬 감독 1호라는 타이틀을 갖고 있는 그는 음악에 관한 한 어떤 단원들도 압도했다. 자기가 몸담고 있는 분야에 대해서 잘 알지 못하면 리더십을 발휘할 수 없다. 오히려 부하직원에게 의지하고 아부해야 하는 상황마저도 발생할 수 있다. 그래서 관련이 없는 분야의 낙하산 인사는 지탄을 받는 것이다.

둘째, '사람이 먼저'임을 인식시켜 주었다. 잭 웰치는 사람을 능력과 태도로 나누어 평가한 적이 있다. 태도는 좋지만 능력이 부족할 경우 다시 한번의 기회를 주겠지만, 아무리 능력이 있어도 태도가 좋지 않으면 함께 일할 수 없다고 했다. 세계적인 경영학자인 짐 콜린스 또한 '일보다 사람이 먼저'라고 했다. 심지어 할 일을 놓고 사람을 뽑는 것이 아니라 사람을 보고 해야 할 일을 생각한다고 했다. 오디션의 과정을 통하여 사람의 됨됨이를 우선으로 생각하는 박칼린의 모습에서, 우리는 다시금 소홀히 했던 인간성이란 단어를 떠올리지 않았을까?

셋째, 에너자이저의 역할을 보여 주었다. 잭 웰치는 리더는 에너지가 넘치는 사람이어야 하고 이러한 에너지를 다른 사람에게 불어 넣는 사람이어야 한다고 했다. 박칼린은 인생과 일에 대한 본인의 열정을 유감없이 보여 주었고 단원들에게 충분히 전해 주었다. "사는 동안 남김없이 불태우고 싶다"는 인터뷰에서 그러한 그의 인생관이 시청자들에까지 전달되었다.

넷째, 적재적소의 배치와 역할 부여의 중요성을 알려 주었다. 박칼린은 리더십에 대한 질문에 "리더는 자기가 선택할 수 있는 자리가 아니다. 따라주는 사람이 있어야 되는, 즉 남이 만들어 주는 자리다. 따라서 리더는 사람들의 장·단점을 잘 파악하고 역할을 잘 배분해줘야 한다"고 대답했다. 목표를 달성하는 데 적합하고 공정한 배치를 통하여 어떤 성과를 낼 수 있는지를 보여 주었다. 이런저런 이해관계로 적재적소의 배치보다는 적당하고 투명하지 못한 인사를 하는 우리 사회에 잊혀지고 있던 원칙을 깨우쳐 주었다.

다섯째, 이런 모든 것을 아우르는 내공 있는 리더의 모습을 보여 주었다. 설정과 꾸밈, 스킬만이 난무하는 듯한 세상에서 사람들은 오랜만에 진정성 있고 내공이 있는 성숙한 사람의 모습을 보았다. 속은 빈 채 오직 튀려고만 하는 세태 속에서 묵묵히 자기 분야에서 실력과 인격으로 승부하는 한 사람의 아름다움을 느낀 것이다. "세상은 이래야 정상이 아닐까" 하는 상식을 되찾은 느낌이기도 하다.

마지막으로는 융합적이고 통합적인 새 시대 리더의 모습을 보여 주었다. 그의 출생 자체가 그러하기도 하지만 박칼린은 서양과 가장 한국적인 문화를 두루 섭렵한 경험을 갖고 있다. 최근의 창의적인 생각과 독창성은 이러한 교차하는 사고에서 나온다고 했다. 그는 누구의 흉내를 내지 않았다. 그야말로 그가 '오리진'인 새로운 모습을 보여 주었다. 글로벌한 세상에서 리더가 갖추어야 할 또 하나의 덕목을 보여준 것이다.

자료 : 세계일보, 2010년 11월 2일자 기사 중에서

제4절 | 임파워먼트에 미치는 리더십의 영향

조직구성원에게 카리스마를 바탕으로 영감적 동기부여, 개별적 배려, 지적자극 등을 통해 구성원을 고무시켜 나가는 리더십이 바로 변혁적 리더십이다. 이러한 변혁적 리더십이 바로 임파워먼트에 가장 적합한 리더십으로 오늘날 불확실성이 높은 환경하에서 효과성이 매우 높은 것으로 입증되었다.

1. 종업원을 임파워시킨 리더십의 특성

오늘날 리더에게 중요한 것은 종업원들의 임파워먼트를 불러 일으키는 것이다. 종업원들의 임파워먼트를 불러 일으키기 위한 리더의 기본적 소양은 종업원들이 가지고 있는 파워를 긍정적 방법으로 사용하게 할 수 있는 리더십의 소유자라야 한다는 것이다. 종업원을 임파워시킨다는 것은 종업원들을 보는 리더의 시각이 맥그리거의 X · Y이론의 Y이론적 견지에서 서로 간에 상호신뢰의 기반이 조성되어야 가능하다.

임파워먼트가 리더십과 관련이 있는 것은 변혁적 리더십이다. 리더는 카리스마적 특성을 통하여 종업원들에게 영감적 동기부여, 기대 이상의 목표를 설정하게 하고, 개별적 배려와 지적자극을 통해 종업원의 역량강화 및 신뢰성 증진 등을 달성하고자 한다. 또한 종업원들은 리더의 모델을 보고 대리경험을 통해 스스로 리더와 같은 방법으로 행동할 수 있다는 자기효능감을 느끼게 되어 임파워먼트를 증진시킬 수 있게 된다.

김성수 교수(2010)는 다른 사람들에게 임파워시키기 위한 가장 좋은 수단으로 네 가지를 제시하고 있다.

첫째, 스트레스나 걱정스러운 일을 겪고 있을 때 긍정적으로 감정적 지원을 해준다.

둘째, 격려의 말과 긍정적 권유를 한다.

셋째, 성공적인 사람을 모델로 한다.

넷째, 실제로 주어진 과업을 성공적으로 숙달되게 함으로써 구성원을 임파워시킨다.

2. 자기효능감을 통한 임파워먼트 증대

유능한 리더는 종업원들로 하여금 자신의 업무능력에 대한 자기효능감을 증대시켜 조직의 성과를 증진시키는 데 있다. 과거 수직적 조직구조하에서 획일적인 업무관습만 고집하는 리더보다는 조직 내 구성원들에게 기존의 업무수행 방식이나 관념을 재증진시키는 자기효능감을 증대시켜 줌으로써 리더의 업무수행을 성공적으로 이끌어 갈 수 있다.

리더는 끊임없이 부하들에게 지적 자극을 함으로써 부하들 스스로가 자기효능감을 갖게 되어 임파워먼트가 증대되게 된다. 그리고 리더는 조직의 중요한 정보를 종업원에게 제공함으로써 지적자극과 신뢰를 형성시킴으로써 임파워먼트가 증대되게 된다.

따라서 변혁적 리더는 부하의 욕구, 열망, 가치 등을 인식하고 있으며, 사명감과 비전을 통해 부하들을 흥분과 감동을 심어 주며, 부하들에게 그 사명을 달성하도록 조장하거나 끊임없이 동기부여한다. 특히 부하들은 조직의 사명을 다하기 위해 노력하는 과정에서 자신의 재능을 발견하고 더욱더 발전시켜 나가게 된다.

3. 임파워먼트에 미치는 변혁적 리더십

많은 선행연구들에서 변혁적 리더십이 임파워먼트에 많은 영향을 미치는 것으로 나타났다. 리더십의 가장 중요한 효과가 바로 임파워먼트이다. Yukl는 리더십의 스타일 중 임파워먼트와 가장 밀접한 관련을 맺고 있고, 임파워먼트에 영향을 많이 미치는 것이 바로 변혁적 리더십이라고 주장하였다.

변혁적 리더십이 임파워먼트된 종업원들이 그들의 욕구를 만족시키고, 조직성과와 조직몰입을 증대시키도록 하나의 제도를 창출해 내게 된다는 것이다.

제5절 | 임파워먼트를 높이기 위한 방안

오늘날 리더에게 중요한 것이 바로 구성원들의 임파워먼트를 증대시키는 것이다. 이를 위한 방안으로 참여적 리더십과 위임이다.

참여적 리더십과 위임은 구성원들에게 활력을 불어 넣어주고 구성원들에게 임파워먼트를 높여주게 될 것이다.

임파워먼트를 높이기 위한 방안을 구체적으로 정리해 보면 [표 9-2]와 같다.

표 9-2 | 임파워먼트의 향상을 위한 방안

	내용
방안	• 목표를 명확히 하고, 업무가 목표를 어떻게 뒷받침하는지를 설명해 주어라. • 결정에 의해 영향을 받게 될 구성원을 결정과정에 참여시켜라. • 중요한 활동에 대해 책임과 권한을 위임하라. • 동기와 기술에서 개인차를 고려하라. • 관련 정보에 접근할 수 있게 하라. • 새로운 책임을 수행하는 데 필요한 자원을 제공하라. • 임파워먼트와 일치되도록 경영관리체계를 바꾸라. • 행정적 제약과 불필요한 통제를 제거하라. • 구성원에게 자신감과 신뢰를 표명하라. • 요청이 있을 때에는 지도와 조언을 해 주라. • 주도성과 문제해결을 격려하고 지원해 주어라. • 중요한 공헌과 성취에 대해서는 이를 인정해 주어라. • 새로운 책임에 상응한 보상을 주도록 하라. • 권력의 윤리적 사용에 대한 수행책임을 보장해 주어라.

제6절 | 임파워먼트 실행의 저해요인

지금까지 살펴본 바와에 의하면 리더십에 있어 가장 중요한 것이 바로 부하들에게 임파워먼트를 불어 넣어 주는 것이다. 그러나 임파워먼트의 취지와 효과가 아무리 바람직하더라도 이를 실행에 옮기지 못하면 의미가 없다. 실제로 임파워먼트를 추진하고 있지만 그러나 많은 기업들이 어려움을 겪고 있는데 그 주된 이유를 살펴보면 다음과 같다.

1. 관료적 기업문화

관료적 기업문화를 가진 기업은 새롭게 다가오는 변화나 위험을 감수해 가면서 새로운 아이디어를 장려하기보다는 현재의 상황을 가능하면 유지하려는 경향이 강하다. 이러한 기업문화에 젖어 있는 기업은 미래에 대한 명확한 비전제시나, 실질적 변화에 필요한 지원을 제대로 하지 못한다. 또한 장기적인 성과보다는 단기적 성과에 집착하는 경향이 강하며, 보상시스템을 통해 현재 상황의 유지를 더욱 공고히 다지는 경우가 많다.

따라서 이러한 기업문화 속에서 경영자가 아무리 부하들에게 임파워먼트를 불어 넣으려고 해도 대부분의 조직구성원들은 오히려 현재의 조직시스템에 안주하게 되고, 오히려 현재의 상태가 더 바람직한 것으로 느끼게 된다.

2. 갈등

조직 내에서 일어나는 상하 간 또는 부문 간의 갈등은 성공적인 임파워먼트의 실행을 가로막는 장애물이다. 대부분의 관리자들은 자신의 권한을 하위자에게 위임하는 것을 별로 달가워하지 않는다. 설사 위임을 하였다고 하더라도 하위자가 자신의 의지에 반하는 의사결정을 하게 되는 경우 그 종업원에게 불이익을 주는 경향이 있다. 그리고 일부 관리자들은 임파워먼트를 자신들의 책임회피를 위한 수단으로 사용하는 경우도 있다. 즉, 과업이 성공했을 때는 그 성공의 열매를 같이 공유하지만, 실패 시에는 그 책임을 부하에게 전가하는 것이다. 이러한 경우 상하 간의 신뢰는 무너지게 되고, 구성원들은 자신의 창의력을 발휘하여 소신 있는 의사결정을 내리기보다는 상사의 눈치를 보는 등 자기보신에 더 신경을 쓰게 된다.

3. 구성원들의 기술 부족

오늘날 많은 조직에서는 구성원들의 업무부담이 너무 많거나 기술 및 지식의 부족 등으로 인해 자신에게 주어진 일만 하기에도 시간이 역부족인 경우가 많다. 이러한 조직환경하에서 조직구성원들이 뭔가 새로운 아이디어를 생각해 내고, 새로운 일을 주도적으로 추진한다는 것은 매우 힘들고 어렵다.

진정으로 종업원들을 임파워먼트시키기 위해서는 이러한 장애요인을 적극적으로 제거하는 것이 우선되어야 한다. 관리자들은 구성원에 대한 통제를 최소한으로 줄이고, 구성원들을 신뢰하고, 어느 정도의 위험을 감수함으로써 그들의 잠재능력이 발휘될 수 있도록 해 주어야 한다. 그러나 실제로는 리더가 부하들에 대한 통제를 포기한다는 것은 결코 쉽지 않은 일이다. 관리자들은 자신들이 임파워먼트되기를 원하지만 다른 사람이 임파워먼트되는 것을 원하지 않는 듯한 행동을 보이는 경우도 종종 있기 때문이다.

제7절 | 임파워먼트의 실행효과

지금까지 임파워먼트에 대한 다양한 이론을 살펴보았다. 이러한 임파워먼트가 실제로 실행되었을 때 기업은 다음과 같은 효과를 얻을 수 있다.

첫째, 조직구성원의 보유능력을 최대한 발휘하게 하고, 그들의 직무몰입을 극대화할 수 있다.

둘째, 조직구성원들이 임파워먼트됨으로써 업무수행상의 문제점과 그 해결 방안을 가장 잘 알고 있기 때문에 고객들에게 적절한 대응을 하게 됨으로써 품질과 서비스 수준을 높일 수 있다.

셋째, 임파워먼트로 인한 능동적 경영, 창의적 경영으로 인해 변화하는 시장환경에 보다 신속하고 탄력적으로 대응할 수 있다.

넷째, 조직구성원들이 임파워먼트됨으로써 리더의 지시, 점검, 감독, 감시, 연락, 조정 등에 대한 노력과 비용이 줄어들기 때문에 비용이 절감된다.

사례 9-4

임파워먼트 강화를 위한 Ford의 LEAD 프로그램

Ford사는 구성원들을 임파워먼트시키기 위해 전체 중간 관리자를 대상으로 '리더십 교육 및 개발(Leadership Education and Development : LEAD)'이라고 불리는 프로그램을 운영하고 있다. 이 프로그램은 1주간의 집중 훈련과 6개월 후 시행되는 3일간의 보완교육으로 구성되어 있다.

1주간의 집중훈련 과정에서는 현재 회사에서 일어나고 있는 전략적 · 문화적 · 조직적 변화에 대한 심도 있는 교육을 실시한다. 프로그램 참가자들에게는 최고경영자에게만 제공되었던 회사의 전략방향 등과 같은 매우 중요한 정보가 제공된다. 이러한 정보를 토대로 참석자들은 각 사안에 대해 스스로 고민을 하고, 다시 부서의 사람들과 심도 깊은 토론을 한다. 또한 참석자들은 스스로 자신들의 리더십에 대해 평가를 해 보고, 상사나 동료로부터 피드백을 제공받는다.

Ford사의 교육 프로그램 담당자들은 교육 참가자들이 하나의 사이클을 통해 임파워먼트에 대힌 마인드가 강화된다는 것을 발견하게 되었다. 우선 교육 참가자들은 LEAD 프로그램을 통해 전에는 겪어보지 못한 경험을 하게 되고, 지금까지와는 다른 새로운 관점을 개발하게 된다. 즉, 참가자는 새로운 관점과 사고를 통해 조직에서의 자신의 역할을 재정의하게 되고, 자기 자신을 회사의 동반자로 생각하게 된다. 이렇게 자신의 역할에 대한 재정의가 이루어지면 교육 참가자들은 기존의 관습과 전통에 얽매이지 않는 새로운 사고와 행동양식을 보이기 시작한다. 상사가 지시하는 일에 만족하지 않고, 스스로 주도권을 갖고 자기가 맡은 과업을 수행하고, 일부 위험의 발생이 예상되더라도 보다 효율적인 새로운 업무수행 방식을 생각해 내고 이를 실행에 옮긴다.

이러한 새로운 사고와 행동이 바람직한 결과를 산출한다면 교육 참가자들은 자신들의 이러한 사고와 행동을 더욱 강화하려고 한다. 반면에 바람직한 결과를 산출하지 못하면 그러한 결과가 나온 원인을 분석하고, 거기서 교훈을 얻기 위해 노력한다. 이러한 과정을 통해 참가자들은 지속적으로 학습하려는 마인드와 불확실한 환경에 유연하고 적절하게 대응하는 것이 매우 중요하다는 것을 인식하게 된다. 따라서 참가자들은 학습하기 위해 더욱 노력하고, 이를 통해 자신의 능력 개발과 성장을 도모하게 된다. 이러한 개인적 성장을 통해 참가자들은 자기 확신을 가지게 된다. 이러한 자기 확신이 일어나면 교육 참가자들은 자신들이 조직과 하나가 되고 자신들이 조직에 몰입된다는 느낌을 가지게 된다.

교육을 통해 임파워먼트된 참가자들은 자신뿐만 아니라 자신의 동료들을 임파워먼트시키기 위해 노력하게 된다. 그들은 자신의 성공 경험을 이야기하고, 발생되는 문제에 적절히 대응하기 위해 동료들과 현재의 상황에 대한 분석과 토론을 한다. 이러한 노력을 통해 그들은 동료들이 창의력을 발휘하고, 새로운 아이디어를 실행할 수 있도록 격려하고 분위기를 조성한다. 교육효과가 전 구성원에게 전파되어 조직구성원 모두가 자신의 잠재력을 발휘하도록 만들게 되면 시너지효과가 창출되는 것이다.

새로운 아이디어를 실행할 경우 어느 정도 위험이 따르기 때문에 실패할 수도 있다. 그런데 이러한 실패나 실수에 대해 처벌이 이루어진다면 구성원들은 새로운 사고방식을 활용하는 것을 꺼리게 되고, 다시 과거의 관습과 행동으로 되돌아가게 된다. 따라서 Ford사는 새로운 아이디어를 바탕으로 시도한 실행이 혹시라도 실패하더라도 대부분의 경우(90% 이상) 구성원들을 격려하고, 임파워먼트가 더욱 강화될 수 있도록 지원을 한다. 그 결과 임파워먼트 프로세스는 다시 선순환의 사이클을 구성하여 전체 구성원들이 임파워먼트될 수 있도록 도움을 준다. 6개월이 지난 후에는 그동안의 교육성과를 분석하고, 발생하는 문제점의 해결방안과 교육 참가자들의 애로사항 해결에 도움이 되는 보완교육을 실시한다. 이러한 노력을 통해 Ford사는 조직구성원들의 임파워먼트 능력을 제고시키고 있다.

Chapter 10

변혁적 리더십과 카리스마적 리더십

제1절 | 변혁적 리더십의 개념

변혁적 리더십이라는 용어는 Downton(1973)가 처음 사용하였다. 변혁적 리더십이 리더십의 중요한 접근법으로서 등장하게 된 것은 정치사회학자인 Burns(1978)의 저서인 「Leadership」을 통해 시작되었다. Burns는 그의 저서에서 리더와 부하의 역할을 연결시키려고 시도하였다. 그는 리더에 대하여 기술하기를 "리더란 부하와 리더의 목표에 보다 더 효과적으로 도달할 수 있도록 부하의 동기를 자극하는 사람"이라고 하였다. 따라서 리더십은 권력을 휘두르거나 권력을 행사하는 것과는 아주 다르다는 것이다. 왜냐하면 리더십은 부하의 필요와 욕구를 충족시켜 주는 것을 떠나서는 결코 생각할 수 없기 때문이다.

Burns는 리더십의 두 가지 형태를 명확히 구별하였는데, 그것은 거래적 리더십(transactional leadership)과 변혁적 리더십(transformational leadership)이다.

거래적 리더십은 리더와 부하 사이에 일어나는 교환관계에 초점을 두고 있으며, 많은 리더십모델들이 리더십을 하나의 거래로 파악하는 거래적 리더십과 관련되어 있다. 거래적 리더십에서 교환이란 것은 매우 일반적인 현상이며, 거의 모든 유형의 조직과 계층에서 관찰될 수 있는 현상이다.

변혁적 리더십은 1980년대 초부터 많은 연구의 초점이 되었고, 최근 가장 많은 연구가 이루어지고 있는 분야로 리더십연구에 각광을 받고 있다. 변혁적 리더십은 부하의 정서, 가치관, 윤리, 행동규범 그리고 장기적 목표 등을 바꾸어 줌으로써 개인을 변화시키고 변혁시키는 과정이다. 그리고 이 같은 변혁적 리더십의 과정에는 부하들의 개인적 동기를 평가하고 그들의 욕구를 충족시키며 부하들을 완전한 인격체로 대우하는 것이 포함된다.

또한 변혁적 리더십은 부하들이 기대 이상의 업적을 성취하도록 하는 특별한 형태의 영향력이다. 변혁적 리더는 특히 부하들의 동기와 욕구에 관심을 기울이며 그들의 능력을 최대한 발휘할 수 있도록 도와주는 데 최선을 다한다.

Burns는 마하트마 간디를 변혁적 리더십의 고전적 사례로 지적하였다. 간디는 수많은 국민들의 요구와 희망의 수준을 드높였으며, 그 과정에서 자기 자신을 변화시켜 나갔다.

제2절 | 변혁적 리더십의 구성요소

변혁적 리더십은 통상의 기대한 것 이상의 성과를 창출해 내도록 하는 리더의 영향력으로 리더는 부하들에게 비전공유를 통해 조직몰입도를 높여 부하들로 하여금 평소 기대했던 성과 이상을 달성할 수 있도록 부하들의 동기를 유발시키게 된다.

변혁적 리더는 부하들에게 조직성과의 가치와 의미, 성과 달성방법 등에 대한 인식수준을 높이고, 집단이나 조직의 이익이 개인적인 이익보다 우선시 하며, 또한 개인의 욕구수준의 범위를 향상시킴으로써 조직목표달성에 기여할 수 있게 한다.

Bass(1985)는 변혁적 리더는 부하들이 자신의 이익보다 조직과 부서를 위해 희생적일 정도로 몰입할 수 있게 하는 카리스마적인 특성과 행동, 부하들 각각에 대한 개별적 배려를 통해 직무에 대한 의미와 자신감을 높여주며, 부하들의 기존 사고의 틀을 바꿀 수 있는 변화와 혁신을 위한 사고와 행동을 유도하는 지적 자극을 부여함을 강조하고 있다.

변혁적 리더십은 부하들의 업적과 관련되어 있으며 부하들이 가진 잠재력을 최대한 개발하는 것과도 관련되어 있다. 변혁적 리더는 강한 내적 가치관과 이상(궁극적 목표)을 가지고 있으며, 부하들이 자신의 이익보다는 먼저 공동체의 이익을 위해 행동(헌신)하도록 만드는 데 뛰어난 자질을 보인다.

변혁적 리더십의 구성요소로 Bass(1985), Bass & Avolio(1993) 등은 [그림 10-1]에서 보는 바와 같이 핵심요소로 4가지를 제시했다.

그림 10-1 | 변혁적 리더십의 구성요소

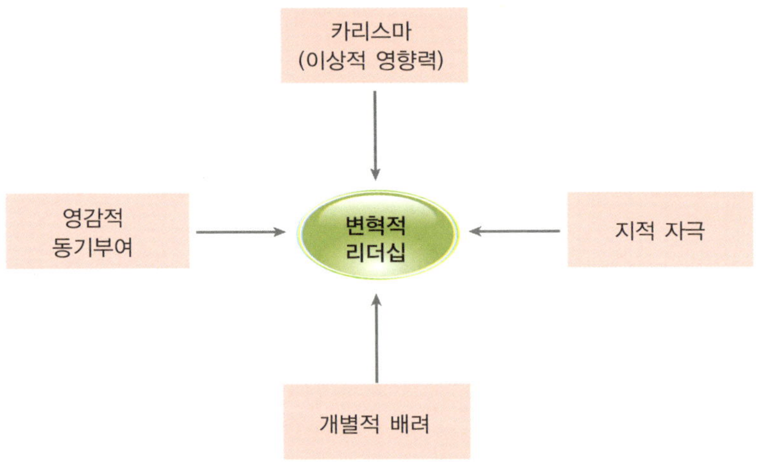

1. 카리스마(이상적 영향력)

변혁적 리더십의 제1요인은 바로 카리스마(이상적 영향력)이다. 리더는 부하들이 리더에 대해 신뢰를 갖게 해 줄 수 있는 카리스마를 지녀야 한다. 또한 리더는 구성원들 모두가 조직변화의 필요성을 인지하고 변화에 동참할 수 있게 할 새로운 비전을 제시해야 하며, 부하에게 비전과 사명감을 부여하고 자긍심을 심어주고, 매우 높은 도전적 · 윤리적 행동기준을 가지고 있으며, 항상 올바른 일을 하는 것으로 여기기 때문에 부하들로부터 존경과 신뢰를 받는다.

Bass & Avolio(1990)는 '카리스마'라는 용어보다 '이상적 영향력'이라는 용어를 사용할 것을 권장하고 있다. '카리스마'는 통상 사람들 사이에서 '개인이 지닌 신비로운 후광이나 위엄', '신의 은총' 등의 의미로 사용되며, 때로는 독재자의 상징어로 사용될 수 있기 때문이다.

변혁적 리더십의 구성요소인 카리스마 요인을 지닌 정형적인 리더로 남아프리카공화국의 초대 흑인 대통령 넬슨 만델라를 들 수 있다. 만델라 대통령은 높은 도덕성 수준을 가진 리더로 평가받고 있으며, 남아프리카공화국 국민들을 통솔함에 있어 위대한 변화를 가져오게 한 명확한 비전을 제시한 리더로 인정받고 있다. 그의 카리스마적 자질과 그에 대한 국민들의 호응은 결국 국가 전체를 변혁시키는 결과를 가져왔다.

Leadership Devlopment and Training **사례 10-1**

강호동의 리더십

국민MC로 추대받고 있는 강호동의 리더로서의 자질에 대해 살펴보면 다음과 같다.

1. 결단력

1989년 18세에 백두장사에 오른다. 그리고 그는 백두장사 7회와 천하장사 5회에 빛나는 씨름판의 전설이 되었다. 그런 그가 씨름판을 뛰쳐나와 연예계에 진출했다. 현재 강호동과 유재석이 예능프로그램 섭외 1순위에 올라와 있다.

2. 지능

씨름판의 선배는 "씨름했을 때 얄밉도록 지능플레이를 한 강호동의 뺨을 때리고 싶었다"고 할 정도로 지능적 플레이를 했다. 연예계 선배인 이경규는 강호동을 처음 보고 천재 아니면 바보라고 생각했는데 예능에서는 진짜 천재라고 말했다. 가수 김장원은 강호동 차 안에 명언집이 쌓여있었고, 방송에서의 이미지 때문에 대화의 질이 많이 떨어질 줄 알았는데 실제로 친해지고 보니 지능이 은근히 높더라고 말했다.

3. 사교성

강호동의 장점은 가장 짧은 시간에 사람과 친밀한 유대를 형성할 수 있는 친화력에 있다. 별로 친하지도 않았던 박찬호 선수와 한두 시간 만에 형님 동생 하는 사이로 만드는 MC다.

리얼 버라이어티 1박 2일은 전국 각지를 돌아다니기 때문에 지역민과 마주치지 않을 수 없다. 사람들과 자주 마주치지 않으려면 기다리는 시간에 자신이 타고 온 승합차 안에서 휴식을 취한다. 강호동은 요즘 전국 각지를 다니며 마주치는 할머니, 아저씨, 젊은 사람들과의 만남을 즐기며 예능에서의 진정성을 말한다.

4. 자신감, 성실성

강호동을 기용하면 프로그램은 거의 성공을 한다고 보면 된다. 그의 네임벨류도 있지만 지켜봤을 때 분명 열정을 갖고 프로그램을 살리기 위해 노력하기 때문에 그만한 값어치를 한다. 촬영하기 전날에는 술을 절대 먹지 않고 좋은 컨디션을 유지한다. 3~4시간만 짬이 나도 청계산을 등반하는 등의 방법으로 몸을 만들어 놓는다. '1박2일'에서 강력한 '에너자이저' 역할을 맡고 있다. '무릎팍도사'에서 '영원하라'라며 양팔을 번쩍 들며 소리를 지를 때는 혈압이 올라가는 것 아니냐는 걱정이 될 정도로 최선을 다한다.

5. 강호동의 비전

무릎팍도사에 게스트로 나온 윤도현이 강호동에게 꿈이 무엇이냐고 물었다. 우리나라 최고의 개그맨, 부, 명예… 그의 답은 역시나 달랐다.

그는 "나의 개그를 위한 노력으로 대한민국 국민들의 수명이 1년이라도 연장되기를 바란다"고 했다.

강호동의 리더십에 대해 살펴보면 다음과 같다.

1. 카리스마형 리더십

대중 호소력과 선동력을 가지고 있다. 흡입력으로 조직원들이 맹목적으로 따르게 만드는 힘을 가지고 있다. 강호동만이 가지는 포스와 카리스마는 그가 끄는 팀원들로부터 "강호동이라면," "그래도 강호동인데…"라는 식의 맹목적인 믿음을 가지게 만든다.

2. 권위적 리더십

팀원들 위에 군림하며 실수를 용납하지 않는 리더십을 의미한다. 권위에 대한 도전이나 반항 없이 순응하도록 요구하면서 개개인에게 주어진 업무만을 묵묵히 수행할 것을 기대하는 스타일을 뜻한다. 팀원들보다는 약간 위에서 그들을 리드한다.

3. 파워리더십

확고한 의지와 강인한 실행력을 바탕으로 역경과 혼란에 도전하는 리더십이다. 솔선수범으로 팀을 이끌며 말보다 강한 행동으로 위기나 난국에 처할 때 더 큰 진가를 발휘하는 스타일이다.

2. 영감적 동기부여

변혁적 리더는 영감적 동기부여(inspirational motivation)를 통해 구성원들에게 높은 수준의 기대감을 심어주고, 구성원들이 비전과 미션의 달성을 위해 자신들의 노력을 집중할 수 있도록 하는 것이다.

리더의 영감적 동기부여란 부하들에게 높은 기대감을 표시하며, 조직구성원들 간에 공유된 비전을 실현하는 데 최선을 다하도록 동기유발을 통해 부하들의 의욕을 끊임없이 고무시키는 것을 말한다. 그러므로 변혁적 리더는 부하들이 자신의 이익추구를 뛰어 넘어 집단구성원으로서 집단의 목표달성을 위해 정서적으로 호소를 하거나 상징적인 행동을 한다. 그 대표적인 유형이 바로 팀 정신을 증진시키는 것이다.

3. 개별적 배려

개별적 배려(individualized consideration)는 부하 개개인의 이질적 욕구를 인정하고 수용하며 각자의 문세에 관심을 갖는 등 개별적 차원에서 도전적 조언과 지도를 하며 과업과 권한 위임을 통해 동기를 부여한다. 특히 리더는 부하들의 개인적인 욕구에도 세심한 관심을 기울이고, 지원을 아끼지 않는다. 따라서 변혁적 리더는 부하가 자신이 맡은 일에 완전히 익숙해지도록 돕는 코치와 조언자로서의 역할을 수행한다.

개별적 배려의 대표적인 사례로 리더는 종업원 한 사람 한 사람을 돌보는 데 많은 시간을 할애한다. 이러한 리더십을 발휘하는 리더는 종업원들에게 매우 구조적이고 구체적인 지시를 내리지만 한편으로는 종업원들과는 강한 우호관계를 가지고 있다.

4. 지적 자극

지적 자극(intellectual stimulation)은 부하들의 창의성과 혁신성을 자극하고, 부하들의 신념과 가치를 새롭게 바꿔 나가려고 노력하는 리더십을 말한다.

리더는 부하들이 조직의 문제점을 해결하는 데 있어서 혁신적인 방법을 개발하도록 지원하고, 새로운 접근방법을 시도하는 것을 허용하고 지원한다. 그 결과 부하는 스스로 판단을 내리고, 보다 신중히 문제해결에 임하게 된다.

제3절 | 거래적 리더십과 변혁적 리더십 비교

리더십 이론은 크게 두 가지로 대변되는데, 첫째 조직의 목표와 일의 방향을 정해 놓고 구성원들에게 직무를 할당하고 그에 따라 직무를 수행하게 해서 그 결과로 나온 성과에 따라 보상을 하든지, 아니면 불이익을 주는 전통적인 거래적 리더십이다.

둘째, 조직구성원들이 신나게 일할 수 있는 분위기를 만들어 주고 각자 자신의 목표를 설정하고 자신이 가지고 있는 능력 이상의 열정을 발휘하도록 하는 변혁적 리더십이 있다. 오늘날 바람직한 리더십은 바로 변혁적 리더십이 발휘되는 것이다.

1. 거래적 리더십의 개요

전통적 리더십 이론인 거래적 리더십(transactional leadership theory)은 교환관계에 기초를 두고 있다. 거래적 리더는 부하와 자신의 일상적인 계획을 수립하여 추진하고 그에 따른 업적달성의 정도에 따라 대가를 주고받는 거래적 교환이 이루어진다. 그러므로 리더는 부하에게 부하가 원하는 보상을 받기 위해 무엇을 해야 할지를 알려주고, 양자 간의 합의된 목표를 부하가 달성했을 경우 그에 상응하는 보상을 해 주게 된다.

거래적 리더십은 변혁적 리더십과는 다음과 같은 점에서 차이가 있다. 거래적 리더는 부하들의 욕구를 개별화하지 않으며, 부하들의 개인적 발전에도 주의를 기울이지 않는다. 그런데도 거래적 리더가 영향력이 있는 것은 리더가 원하는 대로 하는 것이 부하에게 최대의 이익을 가져다주기 때문이다.

2. 거래적 리더십의 특징

거래적 리더는 구성원들에게 자신이 원하는 일의 결과가 무엇인지를 명확하게 주지시키며, 결과 달성 수준에 따라 보상의 차이를 명확하게 밝힌다. 그리고 보상의 가치를 명확히 인지하게 한다.

거래적 리더십의 특징으로는 조건부 보상(contingent reward)과 예외에 의한 관리(management by exception)가 있다.

1) 조건부 보상

조건부 보상(contingent reward)은 부하의 노력이 특정한 보상과 교환되어지는 '리더와 부하 간의 교환과정'을 말한다. 이 같은 리더십유형을 가진 리더는 부하가 수행해야 할 과업이 무엇인지를 제시하고, 그것을 수행하는 사람에게 주어지는 보상에 대해 부하들의 합의를 얻어내려고 노력한다.

조건부 보상에 의한 거래형태로는 부모가 자녀에게 2시간 공부를 하면 30분 동안 인터넷을 할 수 있게 해 준다는 식으로 아이와 협상하는 부모의 경우에서 찾을 수 있다.

2) 예외에 의한 관리

예외에 의한 관리란 교정적 비판(corrective criticism)과 부적 피드백(negative feedback) 및 부적 강화(negative reinforcement)를 수반하는 리더십을 말한다. 예외에 의한 관리에는 두 가지 형태가 있는데, 적극적 형태와 소극적 형태가 있다.

예외에 의한 관리의 적극적 형태를 취하는 리더는 부하들의 실수와 규칙위반을 빈틈없이 지켜보고 그때그때 수정조치를 취한다. 리더는 부하들을 매일 같이 감시하고, 규정된 방법을 지키지 않으면 신속하게 교정하도록 한다.

반면 소극적인 예외관리를 하는 리더는 기준에 미달하거나 문제가 표면화되면 개입을 한다. 소극적인 예외관리를 하는 리더는 수용가능한 성과목표나 기준을 충족시키지 못한 경우에만 처벌 등과 같은 강압적인 행동을 동원해 개입함으로써 교정조치를 한다.

3) 거래적 리더십과 변혁적 리더십의 차이

본질적으로 변혁적 리더십은 거래적 리더십과 큰 차이가 있는데 이를 정리해 보면 [표 10-1]과 같다.

표 10-1 | 거래적 리더십과 변혁적 리더십의 차이

구분	거래적 리더십	변혁적 리더십
현상	현상을 유지하기 위해 노력	현상을 변화시키기 위해 노력
목표지향성	현상과 너무 괴리되지 않는 목표 설정	보통 이상의 높은 이상적인 목표 설정
시간	단기적 전망	장기적 전망
동기부여전략	즉각적이고 가시적인 보상으로 동기부여	자아실현과 같은 높은 수준의 개인적 목표를 설정하도록 동기부여
행위표준	규칙과 관례를 따름	새로운 도전을 격려
문제해결	문제해결을 위한 해답을 찾을 수 있는 곳을 알려줌	질문을 하여 부하들이 스스로 해결책을 찾도록 격려하거나 고무시킴
영향력기반	규칙과 전통에 의존	가치관(정직, 공정, 책임, 호혜주의)과 감동 등을 통한 영향력 행사

그리고 [그림 10-2]는 거래적 리더십 과정을 보여주고 있다. [그림 10-3]은 거래적 리더십과 변혁적 리더십의 영향과정을 비교해 보여주고 있는데, 거래적 리더십이 기대된 성과를 달성한다면, 변혁적 리더십은 기대를 훨씬 초과하는 업적성과를 달성하게 된다.

따라서 변혁적 리더십은 부하들이 자신들에게 보통 기대되는 것보다 더 많은 것을 달성하도록 만들며, 부하들은 자신들이 속한 조직의 이익이나 집단의 이익을 위해 자신의 개인적 이익을 초월하려는 의지를 갖게 된다.

그림 10-2 | 거래적 리더십의 영향과정

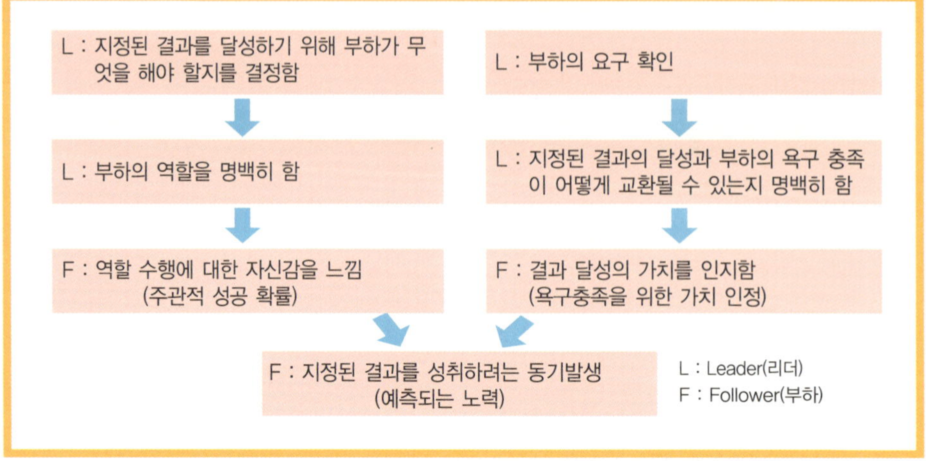

그림 10-3 | 거래적 리더십과 변혁적 리더십의 영향과정 비교

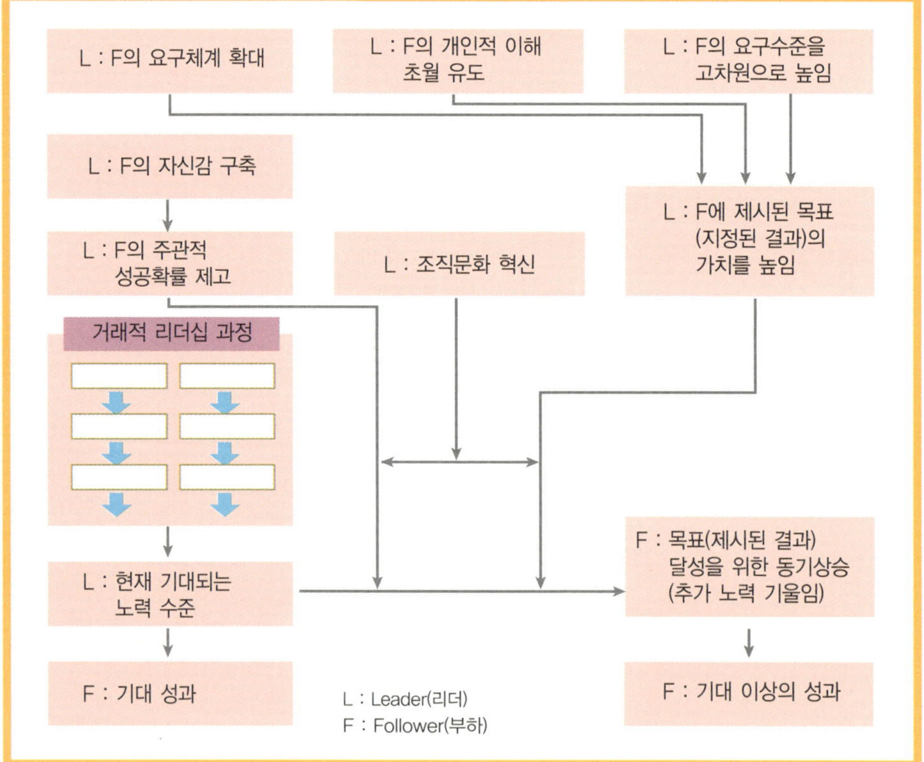

제4절 | 카리스마적 리더십

1. 카리스마적 리더십의 정의

House(1977)는 「A Theory of Charismatic Leadership」라는 책을 출판하였다. 이 책이 출판된 이후 카리스마적 리더십은 Conger(1999), Hunt & Conger(1999) 등의 연구자들에 의해 주목을 받게 되었다.

카리스마적 리더십은 변혁적 리더십과 거의 동의어로 쓰이거나, 매우 유사한 개념으로 설명되고 있다. '카리스마'는 그리스어의 'charisma', 즉 은혜, 성령의 은사, 신의 은총, 선물(gift) 등에서 유래된 단어로서 '보통 사람들이 갖지 못한 천부적인 어떤 능력이나 힘', '사람의 마음을 끄는 개인적인 독특한 힘' 등을 의미한다. 특별한 천부적 재능을 설명하기 위해 사용되었다.

Weber(1947)는 처음으로 카리스마라는 용어를 사용했는데 그는 "카리스마는 사람에게 초인간적이거나 혹은 비범한 힘(능력)이 부여된 특별한 성격적 특성"이라는 것이다. 이러한 카리스마를 가진 사람은 결국 리더로서 대우받게 된다고 하였다. 성격적 특성으로서의 카리스마에 대한 Weber의 강조에도 불구하고, 그는 카리스마적 리더들의 카리스마가 유효하게 되는 데는 부하들의 역할도 매우 중요하다고 하였다.

Leadership Devlopment and Training **사례 10-2**

히틀러의 리더십

히틀러는 성공한 리더인가, 실패한 리더인가?

히틀러의 사상적 배경은 나치즘에 있는데 나치즘에 대해 살펴보면 다음과 같다. 파시즘 가운데 가장 반동적이면서 야수적이다. 국가사회주의 독일노동자당에서 유래하였고, 허무주의적이며 민족적 전체주의와 아리아인종 우월주의를 가지고 있었다. 또한 조직적 반유태주의를 주창했으며 소시민적 사회주의를 채택하였다.

개인 인간 히틀러는 술, 담배를 하지 않는 금욕적인 생활과 채식주의자이며 사치나 여성편력 또는 미식가로서의 기질이 없었다. 예술에 대한 애착이 많았고, 부하들과의 마음편한 담소를 즐겼으며, 기억력과 직관력이 뛰어났다. 우수한 인재를 적재적소에 배치하고, 충성심과 경쟁심을 유발하는데 탁월한 능력을 가지고 있었다.

히틀러는 카리스마적 리더십을 발휘했다.

첫째, 분명한 비전과 사명감을 가지고 있었다. 반유태주의자, 자기 자신을 인류의 메시아로 묘사하며, 아리안인종의 위대성을 강조하였다.

둘째, 당당한 자신감과 기풍을 지녔다. 메시아를 통해 무 오류와 절대 진리의 신적인 지도자의 모습을 독일인에게 각인시켰다.

셋째, 강한 신념과 에너지, 열정을 소유하였다. 굳은 의지와 직관, 신념을 가지고 있었으며, 강철 같은 의지와 열렬한 믿음이 1인자로 올려준 일등공신이었다. 러시아 및 동유럽에 독일의 식민지를 건설한다는 청사진을 국민에게 제시하였다.

넷째, 남을 지배하는 탁월한 능력을 소유하였다. 전쟁에 깊숙이 개입하여 그 어떤 인물보다 강력한 영향력 행사하였으며, 자신을 제외한 인물을 신뢰하지 않았다. 독일국민들 의식 속에 '총통의 신화'를 각인시켰다.

다섯째, 신속한 결단력의 소유자였다.

여섯째, 과업을 달성하는 데 있어 치밀함까지 겸비하였다.

이러한 히틀러가 성공적인 리더십을 발휘하게 된 이유를 보면

첫째, 시대를 잘 타고 났다.

둘째, 히틀러의 근면함

셋째, 히틀러의 언변(호소력) 등이 그를 성공적인 사람으로 만들었다.

그러나 실패한 리더로 여겨지는 이유를 보면

첫째, 도덕성이 결여되었다. 나치즘, 유태인 학살, 생체실험 등에서 일반인들로부터 지지를 받지 못하고 있다.

둘째, 전문지식이 결여된 아집과 독단으로 조직을 이끌었다. 과대망상적인 사고로 자신 이외의 누구의 말도 듣지 않았다.

셋째, 일에 대한 책임을 지지 않았다.

2. 카리스마적 리더십의 특성

카리스마적 리더십이론에서 House는 카리스마적 리더는 부하들에게 특유의 카리스마적 영향을 미치는 독특한 방법으로 행동한다고 주장하였다. House는 카리스마적 리더의 개인적 특성으로 지배적이며 자신감에 차 있고 다른 사람들에게 영향을 미치려는 강한 욕망을 가지고 있으며, 도덕적으로 옳다는 강한 확신감을 지니고 있다.

이 같은 뚜렷한 성격적 특성을 보이는 것 이외에 카리스마적 리더는 특이한 유형의 행동을 나타내 보인다. 이를 정리해 보면 [표 10-2]와 같다.

표 10-2 | 카리스마적 리더십의 성격 · 행동양식 · 부하에 미치는 영향

구분	내용
성격	• 남을 지배하는 우월성을 가지고 있음. • 영향을 미치고 싶은 욕망이 강함. • 강한 자신감을 가지고 있음. • 강한 가치관을 가지고 있음.
행동양식	• 강력한 역할모델로서 행동 함. • 역량을 나타내 보이고 싶어 함. • 목표에 대한 주장이 분명함. • 부하에 대한 높은 기대를 나타냄. • 부하에 대한 신뢰를 표현함. • 부하의 동기를 일깨워줌.
부하에 미치는 영향	• 리더가 가진 이상이나 이념을 신뢰하게 됨. • 리더와 부하 간에 신념상의 유사성이 생김. • 리더의 목표나 주장을 망설임 없이 수용함. • 리더를 향한 애정을 가짐. • 복종하게 됨. • 리더와 일체감을 갖게 됨. • 정서적으로 참여하게 됨. • 높은 목표를 설정함. • 자신감이 커짐.

3. 카리스마적 리더십에 대한 연구

카리스마적 리더십은 1970년대 후반에 접어들면서 경영학, 조직심리학 분야 등에서 많이 연구가 이루어졌다. 지금까지 발표된 여러 연구 중 대표적인 연구자로는 House(1977), Bass(1985), Conger & Kanungo(1987) 등이 있다.

1) House(1977)의 연구

Weber(1947)가 최초로 카리스마적 권위와 관련된 연구를 시도한 이래 이를 조직에 적용한 현대적 이론으로 발전시킨 사람이 바로 House(1977)이다. 그는 다양한 사회과학적 조사방법에 기반하여 카리스마적 리더십 이론을 제안했다. 그는 카리스마적 리더를 "개인적인 특출한 능력을 통해 부하들에게 특별한 영향력을 미칠 수 있는 리더"로 정의하고 어떤 리더가 카리스마적 리더로 인정될 수 있는지의 여부는 다음과 같은 8가지 요인의 현실적 존재 여부에 의해 결정된다고 주장했다.

① 부하는 리더의 신념이 옳다고 믿는다.
② 부하의 신념이 리더의 신념과 유사하다.
③ 부하는 리더의 신념을 의심없이 무조건적으로 수용한다.
④ 부하는 리더에게 애정을 느끼고, 부하는 자신이 조직의 성공에 공헌할 수 있다고 믿는다.
⑤ 부하는 리더에 대해 자발적으로 복종한다.
⑥ 부하들은 조직의 사명에 대해 자발적인 복종을 한다.
⑦ 부하들은 높은 성과목표를 지닌다.
⑧ 부하들은 자신들이 조직의 임무를 성공적으로 달성할 수 있다는 신념을 가지고 있다.

2) Bass(1985)의 연구

Bass(1985)는 카리스마적 리더의 행동 유형에 대한 여러 설문조사 결과를 토대로 카리스마적 리더들은 다음과 같은 공통적 특성을 지니고 있다고 주장했다.

① 조직구성원들이 자신들의 임무와 역할을 헌신적으로 수행하게 만든다.
② 부하들이 조직에 대해 충성하게 만든다.
③ 모든 구성원들로부터 존경을 받는다.
④ 문제와 관련한 해법을 알아내는 특출한 능력을 지니고 있다.
⑤ 높은 사명감을 지니며, 부하들에게 흥분을 불러일으킬 수 있는 능력이 있다.

3) Conger & Kanungo(1987)의 연구

Conger & Kanungo(1987)는 카리스마적 리더들은 다음과 같은 공통적 특성을 지니고 있다고 주장했다.

① 이상적 세계에 대한 비전창출자이며 목표 제시자이다.
② 자신의 목표에 완전히 몰입하며, 비전과 목표달성을 위해 위험을 감수하며, 모든 수단과 방법을 동원한다.
③ 자신과 조직이 처한 상황을 정확히 평가할 수 있는 능력을 지니고 있다.
④ 추종자들의 욕구와 관심에 항상 주목하며, 문제를 해결할 수 있다는 것을 강조한다.
⑤ 구성원들 간의 합의에 의하기보다 개인적 자질을 통해 영향력을 행사한다.
⑥ 현상유지가 아닌 변화를 추구하고 촉진하며 동시에 현실적이다.
⑦ 부하들을 계몽할 수 있는 능력을 가지고 있다.

⑧ 관습에 얽매이지 않고 특이한 행동가이며 전략가이다.

Leadership Devlopment and Training 사례 10-3

조조의 리더십

자는 孟德, 묘호는 太祖, 시호는 武皇帝이며, 패국 초현 출신으로 환관 조등의 양자가 된 조숭의 아들이었다.

탁월한 리더로서의 능력을 바탕으로 208년 승상, 213년 위공, 216년 위왕의 자리에 올랐다.

문학을 사랑하여 이른바 건안문학의 흥륭을 가져왔으며, 나관중이 집필한 「삼국지연의」에서 '난세의 간웅'이라는 부정적인 이미지로 기록되어 있다.

하지만 최근 조조의 리더십, 조조라는 인물 그 자체를 재조명하고 평가하는 움직임이 이어지고 있다. 특히, 책이나 만화, 심지어 게임에서 까지 조조를 주인공으로 하여 그를 재조명하고 있다.

조조의 리더십에 대해 살펴보면 다음과 같다.

첫째, 영웅적 카리스마이다.

다른 군주들과 비교되는 뛰어난 무인으로서의 능력을 갖추고 있었으며, 천하통일과 같은 웅대한 비전을 갖고 있었으며, 좌중을 압도하는 카리스마가 있었다.

전장을 누비며 문학을 노래하는 음유시인이며, 뛰어난 전략가로서의 자질을 갖추었다.

조조는 호방한 기개와 결단력을 갖추고 있었으며, 지도자로서의 위엄을 갖추고 있으면서도 인간미와 유머가 있었다.

어릴 때부터 두각을 나타낸 명석한 두뇌, 옳다고 믿는 일에는 어떠한 상황에서도 굽히지 않았다.

사사로운 감정에 치우치지 않고, 재능이 있는 자를 적재적소에 등용했으며, 부하를 아끼고 존중하며, 함부로 칼을 쓰지 않았다. 공이 있는 자에는 확실히 포상하고, 쓰기 전에는 의심하지만 쓰기 시작한 후에는 의심하지 않았다. 이러한 조조의 인재경영은 오늘날에도 적용하는 데 매우 유용하다.

4. 카리스마적 리더의 부정적 측면

카리스마적 리더십의 주요 이론들은 긍정적인 결과를 강조하지만 한편 카리스마의 부정적인 측면에도 주의를 기울여야 한다. 카리스마적 리더십의 부정적 결과에 대해 정리해 보면 다음과 같다.

① 부하들은 리더를 두려워하며 좋은 제안을 내지 않는다.
② 부하들은 리더에게 수용을 받고자 하는 욕구로 인하여 비판을 억제한다.
③ 부하들은 리더를 숭배하여 무오류성의 착각을 불러일으킨다.
④ 리더는 과도한 자신감과 낙관주의로 실제 위험을 무시하거나 간과한다.
⑤ 문제와 실패를 부정하여 조직학습이 감소된다.
⑥ 위험하고 거창한 계획으로 실패할 가능성이 높다.
⑦ 성공을 위해 완전한 신뢰를 이용하는 것은 주요 지지자를 멀어지게 한다.
⑧ 충동적이고 불합리한 행동은 신봉자뿐만 아니라 적을 만들게 된다.
⑨ 리더에 의존함으로써 유능한 후계자의 개발이 억제된다.
⑩ 후계자 양성의 실패는 궁극적으로 리더십 위기를 유발하게 된다.

Leadership Devlopment and Training **사례 10-4**

변혁적 리더십 측정도구

변혁적 리더십을 측정하기 위해 가장 널리 사용되는 측정도구는 MLQ(Multiple Leadership Questionnaire)이다. MLQ는 Bass(1985)에 의해 처음 개발되었다. Bass 등은 남아프리카에서 70명의 고위층 경영자들을 대상으로 일련의 인터뷰를 실시하였다. Bass 등은 이들 경영자들에게 자신들의 경험에서 그들에게 보다 폭넓은 목표의식을 자각할 수 있도록 하였거나, 자신들의 동기를 유발하였거나, 혹은 자신들의 이익에 앞서 다른 사람들의 이익을 먼저 배려하도록 고무해준 리더들을 생각하도록 했다. 경영자들에게 자신이 기억해 낸 그 리더들이 그 당시 어떤 행동을 했으며 그리고 그들이 변화과정에 어떤 영향을 미쳤는지에 대해 설명하도록 요구하였으며, 그 밖의 다른 여러 관리자들을 상대로 한 수많은 인터뷰를 기초로 하여 MLQ를 구성하는 설문지를 개발하게 되었다.

다중요인 리더십설문지(MLQ)

본 설문지는 귀하의 리더십스타일에 대해 기술하고 있습니다. 21개 문항을 읽고 귀하에게 해당되는 정도를 평가하세요. 다른 사람들이라는 말은 귀하의 부하나 고객 혹은 집단구성원들을 의미합니다.

0 = 전혀 그렇지 않다	1 = 이따금씩 그렇게 한다
2 = 때때로 그렇게 한다	3 = 꽤 자주 그렇게 한다
4 = 항상은 아니지만 빈번하게 그렇게 한다	

설문내용	응답수준				
	0	1	2	3	4
1. 리더는 다른 사람들이 자기 주위에 있는 것을 기분 좋게 느끼도록 한다.					
2. 리더는 우리가 무엇을 할 수 있고 또 무엇을 해야 하는지를 몇 마디 짧은 말로 명확하게 표현한다.					
3. 리더는 우리에게 지금까지 해오던 문제들을 새로운 방식으로 생각하고 새로운 시각으로 보도록 한다.					
4. 리더는 다른 사람들이 자신을 스스로 개발해 가도록 돕는다.					
5. 리더는 다른 사람들이 자신의 업무성과에 따른 보상을 받기 위해 무엇을 해야 하는지를 말해 준다.					
6. 리더는 다른 사람들이 합의된 업적기준을 충족시켰을 때 만족한다.					
7. 리더는 다른 사람들이 항상 같은 방식으로 계속 일하도록 하는 것에 만족하고 있다.					
8. 다른 사람들은 나의 리더를 완전히 신뢰한다.					
9. 리더는 우리가 할 수 있는 가능성에 대해 호소력 있고 감동적으로 표현을 한다.					
10. 리더는 다른 사람들에게 복잡하고 어려운 문제를 새로운 시각으로 보는 방법을 제공한다.					
11. 리더는 다른 사람들로 하여금 자신이 하고 있는 일에 대해 어떻게 생각하고 있는지를 알도록 한다.					
12. 리더는 다른 사람들이 그들의 목표에 도달했을 때 그 목표달성을 인정해 주고 보상을 제공한다.					

13. 일들이 잘 되어 가고 있는 한, 나의 리더는 어떤 것도 바꾸려고 시도하지 않는다.					
14. 다른 사람들이 무엇을 하려고 하든지 간에 나의 리더에게는 좋다.					
15. 다른 사람들은 리더와 함께 근무하고 있는 것을 자랑스럽게 생각한다.					
16. 리더는 다른 사람들이 자신의 일에서 의미를 찾도록 돕는다.					
17. 리더는 다른 사람들로 하여금 이전에 전혀 의문을 갖지 않았던 일에 대해 새로운 시각으로 보도록 한다.					
18. 리더는 소외당하고 있는 사람들에게 개인적인 관심을 보인다.					
19. 리더는 사람들이 그들의 업적에 따라 보상을 받고 있는가에 대해 주의를 기울인다.					
20. 리더는 다른 사람들에게 그들이 자신의 일을 수행하기 위해 알아야 할 원칙들을 말해준다.					
21. 리더는 다른 사람들에게 꼭 필요한 것만을 요구한다.					

채점요령

MLQ는 변혁적 리더십과 관련된 7개의 요인에 따라 귀하의 리더십을 측정하려는 것이다. 각 요인에 대한 점수는 설문지상의 세 가지 문항들의 점수를 합산함으로써 결정된다. 예를 들어, 요인 1(이상적 영향력)에 대한 점수는 항목 1과 8, 15에 대한 응답을 합산하면 된다. 일곱 가지 요인 모두에 대해 이 같은 방식으로 채점한다.

리더십 요인	리더십 요인명(문항번호)
요인 1	이상적 영향력(항목 1, 8, 15)
요인 2	영감적 동기부여(항목 2, 9, 16)
요인 3	지적 자극(항목 3, 10, 17)
요인 4	개별적 배려(항목 4, 11, 18)
요인 5	조건부 보상(항목 5, 12, 19)
요인 6	예외관리(항목 6, 13, 20)
요인 7	자유방임적 리더십(항목 7, 14, 21)
점수범위	높음 : 9~12, 중간 : 5~8, 낮음 : 0~4

점수의 해석

리더십 요인	해석
요인 1 이상적 영향력	이상적 영향력은 리더가 부하들의 신뢰를 받고 있는지, 부하들로부터 믿음과 존경을 받고 있는지, 부하들에 대한 헌신을 보이고 있는지, 부하들의 꿈과 희망에 호소하는지, 그리고 부하들의 역할모델로서 행동하는지의 여부를 가리킨다.
요인 2 영감적 동기부여	영감적 동기부여는 리더가 비전을 제시하고, 다른 사람들이 자신의 일에 몰두하도록 돕기 위해 노력하며, 다른 사람들이 자신의 일에서 의미를 느끼도록 하기 위해 노력하는 정도를 측정한다.
요인 3 지적 자극	지적 자극은 리더가 다른 사람들로 하여금 기존의 문제들을 창조적이고 새로운 시각으로 볼 수 있도록 용기를 북돋워주고, 겉으로는 극단적인 입장에 대해서도 너그러이 관용하는 환경을 조성하며, 리더 자신 및 조직이 추구하는 가치에 대해 의문을 제기할 수 있는 사람들을 양육적으로 육성하고 있는 정도를 나타낸다.
요인 4 개별적 배려	개별적 배려는 다른 사람들의 복지에 관심을 나타내 보이고 개별적으로 프로젝트를 배정하며 집단에서 어울리지 못하는 사람에게 관심을 보이는 정도를 가리킨다.
요인 5 조건부 보상	조건부 보상은 보상을 받기 위해 무엇을 해야 하는지를 말해주고, 기대하는 것이 무엇인지를 강조하며 사람들이 어떤 일을 성취했을 때 그것을 인정하고 보상해주는 정도를 가리킨다.
요인 6 예외관리	예외관리는 리더가 사람들에게 직무수행상 필요한 원칙들을 말해주는지의 여부, 그리고 합의된 업적기준을 충족시켰을 때 그것에 만족하고, 기준미달이나 원칙을 어겼을 때만 개입하고 있는지 등의 여부를 측정한다.
요인 7 자유방임주의	자유방임주의는 리더가 다른 사람들에게 무엇인가를 하도록 거의 요구하지 않은 정도, 일이 될 대로 되어 가는 데 만족하고 있는 정도, 사람들이 자신의 일을 알아서 하도록 내버려두는 정도 등을 측정한다.

Chapter
11

감성 리더십

제1절 | 감성지능의 개념

훌륭한 리더는 모든 분야에 뛰어나야 하지만 기본적으로 지적 능력이 뛰어나야 한다. 그러나 진정한 리더가 갖추어야 할 능력에는 바로 감성지능을 갖추고 있어야 한다. 집단과 조직구성원들의 감성을 좌우할 수 있는 영향력을 가지고 있어야 하기 때문이다. 감성지능이 높은 리더는 조직을 보다 효과적으로 이끌어 갈 수 있다.

감성지능은 마음의 질에 관련된 것으로서 감정조절, 동기부여, 타인의 감정인식, 원만한 대인관계와 같은 능력이며, 성공적인 조직생활에 매우 중요한 요소이다.

효율적인 리더는 구성원들의 감성을 올바른 방향으로 이끌어 갈 수 있는 능력을 가지고 있어야 한다. 감성 리더는 자신의 감성을 바탕으로 자신이 맺고 있는 여러 관계를 조직목적을 달성하는 방향으로 결집시킬 수 있다.

Mayer & Salovey(1990)는 감성지능(emotional intelligence)이란 "자신과 타인의 감정과 느낌을 관찰 및 검토하고, 그것들을 식별하며 생각과 행동을 유도하는 정보를 활용하는 능력"이라고 정의하였다. 그러나 이들의 정의가 감정을 지각하고 조정하는 것만을 언급하고 감정에 대한 사고를 배제했다는 이유로 "감성지능이란 감정을 정확히 지각하고 인식하여 표현하는 능력, 감정을 생성하거나 이용하여 사고를 촉진시키는 능력, 감정과 감정지식을 이해하는 능력, 감정발달과 지적발달을 촉진시키기 위해 감정을 조절하는 능력"으로 재정의하였다.

감성지능을 널리 일반화시킨 사람이 바로 Goleman(1998)이다. 그는 "감정지능이란 좌절상황에서도 개인을 동기화시키고, 자신을 지켜낼 수 있게 하고, 충동의 통제를 가능하게 하며, 기분상태나 스트레스로 인해 합리적인 사고를 억누르지 않게 하고, 타인에 대해 공감할 수 있으며, 희망을 버리지 않는 능력"이라고 **정의**하였**다.**

감성지능을 좀 더 깊이 이해하기 위해 감성과 관련된 용어인 감정과의 관계에 대해서 살펴볼 필요가 있다.

먼저 감정과 감성을 비교해 보면 정(情)은 사물에 감촉되어 일어나는 마음의 작용으로 매우 다양한 양상을 보이는 데 비해, 성(性)은 근원적인 마음속의 진리를 말한다.

정(情)은 많은 사람들에게서 다양하게 나타나는데, 주로 희, 노, 애, 락, 욕 등으로 나타난다. 따라서 정(情)은 사람마다, 위치에 따라 예측하기 어려울 정도로 변화무쌍하고 조금은 제멋대로인 것이 특징이다. 이에 반해 성(性)은 이런 다양한 정 속에 자리 잡고 있는 근본원리나 법칙을 말한다.

Leadership Devlopment and Training **사례 11-1**

리더에게 필요한 감성지능

HP와 GE는 리더십에서의 감성적 영역의 평가기준을 명확히 보유하고 있으며, 고급 감수성 훈련프로그램도 당연히 보유하고 있다.

GE는 잭 웰치 이후 제프리 이멜트 회장도 리더의 감성을 매우 중요하게 생각하고 있다. 아무리 높은 성과를 올리는 관리자라 해도 감성지능이 부족하다면 바로 그 사람이 제1차 퇴출대상이 된다.

사우스웨스트항공은 인력채용 시 '유머감각' 항목을 매우 비중 있게 검토하고 있으며, 시스코는 전문지식과 직무능력 20%에 대인관계와 팀워크 80%로 직원들을 평가·관리하고 선발한다. 이처럼 오늘날 글로벌기업들은 리더의 감성지능의 중요성을 매우 강조하고 있다. 따라서 리더라면 반드시 필요한 것이 바로 감정지능이 되었다.

Leadership Devlopment and Training

사례 11-2

감성지수(emotional intelligence quotient : EQ)

감성지수는 지능지수(intelligence quotient : IQ)에 대비되는 개념으로, '마음의 지능지수'라고도 한다. 미국의 하버드대학 교수이며 행동심리학자인 대니얼 골먼 박사는 "인간의 총명함을 결정하는 것은 IQ가 아니라 EQ(Emotional Quotient)"라고 제창해 커다란 반향을 불러일으켰다.

EQ란 감정을 통제·조절하고 타인과 원만한 관계를 유지할 수 있는 능력을 말한다. 거짓 없는 자기의 느낌을 솔직하게 인정하고 마음으로부터 납득할 수 있는 판단을 내리는 능력, 불안이나 분노 등에 대한 충동을 조절할 수 있는 능력, 궁지에 몰렸을 때에도 자기 자신에게 힘을 북돋아주고 낙관적인 생각을 유지할 수 있는 능력, 남을 배려하고 공감할 수 있는 능력, 집단 속에서 조화와 협조를 중시하는 사회적 능력 등을 일컫는다.

최근 우리 인간에게 중요한 것은 IQ가 높은 것이 아니라 감성지수인 EQ가 높은 것이 더욱 중요하다고 알려졌다. 연구 결과에 의하면 IQ 높은 것이 그 사람의 성공적인 삶과 행복을 누리는 삶에 기여하는 정도는 불과 20%에 미치지 못한다는 것이다. 나머지 80%는 EQ가 결정한다는 것이다. 그런데 중요한 것은 IQ는 부모로부터 물려 받는 것이기에 본인이 바꾸거나 더 발전시켜 나갈 수 없다. 그러나 EQ는 자신의 노력과 주위 사람들의 도움에 의하여 개선·발전시켜 나갈 수 있다는 점이다.

오늘날 우리 사회는 이성, 지성의 시대보다도 감성지수(EQ)가 중요하다. 또한 NQ(관계지수), SQ(Spiritual Quotient, 영성지수)도 중요하다.

인재 스카우트 회사인 스펜서 스튜어트의 사장 토머스 네프가 쓴 「Lessons From the Top」이라는 책에도 비슷한 내용이 언급되어 있다. "성공한 리더 50명의 15가지 공통자질 중 지적/기술적 능력은 단 3가지뿐이었다. 나머지 12가지 자질은 모두 태도나 의지와 같은 감성적 영역의 자질이었다"는 것이다.

EQ가 낮은 사람 특징

첫째, 참을성이 없다.
둘째, 화를 잘 낸다.
셋째, 인간관계가 원만하지 못하다.

제2절 | 감성의 유형과 조절

1. 감성의 유형

우리가 알고 있는 감성(EQ)은 수백 가지에 이르며 말로 표현할 수 없을 정도로 미묘한 차이를 나타낸다. 리더의 중요한 능력은 이런 감성의 미묘한 변화를 간파하고 감정표출방식을 이해하는 데 있다.

Goleman(1995)은 감성을 8가지 범주로 구분하였다. 기본 8가지에는 기쁨, 사랑, 노여움, 슬픔, 두려움, 놀람, 싫음, 부끄러움이다. 이들 8가지 감성군은 모두 리더십에 영향을 미치지만 특히 사랑과 두려움은 전통적으로 리더십의 양대 감성으로 널리 활용되어 왔다.

그림 11-1 | 감성의 8가지 유형

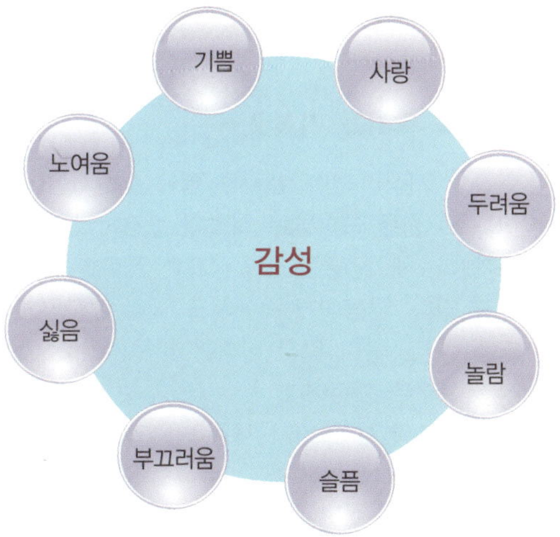

기쁨에는 행복, 즐거움, 안심, 만족, 환희, 재미, 긍지, 쾌감, 스릴, 광희, 희열, 도취 등이 해당된다.

사랑에는 용인, 존경, 우정, 친절, 헌신, 동경, 심취 등이 해당된다.

노여움에는 격노, 격분, 분개, 의분, 앙심, 성가심, 흥분, 적개심 등이 해당된다.

슬픔에는 비탄, 비애, 침울, 우울, 자기연민, 고독, 실의, 절망, 의기소침 등이 해당된다.

두려움에는 걱정, 우려, 불안, 근심, 대경질색, 경계심, 무서움, 공포, 당황 등이 해당된다.

놀람에는 충격, 경악, 경탄, 경이 등이 해당된다.

싫음에는 경멸, 멸시, 증오, 혐오, 불쾌 등이 해당된다.

부끄러움에는 죄의식, 창피, 억울, 후회, 모욕, 유감, 굴욕, 뉘우침 등이 해당된다.

Leadership Development and Training **사례 11-3**

LG전자 – '감성코드' 앞세워 위기를 기회로 –

2009년 상반기 전 세계 주요 시장이 침체 빠져든 통에 수출시장이 막혀버렸고, 소비는 위축됐다. 기업 입장에선 안팎으로 힘든 그야말로 최악의 조건이었다. 하지만 우리나라 기업들은 이 위기를 슬기롭게 극복했다. 해외언론은 한국경제가 글로벌 경기침체의 동굴을 가장 빨리 벗어나고 있다고 극찬하고 있다. 금융위기 속에서도 국내 전자업계의 플러스 상승세는 대단했다. 특히 LG전자는 금융위기로 불어 닥친 한파를 비웃기라도 하듯 예상치를 훌쩍 뛰어넘는 실적호조를 거두며 잔뜩 고무된 표정이다.

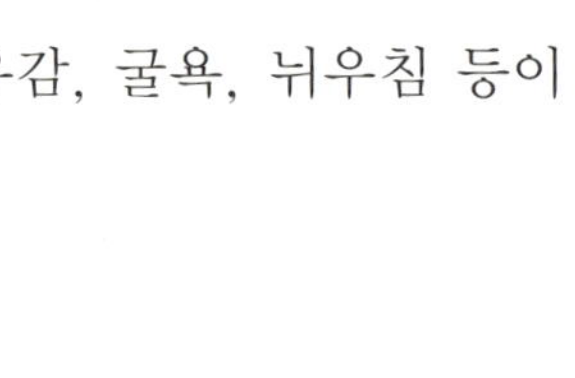

LG전자만의 '고객 인 사이트 전략'은 소비자 사용 패턴과 특성에 기반한 제품개발과 마케팅의 성공사례로 손꼽히며 위기를 기회로 만드는 원동력이 됐다. 또한 가치창조적 노사문화는 위기극복을 위한 새로운 상생모델로 평가되며 재계 내 롤 모델로 자리 잡고 있다.

한편 LG전자의 남용 부회장은 극심한 경기침체가 지속되던 2008년 10월, 위기극복을 위한 4가지 방법을 제시했다. 당시 남 부회장은 오늘날 우리에게 필요한 것은 "실천적 행동이 중요한 때다. 걱정한다고 누가 도와주지도 않으며 어렵다고 걱정만 하면 걱정하는 사람들만 손해"라며 "우리도 세계적인 불황을 피해갈 수는 없으며 어려울 때일수록 할 수 있다는 신념을 갖고 서로 격려하고 팀워크를 발휘해야 한다"고 강조했다. 남 부회장의 이 같은 위기극복 전략은 임직원들의 실천으로 이어졌고, 위기 속 기대 이상의 실적을 거두는 쾌거를 달성할 수 있었다.

감성 리더십 추진과제

- 시장점유율 확대
- 고객감동 강화
- 우수 판매사원 육성
- 낭비제거 강화

그 구체적인 방법으로 LG전자는 위기극복을 위한 '감성 리더십 강화'에도 적극적으로 나섰다. 사내 조직책임자의 면담능력 향상 프로그램을 진행하였으며, 면담능력이 팀워크와 직원들의 역량 발휘에 큰 영향을 주며, 경기침체 극복을 위한 의지 결집을 위해서도 감성 리더십이 중요한 역할을 하고 있다.

자료 : 프라임경제, 2009년 10월 22일자 기사 중에서

2. 감성조절

Gross(1998)는 감성을 적응적인 행동적 · 생리적 반응이라고 정의하고, 감성은 조절될 수 있는 반응성향이기 때문에 조절되고 관리될 수 있다고 보았다.

감성조절(emotion regulation)이란 자신이 가진 감성을 경험하고 이런 감성들을 표현하는 것으로 감성지능의 개념과 비슷하다. 사람들은 우선 감성을 조절하기 전에 자신이 가지고 있는 감성을 잘 이해해야 한다. 대부분의 감성적 반응은 다른 사람들로부터 기인된 것이기 때문에 자신의 감성을 이해하는 것은 다른 사람의 감성을 이해하는 능력과 관련이 있다.

감성조절 모델에 따르면 사람들은 감성을 어떻게 경험하며, 어떻게 표현하고, 조절할 수 있다는 것이다. 따라서 감성지능이 높은 사람일수록 그들의 반응성향을 조절하고 효과적인 감성조절과정을 가질 수 있다.

Gross(1998)는 감성적 반응 성향은 얼마든지 시스템적 관점에 투입물을 변화시킴으로써 조절되거나 그 결과물을 변화시킴으로써 조절될 수 있다

고 한다. 감성조절의 단계에 대해 구체적으로 살펴보면 다음과 같다.

1단계, 감성적 충격을 고려하여 어떤 상황이나 사람을 회피하거나 선택적으로 접근하는 상황을 선택할 수 있다.

2단계, 감성적 영향을 변화시키기 위해 환경을 변화시킨다.

3단계, 감성을 조절하기 위해 어떤 것으로부터 주의를 철수시키거나, 주의를 기울이게 되는 주의배치가 이루어진다.

4단계, 자신의 감성을 변화시키기 위해 자신이 처해 있는 상황을 관리하는 능력이나 상황 자체를 재평가하게 되는 인지적 변화가 일어나게 된다.

이 모델은 조직적 맥락에 적용하면 종업원들은 작업환경에 대한 그들의 인식을 조절할 수 있다. 이러한 인식은 자신과 상호작용하게 될 사람들을 선택하고, 그들의 작업환경을 변화시키고, 작업환경이 특정 부분에 초점을 맞추고, 작업환경에 대한 그들의 평가를 변화시키는 등 선행요인 중심으로 감성을 조절하여 자신들의 감성에 영향을 미치게 된다. 특히 종업원들은 특정 감성을 강화, 감소, 연장, 단축함으로써 반응 중심의 감성조절을 할 수 있는데 이를 통해 작업환경으로부터의 감성자극의 효과를 조절할 수 있다. 이때 감성지능이 높은 사람은 감성조절 기제를 효과적으로 사용하여 긍정적인 감성을 유발시키고 동시에 감성적 · 지적 성장을 촉진하게 된다. 반면 감성지능이 낮은 사람은 선행요인 중심의 감성조절이나 반응중심의 감성조절을 효과적으로 사용하지 못하기 때문에 감성조절이 어렵게 된다.

Leadership Devlopment and Training

사례 11-4

긍정적인 팀 환경 창조

긍정적인 환경에서 일하는 팀원들은 즐거운 마음으로 일을 하며, 자신이 성장하는 것을 느낀다. 또한 그런 팀의 일원이 된 것에 행복해하고, 흥분하며, 팀을 떠나고 싶어 하지 않는다. 이들은 팀원 간에 서로 도와주고 의지하며 존중해준다. 도전적인 업무도 마다하지 않으며 전원이 공동의 목표를 위해 헌신적인 태도를 보여준다. 팀원 각자는 높은 업무성취 수준을 보여주고 팀원들 간의 시너지효과가 높고 뛰어나다. 이런 리더의 대표적인 유형이 바로 조화형 리더이다.

리더는 함께 일하는 사람들의 감정을 잘 관리하고 감독함으로써 팀이 목표를 달성할 수 있게 하는 사람으로서 긍정적인 환경을 만든다. 이들은 사람들과 강력한 유대관계를 형성하며 팀 내에 일체감을 창조, 효율적으로 업무성과를 달성한다.

부정적인 환경에서 일하는 팀원들은 일을 하는 것이 힘들고 성취감을 느끼기도 어렵다. 하루 속히 자신이 팀을 떠나거나 팀장이 바뀌기를 원한다. 이런 팀의 특징은 업무의 기준, 가치와 규칙이 모호하고 책임지는 사람이 없어 보이며, 불만이 쌓이고 모두가 다른 사람에 대해 불평을 늘어놓는다. 우선순위가 무엇인지 명시되지 않을 때가 많고, 갈등도 관리되지 않은 채 방치된다. 이런 리더의 대표적인 유형이 바로 불화형 리더이다.

리더는 팀원 간에 경쟁, 알력과 감정적 단절감을 조성하며 부정적인 환경을 만든다. 이들은 공감능력이 부족하거나 타인을 이해할 수 없기 때문에 다른 사람들에게 그들의 메시지는 비상식적으로 들린다. 더욱 나쁜 것은 남을 불쾌하게 갈등을 조장하는 부정적인 감정적 메시지를 전달, 사기를 저하시켜 업무성과를 떨어뜨린다.

제3절 | 감성지능의 구성요소

1. Mayer & Salovey의 감성지능

Mayer & Salovey(1990)는 감성지능이란 "감정을 정확히 지각하고 인식하여 표현하는 능력, 감정을 생성하거나 이용하여 사고를 촉진시키는 능력, 감정과 감정지식을 이해하는 능력, 감정발달과 지적발달을 촉진시키기 위해 감정을 조절하는 능력"으로 보고 [표 11-1]과 같이 감성지능 구성요소를 설명하였다.

표 11-1 | Mayer & Salovey의 감성지능 I

영역	요소
감정의 인식과 표현	자기감정의 언어적 인식과 표현
	자기감정의 비언어적 인식과 표현
	타인감정의 비언어적 인식과 표현
	감정이입
감정의 조절	자기감정의 조절
	타인감정의 조절
감정의 활용	융통성 있는 계획 세우기
	창조적 사고
	주의집중의 전환
	동기화

표 11-2 | Mayer & Salovey의 감성지능 II

<table>
<tr><th colspan="3">구분</th><th>내용</th></tr>
<tr><td rowspan="4">평가와 표현</td><td rowspan="2">자아</td><td>언어적</td><td>감정은 언어에 의해서 평가되고 표현된다. 이 영역에서는 자신의 감정에 대해서 언어적으로 정확하게 평가하고 표현하는 것을 말한다.</td></tr>
<tr><td>비언어적</td><td>감정적 의사소통의 많은 부분은 비언어적 경로를 통해 일어난다.</td></tr>
<tr><td rowspan="2">타인</td><td>비언어적</td><td>타인의 불쾌한 감정을 감지하는 능력뿐만 아니라 타인의 모든 감정을 인식하는 것을 말한다. 이 능력은 얼굴의 표정을 통해서 나타난 감정을 해석하는 것으로 개인차를 알 수 있다.</td></tr>
<tr><td>감정이입</td><td>타인의 감정을 이해하고, 자신의 내부에서 재경험해 본다. 타인이 느낀 감정이나 기분을 마치 자신이 느낀 것처럼 인식하는 것이다.</td></tr>
</table>

조절	자기감정	자신의 긍정적인 기분을 유지하고 지속시키면서 좋지 않은 기분은 줄이려고 하는 것이다.
	타인감정	타인의 감정을 조절하고 바꾸려는 능력이다. 자신에 대해서 타인이 갖게 되는 인상을 조절하고 통제하기 위해 타인에게 보여주는 행동방식이다. 대인관계를 원활히 증진시키기 위해 타인과의 부정적인 대화를 억제하는 능력이다.
활용	융통성 있는 계획 세우기	기분전환을 통해 좌절상태에 있는 사람들이 미래에 대해 생각하는 것을 도와줄 수 있으며, 가능한 다양한 결과에 대해 고려할 수 있도록 한다.
	창의적 사고	감정은 기억 속의 정보를 조직하고 활용하는 데 영향을 줌으로써 문제해결을 도와줄 수 있다. 정보를 체계화함으로써 창조적인 문제해결에 도움이 된다.
	주의집중	부정적인 강한 감정이 생겼을 때 새로운 문제에 대해 관심을 갖게 되는 것이다. 사람들이 자신의 정서에 대해 의미를 두게 될 때 현재 진행 중인 문제로부터 벗어나 새롭고 더 중요한 문제에 더 관심을 갖게 된다.
	동기화	감정은 도전적인 과제를 지속할 수 있는 동기를 제공해 준다. 또한 사람들은 좋은 기분을 이용해서 자신의 능력에 대한 자신감을 증가시켜서 어려운 장애나 고통스러운 경험을 극복하고 활동을 지속시키도록 한다.

2. Goleman의 감성지능

Goleman(1998)은 감성지능 자체만으로는 직무성과를 충분히 예측하지 못한다고 보고 감성지능(emotional intelligence)과 감성역량(emotional competence)을 구분하여 설명하였다. 그는 감성역량이란 "더 나은 직무성과를 달성하는 데 필요한 개인적 · 사회적인 기술을 뜻하는 것이며 감성지능에 기반을 둔 것"이라고 정의하였다.

Goleman이 제시한 감성지능의 다섯 가지 요소에 대해 살펴보면 다음과 같다.

1) 자기인식

자기인식은 자신이 느끼는 감정을 재빨리 인식하고 알아차리는 능력으로 감성지능의 초석이 된다.

2) 자기조절

자기조절은 인식된 자신의 감정을 적절하게 처리하고 변화시킬 수 있는 능력이다.

3) 자기동기화

자기동기화는 어려움을 참아 내어 자신의 성취를 위해 노력할 수 있는 능력이다.

4) 공감

타인이 느끼는 감정을 자신의 것처럼 느끼고, 타인의 감정을 읽어 내는 능력이다.

5) 사회적 기술

인식한 타인의 감정에 적절하게 대처할 수 있는 능력을 말하며, 적절한 감성 표현력을 말한다.

Goleman은 감성역량은 감성지능에 기반을 두고 학습할 수 있는 능력이며 뛰어난 성과로 이어질 수 있는 것으로 정의하고, 5개의 감성지능 요소를 25개의 하위역량들로 분류했다.

표 11-3 | Goleman의 감성역량군

감성지능	정의	25개 역량군
자기인식	자신의 기분, 감정, 충동과 이것이 타인에 미치는 영향을 인식하고 이해하는 능력	감성인식, 자기확신, 정확한 자기평가
자기조절	혼란스러운 기분을 통제하고, 새로운 방향으로 바꿀 수 있는 능력과 행동하기 전에 생각하고 판단을 보류하는 능력	자기통제, 신뢰감, 성실성, 적응성, 혁신성
자기동기화	직위상승을 위한 업무에의 열정과 정력과 끈기로 목표를 달성하는 능력	성취를 향한 추진력, 조직몰입, 주도성, 낙관주의
공감	타인의 감정구조를 이해하는 능력과 타인의 감정 반응에 따라 그들을 다루는 기술	타인의 이해, 타인의 개발, 서비스지향, 다양성의 균형 조절, 정치적인 인식
사회적 기술	인간관계와 인적네트워크 관리에 공통의 관심사를 발견하고 조화로운 관계를 구축하는 능력	영향력, 의사소통, 갈등관리, 리더십, 변화의 촉매역할, 연대감 구축, 협조와 협력, 팀능력

3. Cooper & Sawaf의 감성지능

Cooper & Sawaf(1997)는 감성지능의 구성요소를 [그림 11-2]와 같이 제시했다.

그림 11-2 | Cooper & Sawaf의 감성지능의 구성요소

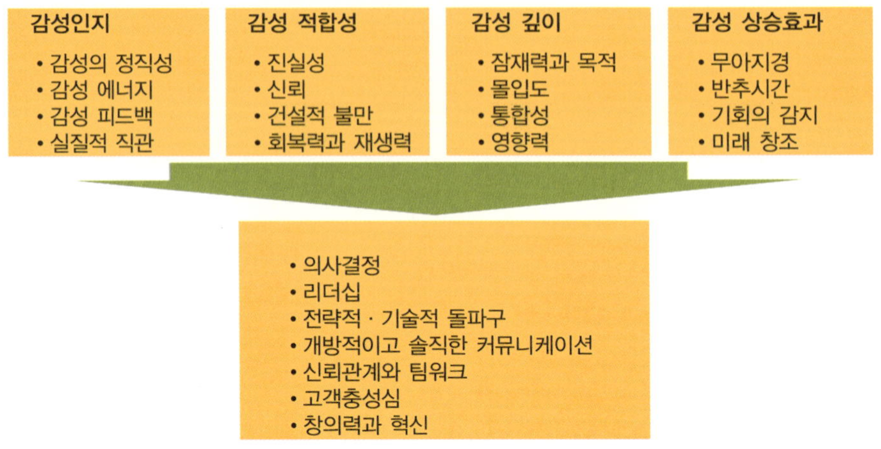

Cooper & Sawaf는 감성지능의 구성요소로 감성의 인지, 감성의 적합성, 감성의 깊이, 감성의 상승효과를 제시했다.

1) 감성인지

감성인지는 자신의 감정을 알아차리는 것으로 자신의 감정에 솔직하고, 감성에너지와 감성의 피드백에 민감하며, 실질적인 직관을 잘 활용하는 것과 관계가 있다.

2) 감성적합성

감성적합성은 리더 개인의 진실성, 신뢰, 건설적 불만, 회복력 및 재생력에 관한 것으로 감성이 적합한 사람은 우선 다른 사람을 신뢰하고, 건설적인 불만을 표출하며, 실패를 하더라도 빨리 회복하여 이를 극복할 수 있다.

3) 감성깊이

감성깊이는 리더의 감성적 몰입의 정도를 의미한다. 감성적 깊이가 깊을수록 숨겨진 잠재력이 겉으로 나오게 되며, 몰입이 강화되고, 조직통합, 영향력이 강화된다.

4) 감성상승효과

감성상승효과는 감성의 인지, 감성의 적합성, 감성의 깊이의 결과물로서 감성의 세 가지 구성요소의 결과이다. 조직에 다가오는 기회를 감지하고, 미래를 창조하며 직관적인 몰입 등을 가능하게 한다.

그러므로 Cooper & Sawaf는 감성지능이 의사결정, 리더십, 전략적 또는 기술적 돌파구를 마련하고, 개방적이고 솔직한 커뮤니케이션, 팀원들 간의 신뢰관계와 팀워크, 고객충성심, 창의력과 혁신 등에 영향을 미친다고 주장했다.

제4절 | 감성지능의 핵심 구성요소

위에서 열거한 여러 학자들의 연구를 바탕으로 감성지능의 구성요소를 종합해 보면 다음과 같다.

1. 자기인식(self awareness)

자기인식이란 자신의 감정에 대한 강점, 약점, 필요, 동인 등에 대한 깊은 이해를 말한다. 자기인식이 높으면 지나치게 비판적이지 않고, 비현실적으로 희망적이지도 않는다.

따라서 자신과 다른 사람에 대해서 정직하기 때문에 자신의 감정이 자신과 다른 사람의 직무성과에 영향을 주게 되는지 이해하게 되고, 시간계획을 세우고, 주어진 시간 내에 일을 완수하려고 최선을 다한다.

또한 자기인식은 개인의 가치와 목표를 이해하는 능력이다. 자기인식수준이 높은 사람은 자신이 어디를 향해 가고 있는지, 왜 가고 있는지를 명확하게 이해할 수 있다.

반면 자기인식수준이 낮은 사람은 단기적 가치를 위해 결정을 하지만 자기인식수준이 높은 사람은 자신이 가치에 비추어 판단한 후 그 결과로 자신에게 근본적으로 활력을 주는 일을 찾고, 자신의 감정과 일에 대한 감정의 영향을 정확하고 숨김없이 표현하며 유머감각을 가지고 있다.

자기인식이 높은 사람은 자신의 강점을 잘 알고 그것을 말하는데도 불안해하지 않으며, 종종 건설적 비판도 표출하고, 자기 확신에 따라 주변을 이해하려고 하며, 자신의 역량에 대한 충분한 이해가 뒷받침되기 때문에 쉽게 실패하지 않는다.

반면 자기인식이 낮은 사람은 자신을 향상시키는 데 필요한 외부의 메시지를 위협이나 실패의 증거로서 받아들이기 때문에 긍정적인 성과를 달성하기가 어렵다.

자기인식은 직무성과와 관계가 깊다. 자기인식은 자신을 둘러싼 감정을 정확하게 측정하고, 흐트러지기 쉬운 감정을 관리하며, 스스로를 동기부여시키고, 일과 연계된 바람직한 감정적 기술을 개발하는 등 작업환경에서 요구되는 기본적인 감성지능을 갖출 수 있다.

자기인식능력 향상 기술

자기인식이란 자신의 감정을 알고 그것이 자신과 타인에게 미치는 영향을 인지할 수 있는 능력이다. 리더는 자신의 감정이 팀원들에게 커다란 영향을 미치게 되므로 자신의 감정을 잘 알고, 돌보는 것은 매우 중요하다. 업무를 진행하며 보통 사람들은 한 가지 이상의 감정을 경험한다. 그리고 이 감정은 일의 성공 여부에 직접적인 영향을 준다. 우리가 경험하고 있는 저변의 진짜 감정을 인지하게 될 때 우리는 실제로 더 강해진다.

자기인식은 육체의 근육을 단련시키는 것과 비슷하여 훈련을 하면 할수록 더욱 잘하게 된다. 만약 특정 감정을 느끼는 데 어려움이 있거나 자신의 감정이 정확히 무엇인지 꼭 집어 말할 수 없다면, 몸을 단서로 이용하는 것이 가능하다. 감정은 우리 몸에 신체적인 징후를 전달하며 우리는 이 징후들을 이용하여 우리가 느끼는 감정의 실체를 파악할 수 있다. 가장 대표적인 것으로 심박수가 빠른지 느린지, 열기를 느끼는지 한기를 느끼는지, 근육이 긴장되는지를 통해 알 수 있다. 이러한 신체 지표들은 내 안의 감정세계에 무슨 일이 일어나고 있는지 판별할 수 있도록 도와준다. 또한 내 얼굴에 나타나는 표정도 내가 느끼는 감정을 잘 드러내준다.

자기인식능력을 향상시키기 위한 기술

- 감정일기 작성하기
- 기록용지(일주일/일정시간간격)를 이용하여 감정 추적하기
- 신체징후 검사하기
- 거울 속의 얼굴을 살펴보기
- 감정대화 상대자 이용하기
- 역행기법(감정추적) 사용하기
- 조용한 시간을 이용하여 반성 및 명상시간 가지기

자신을 더 잘 이해하는 데 이용할 수 있는 또 다른 도구는 감정이 '빨간 깃발(감정적 문제의 초기징후)'을 설정하여 내 감정상태를 파악하는 것이다. 상황에 맞지 않는 부적절한 유머를 한다든지 냉소적인 태도를 보인다든지, 수동적 · 공격적 행동의 반복, 피해의식을 느끼는 것, 적대감 등을 느낀다면 이는 '빨간 깃발'이 올라간 것이다.

이 '빨간 깃발'들은 자신 안에서 벌어지고 있는 일들을 이해하고, 그를 통해 자기인식능력을 높이는 수단으로 이용될 수 있다. 정확한 자기인식의 능력인 자기평가를 위해서는 타인으로부터 피드백을 구하고, 평생의 멘토나 코치, 매니저를 모실 수도 있다. 또한 자신감을 가지는 것도 자기인식에서 중요한데 자신감은 합리적인 판단을 내릴 수 있게 한다.

2. 자기관리(self management)

자기관리는 자신의 감정이나 기분을 효과적으로 통제하는 것으로 감정의 노예가 되지 않도록 만들어주는 감성지능의 한 요소이다. 자기관리는 자신의 감정을 균형 있게 조절하여 걱정, 근심, 두려움, 노여움을 드러내서는 안될 때 감정을 억제하게 한다. 만약 리더가 구성원의 사소한 실수에도 쉽게 흥분하고 감정을 통제하지 못해 구성원에게 모욕적인 언사를 자주 한다면 구성원의 사기뿐만 아니라, 창의성을 저해하는 결과를 초래할 수밖에 없다. 이와 반대로 자신의 감정을 효과적으로 관리하는 리더는 자제력과 참을성이 강하고 구성원에게 기분을 상하게 하는 부정적인 감정을 쉽게 노출시키지 않는다.

따라서 자기관리는 리더가 목표를 성취하기 위해 갖춰야 할 보다 구체화된 힘이다. 자신의 느낌을 이해하지 못하면, 스스로 감정을 조절할 수 없고, 감정의 노예가 된다. 자기관리능력이 있는 리더는 감정을 혼란시키는 일이 발생할 때에 자신이 설정한 기준에서 벗어나지 않도록 지켜주는 역할을 한다.

자기관리는 긍정적인 주변효과를 발생시킨다. 예를 들어 리더가 침착한 성격인 경우 조직구성원들은 누구도 자신이 성미가 급하다고 인식되는 것을 원하지 않는다. 그러므로 자기관리는 개인적인 가치향상뿐만 아니라 조직의 강점을 높이는 역할을 담당하기 때문에 리더십의 측면에서 매우 중요한 요소가 된다.

한편 자기관리는 실제의 감정을 부인하거나 무의식적으로 감정을 억누르는 것은 아니다. 실제 나쁜 분위기를 연출하거나 부정적인 감정표현이 오히려 사회적 기능 차원에서 긍정적일 때도 있다. 리더가 화를 냄으로써 불공평과 불공정 등에 저항하는 동기부여의 강력한 동인이 되기 때문이다.

Leadership Development and Training **사례 11-6**

자기관리 방법

자기관리는 자신의 감정에 대한 인식을 활용하여 스스로를 관리하는 것이다. 우리는 자신의 감정과 행동을 통제하고 관리하기 위해 그 감정에 대한 인식을 이용할 수 있어야 한다. 여기에는 감정을 조절하며 감정유발 인자를 찾아내고 예방하며, 감정폭발로 이어질 수 있는 생각을 알아내고 방지할 수 있는 방법들을 포함한다.

자기관리 노하우 7가지

- 스트레스 줄이기
- 내면의 대화 시도하기
- 좋은 대화 상대자 구하기
- 자신에게 타임아웃 선언하기
- 보내지 않을 편지나 e메일 써보기
- 적절한 유머 사용하기
- 자신 챙겨보기

리더는 프로젝트를 진행 중일 때 감정적으로 부딪쳐 여러 가지 좋지 않은 상황이 발생할 수 있으므로 자신을 관리(자제심)할 줄 알아야 한다. 이렇게 감정이 상할 수 있는 상황이 발생하기 바로 직전의 상황, 즉 '빨간불'이 켜지는 상황을 미리 알아차리고 그때 그때 적절히 대처하여 방지할 수 있다.

리더의 부정적인 감정은 팀을 위기에 처하게 할 수도 있으므로 자신의 스트레스를 관리하고 스스로 모범을 보임으로써 주위 사람들을 안정시키는 법을 배워 둘 필요가 있다.

스트레스를 줄이는 노하우 6가지를 소개하면 다음과 같다.

첫째, 기분이 상한 일이 있다면 그것에 대해 오래 생각하지 마라. 그것이 '빨간불'이 될 수 있다.

둘째, 화가 계속 나 있다면 전문상담가의 도움을 받아야 한다.

셋째, 너무 덥거나 춥거나 지저분하거나 당신을 감정적으로 쉽게 폭발하게 만드는 환경은 어떤 것인지 생각해보고 그런 환경에 처하지 않도록 노력하라.

넷째, 너무 오랫동안 자신을 피곤하게 하지 마라. 몸이 피곤하면 마음도 함께 피곤해지기 쉽다.

다섯째, '모 아니면 도' 식의 사고방식도 당신을 감정적으로 쉽게 폭발하는 사람으로 만들기 쉽다.

여섯째, 당신의 마음을 병들게 하는 생각들을 스스로 정리해보는 것도 필요하다.

자제심을 높이고 감정폭발을 피해가는 데 유용할 자기관리를 위한 3단계 과정을 살펴보면

첫 번째, 당신의 감정을 당신 스스로 파악(감정 확인)하도록 노력한다.

두 번째, 왜 그런 감정을 가지게 되었는지(근본원인 이해)를 파악한다.

세 번째, 그런 감정에서 벗어나기 위해 적극적으로 행동(극복위한 행동)을 취해야 한다.

무엇보다도 중요한 것은 스트레스를 피하고 화가 나 있다면 당신의 감정을 적은 솔직한 이메일을 써보고, 절대 send 버튼을 누르지는 마라.

3. 자기동기화(self motivating)

효과적인 리더는 자기동기화가 잘되어 있다. 대부분의 사람들이 외재적 요소인 높은 연봉, 직위, 근로조건 등에 동기부여되지만, 자기동기화가 높은 사람은 자신이 수행한 직무에 대한 성취 자체를 위해 마음속 깊은 곳에 있는 욕구를 통해 동기부여된다. 이러한 리더를 판별하는 방법은 리더가 자신이 수행하는 일 자체에 대한 열정의 소유 여부로 판정할 수 있다. 이들 리더들은 창조적인 도전을 찾고, 학습을 즐기며, 직무를 제대로 잘 수행하는 것에 큰 긍지를 갖고, 상황을 개선하는 행위에 불굴의 의지와 노력을 기울인다. 또한 끊임없는 질문을 통해 다른 새로운 방법을 찾아내고, 새로운 접근방법을 모색하고, 항상 성과기준을 높이고 그 기준을 달성하려고 노력한다.

한편 자기동기화가 높은 사람은 실제로 실적이 못 미치는 경우에도 낙관적일 수 있다. 즉, 자기관리와 자기동기화가 함께 작용하여 실패와 실패로부터의 좌절감을 함께 극복하게 된다. 자기동기화가 높은 사람은 자신의 업무 자체를 소중히 여기며, 주변의 여러 유혹에도 결코 흔들리지 않고 자신이 맡은 일에 충실하게 된다. 또한 주위에 자신과 비슷한 특성을 가진 조직원들이 모여들도록 작용하기 때문에 리더십의 주요 요인이 된다.

4. 공감(empathy)

공감은 다른 사람의 표정과 목소리를 통해 그 사람의 감정을 읽고, 대화

도중에 상대방의 감정에 동조하는 것을 말한다. 공감은 다른 사람의 감정, 욕구, 관심사, 관점 등을 아는 것으로 다른 사람이 말하지 않는 감정에 적절히 응대하는 것을 의미한다. 즉, 다른 사람의 감정적인 신호를 수용하기 위해 잠시 동안 자신의 관심사는 접어두고, 다른 사람에게 감정적으로 주파수를 맞추는 것이다. 공감의 정도가 높은 사람은 전문적인 조직에서 다른 사람과 협조하는 능력이 뛰어나다.

따라서 공감은 다양한 종류의 사람들이 함께 일하면서 발생되는 문제의 해결을 위한 의견조정에 필수적이다. 이러한 공감을 감정이입(empathy)이라고 한다.

감정이입은 타인의 입장이 되어 말하지 않아도 타인의 느낌을 감지할 수 있는 능력이다. 다른 사람의 관점에 귀를 기울이고 받아들이는 감정이입을 통해 리더는 사람들의 감성적 채널에 초점을 맞추게 되고, 그리하여 공감을 불러일으킨다. 반대로 감정이입에 서투른 리더는 자신도 모르는 사이에 부정적인 반응을 유발하는 말과 행동을 하게 되고 그 결과 불협화음을 유발하게 된다.

공감은 이타적 행동 저변에 있는 요소를 동기부여하기 때문에 조직생활에 필요한 사회적 역량의 대표적인 기본기술이다. 또한 조직의 급격한 변화기간에는 그 변화를 받아들이고 내부화하며 행동하도록 유도하는 역할을 한다.

반대로 공감의 수준이 낮은 사람은 조직의 전후 정황에 대한 사회적인 행동을 가늠하는 능력이 결핍되어 있기 때문에 다른 사람의 욕구와 감정을 사회적으로 적절한 행동개념으로 변화시키는 것에 실패한다. 리더에게 있어서 공감은 조직원들의 감정과 그들을 즐겁게 하려는 단순한 적응적 태도가 아니고, 조직구성원들의 감정에 대한 사려 깊은 숙고와 지적인 결정을 하는 과정의 일부이다.

특히 최근에 조직에서 단행하고 있는 구조조정의 경우에도 공감이 높은 리더는 자신의 의사결정과 관련된 사항에 대한 걱정과 고민을 솔직하게 말하고, 모든 사람들에게 공개적으로 대하며 공정하게 처리할 것을 약속하기 때문에 실제 우수 인력들은 지속적으로 머물게 되어 변함없이 생산적인 조직으로 유지된다. 그러나 공감이 낮은 리더는 불투명하게 공지하고 몇 명의 인력들이 곧 해고될 것이라고만 강조하여 인력유지 차원에서 어려움을 겪게 된다.

공감이 리더십에 중요한 요소가 되는 이유를 살펴보면 다음과 같다(신구범, 2008).

첫째, 팀 활용성의 증대이다. 팀의 리더는 조직원 각각의 관점을 감지하고 이해할 수 있어야만 소규모 인원이라도 협력이 정착되고 의제에 대한 의견충돌이 소거된다.

둘째, 오늘날 경영환경이 국제적 글로벌 경영환경으로 재편됨에 따라 범문화적인 의견교환 중에 종종 오해가 유발될 수 있는데 공감은 이런 경우에 문제를 해결할 수 있는 해독제와 같은 역할을 하게 된다.

셋째, 공감은 우수인재의 유지측면에서 기여하게 된다. 리더는 항상 공감을 통해 효과적으로 우수인재를 유지하고 개발해야 하는데 그렇지 못하면 우수인재뿐만 아니라 회사의 지적자산도 함께 유출되는 결과를 초래하게 된다.

넷째, 공감은 갈등조정에 필수적이다. 성공적인 협상가는 상대방의 입장에서 가장 중요한 초점이 무엇인지를 감지하고 솔직히 인정을 하면서, 감정적인 부분을 배제한 후에 실질적인 양보를 요구한다.

다섯째, 공감은 유연성 확보에도 도움이 된다. 조직의 성과를 향상시키기 위해서는 조직 내 다른 사람들로부터 주어지는 미묘한 사회적 암시와 신호를 정확하게 읽는 능력이 필요하다. 이때 공감은 이러한 능력을 향상시키는 데 도움이 된다.

사례 11-7

Leadership Devlopment and Training

관계 관리하기

리더가 저지르는 흔한 실수는 이해관계자와의 관계관리는 소홀히 한 채 프로젝트 팀만을 챙기는 데 모든 에너지를 집중시키는 것이다. 이해관계자와의 관계까지 신경을 쓰는 것이 힘들고 어렵고, 지금 당장 별 영향을 끼치지 않는다는 이유로 관계를 소홀히 하는 경우가 많다. 하지만 팀원과의 관계와 이해관계자와의 관계 사이에서 중심을 잘 잡는 일이 프로젝트의 성공 여부를 결정짓는 매우 중요한 요소가 된다. 이해관계자들 및 팀원들과 커뮤니케이션할 수 있는 통로와 기회를 포착해야 한다. 1 대 1 미팅과 런치미팅도 매우 좋은 방법이다.

첫째, 이해관계자 관리하기

거의 모든 팀의 업무에는 팀원, 관련부서, 경영자들이 이해관계자로서 존재한다. 또한 경영자와 투자자, 판매자와 계약자, 언론매체도 이해관계자로 볼 수 있다. 그리고 흔히 우리에게 가장 큰 타격을 줄 수 있는 이해관계자는 우리가 확인하지 못한 이해관계자일 수 있다. 예를 들어 고객, 판매자, 공급자, 프로젝트 결과의 최종사용자 등을 더 포함시킬 수 있다.

둘째, 팀원 관리하기

리더가 팀원의 장점과 공적을 인정하는 것은 그들을 고무시키는 강력한 수단이다. 팀장은 팀원을 명확히 파악하고 각자의 특별함을 인식하고, 인정하는 것으로 시작해야 한다. 또한 팀원에게 목적이 있는 피드백을 해주고, 코칭, 멘토링, 임무배정으로 프로젝트팀을 성장시키는 도구로 활용해야 한다.

셋째, 진실 말하기

사람들은 언제나 진실을 말하려고 노력하지만 때로 그것이 어렵고 그냥 속에 묻어두고 싶다는 유혹을 많이 느낀다. 하지만 리더는 이해관계자 및 팀원들과 좋은 관계를 발전시키려면 기꺼이 진실을 말하려는 의지가 필요하다. 또한 우리가 느끼는 것, 좋아하고 싫어하는 것, 특정한 상황에서 우리에게 필요한 것 등을 밝혀야 한다. 그리고 때로 남을 언짢게 할지도 모르는 위험도 무릅써야만 한다.

5. 사회적 기술(social skill)

자기인식, 자기관리, 자기동기화가 자기관리기법이라면 공감과 사회적 기술은 대인관계를 개선하고 유지하는 능력이다. 사회적 기술은 다른 감성지능의 정점에 해당되므로 자신의 감정을 이해하고, 조절하며, 다른 사람의 감정에 공감함으로써 효과적인 인맥관리를 할 수 있도록 작용한다.

동기부여도 사회적 기술에 기여하게 된다. 성취지향적인 사람의 경우 실패와 좌절에도 불구하고 낙관적일 수 있으며 그러한 특성은 사회적인 의사소통에서 다른 사람에게 전달되기 때문이다.

리더의 감성지능의 구성요소 중 사회적 기술이 다른 요소에 비해 중요한 요소로 평가되는 것은 리더는 효과적인 대인관계를 기초로 다른 사람들을 통해서 일을 하기 때문이다. 결국 조직의 성공은 개개인이 얼마나 조직을 위해 효과적으로 업무를 잘 수행하는가 여부에 달려 있다. 따라서 조직원들이 자신의 감정과 행동을 잘 조절하는 것과 더불어 동료들도 그렇게 될 수 있도록 도와줌으로써 개개인 모두의 역량이 극대화되도록 하는 것이 중요하다.

사회적 기술에는 두 가지 하위기술이 요구된다.

첫째, 다른 사람에게 영향력을 미치는 것으로 합의와 지지를 구축하기 위한 복합적인 전략의 활용과 정교하게 조율된 표현을 포함한다.

둘째, 효과적인 의사소통을 하는 것으로 감정의 유연성, 어려운 문제를 직접적으로 다루기, 경청하기, 정보공유, 솔직한 대화 등이 있다.

특히 갈등의 조정은 다루기 힘든 중요한 기술이다. 갈등해결을 위해서는 잠재적인 알력을 찾아내고, 토론을 촉진시키며, 상생의 해법을 모색하도록 하며, 양측이 차분해지도록 하며, 감정의 방향을 전환시키는 것, 문제를 해결하려는 의도를 보이는 것, 평상적인 의조로 자신의 의도를 구술하는 것 등 논쟁을 해결하는 합리적인 방법을 모색하는 능력이 요구된다.

Leadership Devlopment and Training

사례 11-8

사회적 기술능력

사회적 기술능력은 타인의 감정을 이해하는 능력을 말한다. 여기에는 공감, 조직인식, 타인이해, 감정적 경계짓기의 능력이 포함된다. 간단히 말해, 사회적 기술은 사람과 상황을 정확하게 읽고, 타인의 감정을 이해하며 그것에 공감할 수 있는 능력이다.

리더는 팀원들을 이해하고 그들이 하는 말을 경청하기 위해서는 팀원들을 함부로 판단하거나 선입견을 갖고 바라보아서는 안 된다. 따라서 일시적이고 타인을 통해 주어진 임무를 실현시키며 위험이 많고 성공이 보장되지 않는 프로젝트의 성격을 미루어 볼 때 사회적 기술능력이 없이는 성공하기가 어렵다.

타인이해능력을 높이기 위해서는 자신의 편견을 인정하고, 타인을 연구하며, 감정인식 점검표를 이용할 수 있다. 타인에 대한 인식과 이해는 자신이 속하고 있는 조직과 그 조직의 목표에 대한 파악 및 이해로 이어지게 되고, 이 '조직적 인식' 능력은 조직 내의 정치적인 상황 및 이에 대한 사람들의 감정 상태를 파악할 수 있게 한다. 그러나 리더라고 해서 팀원들의 감정 상태와 행동을 다 바꿀 수는 없다. 그들의 감정을 처리하는 것을 그들의 책임으로 맡겨두는 기술도 필요하다. 그리고 조직이 갖고 있는 조직문화를 파악하려고 애쓰라. 경청기술을 연마하고, 당신이 자기관리를 위해 가져야 하는 기술을 타인을 이해하는데 적용해라. 타인의 감정을 자극하거나 폭발시키는 '붉은 깃발'이 올라가는 상황 등을 파악할 수 있다.

타인에 대한 인식능력은 다음과 같은 상황에서 활용되어 업무효율을 높이게 된다.

첫째, 다양한 이해관계자들의 언어적 · 비언적 의사소통에 대한 이해

둘째, 팀원들의 동기를 이해하여 그것을 프로젝트의 목표와 조화시켜야 할 경우

셋째, 이해관계자와 정치적 역학관계에 대한 이해를 높일 때

넷째, 팀원들에게 피드백과 건설적인 비판을 제공할 경우

다싯 번쌔, 석대감, 갈등, 기타 부정적인 행동을 인지하고 처리해야 하는 상황 등이다.

감정인식 점검표

[표 11-4]는 한 개인의 1주일간 나타난 감정 기록으로 1주일 동안의 감정흐름 패턴을 추적하고 확인하는 데 유의하다.

표 11-4 | A씨의 1주일간 감정인식 분석표

	슬픔	분노	두려움	행복	흥분	애정
월요일						
화요일						
수요일						
목요일						
금요일						
토요일						
일요일						
주 총계						

[표 11-5]의 기록용지 샘플은 회의장 같은 곳에서 동시에 여러 사람의 감정을 추적하는 데 활용될 수 있다.

표 11-5 | 회의 참석자들의 감정인식 분석표

	슬픔	분노	두려움	행복	흥분	애정
김수현						
최미실						
이덕만						
배미남						
유지현						
유재석						
소지섭						
스티븐						

제5절 | 감성지능의 향상을 위한 방안

감성지능은 자신과 타인의 감성을 평가하고 변별하여 사고와 행동을 인도하는 능력으로 다른 사람들에게 영향력을 행사하는 리더에게는 필수적 요건이다. 효율적인 리더십을 발휘하기 위해서는 반드시 감성지능을 바탕으로 한 감성 리더십이 전제되어야 한다. 감성능력을 갖춘 리더는 선천적으로 타고나는 부분도 있지만 후천적으로 학습되고 훈련되어 개발할 수 있다.

오늘날 바람직한 조직은 우선 집단구성원들이 집단정체성에 대해 올바르게 인식하고 있으며, 또한 특별한 공감대를 바탕으로 서로 끈끈하게 맺어진 조직이다. 이런 조직은 구성원들 간에는 서로 이해하고 이해받으며 서로의 존재로 인해 행복감을 느낀다. 이와 같은 조직을 만들어 내는 것은 감성지능을 갖춘 리더의 의무이다. Goleman(1998), Boyatzis & Mckee(2002) 등은 감성지능을 지닌 조직을 만들기 위한 방안을 제시했는데 다음과 같다.

1. 감성적 현실인식

리더는 조직구성원들의 행동에 영향을 미치는 조직문화와 감성적 현실에 대해 주위 깊게 관심을 기울어야 한다. 조직구성원 모두의 공감대가 형성된 감성지능을 갖춘 조직체를 만들려면 구성원들이 조직문화에 대해 서로 의견을 나눌 수 있도록 장을 마련해 주어야 한다.

리더는 감성지능을 갖춘 조직으로 변화시키기 위해서는 구성원이 스스로 변화를 이끌도록 해야 한다. 감정은 억지로 누군가에 의해 강요되어서는 안 되며 그렇게 되면 오히려 역효과로 나타난다. 리더는 구성원의 감정을 존중하고, 구성원 스스로 변화를 이끌도록 유도하는 세심한 배려가 필요하다.

감성 리더는 조직의 감성적 현실에 대해 제대로 알고 이상적 전망에 대한 공감대를 형성해야 한다. 그런데 이것만으로는 부족하다. 때로는 부하들에 의한 상향식 커뮤니케이션도 필요하다. 모든 구성원들이 모두 함께 변화에 동참할 때 공감대가 형성되기 때문이다.

리더는 구성원들이 다 함께 참여함으로써 그로 인하여 얻을 수 있는 결과에 대해 수시로 언급함으로써 구성원들이 스스로 변화를 시도하도록 유도해야 한다. 이렇게 해서 구성원들이 스스로 변화에 동참하겠다는 마음이 생기면 행동으로 실천하는 것은 아주 쉬워진다. 따라서 리더는 가능한 많은 구성원들이 참여할 수 있는 상향식 기법을 통한 공감을 불러일으킬 수 있도록 해야 한다.

2. 공감 형성

감성 리더는 구성원들의 공감을 불러일으키기 위해서 자신의 감정과 구성원의 감정에 주의를 기울여야 한다. 따라서 리더는 구성원을 감성의 차원에서 살펴보고 이를 바탕으로 의미 있는 조직의 비전과 목표를 수립해야 한다. 조직구성원들이 조직의 비전과 목표를 따르게 하기 위해서는 비전과 목표가 구성원의 마음을 움직일 수 있는 것이어야 한다. 그러므로 리더는 구성원이 진정으로 바라고 원하는 것이 무엇인지 주목하면서 조직 내의 건전한 조직분위기를 연출하는 데 적합한 문화를 창출하며 그 가운데서 관계를 형성해 나가야 한다.

리더가 구성원에게 관심을 가지게 되면 감성적 유대가 형성되고 그것을 바탕으로 공감의 분위기가 만들어지게 된다. 공감의 분위기가 조성되면 조직구성원들은 서로에게 강한 유대감을 느끼게 된다. 이러한 유대감은 자신의 일과 다른 사람들에 대한 믿음이 바탕이 되는 것이다. 그러기 위해서는 우선 구성원들이 일을 중심으로 서로 긴밀한 관계를 맺어야 한다. 그리고 조직과 조직구성원 개개인의 공통된 꿈을 추구해 나가야 한다.

Leadership Devlopment and Training **사례 11-9**

프로젝트팀 리더의 감성지능의 중요성

우선 프로젝트관리는 다른 사람들을 통해 임무를 수행하는 것이라는 사실을 인정하는 데서 감성지수를 적용하는 작업이 시작된다. 팀 리더는 프로젝트를 수행함에 있어 성공 여부는 타인에게 의존하고 있다. 거대한 프로젝트를 수행하기 위해서는 우수한 팀이 있어야 한다. 크고 중요한 프로젝트는 대개 유능한 팀장이 필요하며 이와 함께 효율적인 프로젝트팀을 필요로 한다. 즉 프로젝트관리는 다른 사람들을 통해 임무를 완수해 내는 것이므로 감성지수는 팀 리더에게 다음과 같은 측면에서 도움을 줄 수 있다.

첫째, 프로젝트의 성공에 필요한 이해관계자와의 관계를 증진시킨다.
둘째, 감정의 폭발을 예상하고 피할 수 있게 한다.
셋째, 까다로운 팀원을 상대하고 갈등을 관리할 수 있게 한다.
넷째, 감정정보를 이용하여 더 나은 결정을 내릴 수 있게 한다.
다섯째, 더 효율적인 의사소통을 가능케 한다.
여섯째, 긍정적인 업무환경을 조성하고 팀의 사기를 높인다.
일곱째, 팀원을 확보 · 고무 · 자극할 공동의 목표를 위한 비전을 제시하게 한다.

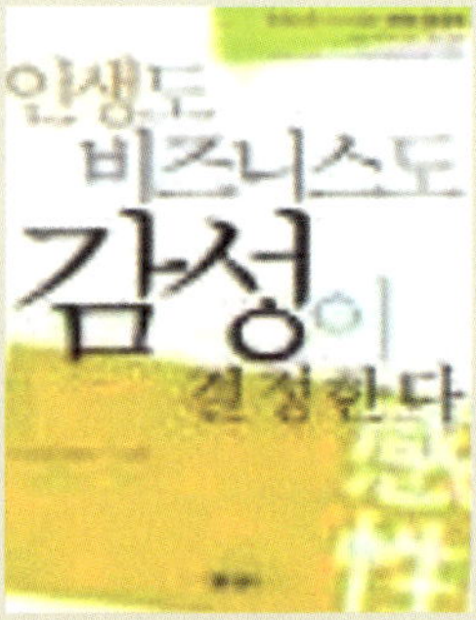

타인과 자신의 감정을 이해하는 데 둔감했던 엔터니 머시노가 감성지수를 높이고 이룬 변화는 놀랄 만하다. 그는 다음과 같이 고백했다. "나는 내 업무관계가 어떻게 내 세계관을 반영하는지를 배웠다. 나는 모든 것을 온통 일 중심으로 돌아가게 했으며, 사람들과의 관계보다는 임무, 생산성, 그리고 결과에 더 많은 가치를 두었다. 내게는 공감능력이 없었다. 나는 프로젝트 팀원들을 닦달하는 버릇이 있었고, 그 방식은 공격적이고 무책임했다. 동료 직원들은 나를 강박충동적인 사람으로 생각했으며, 절대 부드럽고 유연한 관계형 인간으로 평가하지는 못했을 것이다.

그런데 큰 변화는 내가 직장에서 감정과 관계가 갖는 의미를 인식하기 시작했을 때 찾아왔다. 나는 화가 나거나 두렵거나 행복할 때 그것을 느끼고 인정하는 법을 배웠다. 그리고 주변 사람들의 감정에도 유의하며, 어떤 결정을 할 때 다른 사람의 감정도 중요한 정보로서 참고하기 시작했다. 그 결과는 아주 인상적이었다. 감정에 대한 이해는 팀장으로서의 내 능력을 향상시키기 시작했다. 감정, 관계개선 훈련을 시작한지 1년 내에 나는 12명으로 구성된 신설 프로젝트팀을 이끌어달라는 요청을 받았고, 급기야 미국 전역과 해외에 걸쳐 75명을 관리하기에 이르렀다. 감성분야의 기술을 배우고 적용하는 과정을 지속하면서 나는 큰 팀을 효율적으로 이끌고 프로젝트 이해관계자들과 튼실한 관계를 구축하며, 내가 관리하는 프로젝트의 목표도 도달할 수 있었다."

3. 감성지능 개발

감성 리더는 조직구성원들의 감성지능을 육성하는 데 노력해야 한다. 조직구성원들의 감성지능을 높이기 위해서는 먼저 자기각성능력을 갖출 수 있도록 도와주어야 한다. 이를 위해서 먼저 리더는 조직의 감성적 기조가 어떤 상태인지를 확인하고 조직구성원들로 하여금 그들에게 어떤 부조화가 존재하는지를 지각하게 하는 것이다. 조직의 구성원들이 자신들의 감성적 현실을 제대로 직시하게 되면 변화를 향해 마음을 움직이게 된다.

감성 리더는 자신의 감정뿐만 아니라 조직의 감정을 잘 다스림으로써 구성원의 감정적 에너지를 소모하지 않고 변화를 잘 극복할 수 있었으며 조직의 감성적 기조를 잘 관찰함으로써 긍정적 에너지를 포착하고 부정적 감성을 건설적으로 탈피할 방안을 찾을 수 있게 된다. 이처럼 리더는 조직의 감성지능이 높아질 수 있도록 구성원들의 감성을 살피고, 바람직한 방향으로 감성이 형성될 수 있도록 감성지능 향상의 촉진자 역할을 해야 한다.

4. 감성지능의 유지

조직을 감성적 분위기로 유지하기 위해서는 리더는 조직을 민주적인 방식으로 운영해야 한다. 그리고 조직구성원 상호 간에 신뢰하는 분위기를 정착시키며, 서로를 존중함으로써 인간적인 관계가 형성되도록 이끌어 나가야 한다.

리더가 조직의 감성지능을 유지시켜야 하는 중요한 이유는 구성원들이 긍지를 갖고 자신이 하는 일에 보람을 느끼게 해주는 것이다. 조직의 발전과 성과달성에 구성원들이 동참하고 있다는 인식을 심어줌으로써 일에 만족을 느끼고 보람을 찾게 된다.

따라서 조직의 감성지능을 지속적으로 유지시키기 위해서는 조직에 대해 자랑스러워 할 수 있는 것을 가시적으로 나타나게 할 필요도 있다. 즉, 감성지능과 공감의 분위기를 뒷받침해 줄 수 있는 상징물을 통해 조직에 대한 긍정적인 감성을 견지할 수 있게 된다.

제6절 | 감성 리더십

1. 감성 리더십의 의미

감성 리더십(Emotional Intelligence Leadership)이란 자신과 상대의 감성에 대한 이해를 바탕으로 한 관계형성 및 유지를 통해 상대로부터 공감을 얻어냄으로써 공감을 받은 자들이 최선을 다해 직무에 몰입함으로써 높은 성과창출을 가능하게 하는 리더십을 말한다. 따라서 감성 리더가 되려면 전문적 지식과 함께 감성지능을 갖추고 사람들의 감성을 긍정적으로 이끌 수 있는 능력을 갖추어야 한다.

역사적으로 훌륭한 리더들은 기술적 · 인지적 능력과는 다른 감성지능의 능력을 가지고 있다. 목표를 성취하기 위한 강한 추진력, 일을 주도적으로 이끌어 나가는 진취력, 협동과 팀워크를 이끌어 내는 능력 등은 감성지능에 기초한 리더십 능력이다. 따라서 감성지능은 훌륭한 리더십을 발휘하기 위한 도구에 해당된다.

감성 리더십은 먼저 리더 자신이 자신의 내면을 깊이 성찰하는 단계로부터 시작된다. 자신의 내면을 깊이 성찰하고 난 이후에는 부하직원들의 감성 및 욕구를 이해하고 배려하는 속에서 공동의 목표를 달성해 내는 것이 감성 리더십의 본질적 핵심 내용이다.

그러므로 감성 리더십은 개인적 측면에서 조직구성원들이 열정을 다해 업무에 몰입하게 함으로써 높은 성과를 창출하게 하는 것이며, 조직적 측면에서는 신명나게 일할 수 있는 조직문화를 형성할 수 있는 기반을 제공하게 된다.

Leadership Devlopment and Training 사례 11-10

EQ의 정서적 능력

미국 예일대학의 셀로비 박사는 EQ의 정서적 능력을 5가지 범주로 확장시켜 설명하고 있다.

첫째, 자신의 정서를 인지하는 능력이다. 자신의 심리적 상태에 대한 통찰과 이해를 바탕으로 이루어진다.

둘째, 자신의 정서를 조절하는 능력이다. 이 능력은 인간이 태어나서 사회화가 되어 갈수록, 뇌의 신경구조가 증가하여 정서를 조절하는 능력이 향상되게 되는 것이다. 그러나 성장해 감에 따라 사회적 규범이나 도덕성 내재화로 감정 통제는 줄어든다.

셋째, 자신에게 동기를 부여하는 능력이다. 동기부여란 타인에게 장래 목표를 향한 노력과 인내를 가능하게 하는 것이다.

넷째, 타인의 정서를 인지하는 능력이다. 나와 함께 있는 사람이 무엇을 느끼고 무엇을 원하는지에 대해 아는 능력이다.

다섯째, 인간관계를 관리하는 능력이다. 두 번째 네 번째 항목과 관련이 많다. 자신의 감정을 때에 따라 잘 조절하고, 상대방의 감정도 잘 알아야 한다. 인간관계를 관리하는 데 꼭 필요한 요소는 자신의 감정을 아무데나 표출하지 않는 것이고, 어릴 때부터 가정생활 속에서 위의 능력을 적절히 모방하고 학습하여 실제 많이 연습해 보는 것이다.

2. 감성 리더십의 차원

Goleman & Boyatzis & Mckee(2002) 등이 저술한 「감성의 리더십(Primal Leadership : realizing the power of emotional intelligence)」에서 감성 리더십의 차원을 자기인식(self-awareness)능력, 자기관리(self-management)능력, 사회적 인식(social-awareness)능력, 관계관리(relationship-management)능력의 네 가지 영역으로 제시했다.

상위층에 위치해 있는 뛰어난 사회적 능력(사회적 인식능력과 관계관리 능력)을 갖춘 훌륭한 감성 리더가 되려면 무엇보다 먼저 하부에 자리하고 있는 개인적 능력(자기인식능력과 자기관리영역)을 우선적으로 확실히 갖추어야 한다는 점을 강조했다.

그들의 주장에 의하면 지혜롭고 감동적인 리더는 화음형 지도자로 위에서 언급한 4개 영역에 걸친 감동적 화음을 만들어 내어야 한다고 하였다. [그림 11-3]은 감성 리더십의 영역에 대해 나타내고 있다.

그림 11-3 | 감성 리더십 영역

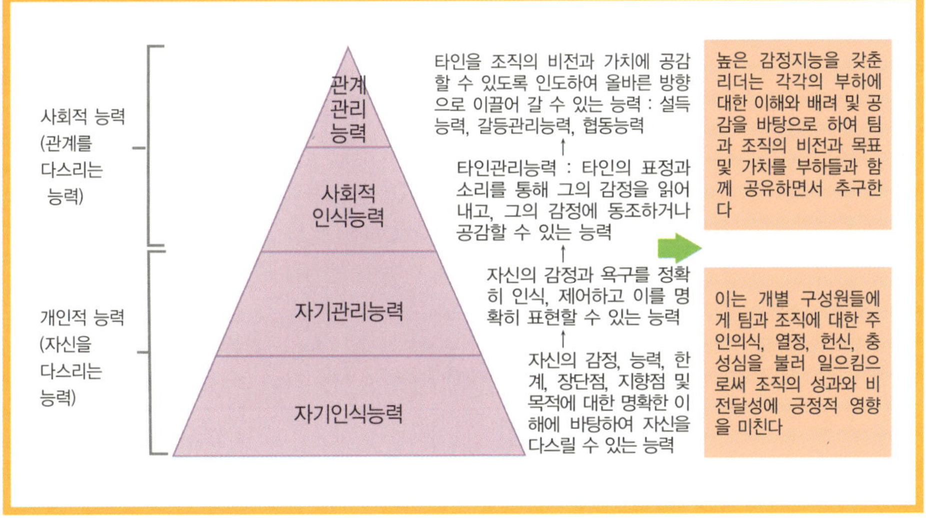

표 11-6 | 감성 리더십의 영역

Ⅰ. 개인적 능력 : 자신을 다스리는 능력

1. 자기인식능력
   ① 감성적 자기인식능력 : 자신의 감정을 읽고, 그것의 영향력을 깨닫는 것, 결정을 내리는 데 본능적인 감각을 이용한다.
   ② 정확한 자기평가 : 자신의 평가를 통해 자신의 장점과 한계를 아는 능력
   ③ 자신감 : 자신의 가치와 능력에 대해 긍정적으로 생각하는 능력
2. 자기관리능력
   ① 자제력 : 충동을 통제하고, 침착하고 냉철함을 잃지 않는 능력
   ② 투명성 : 감정, 믿음, 행동에 대해 진솔하게 개방하고 솔직하게 보여주는 능력
   ③ 적응력 : 상황의 변화에 유연하고 기민하게 적응하고 대처하는 능력
   ④ 성취력 : 높은 목표를 설정하고 그 목표를 달성하기 위해 노력하는 능력
   ⑤ 주도성 : 주도적으로 먼저 나서고 기회를 포착하는 능력
   ⑥ 낙천성 : 모든 사물을 긍정적으로 보고, 실패를 기회로 여기는 능력

Ⅱ. 사회적 능력 : 관계를 다스리는 능력

3. 사회적 인식능력
   ① 감정이입능력 : 다른 사람의 느낌, 욕구, 관심을 알아채는 능력
   ② 조직적 인식능력 : 정치적으로 기민하며, 중요한 사회적 네트워크를 간파하고, 핵심적 권력관계를 인식하는 능력
   ③ 서비스능력 : 구성원과 고객의 요구를 알아차리고 부응하는 능력
4. 관계관리능력
   ① 감화력 : 확고한 전망으로 구성원을 이끌고 공감을 유도하여 일을 흥미 있게 만드는 능력
   ② 영향력 : 사람을 끄는 설득력과 매력을 지니는 능력
   ③ 타인의 능력개발 : 타인의 목적과 욕구, 강점과 약점을 이해하고, 시의적절하고 건설적인 조언과 개발을 지원하는 능력
   ④ 변화촉진 : 변화의 필요성을 절감하고, 현상에 도전하며, 새로운 질서를 주창하면서도 반대에 직면하더라도 강하게 변화를 옹호하는 능력
   ⑤ 갈등관리 : 상이한 관점들을 이해, 공동의 이상을 향해 에너지를 발휘하도록 유도하는 능력
   ⑥ 팀워크 및 협력 : 동료애 분위기 창출, 구성원의 집단적 노력에 능동적이고 열정적으로 헌신하도록 유도하며 긴밀한 관계를 맺도록 만드는 능력

그림 11-4 | 감성 리더가 되어 가는 과정

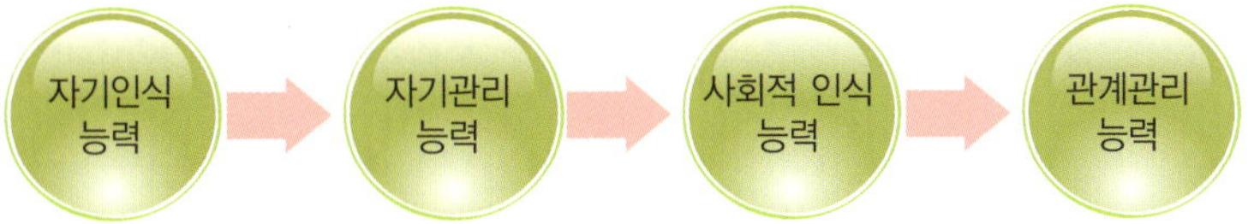

사례 11-11

Leadership Devlopment and Training

감성지수 테스트

감성지수란 피터 셀로비는 "자신과 타인의 감정과 느낌을 감지하고 그 차이를 구별하며, 이 지식을 자신의 사고와 행동의 지침으로 이용할 수 있는 능력"이라고 했다. 캐리 처니스는 "자신과 타인의 감정을 인지하고 조절할 수 있는 능력"이라고 했다. 엔터니 머시노는 "실적 향상을 위해 자신과 타인의 감정을 알고 관리할 수 있는 능력"이라고 했다.

우리 각자는 어느 정도의 감성지수를 지니고 있다. 문제는 그 수준이 어느 정도인지를 어떻게 아느냐이다. 다음의 감성지수 미니 테스트를 통해 자신의 감성지수 수준을 가늠해 볼 수 있다. 설문 내용을 읽고 '예', '아니오'로 답하면 된다. 그 중 '아니오'라고 답한 개수를 세어 점수평가를 보고 그 결과의 의미를 파악하면 된다.

감성지수 미니테스트 설문지

설문 내용	Yes	No
1. 어떤 특별한 사건에 대해 실제보다 더 흥분해야 한다고 느끼는가?		
2. 남들은 울 것 같은 상황에서도 눈물이 나지 않는가?		
3. 결코 화를 내지 않는 것에 대해 자부심을 느끼는가?		
4. 남에게 신경질적이고 냉혹하거나 무정하다는 소리를 들어 본적이 있는가?		
5. 타인에 대한 기대가 실제 나타나는 결과와 다른 것에 대해 자주 놀라는 편인가?		

6. 남들이 갖고 있는 문제는 대체로 그들 자신의 결함이라고 느끼는가?		
7. 나와는 다른 배경 출신의 팀원들과 일하는 것이 어려운가?		
8. 배우자나 팀원이 당황하면 나도 당황하거나 집중할 수 없는가?		
9. 의견상에 있어 악의 없는 발언이나 상황에 대해 배우자, 자녀, 팀에게 화를 내는가?		
10. 나의 가장 가까운 친구나 배우자는 내가 자신의 감정 관리에 문제가 있다고 말하는가?		
11. 자주 농담을 하거나 빈정대는 편인가?		
12. 회의장에서 뛰쳐나가거나 격한 이메일을 보내거나 또는 문을 꽝 닫는 경우가 있는가?		
13. 프로젝트팀, 매니저, 후원자들과의 관계가 피상적이고 목전의 임무에 한정되어 있는가?		
14. 특정한 개인과 자주 사소한 언쟁에 휘말리는 편인가?		
15. 스스로 다른 사람의 희생자라고 느끼거나 속으로는 '아니오'를 외치고 싶으면서 겉으로는 '예' 라고 말하는가?		
16. 사람들이 나 때문에 팀을 떠나는가?		
17. 의사소통에 어려움을 느끼는가?		
18. 내 팀이 프로젝트의 목표를 이해하지 못하는 것에 대해 놀라움을 느끼는가?		
19. 해결의 기미가 보이지 않는 프로젝트와 관련하여 갈등을 경험하는가?		

감성지수 미니테스트 점수 평가 및 해석

점수	평가 및 해석
17~20	아주 훌륭하다. 당신은 감성지수를 이해하는 소수의 프로젝트 관리자에 속한다.
13~16	좋은 편이지만, 몇 개의 주요 분야에서 개선이 요망된다.
7~12	몇 개 분야에서 강한 면모를 보여주고 있지만, 개선의 여지가 있는 다른 분야들도 있다. 감성지수 개발에 공을 들이면 더 지속적인 성과를 기대할 수 있다.
1~6	감성지수의 개선 여지가 많다. 이 분야에 대한 투자가 프로젝트의 성과와 경력 향상에 도움이 될 것이다.

감정지수 평가 점검표

감성지수 평가 점검표에는 감정적인 자기인식의 여러 측면들이 제시되어 있다. 이 점검표를 당신의 팀원, 후원자, 매니저, 또는 다른 이해관계자의 감성지수를 이해하기 위한 도구로 이용할 수 있다.

__________ 의 감성지수 평가

1. 지배적인 감정 특정인에게 지배적인 감정이 있는가? 그는 주로 행복한가, 아니면 슬픈가? 그가 수시로 경험하는 최고 2개의 감정에 표를 하라.	□ 슬픔 □ 행복 □ 분노 □ 흥분 □ 두려움 □ 애정
2. 자기인식 이 사람의 자기인식수준은 어느 정도인가? 그는 특정 순간에 경험하는 감정의 정체를 알고 있는가?	자기인식 수준 하 중 상 1 2 3 4 5 6 7 8 9 10
3. 표현수준 이 사람의 감정표현수준은 어느 정도인가? 그는 자신의 말, 말하는 방법, 또는 행동을 통해 자기감정을 표현하는가?	감정표현 수준 하 중 상 1 2 3 4 5 6 7 8 9 10
4. 자기관리 이 사람은 자기관리에 얼마나 능한가? 그는 긍정적이고 부정적인 감정 모두에 대해 자제심을 발휘하는가?	자제심 수준 하 중 상 1 2 3 4 5 6 7 8 9 10
5. 감정폭발 이 사람은 감정폭발을 경험하는가?	□ 폭언 □ 문을 쾅 닫는다 □ 이메일 공세 □ 고립과 격리 □ 원한과 복수 □ 비판 □ 빈정거림과 부적절한 유머 □ 피해의식
6. 뒤틀린 사고 이 사람은 왜곡된 사고행태를 보여주는가?	□ 전부 아니면 전무식 사고 □ 부정적 언어사용 □ 부정적 사고 □ 부정적 해석 □ 당위적 진술 □ 피해의식

7. 변화와 의외의 사건 사람들이 변화나 의외의 사건에 어떻게 반응하는지를 살펴라. 그들은 개방적이고 수용적인가? 아니면 새로운 것에 폐쇄적이고 반동적이며 부정적인가?	하 중 상 1 2 3 4 5 6 7 8 9 10
8. 스트레스 스트레스를 받을 때 그 사람의 본성이 드러난다고 한다. 이 사람은 스트레스에 얼마나 강한가? 품위 있게 감내하는가, 아니면 추한 품성을 드러내고 앙심을 품는가?	스트레스 감내 수준 하 중 상 1 2 3 4 5 6 7 8 9 10
9. 사회적 인식 이 사람은 자신의 환경과 주변사람들을 얼마나 잘 알고 있는가? 그의 타인에 대한 공감능력, 조직 인식능력, 그리고 감정적 경계짓기 능력의 수준을 점검하라.	공감능력 하 중 상 1 2 3 4 5 6 7 8 9 10
	조직인식능력 하 중 상 1 2 3 4 5 6 7 8 9 10
	감정적 경계짓기 능력 하 중 상 1 2 3 4 5 6 7 8 9 10

Chapter 12

윤리경영과 리더십

제1절 윤리경영의 개념

제2절 윤리경영의 성공적 정착을 위한 조건

제3절 윤리적 리더십의 개념과 구성요소

제4절 윤리적 리더십의 행동특성

제5절 윤리적 리더십에 대한 다양한 관점

제6절 윤리적 리더십의 측정도구

제7절 윤리적 리더십을 위한 해결과제

제1절 | 윤리경영의 개념

리더십에 있어서 핵심은 바로 영향력이다. 영향력이 있는 리더는 추종자들의 삶과 조직의 운명의 결정짓는 데 상당한 영향을 미친다. 리더는 권력을 사용할 것인지의 여부가 아니라, 그 권력을 어떻게 현명하게 사용하느냐가 중요하다. 특히 영향력이 있는 리더는 조직구성원과 일반 대중을 희생시켜 가면서까지 자신의 경력과 경제적 이득을 얻기 위해서 권한을 이용할 수 있다. 더욱이 비윤리적 행위를 정당한 것처럼 보이게 만듦으로써 조직구성원들이 복종하게끔 영향을 미칠 수 있다.

최근 우리 사회는 기업에게 윤리경영의 중요성을 강조하고 있는 추세이다. 하지만 윤리경영을 실천하는 일은 생각만큼 쉽지 않다. 윤리경영이 기업에서 제대로 실현되기 위해서는 경영자의 올바른 이해와 구체적인 노력이 뒤따라야 한다.

윤리경영(moral management)이란 경영활동의 규범적 기준을 사회의 윤리적 가치체계에 두는 경영방식을 뜻한다. 윤리경영을 실천하기 위해서는 많은 노력들이 필요하다. 우선 윤리경영의 실천 여부를 모니터링할 수 있는 성과평가 시스템의 정비가 필요하고, 단기적 성과가 아닌 장기적인 관점의 질적인 평가지표를 만들어야 한다. 소비자의 기업에 대한 평판, 기업이 지역사회에 공헌 정도, 종업원의 기업경영에 대한 만족도 등 윤리경영에 관한 지표들을 평가할 필요가 있다.

윤리경영에 대한 평가척도로는 영국의 BITC(Business in the community)의 측정방식이 있고, 우리나라에서도 일부 연구기관과 언론사를 중심으로 한 시도가 있었지만 아직은 시작단계라는 것이 학계나 산업계의 대체적인 지적이다. 2003년에 개발된 산업정책연구원의 KoBex와 2007년에 개발된 전경련의 윤리경영자율진단지표(FKI-BEX) 정도가 선두

지표에 속하고, 2010년에는 서강대학교 경영전문대학원 경영연구소가 서강대 윤리경영지표(Sobex)라는 새로운 지수 개발에 나섰다.

Leadership Devlopment and Training 사례 12-1

기업 윤리경영 평가모델 만들기

모든 기업은 지속가능경영을 도모한다. 계속 발전해 나가길 바라고 영원한 성장을 계획할 것이다. 개인들이 불로장생을 꾀했던 것과 다를 바가 없다. 1분기에만 수조 원대의 이익을 내는 삼성전자가 "10년 후에는 뭘 먹고 살 것인가"라며 걱정하는 것이 그렇고, 이건희 회장이 "신수종 사업으로 미래를 대비하자"는 것 또한 마찬가지다.

잘나가는 회사, 탄탄한 기업이 지속적인 발전에 더 많은 관심을 가지는 듯하다. 지속가능한 경영을 하고 항구적인 발전을 하자면 무엇을 해야 할까? 수많은 경영이론과 기법이 제시되는데 그 중 하나가 윤리경영이다. 윤리경영이 현대 기업에 주요한 관심사인 것이 분명하고, 이제는 선택요소가 아니라 피할 수 없는 기업경영의 중요한 축이겠지만 이론이나 측정기법이 충분히 발달해 있는 영역도 못된다. 윤리경영이 기업의 항구적 성장에 기여할 수 있게 하는 것이 중요하나.

해외에서는 영국의 BITC(Business in the community)와 같은 측정 방식이 있고 국내에서도 일부 연구기관과 언론사를 중심으로 한 시도가 있었지만 아직은 시작단계라는 것이 관련 학계나 산업계의 대체적인 지적이다. 이런 가운데 최근 서강대 경영전문대학원 경영연구소가 새 지표 개발에 나서서 주목된다. '서강대 윤리경영지표(Sobex)' 발족을 앞두고 최근 산업계 등의 전문가들까지 함께한 학술세미나도 열렸다. 한국거래소의 상장 기업이나 매출규모 상위 100대 기업 등을 대상으로 개별순위를 매기고 공표하겠다는 것이 서강대 경영연구소의 복안이다.

Sobex지수의 특징은 기업의 자발적인 참여를 넘어 연구소가 대상을 정하고 주관적 평가항목보다 공시된 기업의 객관적 자료를 기반으로 하겠다는 점이다. 윤리경영 실천을 위한 인적 · 물적 투자와 그에 따른 경영 결과를 양과 실천으로 구분하되 기업별로 나오는 점수로 순위를 매겨 발표하겠다는 것도 특징이라고 볼 수 있다.

측정 영역은 고객, 종업원, 주주 및 투자자, 사회공헌, 환경경영 등 5개 분야가 될 전망이다. 이들 5개 카테고리별로 다시 세분화된 평가항목으로 개별기업의 윤리경영 실태를 측정하겠다는 것이다.

예컨대 고객부문에서는 고객의 보호와 만족도, 품질과 협력업체와의 관계가 측정된다. 종업원부문에선 산업안전, 노사관계, 인재양성, 고용안정, 다양성 관리가 하부 평가항목이다. 주주와 투자자 카테고리에서는 기업의 지배구조, 공시활동, 감사의견과 내부통제평가, 재무건전성 및 수익성이 기준이다.

사회공헌 쪽에서는 사회공헌의 철학과 투자규모, 언론노출도, 사회공헌을 향한 전문성과 환경경영부문에서는 환경영향의 정도, 배출물과 폐기물, 투입자원과 재무지표, 환경경영 인증이 계량화될 예정이다.

이제 출발점인 만큼 한계점도 있을 수 있고 보완돼 나가야 할 사항도 얼마든지 있을 수 있다. 객관성과 신뢰성 확보는 물론이다. 윤리경영도 쉽지 않지만 이를 평가하는 좋은 지표를 만든다는 것 역시 쉬운 일이 아니다.

Sobex지수가 탄탄히 뿌리를 내리고 학계와 산업계에서 주목받고 인정받기 위해서는 몇 가지 미리 생각해 둬야 할 점도 있어 보인다. 무엇보다 지표는 지속적으로 보완해 나가되 '사회성 · 시의성'까지 적절히 반영해 나가는 것이 중요하다. 가령 고령화사회, 다문화가정 시대, 외국인근로자 대량도입 시대에 적절한 평가가 필요할 것 같다. 청년실업 문제에서 적극성과 같은 항목에 가중치를 둘만도 하다. 초기 평가기업을 어떤 식으로 공개할지도 고민해야 한다.

평가의 객관화가 중요하겠지만 기계적으로 정량평가에 치중해 정성평가를 도외시함으로써 획일적인 점수화에 매몰되지 않게끔 보완해 가는 것도 미리 염두에 둬야 한다. 중앙과 지방의 공기업으로도 범위를 넓혀 공공부문에서도 윤리경영의 새바람이 일도록 적극 유도할 수 있다면 그것도 좋다.

결국은 윤리경영이 기업과 산업계를 겁주는 또 하나의 감시 · 감독 · 간섭형 지표가 아니라 기업이 지속적으로 발전하는 데 도움이 되고 이 평가지표로 기업경영이 과학화되고 현대화돼 기업의 항구적인 성장에 기여할 수 있게 하는 것이 중요하다.

윤리경영에 대한 입장에 따라 경영방식을 다음과 같이 구분할 수 있다.

1. 비윤리경영

비윤리경영(immoral management)은 기업이 이윤추구를 위해서는 기업윤리는 물론 법과 제도마저도 장애물로 간주하는 전근대적인 경영방식으로 최근에는 거의 모든 기업에서 비윤리경영은 찾아보기 힘들다.

2. 초윤리경영

초윤리경영(amoral management)은 경영과 윤리를 별개의 영역으로 인식하여 합법적인 테두리 내에서는 어떠한 행동을 해도 좋다는 입장을 취하는 경영방식이다.

3. 윤리경영

윤리경영(moral management)은 기업이 수행하는 모든 경영활동이 적법성 여부만이 아니라 입법의 취지, 사회통념까지 감안하여 기업윤리를 추구하는 경영방식이다.

표 12-1 | 윤리경영에 대한 입장에 따른 경영방식 비교

기준	비윤리경영	초윤리경영	윤리경영
윤리규범	경영의사결정 및 행동은 윤리와 독립	경영의사결정 및 행동은 윤리와 대립	경영의사결정 및 행동은 윤리와 일치
기업의 목표	수단을 가리지 않고 이윤추구	법 기준 내의 이윤추구	법과 윤리기준 내의 이윤추구
기업의 책임	경제적 책임	경제적 책임 + 법적 책임	경제적 책임 + 법적 책임 + 윤리적 책임
법률규범	법은 경영목표 달성의 장애물	법은 기업활동의 제약조건	법은 최소한의 기준

몇 년 사이에 전 세계적으로 기업윤리에 대한 관심이 부쩍 높아졌다. 이러한 현상은 지난 1999년에 체결된 경제협력개발기구(OECD)의 '뇌물방지협약'을 통해 더욱 심화되었다. 또한 이 협약은 기업의 윤리적 책임이

글로벌 스탠다드로 인식되는 계기를 마련해주었다.

OECD 회원국인 우리나라에서도 윤리경영이라는 세계적인 흐름에 부응하여 정부나 기업에서 국제 상거래 뇌물방지법 및 부패방지법 제정, 기업경영의 투명성 확보 등과 같은 형태로 기업윤리 확립을 위해 힘쓰고 있다. 이러한 노력의 결과 윤리경영의 중요성에 대한 인식이 점점 강화되고 있다. 산업자원부가 조사한 결과에 따르면, 국내 50대 기업 중 87%가 윤리경영의 필요성을 인정하고 있다고 한다.

이와 같이 윤리경영에 대한 중요성 인식은 경영현장에서는 상당히 높아지고 있으나 그 실행이 제대로 되고 있는지는 의심스럽다. 예컨대, 최근 발생한 국내 유명 기업의 분식회계를 비롯하여 각종 비윤리적인 경영 행태들은 여전히 끊이지 않고 있다. 심지어 윤리경영시스템이 비교적 안정되어 있다는 미국에서조차 Enron, Worldcom과 같은 대기업들이 비윤리적 부정행위를 저지르는 것을 보면 기업 윤리 실천이 말처럼 쉽지 않다는 것을 알 수 있다.

윤리경영의 올바른 실천을 위해서 어떠한 노력들이 필요할까? 기업들이 윤리경영을 실천하기 위해 중요한 포인트를 살펴보고자 한다.

Leadership Devlopment and Training

사례 12-2

윤리경영의 대표적인 유형

1. 노블레스 오블리주(NOBLESS OBLIGE)

지도층의 솔선수범으로 귀한 신분에 따르는 도덕적 의무와 책임을 뜻한다. 이는 지배층의 도덕적 의무를 뜻하는 프랑스 격언으로 정당하게 대접받기 위해서는 명예(노블리스)만큼의 의무(오블리주)를 다해야 한다는 것이다.

2. 지속가능경영의 확산

지속가능발전(Sustainable Development)이라는 개념이 세계적으로 확산되고 있으며, 선진 기업에서는 지속가능경영(CSM : Corporate Sustainability Management)을 새로운 경영 패러다임으로 인식되고 있다.

국내 일부 기업에서도 지속가능경영을 위한 비전과 추진 조직을 구축하고 있다. 지속가능경영의 개념과 확산 배경으로는 기업의 모든 경영활동 과정을 경제적 수익성, 환경적 건전성, 사회적 책임성을 바탕으로 통합 추진해 지속가능 발전을 추구하는 경영 패러다임 때문이다.

지속가능경영은 경제의 질적 성장, 에코 효율성(Eco-Efficiency), 사회적 책임과 관련된 내용으로 구성되어 있다. 지속가능경영은 경영활동에 환경과 사회적인 이슈가 부각되면서 기존의 경영방식 전반을 다시 검토하는 과정에서 등장하였다.

지속가능경영 사례를 살펴보면, 먼저 인텔은 전사적으로 지속가능경영 전략의 성공적 통합을 이뤄 동종산업에서 선두적 입지를 강화하고 있다. 전 종업원을 대상으로 지속가능 목표달성을 위한 핵심성과지표(KPI : Key Performance Indicator)를 개발하여 다양한 보상체계와 연계하고 있다.

3M은 지속가능경영을 전략적 기회로 인식하고 환경경영시스템의 전사적 적용, 교육 및 건강 서비스에 초점을 맞춘 지역사회 지원활동 및 기부 프로그램에 활발히 참가하고 있다.

필립스사는 동종산업 내에서 최초로 지속가능성보고서를 발간하였다. 사업활동 및 제품개발에 환경요인을 철저히 고려하고, 기업가치를 목표치 달성 여부 및 달성 방법에 초점을 맞춘 개인성과관리(PPM : People Performance Management)와 같은 혁신적 보상체계를 통해 강화하고 있다.

국내 사례로는 포스코는 모든 경영활동을 지속가능경영에 맞춰 체계화하고 있다. 윤리경영 강화 및 환경경영 확대, 지속가능 방침과 윤리규범의 적극적인 실천으로 글로벌 선두기업으로 발전하는 것을 목표로 하고 있다.

삼성그룹도 주요 계열사에 지속가능경영 추진 사무국 설치 및 전략을 수립한다. 연간 총 1,000억 원 이상의 사회공헌활동 계획을 수립하여 실천하고 있다. 또한 지속가능성보고서를 발간하고 있다.

현대자동차는 국내에서 가장 포괄적이고 본격적인 지속가능경영 방침을 선포하였다. 회장 직속 지속가능경영위원회 설치, 사회공헌활동을 총괄하는 '사회공헌활동협의회'를 본격 가동하고, 전사적 전략수립 및 실행을 하고 있다.

지속가능경영은 글로벌 리더십 확보를 위한 필수적 전략대안이 되었다. 글로벌 경쟁시대에 지속가능경영은 경쟁력 확보의 필수적 요소이며, 경쟁도구의 역할을 수행하고 있다. 따라서 경제적 수익성, 환경적 건전성, 사회적 책임성 등 지속가능경영 기준에 입각한 기업경영 활동이 전개될 필요가 있다.

지속가능경영을 위한 과제로는 지속가능경영 추진에 대한 최고경영자의 의지 천명과 이에 기초한 비전과 방침 수립, 이를 추진할 조직 구축과 원활한 커뮤니케이션이 필요하다.

제2절 | 윤리경영의 성공적 정착을 위한 조건

일부에서는 윤리경영을 임직원들의 부정부패를 효과적으로 통제하는 수단이나 한때 유행하는 경영혁신의 도구 정도로 잘못 이해하고 있는 경우가 많다.

진정한 의미의 윤리경영이란 기업의 경제적 · 법적 책임수행은 물론, 사회적 통념으로 기대되는 윤리적 책임의 수행까지도 기업의 기본적인 의무로 인정하고 주체적인 자세로 기업윤리 준수를 행동 원칙으로 삼는 경영을 말한다. 즉, 기업의 윤리적 책임을 다함으로써 고객, 주주, 종업원, 경쟁자, 공급자, 정부, 지역사회 등 이해관계자들에게 신뢰를 얻을 수 있도록 기업경영을 하는 것이다.

그러므로 윤리경영의 궁극적인 목표 역시 기업의 이윤추구를 벗어나지 않아야 한다는 것이다. 윤리경영은 기업이 막연히 도덕적이 되자는 개념이라기보다는 잘못된 관행이나 비용구조를 윤리적인 기준에 맞도록 바로잡아 기업의 경쟁력을 향상시키고 경제적 부가가치를 극대화하자는 맥락에서 받아들이는 것이 바람직할 것이다.

윤리경영의 중요성과 시급성을 절감한 국내 기업들은 최근 대기업을 중심으로 투명한 구매시스템을 활용한 구매비리 근절, 접대 · 향응한도 설정, 사장직속의 전담팀 구성 및 윤리강령 제정, 감사 강화 등 다각적인 실천방안을 마련하여 시행하는 등 윤리경영 확립에 최선의 노력을 기울이고 있다. 그러나 회계투명성 및 지배구조개선, 협력회사와의 납품비리 근절 등의 면에서 선진국 수준에 비해 아직 멀었다는 것이 전문가들의 일반적인 견해이다.

실제 '국제경영개발연구원(IMD)의 국가경쟁력 평가' 를 보면 국내 기업들의 윤리경영 순위가 전체 49개국 중 39위로 평가되고 있다. 그렇다면 윤리경영의 성공적인 정착을 위해서는 어떠한 노력이 필요한가? 이를 위해서는 기업의 노력뿐만 아니라 정부, 학계 등 사회 각계에 걸친 종합적인 노력이 이루어져야 한다.

Leadership Devlopment and Training **사례 12-3**

한국에서 존경받는 기업

'한국에서 가장 존경받는 기업' 조사는 KMAC에서 2004년 국내에서는 유일하게 기업 전체의 가치영역을 종합적으로 평가하는 조사모델을 개발하여 매년 발표하고 있다. '한국에서 가장 존경받는 기업' 조사는 미국 포춘지의 'The World's Most Admired Companies' 조사모델을 검토, 한국적인 상황을 가미한 조사방법론을 개발하였으며 전체 산업을 망라한 30대 기업을 선정하는 All Star 기업과 산업별 내 1위 기업을 선정하는 두 가지 조사유형으로 진행되었습니다.

KMAC는 본 조사를 통해 존경받는 기업의 조건이 무엇이며, 어떠한 기업이 존경을 받는가에 대한 방향을 제시함으로써 소비자를 비롯한 여러 이해관계자들에게 기업 활동의 올바른 이해와 관심을 이끌어내고, 산업 및 기업들에게는 현제의 위치를 인식하여 새로운 패러다임하에서 기업 발전 모색과 전사적인 혁신 방향을 제시하고자 한다.

30대 기업을 선정하는 All Star 기업에는 12개 기업이 10년 연속 선정되었다. 주요 기업으로는 삼성전자, 포스코, 유한킴벌리, 유한양행, 삼성생명보험, SK텔레콤, 이마트, 신세계백화점 등으로, 이들은 글로벌 경영환경에 유연하게 대처할 수 있는 우수한 혁신능력에 기반하여 지속적인 성장발판을 마련함과 동시에 이해관계자들의 가치 증대를 위한 기여의 활동에도 두각을 나타내고 있는 기업들이다. 또한 삼성증권과 SK하이닉스, SK에너지 등이 All Star 기업에 새롭게 포함되었다.

한국 30대 존경받는 기업

2013년	2012년	기업명
1	1	삼성전자
2	2	포스코
3	4	현대차
4	3	유한킴벌리
5	5	유한양행
6	8	현대중공업
7	10	인천국제공항공사

8	6	안랩
9	11	삼성물산
10	13	SK텔레콤
11	7	LG화학
12	9	삼성생명보험
13	12	LG전자
14	15	삼성에버랜드
15	20	KT
16	17	신세계백화점
17	21	신한은행
18	14	풀무원
19	19	아모레퍼시픽
20	26	삼성화재해상보험
21	24	한국전력공사
22	22	이마트
23	16	기아자동차
24	18	아시아나항공
25	35	삼성증권
26	98	SK하이닉스
27	25	홈플러스
28	28	두산중공업
29	32	SK에너지
30	29	포스코건설

자료 : KMAC 경영전략본부 경영전략팀 제공, 2013

1. 윤리경영의 중요성에 대한 이해

윤리경영에 대해 많은 기업들이 주목하는 이유로는 환경변화를 1차적으로 들 고 있다. 특히 다음과 같은 사실들은 기업들이 윤리경영을 생존을 위한 선택이 아닌 필수요소로 재인식해야 함을 일깨워 주고 있다.

첫째, 윤리경영은 기업이 사회적으로 정당한 역할이나 활동을 통해 시장으로부터 지속적인 신뢰를 얻는 데 기여할 수 있다. 시장경제체제하에서 기업의 생명은 소비자, 투자자, 금융기관 등 시장의 신뢰에 달려 있다. 초우량 기업이라 하더라도 한번 고객들로부터 신뢰성이 떨어질 경우 지속적인 성장을 장담할 수 없다.

둘째, 윤리경영은 기업의 경영성과에도 영향을 미친다. 구성원의 정당한 대우가 보장되는 등 높은 수준의 윤리성이 유지되는 기업에서는 구성원도 자부심과 보람을 느끼고 열심히 일하려는 의욕이 생겨나 생산성이 크게 향상되는 효과를 가져오게 된다. 실제 윤리경영을 잘 실천하고 있는 기업을 대상으로 한 기업들의 연구 결과를 보면 윤리경영을 잘하는 기업의 경영성과가 상대적으로 좋은 것으로 나타났다.

셋째, 기업의 국제경쟁력을 평가하는 global standard의 잣대로 윤리경영이 최우선 순위로 떠오르고 있다. 현재 미국에서는 '세계기업윤리표준안'과 증권거래위원회(SEC)도 엔론사건을 계기로 윤리경영 여부를 상장기준에 포함시키기 위한 제도를 준비하는 등 국제적인 윤리경영의 중요성이 크게 부각되고 있다. 또한 미국 기관투자가들은 최근 한국을 비롯한 동아시아 국가들에 보다 강도 높은 윤리경영을 요구하고 있으며, 회계가 투명하지 않거나 지배구조개선이 부진한 기업에 대한 투자비중을 축소하고 있는 추세이다.

따라서 기업윤리를 무시하거나, 윤리수준이 국제적 수준에 미달되는 기업들은 세계 시장의 투자자나 소비자단체들로부터 외면받게 되어 기업의 큰 위기를 맞게 될 것이다.

윤리경영 실천을 위해서는 무엇보다 윤리경영에 대한 올바른 이해가 우선되어야 한다. 윤리경영이 바람직하긴 하지만 이익을 창출하는 데는 별 도움이 되지 못한다는 인식이 있다. 이는 윤리경영을 비용으로만 인식하고 윤리경영이 가져다주는 효익을 간과하고 있기 때문이다. 기업의 최우선적 사명은 바로 영리추구에 있으며, 윤리경영을 통한 사회적 책임의 실현은 해도 그만 안 해도 그만이라는 식으로 그 가치를 평가절하하는 시각이 존재하기도 한다. 이러한 분위기가 바로 윤리경영이 기업성과에 미치는 영향을 제대로 이해하지 못한 결과이다. 실제 많은 윤리경영에 관한 연구결과를 보면 '기업윤리와 기업성과 간의 관계'를 조사한 결과에 따르면, 윤리경영을 실천하는 기업들이 그렇지 못한 기업들보다 주가상승률, 매출액, 영업이익률이 크게 앞서는 것으로 나타나 결국 윤리경영이 바로 기업의 가장 최우선 과제인 영리추구를 달성하는 길이라는 것을 알아야 한다.

또한 윤리경영은 기업의 이해관계자들과의 관계에도 중요한 영향을 미친다. 윤리적인 기업은 종업원, 고객, 지역사회, 주주들로부터 존경과 신뢰를 얻게 되는데 이것은 기업의 눈에 보이지 않는 자산이 된다. 세계 1위의 식품업체 Nestle는 윤리와 투명성이 소비자의 신뢰를 얻는 가장 좋은 방법이라는 것을 일찍이 깨닫고 실천한 기업이다.

세계 최초로 분유를 개발, 판매하기 시작한 Nestle는 1960년대 개발도상국 시장에서 위생 관념 부족으로 아이들이 병에 걸리는 문제가 발생하자 대규모 마케팅 축소 정책을 실시하고, 의료기관을 통해서만 분유를 공급하기로 결정했다. 이러한 결정은 식품회사 Nestle의 투명한 이미지를 소비자들에게 각인시키고 이후 강력한 브랜드 파워를 구축할 수 있는 계기가 되었다.

기업윤리의 실천이 기업의 성과에도 긍정적인 영향을 준다는 것은 세계 유수의 기업들을 살펴보면 더욱 분명해진다. 모토로라, IBM, GM 같은 기업들은 탁월한 경영성과와 함께 윤리경영으로 사회적인 인정을 받는 일류 기업들이다. 이들 기업들은 하나같이 윤리경영을 미래의 핵심역량으로 간주하고 여기에 많은 투자를 해오고 있다. 이제 윤리경영은 선택이 아니라 초일류 기업으로 가는 필수조건이 되고 있다.

사례 12-4

Leadership Devlopment and Training

채용시 업무능력 · 직업윤리 가장 중요

경남 창원지역 기업들은 대졸 신입사원을 뽑을 때 업무수행능력과 직업윤리를 가장 중요하게 보는 것으로 나타났다.

창원상공회의소는 최근 103개 업체(대기업 22개, 중소기업 81개) 최고경영자와 인사 담당자를 대상으로 대졸 신입사원에게 바라는 자질을 조사했다.

그 결과 전체 9개 항목 가운데 전문성 등 업무수행능력과 정직 · 성실 등 직업윤리가 5점 만점에 4.3점으로 가장 높았다. 이는 기업들이 신입사원을 뽑을 때 이를 중요하게 본다는 것을 의미한다고 창원상의는 설명했다.

조직충성심과 주인의식(4.24점)과 리더십과 변화주도능력(3.87점), 인간적 매력(3.85점), 창작적 아이디어(3.74점), 외국어능력(3.51점), 직장인근 거주(3.34점) 등이 뒤를 이었다.

창원상의 조사홍보팀장은 "대학생들은 앞으로 취업준비할 때 업무능력과 윤리의식 등을 강화해야 하며, 대학도 이 부분에 초점을 맞춰 취업지도를 해야 할 것으로 보인다"고 말했다.

2. 최고경영자의 리더십과 의지가 중요

윤리경영의 실천을 위한 가장 중요한 요인은 최고경영자의 리더십이라 할 수 있다. 기업의 장기적인 비전이나 전략수립 등 중요한 의사결정에 최고경영자의 리더십은 핵심적인 역할을 하기 때문이다. 세계적인 투자가인 워렌 버핏도 기업성공의 필수적인 요소가 바로 CEO의 윤리적 역할이라고 강조했다.

윤리경영은 장기적인 과제이기 때문에 윤리경영에 대한 올바른 방향성과 믿음을 가진 경영자의 리더십이 기업에 윤리경영을 정착시키는 데 큰 역할을 하게 된다.

존슨 앤 존슨의 '타이레놀' 독극물 투여 사건은 윤리경영에서 경영자의 리더십이 얼마나 중요한지를 단적으로 보여준 사례이다. 1982년 시카고에서 누군가에 의해 의도적으로 독극물이 주입된 타이레놀을 복용하여 무고한 7명이 사망하는 사건이 발생했다. 미국식품의약국(FDA)은 즉각 조사에 착수했고 시카고 지역에 배포된 타이레놀을 회수할 것을 권고했다. 그런데, 이 당시 CEO였던 Jim Burke는 FDA의 권고를 넘어서 시카고 지역뿐만 아니라 미국 전역에 배포된 약품 전량을 회수하는 결정을 내렸다. 이로 인해 존슨 앤 존슨은 시장점유율과 매출에 막대한 타격을 입었다. 타이레놀의 원래 수준의 매출액을 회복하는 데만 3년이라는 긴 시간이 걸렸다. 이 기간 동안 Jim Burke는 회사의 윤리강령에 반하는 주위의 압력을 받았지만 꿋꿋이 원칙을 고수했고, 그 결과 타이레놀은 이전보다 더 큰 신뢰를 받는 상표가 될 수 있었다. 그리고 이것이 오늘날 윤리경영의 대표적 기업으로 존슨 앤 존슨을 만든 밑바탕이 되었다.

기업이 윤리경영을 제대로 전개하기 위해서는 투자가 필요하다. 윤리위원회와 같은 전담조직을 만들어야 되고, 윤리헌장선포를 통한 전사적인 의식개혁 활동도 추진해야 한다. 또한, 제대로 기업윤리를 실천하고 있는지를 감시하기 위해서는 지속적인 모니터링도 필요하다. 환경보호를 위해 정화장치를 들여오거나, 종업원 복지향상을 위해 각종 제도와 시설을 도입하는 것 역시 많은 비용과 시간, 인력 등이 요구된다. 이러한 투자는 최고경영자의 윤리경영에 대한 확고한 의지와 지속적인 관심 없이는 불가능하다.

최첨단 메일링 및 문서관리시스템을 제공하는 기업인 Pitney Bowes의 Michael J. Critelli 회장은 기업윤리에 대한 경영진의 확고한 의지를 종업원들에게 전달하는 데 노력하고 있다. 매주 개인적인 메일을 통해 종업원들에게 윤리경영의 중요성을 강조하는 한편, 매년 15곳 이상의 현장을 방문하면서 윤리경영에 관해 종업원들과 직접 토론하고 회사의 방침을 설명하기도 한다. 이렇게 최고경영자가 관심과 의지를 보일 때 종업원들 역시 윤리경영에 적극적으로 동참하게 된다.

최고경영자는 윤리경영에 대한 긍정적인 인식 전환을 바탕으로 윤리경영 도입 및 추진 과정에 있어 적극적인 지원을 아끼지 말아야 한다. 아직 많은 기업의 경영자들은 윤리경영을 잘하면 절약할 수도 있는 비용이라고 인식하고 있다. 그러나 장기적인 관점에서 이익이나 매출확대를 위한 투자로서 윤리경영을 인식하고 추진해 나가는 자세가 필요하다. 또한 이를 위해서 최고경영자는 추진과정에서 생겨날 기업윤리 준수에 관한 여러 유혹을 뿌리칠 수 있는 강한 의지를 가진 최고윤리경영자가 되어야 한다. 최고경영자 자신이 윤리적이지 못하고 윤리적으로 존경받지 못하는 등 윤리적 리더십을 가지지 못하면 기업의 윤리 생명은 끝났다고 해도 과언이 아니기 때문이다.

3. 윤리경영시스템 구축

제도 측면에서는 구체적이고 실질적인 윤리경영시스템을 도입해야 한다. 윤리경영 추진 사례를 보면 윤리강령 선포 후 이에 내한 실천이 제대로 이루어지지 못하는 경우가 많다. 기업 내 윤리경영시스템을 도입하여 윤리경영 활동을 인력 관리나 동기부여의 수단으로 활용하는 등 경영활동에 반영하게 되면 실천력을 한층 높일 수 있다.

윤리경영시스템의 구축은 윤리강령 제작 · 선포, 임직원에 대한 윤리교육, 비윤리적 행위 감독 체계, 실천에 대한 평가 등으로 이루어지게 된다. 국내의 경우 윤리강령의 내용이 아직 선언적인 수준에만 그치는 기업이 많은데, 실천력을 높이기 위해서는 외국처럼 기업 내부 고발제를 도입하는 등 윤리강령이 강제력을 갖게 할 필요가 있다.

4. 윤리경영 전담부서 설치

윤리담당 임원을 선임하고 전담부서를 설치해야 한다. 윤리경영을 기업 내에서 보다 체계적이고 실질적으로 추진하기 위해서는 강력한 권한을 갖는 전담조직의 신설이 필수적이다. 이를 위해서는 고위급 임원을 윤리경영 책임자로 선정해야 한다. 윤리경영 전담조직의 권한이 미약할 경우 기업의 사정이나 외부 경영환경 변화에 따라 중요도나 시급성에서 밀려 윤리경영 추진이 제대로 이루어지지 않을 수도 있기 때문이다.

세계적인 제지업체 인터내셔널 페이퍼의 경우 윤리경영 전담부서의 강력한 지휘 아래 전 직원에 대한 엄격한 윤리교육이 행해지고 있다.

5. 정부차원의 윤리경영에 대한 관심

정부차원에서 기업의 윤리경영 정도를 평가하는 제도를 만들어 우수 기업에게 인센티브를 제공해야 한다. 미국의 경우 '우수 윤리경영 운영기업에 대한 형벌경감지침'을 제정하고, 평소 윤리적인 기업운영을 위해 노력하고 있는 기업이 잘못을 해서 처벌을 받게 될 경우 그렇지 않은 기업보다 처벌을 경감해 주고 있다. 또한 우수기업에 대해 세금감면, 조사면제, 공공기관 입찰우대 등의 인센티브를 통하여 윤리경영을 장려하고 있다. 그리고 대통령이 매년 수여하는 품질관리 대상인 '말콤 볼드리지상(Malcolm Baldrige National Quality Award)' 수여를 통해 윤리경영 확산에 노력하고 있다.

6. 학계차원의 윤리교육 강화

학계에서도 기업윤리 교육에 대한 지속적인 투자와 관심이 필요하다. 국내에서는 기업윤리가 일부 대학교에서 과목으로만 개설되어 있는 수준이지만, 미국을 비롯한 윤리경영 선진국의 경우 대부분의 경영대학원에서 기업윤리를 필수 강좌로 만들어 학생들과 기업인들에게 기업윤리를 교육함으로써 기업들의 윤리경영 노력을 뒷받침해 주고 있다.

우리나라의 경우 특히 공과대학에서 공학인증프로그램에 의해 공학윤리 교육을 강화하고 있어 미래의 공학도들의 높은 윤리의식 수준이 기대되고 있다.

7. 사회적 차원의 윤리 인프라 구축

사회적 윤리 요구 수준 제고, 윤리적 기업 발굴 등 사회적 윤리 인프라를 구축해야 한다. 윤리적 기업은 사회가 만드는 것이다. 즉, 소비자가 윤리적 기업만을 선호하고 비윤리적인 기업은 철저히 외면하는 등의 윤리 환경이 조성되고 윤리경영 기업을 발굴하여 칭찬해 주는 시스템이 활성화되면 기업에서는 윤리경영의 수준을 높이지 않을 수 없게 된다.

미국에는 비영리단체인 '경제최우선협의회(CEP)'가 매년 선정하는 '양심기업상', 포천과 월스트리트저널이 매년 발표하는 '가장 존경받는 기업' 등을 통해 사회적으로 윤리적 기업을 칭찬하는 시스템이 활성화되어 있다.

8. 성과평가시스템 정비

윤리경영 촉진을 위해서는 성과에 대한 평가도 그에 맞게 정비되어야 한다. 특히, 윤리경영의 실천 여부를 모니터링할 수 있도록 평가항목을 정비하는 것이 필요하다. 어떠한 기준으로 평가받는가가 경영자의 의사결정과 행동에 커다란 영향을 미치기 때문이다.

성과평가항목이 주가, 경제적부가가치(EVA : Economic Value Added), 시장점유율(M/S : Market Share), 당기순이익 등 재무적 지표에 국한되어서는 안 된다. 단기적이고 양적인 성과로만 평가한다면 윤리경영을 제대로 실천하기 어렵다.

Chase Manhattan 은행의 전 CEO였던 데이비드 록펠러는 오늘날의 경영자들은 매일 매일의 주가 변화와 같은 단기간의 성과에 상당한 부담을 느끼고 있다고 말한다. 특히 경영성과에 대한 보상으로 받는 스톡옵션 또한 단기간의 주가상승을 위한 회계조작 등의 유혹을 유발하고 윤리경영에 대한 경영자의 의지를 감소시키는 중요한 원인이 되고 있다고 지적한 바 있다.

세계적인 택배서비스 기업인 Federal Express는 "사람-서비스-이익"이라는 경영철학을 갖고 있다. 이러한 경영철학은 기업의 목적이 단순히 단기적인 이익을 추구하는 데만 있지 않고, 사람과 지역공동체에 대한 가치 증대에 있음을 보여준다. Federal Express는 이 세 가지 항목에 대한 종합적인 평가와 피드백을 통해 구성원들이 윤리적인 판단과 행동을 하도록 독려하고 있다.

이렇듯 윤리경영을 제대로 실천하도록 하기 위해서는 단기성과만이 아니라 장기적 관점의 질적인 요인에 대한 평가도 균형적으로 이루어져야 한다. 예컨대, 소비자의 기업에 대한 평판, 기업의 지역사회에 공헌한 정도, 종업원의 기업경영에 대한 만족도 등 윤리경영에 관한 지표들을 평가할 필요가 있다.

윤리경영을 촉진하기 위해서는 이와 같이 장기적이고 종합적인 지표들이 평가에 함께 고려되어야 한다.

9. 윤리경영의 조직문화 정착

윤리경영의 올바른 실천을 위해서 윤리경영이 하나의 조직문화로 정착되도록 하는 것이다. 이를 위해서는 사전에 철저한 준비와 윤리경영실천에 대한 의지와 그 중요성을 구성원들과 공유하려는 노력이 필요하다. 윤리경영은 단순히 경영기법이나 스킬이라기보다는 구성원들 사이에 내재된 의식이며 가치이기 때문에 특히 자발적인 참여와 의사소통이 매우 중요하다.

미국의 유명한 방위산업체인 Lockheed Martin은 2년마다 한 번씩 전 종업원을 대상으로 회사의 윤리경영 지침과 실천에 대한 설문조사를 하고 있다. 그리고 조사 결과를 통해 드러난 문제점과 개선사항을 새로운 윤리규정에 포함시키고 윤리교육 자료로 활용한다. 이러한 과정은 종업원들의 윤리의식을 고취시키고 윤리경영에 대한 자발적인 참여를 불러일으키는 좋은 수단이 되고 있다.

윤리경영 실천 모범사례로 손꼽히는 3M과 Johnson & Johnson은 매우 정교하고 구체적인 실천지침을 갖추어 놓음으로써 구성원들의 적극적인 참여를 유도하고 있다. 이들 기업들은 '선물증여' 항목에서부터 '고객에 대한 접대', '종업원 안전보장'까지 업무와 직·간접적으로 관련된 사항을 거의 모두 매뉴얼화 하고 있다. 이들이 갖고 있는 윤리헌장과 매뉴얼은 오랜 시간 동안 시행착오를 겪으면서 종업원들과 경영진의 활발한 커뮤니케이션을 통해 새롭게 다듬어지고 있다.

이와 같이 기업의 윤리적인 활동에 대해 구성원들이 스스로 참여하고, 자유롭게 커뮤니케이션 하는 분위기는 윤리경영의 실천을 촉진하게 된다. 종업원들이 해당 업무에서 부딪치는 많은 윤리적 딜레마에 대해 구성원들끼리 혹은 상사와 적극적으로 토론하고 해결방안을 찾아 갈 수 있는 개방적인 분위기가 형성될 때, 윤리경영은 하나의 조직문화로 승화될 수 있다.

Leadership Devlopment and Training **사례 12-5**

비즈니스 윤리와 경영

최근 촉발된 글로벌 금융위기는 글로벌 경제뿐 아니라 기업 경영에 대한 사고체계 자체를 완전히 바꾸어 놓았다. 특히 리먼 브러더스와 베어스턴스가 파산을 선고하는 등 세계금융질서의 혼란은 비즈니스 전반의 윤리와 원칙의 중요성에 대해 반성하고 성찰하는 계기가 되었다. 이는 비즈니스 윤리는 교육을 통해 습득되는 것이 아니다. 직원들에게 윤리에 대해서 교육할 수는 있어도 받아들이는 대상이 그것을 내재화하여 실천하는 것과는 전혀 별개 문제이기 때문이다.

비즈니스 윤리는 모든 공적 행동의 가장 근본이라는 점에서 강조되고 있다. 모든 위기와 의사결정 과정을 보면 어떤 제도와 규범이 있더라도 결국은 개개인의 양심과 도덕성에 의해 좌우되기 때문이다. 비즈니스 윤리가 경영을 위한 '테크닉 전수'보다 더 중요한 이유가 여기에 있다.

자료 : 매일경제, 2010. 11. 4(토머스 로버트슨 와튼스쿨 학장)

제3절 | 윤리적 리더십의 개념과 구성요소

1. 윤리적 리더십의 개념

Schumann(2001)은 윤리적 리더십이란 "리더는 행동과 대인관계를 통해 규범적으로 적합한 행동의 모범을 보이며, 의사소통을 강화하고, 의사결정을 통하여 부하직원으로 하여금 적합한 행동을 하도록 촉진하는 것"이라고 하였다.

따라서 윤리적 리더는 구성원들에게 정직성, 공정성, 배려, 솔직함, 겸손함, 공정함과 같은 윤리적 행동을 실천하는 모델로서의 역할을 수행하며 그에 따른 보상과 규제를 통하여 조직전체가 원칙에 부합하는 도덕적인 선택을 하도록 유도하는 역할을 한다.

Trevino, Brown & Hartman(2003)은 윤리적 리더십이란 "리더가 기업경영에 대한 윤리적 비전과 목표를 제시하고, 경영과정에서 윤리적 합리성을 추구하는 것"이라고 하였다. 따라서 리더는 윤리적 가치에 대한 구성원과의 공유와 상호작용, 그리고 투명성에 대한 일관된 경향 등을 통해 도덕적 조직을 창출해 나가게 된다.

표 12-2 | 국가경쟁력과 청렴수준

경쟁력 순위	국가명	청렴순위	부패인식지수(CPI)
1	스위스	5	9.0
2	미국	19	7.5
3	싱가포르	3	9.2
4	스웨덴	3	9.2
5	덴마크	2	9.3
6	핀란드	6	8.9
7	독일	14	8.0
8	일본	17	7.7
9	캐나다	8	8.7
10	네덜란드	6	8.9
11	한국	39	5.5

자료 : 2009년 세계경제포럼(WEF) 및 세계투명성기구(TI) 발표

사례 12-6

국가청렴도와 국민소득의 상관관계

정부는 주한 외국인을 대상으로 우리나라 공무원들의 부패수준에 대한 인식도 조사에서 50.5%가 부패하다고 응답했다. 특히 구조화된 부패문화(49.55%), 윤리의식 부족(17.2%)을 주된 원인으로 지적했다.

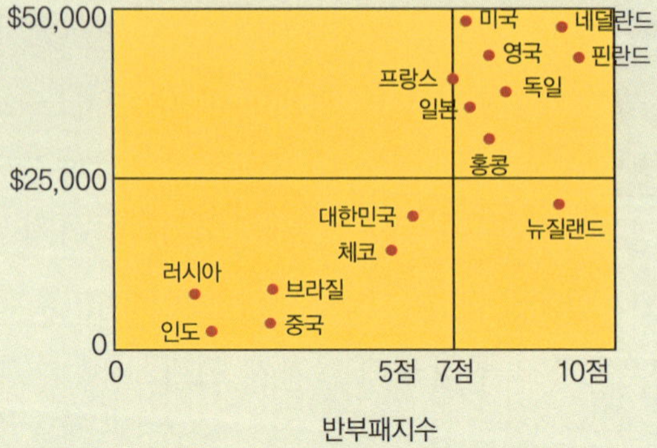

반부패지수(CPI)가 1점이 높아지면 1인당 국민소득 4,713달러가 증가하는 것으로 나타났으며, 반부패인식지수(CPI)가 7 이상이면 청렴한 것으로 보아도 된다.

우리나라는 현재 국가 전체적으로는 5.5 정도이고, 네덜란드, 핀란드, 뉴질랜드가 가장 청렴한 국가로 나타났다.

2. 윤리적 리더십의 구성요소

Resick Hages, Dickson & Mitchelson(2006)은 윤리적 리더십의 구성요소로 신의성실, 윤리적 인식, 공동체 및 인간중시, 동기부여, 권한위임, 윤리적 기준제시 등의 여섯 가지를 들고 있다.

1) 신의성실

신의성실은 리더에 있어서 가장 근본적인 요소로 도덕적인 정의에 기반한 믿음이다. 리더의 신의성실은 리더의 의사결정과 행동을 결정하는 중요한 요소가 된다.

2) 윤리적 인식

윤리적 인식은 리더의 도덕적 판단 역량으로 개인적인 이익보다는 조직의 이익에 대한 더 많은 관심을 가지고, 수단과 결과를 모두 중시하며, 단기적인 시각보다 장기적인 시각을 가지고 있으며, 다양한 이해관계자의 이해를 고려하는 데 중요한 영향을 미친다.

3) 공동체 및 인간중시

윤리적 리더는 더 나은 선(good)을 위해 봉사하는 것에 초점을 두어야 한다. 개인적인 이익보다는 조직의 이익을 중시하며, 이타주의에 바탕을 둔 인간중시 경영을 해야 한다.

4) 동기부여

윤리적 리더는 조직구성원들에게 조직목표 달성을 위한 행동을 유발하고 고무시키기 위해서 정서적 유대감을 바탕으로 동기부여를 강화시킨다. 특히 조직목표와 개인목표의 통합을 통해 조직목표 달성을 위하는 것이 개인의 목표의 실현으로 이어질 수 있도록 강화시키는 것이 중요하다.

5) 권한위임

리더는 추종자들이 자신감과 자기만족감을 가질 수 있도록 스스로 자율적 판단과 의사를 존중하는 권한위임에 대해 적극적이어야 한다. 권한위임을 통한 자율경영, 창조경영, 능동적 경영이 이루어짐으로써 동기부여와 시너지효과를 가져오게 된다.

6) 윤리적 기준 제시

윤리적 리더는 조직 내 윤리경영에 대한 윤리기준을 수립하고, 모든 구성원들이 윤리적 행동이 이루어지도록 유인하고 이러한 행동이 정착되도록 해야 한다.

Leadership Devlopment and Training **사례 12-7**

장기려 박사의 삶

1911년 8월 14일 평안북도 용천에서 출생하여, 전란으로 인한 지독한 가난 탓에, 당시 학비도 싸고 적성에 맞았던 경성의전(현 서울대 의대)으로 진학하여 졸업 후 스승 백인제 박사 수하에 조교로 학업에 매진하였다. 당시, 조선인 중 10명도 안되던 의학박사학위를 취득하였다.

백인제 박사는 그가 경성의전 교수직, 대전도립병원장으로 진로를 정하기를 원했으나 자신이 선택한 평양의 한 작은 병원으로 취직하였다.

한국전쟁이 발발하고, 가족들과 생이별하게 되었다. 천막에서 무료병원 시작하였는데 지금의 부산 서구 암남동에 위치한 고신대학교 복음병원 부지이다.

서민들을 위하여 우리나라 최초의 의료보험 '청십자의료보험조합' 설립하였고, 1989년 전 국민에게 의료보험이 확대될 때까지 20만 명 영세민 조합원에게 의료혜택을 받게 했다.

장기려 박사의 리더십에 대해 요약하면 다음과 같다.

1. 타인존중
   환자를 대할 때 수단으로서가 아니라 목적으로 대했다. 사회적 지위, 신분을 가리지 않고 최선을 다해 치료를 했다.

2. 봉사
   이해관계자(환자, 직원)를 위해 봉사할 줄 아는 윤리적 리더였다.

3. 공정성
   어떤 누구에게도 차별적 대우를 하거나 특별한 배려를 하지 않고, 모든 환자들과 직원들에게 공정하게 대했다.

4. 정직성
정부가 제안한 가족 상봉기회를 특혜라며 단호히 거절한 사례를 통해 볼 수 있듯이 정직한 리더라고 할 수 있다.

제4절 | 윤리적 리더십의 행동특성

윤리적 리더십을 발휘하기 위해서는 가치의 소중함을 인식할 수 있어야 하며, 원칙의 중요성을 이해하고 이를 유지해야 한다. 가치를 설정하고, 공유하며, 공감과 협력을 이끌어낼 수 있어야 한다. 또한 리더 스스로가 원칙을 실천하고, 모범을 보여야 하며, 감동과 신뢰가 바탕이 될 때 윤리적 리더십이 제대로 발휘될 수 있다. 윤리적 리더십 행동특성에 있어서 대표적 요소를 보면 [그림 12-1]과 같다.

그림 12-1 | 윤리적 리더십의 행동특성

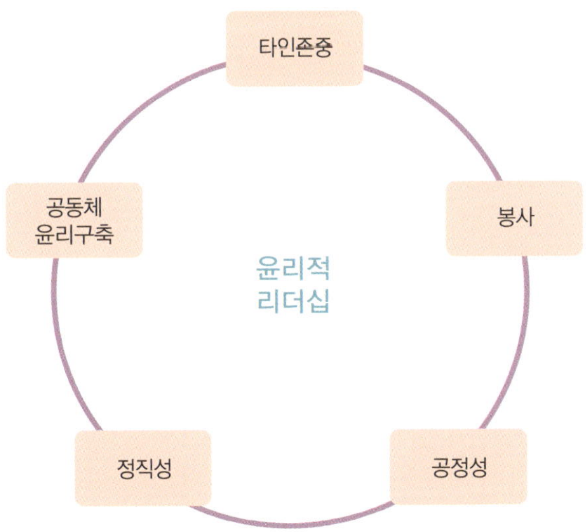

1. 타인존중

윤리적 리더는 타인을 존중해야 한다. 다른 사람을 대할 때 존경심을 갖고 대한다는 것은 개인적 목적을 위한 수단이 아니라 그 자체가 목적이 되어야 한다. 다른 사람을 대할 때 수단으로서가 아니라 목적으로 대하려면 다른 사람의 결정이나 가치를 존중해야 한다. 그렇게 하지 않으면 다른 사람을 자신의 목적 달성을 위한 수단으로 취급하기 때문이다.

따라서 타인을 존중하는 리더는 부하들 개개인은 그 나름의 절대적인 가치와 소중한 개인 차이를 가지고 있다고 믿기 때문에 부하들의 창조적인 열망을 인정하고 존중하게 된다.

타인을 존중하는 리더는 개인적 차이를 인정한다. 다른 사람을 존중한다는 것은 다른 사람의 생각을 신뢰하고 인정하는 것을 의미한다. 그 결과 리더는 그들과 관련된 결정을 스스로 할 수 있게 권한을 부여한다.

Burns(1978)는 타인을 존중하는 리더는 부하들의 말을 수용적 자세로 경청하고 공감을 나타내며, 반대의 의견도 관대하게 받아들이는 것을 의미한다. 또한 존중은 부하들의 신념이나 태도, 가치관을 인정하는 것으로 리더가 부하들을 존중할 때 부하들은 자신이 맡은 분야에서 자신감을 가지고 최선을 다하게 된다. 그러므로 리더가 부하를 존중한다는 것은 부하를 한 인간으로 존경할만한 가치가 있는 한 인간으로 대한다는 것을 말한다.

2. 봉사

윤리적 리더는 타인을 섬길 줄 알아야 한다. 섬김의 원칙은 이타주의의 한 예이다. 즉, 섬김의 리더는 이타적이다. 그래서 계획을 수립할 때에도 부하들의 입장에 서서 최우선적으로 고려하며, 작업현장에서도 사제관계,

권한위임, 팀구축 및 조직시민행동 등의 행동을 하게 된다.

리더가 추종자들을 섬긴다는 것은 보다 큰 유익을 위해 공헌하고 도움이 되기 위해서 윤리적 리더는 기꺼이 부하중심적이 되어야 하고, 추종자들의 이익을 최우선에 두며 그들에게 이익이 되는 방향으로 행동한다. 이처럼 윤리적 리더는 이해관계자들을 위해 봉사할 줄 알아야 한다.

Leadership Devlopment and Training **사례 12-8**

간디의 비폭력 무저항운동

간디는 1869년 10월 2일에 태어나 1948년 1월 30일 여든 살로 생을 마친 평화주의자로서, 인도의 정신적 정치적 지도자, 독립운동가 겸 법률가, 정치인이다. 인도의 영국 식민지기간(1859~1948) 중 대부분을 영국으로부터의 인도 독립운동을 지도하였다.

간디는 뭄바이와 라지코트에서 변호사로 개업하였지만 변호사로서 자질이 부족하여 실패하였다. 1893년 소송사건을 의뢰받아 1년간의 계약으로 남(南)아프리카 연방의 더반으로 건너갔다. 이 남아프리카 여행은 간디의 생애에 커다란 전기를 가져왔다. 당시 남아프리카에는 약 7만 명의 인도사람이 이주해 있었는데 백인에게 차별대우를 받고 있었다. 이에 그는 거기에 사는 인도사람의 지위와 인간적인 권리를 보호하고자 결심하고 남아프리카 연방 당국에 대한 인송차별 반대투쟁단체를 조직, 1914년까지 그 지도자로 활동하였으며 1925년 국민 회의파 의장직을 수행하고 1942년 영국에 대하여 인도 철퇴의 요구, 불복종 운동을 일으키다 투옥되었고, 석방된 후에도 인도 독립을 위해 활동하였으며, 델리에서 인도와 파키스탄과의 양국 평화를 위해 전력을 다했다. 그러나 1948년 1월 30일 뉴델리에서 힌두교 무장 단체원에 의해 암살당했다.

그의 사후인 1999년 4월 18일 미국의 시사주간지 뉴욕타임스는 지난 1천 년간의 최고의 혁명으로 영국의 식민통치에 저항한 간디의 비폭력 무저항운동을 선정하였고, 노벨평화상 수상자 선정에 5번이나 수상 후보자의 물망에 올랐으나 끝내 수상하지 못했다.

간디의 사상에 대해 살펴보면 다음과 같다.

첫째, 싸따그라하(진리 파지)

간디의 사상은 이 싸따그라하라는 말로 표현할 수 있다. 싸따그라하는 '진리 파지', 즉 진리를 깨닫는다는 의미이다. 진리를 실행하는 것(수단)으로 신을 만날 수가 있고 바로 신(목적)이라는 것은 진리를 의미하므로, 수단과 목적이 모두 진리가 되는 것으로 여겼다. 싸따그라하는 인도독립운동의 기술로 사용되었으며, 이때 가장 중요한 원칙은 아힘사(비폭력)이였다.

또한 사따그라하를 펼침에 있어서 타인이 고통받는 만큼 자신도 고통을 받아야 한다고 생각했다. 자기 스스로 당하는 고통을 비폭력의 본질이라고 생각했고, 이러한 고통은 자신이 힘이 없어서 당하는 것이 아닌 폭력을 충분히 휘두를 능력이 있음에도 고통을 당하는 것을 의미한다.

둘째, 아스떼야(도둑질을 하지 않음)

간디는 진리로의 길을 가로막는 것의 하나로 도둑질을 들었다. 즉 간디는 도둑질하지 않는 것을 중요하게 생각했는데, 간디는 직접 손을 움직여 하는 일을 직업적으로 하지 않는 사람들도 어느 정도의 일은 해야 한다고 생각했다. 그가 장려한 물레질은 정치적 · 경제적 이유도 있지만 이러한 이유도 가지고 있었다. 어쩌면 물레질은 정치적 · 경제적 이유보다는 이러한 종교적 · 도덕적 이유가 더 크다고 할 수도 있다.

셋째, 아빠리그라하(무소유)

무소유는 말 그대로 소유하지 않는 것을 의미한다. 하지만 단순히 집, 음식, 옷 같은 물질적인 것에 대한 무소유만을 의미하는 것이 아니다. 인간의 육신조차 무소유해야 한다는 것이 간디의 생각이었기 때문에 육체의 욕망은 모두 버려야 하며, 육체는 사회를 위해 봉사하는 데 사용되어져야 한다는 것이다. 무소유는 일반인으로서는 무척 지키기 어려운 것으로 보았지만 그렇다 하더라도 자신이 소유를 최소한으로 유지하는 것이 필요하다고 강조했다.

이와 같은 사상으로 그는 인도의 독립을 위한 비폭력 평화운동의 리더로서 활동을 가능하게 하였다.

간디의 업적으로는 다음과 같다.

첫째, 독립운동이다. 간디의 집안은 상인계급에 속했고 식료품상이었다. 간디는 영국식민지 시절 인도인으로는 드물게 변호사로서 엘리트였으나, 식민지민으로서 차별대우를 받고 영국으로부터 독립을 하려는 의지를 가지고 독립운동을 하였다. 편하게 살려면 살 수 있었겠지만, 조국의 독립을 위한 지도자로서의 역할을 수행하였다.

둘째, 비폭력 무저항주의이다. 독립운동에 있어서 무력으로는 영국을 이길 수 없다는 판단 아래 비폭력 무저항운동을 실시하였는데, 인도인들로부터 지지를 받아 무력으로는 얻을 수 없는 인도인의 자발적인 동참을 이끌어낸 지도력을 가진 인물이 되었다.

셋째, 인도통일이다. 인종, 문화, 종교가 다른 인도인들을 하나로 만든 인물이다. 간디가 죽은 후 인도는 종교에 따라서 나라가 분리가 되었기에 그의 존재 자체가 인도를 하나로 만든 정신적 지주로서의 역할을 했다.

넷째, 솔선수범의 자세이다. 인도는 원래 유럽보다 면직물의 품질과 생산량이 매우 많아 유럽에 수출도 했으나, 영국의 식민지가 됨에 따라서 면직물 산업이 붕괴되었는데, 간디는 독립을 위해서는 자립적인 국내산업 육성의 필요성을 알고 전통의 산업이던 면직물 산업을 부흥시켜야 한다는 상징적인 것으로 평생 물레를 스스로 돌리는 모습을 보여주었다.

다섯째, 봉사정신이다. 인도의 지도자로서 권력을 원하지 않았으며, 근검절약을 솔선수범하였다. 권력을 양보했기에 다양한 종교지도자들로부터 지지를 받았다. 간디가 죽은 후 권력을 지향하던 종교지도자들이 스스로 분리독립을 하고, 나중에는 인도인 사이에 분쟁이 발생하기도 했다.

간디는 자신의 생일인 10월 2일은 유엔에 의해 전 세계적으로 '국제 비폭력의 날'로 제정이 되었다. 간디의 명언은 많이 있으나 그 중 그의 비폭력정신을 이은 명언으로 "An eye for an eye makes the whole world blind"(눈 에는 눈(식의 보복)을 고집한다면 모든 세상의 눈이 멀게 된다)는 비폭력주의 사상이 담겨져 있다.

간디의 평화사상과 평화에 바친 업적은 실천면에서 볼 때 민주적 민족지도자이며, 특히 비폭력·무저항주의는 인류의 역사에 길이 남을 업적으로 평가받고 있다.

3. 공정성

윤리적 리더는 매사에 공정해야 한다. 부하들을 평등하게 대하는 데 최우선해야 한다. 조직 내에 어느 누구도 차별적 대우를 받거나 특별한 배려를 받아서는 안 된다. 만약 예외적인 경우에는 합리적이며 건전한 도덕적 가치에 근거하여 그 이유를 분명히 밝혀야 한다.

내부분의 조직은 재화나 자원이 한정되어 있고, 그 한정된 재화를 확보하려는 경쟁은 불가피하다. 즉, 자원의 희소성이 실재하고 또 그 같은 희소성 때문에 공평한 배분의 방법을 둘러싸고 개인 간, 조직 간, 집단 간 갈등이 일어난다. 이때 리더는 보상에 대한 명확한 규칙을 확립하고, 그 규칙과 규정에 의해 항상공정하게 처리해야 한다. 리더의 공정한 업무처리는 조직의 윤리적 기초가 된다.

4. 정직성

윤리적 리더는 매사에 정직해야 한다. 리더가 정직하지 못하면 부하들은 리더를 더 이상 신뢰하지 않는다. 또한 그의 주장도 더 이상 믿지 않으며 리더에 대한 존경심이 사라진다. 추종자들의 리더에 대한 존경심이 사라지면 결국 리더의 영향력도 함께 사라지게 된다.

그런데 정직은 단지 진실을 말하는 것만을 의미하는 것은 아니다. 정직은 다른 사람들에게 마음의 문을 열고 진실을 있는 그대로 완전히 표현하는 것이다. 그러나 정직함은 말처럼 쉬운 일은 아니다. 때로는 완전한 진실함이 오히려 역효과를 초래하기도 한다.

리더는 특정 상황에서 무엇을 말하는 것이 적절한지 항상 주의해야 하며 동시에 개방적인 것과 솔직한 것 사이의 균형을 유지하는 것이 중요하다.

따라서 리더의 정직성은 이행할 수 없는 것을 약속하지 않고, 잘못을 대변하지 않으며, 이유를 대며 책임을 회피하지 않고, 의무를 회피하지 않는 데서 비롯된다.

Leadership Devlopment and Training **사례 12-9**

부패란?

부패를 줄이려면 경쟁을 통하여 독점의 기회를 줄이고, 행동이나 판단기준을 기준화하여 재량행위를 할 수 있는 여지를 최소화해야 한다. 동시에 조직의 내부 목적 및 사회적 행동 기대치에 잘 부응하는 것이 장·단기적으로 이득이 될 수 있는 인센티브 구조를 갖추는 것이 필요하다.

호치민은 평생토록 혼자 살면서, 고향을 절대로 밝히지 않았다고 한다. 특히 통일 베트남의 집권자가 된 이후로는 절대로 고향 이야기는 꺼내지 않았는데 누군가가 그 이유를 물었더니, 죽음에 임박해서야 자신의 고향을 밝히면서, 애초부터 고향이 어디인지 알려졌다면, 고향 사람들의 수많은 청탁이 들어올텐데, 인정상 고향 분들의 청탁을 어떻게 거절할 수가 있겠느냐고 답했다고 한다. 또한 호치민은 결혼하여 처자가 생기면 아무래도 사욕(私慾)이 생기고, 사욕이 일어나면 부패할 수밖에 없다고 여겼기에 그는 결혼을 거부하고 일생을 독신으로 살면서 식민지 국가이던 자신의 조국과 결혼하여, 조국의 해방과 통일을 달성한 '베트남의 아버지'가 되었다고 한다.

호치민의 일화로부터 우리는 많은 것을 배울 수 있다. 미국 랜드대학원 로버트 클릿가드(Robert Klitgaard) 학장의 '부패(Corruption)=독점(Monopoly)+자유재량(Discretion)−책임(Accountability)'이라는 부패등식처럼 내가 하는 업무가 아무리 사소한 일이라도 권한과 재량이 있는 곳에는 언제든 청탁의 유혹에 노출될 수 있으며, 사소한 인간관계에서조차 평소 본인의 업무와 인간관계 사이의 이해상충(Conflict of Interest)을 깨어 있는 의식으로 확인하고 조심하지 않으면 문제가 발생할 때에는 이미 견고하고 철옹성처럼 구축된 사적 네트워크의 그물을 벗어날 수 없이 포획되어 버린다는 것이다. 마치 술 취한 참새처럼 말이다.

로버트 클릿가드 전 클레어몬트 대학원장은 부패의 등식을 다음과 같이 표현했다.

부패(Corruption) = 독점(Monopoly) + 자유재량(Discretion) − 책임감(Accountability)

5. 공동체 윤리구축

윤리적 리더는 공동체 윤리를 구축해야 한다. 윤리적 리더는 조직의 공동목표를 달성하기 위해 추종자들에게 영향력을 행사하게 된다. 공동목표는 리더와 부하들 간에 집단이 나아가야 할 방향에 대해 동의가 이루어져야 한다는 것을 요구한다. 그러므로 리더는 조직목표와 추종자들의 개인적 목표를 동시에 고려하면서 그에 적합한 공동목표를 달성하기 위해 나아가야 한다.

또한 윤리적 리더는 집단에 참여하는 모든 구성원들의 개인적인 목표를 고려하고 공동체와 조직문화에 대한 세심한 배려를 해야 한다. 그러므로 리더는 모든 사람들의 목표와 양립될 수 있는 목표를 추구할 필요가 있다. 리더는 리더와 부하들 양쪽 모두에게 이익이 되는 공동의 목표를 지향할 수 있도록 해야 한다. 상호이익이 되는 목표를 지향하면서 리더나 부하들 양쪽 모두 변화를 겪게 마련이다.

윤리적 리더는 높고 광범위한 도덕적 목표의 확립을 추구해야 한다. 모든 개인의 목표와 조직의 목표는 공동의 선과 공적 이익의 테두리 안에서 추구되어야 한다. 따라서 윤리적 리더는 공동 선(善)에 관심을 두어야 한다.

표 12-3 | 윤리적 리더의 행동특성

타인존중	• 구성원의 다양한 관점과 의견을 수용한다. • 자신과 반대되는 견해도 관대하게 받아들이는 경향을 가진다.
타인에 대한 봉사	• 타인을 섬길 줄 알아야 한다. • 구성원들의 복지와 이익에 관심을 가지며 조직의 비전을 명확히 하고 구성원을 설득한다.
공정성	• 구성원들을 동등하게 대하는 것을 중요한 임무로 여겨야 한다.
정직성	• 명확한 규칙을 확립하고, 그 규칙과 규정에 의해 처리한다. • 지킬 수 없는 약속을 하지 않고 상황을 왜곡하여 전달하지 않으며, 숨기거나 변명하지 않으며, 책임을 회피하지 않는다. • 다른 사람에게 마음의 문을 열고 진실을 있는 그대로 표현한다.
공동체 윤리구축	• 타인의 의사를 존중하며 양립할 수 있는 유익한 목표를 탐색하고 제시해야 한다. • 조직의 목표와 개인의 목표는 공동의 선과 공적 이익의 테두리 안에서 추구한다.

Leadership Devlopment and Training **사례 12-10**

인생은 양심과 욕심이 연주하는 이중주

윤리적 리더십에 대한 정의 중에서 '윤리적 리더는 가치 있는 목적을 이루기 위해 조직을 이끄는 사람'이라는 것이다. 윤리성을 지니지 못해 실패한 대표 사례로 '엔론(Enron)' 기업 사례를 들 수 있다.

포천은 1996년부터 6년 연속 '미국의 가장 혁신적인 회사'로 엔론을 선정했다. 그러나 2001년 수백억 달러의 빚을 안고 파산하게 된다. 사실상 회사는 수년간 차입에 의존한 무리한 신규사업으로 막대한 손실을 입었고, 이를 감추기 위해 분식회계를 해왔던 것이다. 그러나 엔론의 중역들은 일찌감치 엔론의 심각성을 인식하고 있었고, 부회장 벡스터는 소유주식 3천만 달러 어치를 처분하고 회사 위기를 경고한 후 떠났다. 그리고 사건이 불거지자 그는 자살했다. 아직도 그 원인은 미궁 속에 있지만 그의 자살은 엔론 내막 속에 도사리는 사건의 폭발성을 예고하고 있었던 것이다.

엔론은 실제 에너지를 생산하지 않고, 시설도 소유하지 않았으며 에너지를 거래하지도 않았지만 미국의 7대 기업이 될 수 있었다. 엔론은 에너지를 종이 위 숫자로 만들어 선물시장에 내놓는 수를 썼다. 거기에 미국 최고 회계법인회사 아더 앤더슨의 도움으로 분식회계라는 유혹에 넘어가고 만 것이다. 숫자만으로 에너지를 사고 팔다 보니 조작이 가능했고, 전문가의 눈을 속일 수 있을 정도로 점점 교묘하고 복잡해졌다. 여기에 정계에 막대한 정치자금을 헌납하고, 지원군을 만드는 수완이 대단했다. 저명한 학자, 칼럼니스트, 경제전문가를 컨설턴트로 두었으며, 보수와 진보계 이론가들을 다 포용할 정도로 쥐락펴락했던 것이다. 특히 부시 대통령과 체니 부통령은 엔론사의 케네스 레이 회장과 막역한 사이였다. 60만 달러에 달하는 정치자금, 그리고 엔론과 관련한 에너지 정책 수립 등에 꽤 많은 영향을 미쳤을 것이란 추측이 나왔다. 의심의 눈초리는 많았지만 합법적인 정치 헌금이었다는 증거로 부시 행정부에게 혐의는 없었다. 엔론사태는 단순히 기업스캔들이나 정치스캔들이 아닌 사회 전반의 지식층, 즉 화이트 컬러 범죄라는 죄명을 달게 된 사건이다.

미국에서도 엔론을 비롯한 미국발 금융위기 등 세계적인 경제위기를 초래한 원인이 금융계의 도덕적 해이에 있다고 보고, MBA 과정에 윤리교육을 강화했다. 국내에서도 지속적으로 발생하는 부정부패 사건을 비롯하여 조직 해체의 위기를 맞는 원인을 개인의 '삶의 가치'에 대한 무관심에 있다고 보고 있다. 삶의 가치를 높이기보다는 끊임없는 욕심의 무한질주가 정경유착의 고리를 만들게 되었다.

우리내 인생은 '양심과 욕심의 이중주'이다. 윤리는 양심과 욕심이 조화를 이루어 인생이 아름다운 화음을 내도록 하는, 즉 가치 있는 삶을 이루도록 하는 것이다. 윤리적 리더십의 경쟁력이 얼마나 큰 지에 관해 더 많은 이해와 노력이 필요한 때다.

윤리교육을 실시하는 초보단계에서는 청렴성만을 강조하고 있지만 우리가 정작 다져나가야 하는 것은 개인의 도덕성과 윤리적 측면에 있다. 도덕책처럼 살아가지고 성공할 수 있겠느냐는 암묵적 사회분위기가 오히려 "리더는 겉과 속이 달라야 한다"는 거짓된 명제를 합리적 명분으로 끼워 맞추고 있는 것은 아닐까? 삶의 의미와 목적, 가치에 대한 근본적인 교육이 전 국민을 대상으로 이루어져야 한다.

SBS '그것이 알고 싶다'에서 조사한 설문내용은 대한민국의 암울한 도덕성을 다시 한 번 보여준다. 전국 30~50대 성인남녀 744명 대상으로 실시한 조사의 주제는 '돈의 빛과 그림자'였다. 응답자의 절반인 50.7%가 10억 원 이상이면 양심을 충분히 저버릴 수 있다고 대답했다. 또 1천 만 원 미만이라도 기꺼이 양심을 속이겠다는 사람이 4.3%였다. 한국인들이 주저하지 않고 행복의 우선 조건으로 꼽은 돈의 의미와 철학이 잘 반영된 결과라 할 수 있다.

사례 12-11

Leadership Devlopment and Training

돈의 빛과 그림자

부자가 되는 방법으로는 1위가 복권당첨(32.3%), 2위가 부모유산(27.7%), 3위가 부동산투자(22.3%)였으며, 가족, 친구관계를 끊을 수 있는 액수로는 1위가 10억 원 이상(50.8%), 2위가 5억~10억 원(7.0%), 3위로는 1억~5억 원(3.6%)으로 나타났다.

양심을 속일 수 있는 액수로는 1위가 10억 원 이상(50.7%), 2위가 5억~10억 원(13.0%), 3위에는 1억~5억 원(10.6%)으로 나타났다. 만족할 수 있는 돈의 액수로는 1위로는 20억 원(32.7%), 2위에는 30억 원(28.6%), 3위에는 10억 원(17.7%)으로 나타났다.

행복한 삶을 만드는 조건으로는 1위가 건강(42.1%), 2위가 가족(33.7%), 3위가 돈(21.5%)으로 나타났다.

자료 : SBS '그것이 알고 싶다' 에서

제5절 | 윤리적 리더십에 대한 다양한 관점

1. Heifetz의 윤리적 리더십 관점

심리학자인 R. Heifetz(1994)는 존슨 대통령, 간디 등의 리더들을 분석한 결과를 기초로 윤리적 리더십에 대한 독특한 접근법을 체계화했다. 그의 이론은 리더가 어떻게 추종자들을 도와 그들로 하여금 갈등에 대처하게 하고, 갈등으로부터 새로운 변화를 이끌어내는 데 영향을 미치는가에 초점을 맞추고 있다.

그는 리더란 권한을 이용하여 추종자들로 하여금 빠르게 변화하는 작업환경과 사회문화 속에서 나타나는 상충되는 가치들에 잘 대응해 가도록 도움을 주는 것이다. 이처럼 구성원들의 가치를 직접적으로 언급하고 있다는 점에서 윤리적 관점이라고 볼 수 있다.

리더는 어려운 문제를 해결하기 위해 추종자들을 이용해야 한다. 그러나 리더는 신뢰와 양육, 그리고 공감대가 존재하는 '지원적 환경'을 제공해야 한다. 이러한 지원적 환경에서 추종자들은 어려운 문제에 대처하고 처리하는 데 안정감을 느끼게 된다.

특히 윤리적 리더는 당면한 이슈들에 대해 상충되는 관점들을 조화시키고, 의사결정을 촉진하며, 추종자들을 도와 변화에 적응하면서 자기성장을 위해 노력해갈 수 있도록 하는 것이다.

Leadership Devlopment and Training **사례 12-12**

'경주 최부자'가 신세계로 간 까닭은?

"흉년에는 땅을 사지 말고, 100리 안에 굶어죽는 사람이 없도록 하며, 손님을 후히 대접하라." '400년 부자의 비밀 경주 최부자' 다큐멘터리 내용 일부이다.

정용진 신세계 부회장과 임원 117명이 '2011년 신세계 윤리경영 임원 워크샵'에서 이 다큐멘터리를 시청했다. 20조 원의 매출로 국내 소매유통 시장에서 절대 강자인 신세계 임원들이 이 다큐멘터리를 시청했다는 점에서 남다른 의미를 담고 있다는 게 회사 측 설명이다. 특히 신세계는 지난 1999년부터 국내 업계 최초로 윤리경영을 통해 협력사와의 상생경영을 주창해오고 있다.

실제로 이번 다큐멘터리 내용은 크게 4가지를 담고 있다. 우선 재산 증식의 도덕성을 강조하기 위해 "흉년에는 땅을 사지마라"는 내용이 나온다. 신세계의 윤리경영과 맥이 닿아 있는 부문이다. 또 "100리 안에 굶어 죽는 사람이 없도록 하라"는 내용도 눈길을 끈다. 이는 풍년의 기쁨뿐만 아니라 흉년의 슬픔 또한 지역공동체와 함께 하라는 최부자 가문의 책임과 의무를 말하는 대목이다. 정 부회장이 기회 있을 때마다 주창해 온 책임경영, 고객중심경영과도 일맥상통한다.

그런가하면 손님은 누구나 공평하게 대접하고 바깥 세상과 폭넓은 소통을 활발히 하기 위해 "손님을 후히 대접하라"는 대목도 주목된다. 이 또한 정 부회장이 트위터 등을 통해 소통경영에 나서고, 고객중심경영을 주창해 온 그간의 경영전략과 궤를 같이 한다. 정 부회장은 이날 다큐멘터리를 시청한 뒤 "최부자는 극대이윤을 추구하기보다는 적정이윤을 지킴으로써 안정적인 부를 유지하고 지역사회의 신뢰와 신망을 동시에 얻고 소작인들의 부를 늘리는 동반성장을 택했다"며 "이러한 동반성장을 통해 지역사회는 최부자를 더욱 신뢰하게 되고 이러한 신뢰를 바탕으로 최부자는 400년 가까이 부와 명성을 이어가는 가장 존경받는 가문이 됐다"고 강조했다. 그래서일까? 신세계는 이날 협력사와의 상생과 공존을 위한 다양한 계획들을 쏟아냈다.
우선 이마트는 이날 실천 전략으로 ▲700여 협력회사와 공동상품개발 ▲중국 이마트를 통한 한국상품 기획전 연 2회 추진 ▲협력회사 에너지 무료진단 ▲상생플러스론 360개사 800억 지원 ▲중소기업박람회 개최 등을 결정했다. 백화점부문도 동반성장 추진팀을 신설하고 ▲연간 1,000억 원 규모의 상생플러스론 등의 금융지원제도 운영 ▲중소기업 원재료 구매지원 확대 ▲우수 중소기업 상품박람회 연 2회 실시 ▲우수 협력회사 대상 마진인센티브 제도 신설 등의 전략을 발표했다.
정 부회장은 "협력회사는 신세계의 미래를 결정짓는 중요한 파트너로 '상생이 정해진 파이를 나누는 것'이라면 '동반성장은 파트너와 함께 손잡고 파이를 키워서 같이 성장하고 성과를 나누자'는 보다 적극적인 개념"이라고 말하고, 기업의 성장이라는 측면과 사회적 요구를 적절히 조화시켜 큰 틀에서 동반성장 전략을 실천하고 구체화시킬 것을 주문했다.
한편, 신세계는 2010년 11월 300여 협력회사 대표자를 초청한 동반성장 간담회에서 '신동반성장 5대 강화 방안'을 발표한 바 있다. 이 자리에서 신세계는 자금지원 확대와 경영역량 강화지원, 동반성장 전담조직운영 및 이행관리, 성과 공유 및 확산, 협력회사 존중경영 강화 등 다섯 가지를 추진키로 합의했다.

자료 : 아시아경제, 2011년 1월 6일자 기사 중에서

2. Greenleaf의 윤리적 리더십 관점

1970년대 초 Robert Greenleaf는 헤르만 헤세(Herman Hesse)의 「동방여행」(1956)이라는 소설에서 '섬김의 리더십접근법'을 형성하는 데 영감을 받았다. 섬김의 리더는 강력한 이타적 윤리의식을 가지고 추종자들의 관심에 유의하여 부하들의 입장에서 느끼고 생각하며 동시에 그들을 보살피고 양육해야 한다는 것을 강조하고 있다.

Greenleaf는 리더십은 본성적으로 남을 섬기려는(봉사) 사람에게 부여되는 것이라고 주장했다. 한 개인이 리더가 되기 위한 중요한 덕목은 바로 봉사자(섬기는 자)가 되는 것이다. 섬김의 리더는 추종자들의 욕구에 관심을 기울이고 그들이 보다 더 지적이 되고 자유롭고 독립적이며 부하들도 남을 섬기는 사람이 될 수 있도록 도와주어야 한다. 즉, 리더는 그의 존재

만으로 다른 사람들을 풍요롭게 할 수 있어야 한다.

섬김의 리더십은 공동체적 삶에 모든 사람이 참여할 수 있도록 하는 것을 가치 있게 여긴다. 인간이 존경과 신뢰 그리고 강점을 충분히 경험할 수 있는 곳은 바로 공동체 안에서이기 때문이다. 따라서 리더는 다른 사람의 말을 경청하고 공감하며 무조건 긍정하는 것을 크게 강조하고 있다.

섬기는 일(봉사) 이외에도 리더는 소외된 자들에게 관심을 갖고 그들을 조직생활에서 다른 이해관계자들과 동일하게 인식해야 할 의무가 있다. 불평등과 사회적 불공정이 있을 때 섬김의 리더는 그것들을 제거해야 하는 책임도 있다. 섬김의 리더가 되기 위해서는 리더는 제도적 권력과 통제력의 사용을 자제하는 한편, 추종자들에게 권한을 위임시킬 수 있어야 한다.

3. Burns의 윤리적 리더십 관점

Burns의 변혁적 리더십이론(1978)에서 추종자들의 욕구와 가치, 그리고 도덕성을 매우 강조하고 있다. 변혁적 리더십은 리더들이 그들의 부하들이 더 높은 수준의 도덕적 책임감을 갖도록 하는 노력을 강조하고 있다.

특히 리더는 상충하는 가치들로 인한 부하들의 개인적 고충을 극복하도록 도와주는 것이 중요한데 이런 과정에서 이루어진 리더와 부하들 간의 관계는 양쪽 모두 다 도덕성 수준을 높이는 결과를 초래한다.

Burns는 리더의 역할에 대해 부하들의 개인적 동기유발과 도덕성의 개발에 유의하는 것이라고 강조하면서 부하들을 도와서 자신들의 가치와 욕구를 평가하게 해 주고 더 높은 수준의 가치인 자유, 정의, 평등과 같은 가치들을 강조하는 수준에까지 이르도록 도와주는 것을 리더의 책임과 의무라고 하였다. 또한 윤리가 어떻게 리더십 과정의 중심적 특성이 되고 있는지를 보여주고 있다. 그는 윤리를 “리더십이 의미하는 바가 무엇이며”,

"리더십은 어떻게 수행되어야 하는가?에 대한 학구적 논의에서 최전면에 부각시키고 있다는 점에서 주목할 만하다.

제6절 | 윤리적 리더십의 측정도구

Craig & Gustafson(1998)는 '리더 성실성 인지척도(Perceived Leader Integrity Scale : PLIS)'를 개발해 리더의 윤리성을 측정했다. PLIS는 추종자들이 그들의 리더가 '최대 다수의 최대의 선'을 창출해내기 위해 노력하는 정도를 부하들로 하여금 판단하게 함으로써 리더의 윤리를 측정하였다.

윤리적 리더십의 측정도구

리더 성실성 인지척도(PLIS)를 측정하기 위해 다음의 항목들을 부하들이 정확하게 답해야 한다. 설문은 부하들의 직속상사에 관련된 사항이다. 직속상사는 당신이 느끼기에 일터에서 일상적인 활동에 가장 큰 영향을 미치는 사람이라고 생각하고 다음 각각의 항목들이 당신의 직속상사에 대해 어느 정도로 잘 설명하고 있는지 그 정도를 해당되는 숫자에 ✓해 보세요.

1 = 전혀 그렇지 않다	2 = 약간 그렇다
3 = 매우 그렇다	4 = 전적으로 그렇다

설문문항	응답구간
1. 나의 실수에 대해 나를 개인적으로 공격하곤 한다.	① ② ③ ④
2. 언제나 손해를 안 본다.	① ② ③ ④
3. 특정 종업원들만 편애하고 나에게는 별 관심도 없다.	① ② ③ ④
4. 나에게 거짓말을 자주 한다.	① ② ③ ④
5. 작업 상황에서 자신을 보호하기 위해 나를 위험에 빠트리기도 한다.	① ② ③ ④

6. 종업원들 사이의 반목을 고의적으로 심화시킨다.	① ② ③ ④
7. 사악하다.	① ② ③ ④
8. 나의 업적평가를 '나를 개인적으로 흠잡고 비난하기 위해' 사용한다.	① ② ③ ④
9. 나에게 감정이 있다.	① ② ③ ④
10. 리더 자신의 잘못임에도 불구하고 내가 그로 인해 비난받도록 내버려 둔다.	① ② ③ ④
11. 자신의 일에 도움이 된다면 문서기록을 왜곡한다.	① ② ③ ④
12. 높은 도덕의식이 부족하다.	① ② ③ ④
13. 내가 잘못을 저질렀을 때 내가 일을 더 잘할 수 있도록 지도하기보다는 조소하는 것이 보통이다.	① ② ③ ④
14. 나의 업적을 상관에게 보고할 때 나의 잘못을 더 과장하여 나를 나쁘게 보이도록 한다.	① ② ③ ④
15. 매우 보복적이다.	① ② ③ ④
16. 자신의 잘못을 가지고 나를 비난한다.	① ② ③ ④
17. 내가 실패하기를 원하기 때문에 나를 지도하기를 꺼린다.	① ② ③ ④
18. 만약 내가 자기와 같은 부류였다면 내게 더 잘 해주었을 것이다.	① ② ③ ④
19. 내가 말하는 것을 고의적으로 왜곡시켜 해석하는 경향이 있다.	① ② ③ ④
20. 의도적으로 직원들 서로 간에 반목하도록 만든다.	① ② ③ ④
21. 위선적이다.	① ② ③ ④
22. 내가 승진하는 것을 막기 위해 교육기회를 제한한다.	① ② ③ ④
23. 어떤 일의 책임을 면할 수 있다고 생각되면 직원들에게 협박과 공갈까지 한다.	① ② ③ ④
24. 나의 요구를 거절하는 것을 즐긴다.	① ② ③ ④
25. 내가 눈 밖에 날 경우 날 곤경에 빠뜨리곤 한다.	① ② ③ ④
26. 나의 아이디어를 자신의 실적으로 돌리는 경우가 있다.	① ② ③ ④
27. 회사 내 공공물품 및 공금을 개인적으로 사용한다.	① ② ③ ④
28. 내가 누군가에게 앙갚음을 당할 곤경에 빠지게 한다.	① ② ③ ④
29. 회사의 이익에 반하는 태업 등의 행위에 관여하곤 한다.	① ② ③ ④
30. 상사가 자신의 책임을 면하기 위해 단지 싫어한다는 이유만으로 사람들을 해고한다.	① ② ③ ④
31. 회사의 정책에 반하는 일을 하고는 직원들이 자신을 보호해 주기를 기대한다.	① ② ③ ④

채점 및 해석

PLIS는 조직상황에서 리더의 성실성에 대한 부하들의 지각을 측정하고 있다. 따라서 PLIS에 대한 귀하의 응답은 귀하가 귀하의 직속상사의 행동들이 얼마만큼 윤리적이라고 생각하고 있는지를 나타내고 있다.

설문지 31문항의 응답을 모두 합산한다. 각 문항의 낮은 점수는 귀하가 귀하의 상사를 매우 윤리적이라고 인식하고 있는 것이며, 높은 점수는 상사를 매우 비윤리적이라고 생각하고 있음을 나타낸다.

점수	해석	
31~35	매우 윤리적	만약 귀하의 총점수가 이 범주 안에 들어 있을 경우, 이는 귀하의 상사를 매우 윤리적이라고 지각하고 있음을 나타낸다. 귀하의 상사에 대한 인식은 그가 매우 신뢰할 만하고 도의적이라는 것이다.
35~66	보통	이 범주에 드는 총점은 귀하의 상사가 적당히(중간정도) 윤리적이라고 지각하고 있다는 것을 보여준다. 귀하의 상사에 대한 인상은 상사가 가끔씩 약간은 비윤리적인 행동을 보인다는 것이다.
67~124	매우 비윤리적	이 범주는 상사가 매우 비윤리적으로 지각되고 있음을 보여주고 있다. 귀하는 상사가 매우 정직하지 못하고, 공정하지 못하며, 도의적이지 못하다고 생각하고 있다는 것이다.

참고 : P.G. Northouse/김남현, 리더십, 경문사, 2009, pp.489~492.

Leadership Devlopment and Training **사례 12-13**

스티븐 그린 HSBC 회장

세계 86개국에 8,500여 개의 지점을 보유하고 있는 유럽최대 금융그룹인 HSBC의 스티븐 그린 회장은 '2010 서울 G20 개국 비즈니스 서밋'에서 중소기업 육성이라는 소주제의 컨비너로 참석했다. 스티븐 그린 회장의 윤리적 리더십은 원칙과 기본을 중시하는 경영철학으로 HSBC를 탄탄하게 이끌고 있다.

성공회 성직자이기도 한 그는 2009년 7월 「선한 가치」라는 책을 발간하며 세계 금융역사와 글로벌 금융위기를 종교적 시각으로 분석하기도 했다. 그는 실제 단기성과 위주의 리스크 투자에 대해 강하게 비판하고 있다. 특히 이러한 리스크를 부추기는 과도한 보너스 관행에 대해 쓴소리를 자주 하며 금융권의 자성을 유도하기도 했다. 물론 본인 스스로도 자신의 상여금을 포기했고, 주가가 떨어지면 임원들의 보너스도 대폭 삭감하며 금융업체 리더로 책임을 다하려는 노력을 했다.

G20 비즈니스 서밋에서 그린 회장이 '중소기업 육성' 소주제에서 컨비너로 참여하는 이유 중 하나도 고통분담과 상생이라는 중소기업 육성정책과 그의 경영철학이 절묘하게 맞아떨어지기 때문이다. 그린 회장은 영국 옥스퍼드대학과 미국 MIT대학을 졸업하고 영국정부의 해외개발부, 맥킨지 컨설팅에서 경력을 쌓은 후 1982년 HSBC에서 기업 기획을 책임지며 본격적인 금융인으로 들어섰다. 이후 투자은행 총괄, 기업금융 총괄을 거쳐 최고경영자(CEO)를 역임했고 지난 2006년부터 회장으로 HSBC를 이끌고 있다. 영국정부도 그의 리더십을 높이 평가해 차기 통상 · 투자장관 후보로 물망에 오르내리기도 했다. 또한 그는 세계경제의 중심이 아시아 및 신흥시장으로 이동한다고 보고 2009년 CEO 사무실을 런던에서 홍콩으로 이전하는 등 시장변화에도 빠르게 대응하고 있다.

금융위기 당시 유럽계 은행들이 심각한 타격을 받았음에도 불구, HSBC는 정부로부터 구제금융을 단 한 푼도 받지 않으며, 지속가능한 균형성장을 가능하게 한 그의 윤리적 리더십이 한몫을 했다.

제7절 | 윤리적 리더십을 위한 해결과제

삶의 진정한 의미를 찾고, 그에 따른 목적을 정해, 가치를 추구하기 위해서는 사회 전반에 윤리 인프라를 구축해야 한다. 국가의 최고지도자인 대통령은 윤리의 기본을 바탕으로 국가의 비전을 국민에게 제시해야 한다. 건전한 사고를 지니고 올바르게 사는 사람들이 미래의 꿈과 희망을 이룰 수 있는 사회가 되는 비전을 제시하되 어느 한 계층에만 국한되는 비전이 되어서는 안 된다. 예를 들어 부자라든가, 혹은 서민, 소외된 사람들에게만 범위를 제한하지 말고 열어두어야 한다.

윤리적 리더는 '가치 있는 목적을 이루기 위해 조직을 이끄는 사람'이라고 정의한다면 '가치'와 '조직'에 핵심 키워드가 있다. 무엇을 위한 가치를 찾고, 그 가치에 걸맞은 조직을 이끄는 방법을 설정해야 한다. 그리고 그에 따르는 원칙의 중요성을 인식한 후 지켜나가야 한다. 만약 중요성을 인식하지 않고 지키는 것에만 급급해 한다면 원칙에 얽매여 또 다른 편법들을 만들어 낼 수 있다. 또한 조직의 가치에 합당한 비전을 제시하고 조직원과 공유해야 한다. 단순히 리더의 비전을 알리는 것에 그칠 게 아니라 진정한 공감과 협력을 이끌 수 있는 방법까지도 찾아내야 한다.

리더 자신이 이 원칙에서 벗어나기 시작한다면 조직원이 눈치 채지 못할 리 없다. 그리고 조직원들은 더 약은 방법으로 가치와 원칙을 무시하는 행동을 하게 될 것이다. 그렇기 때문에 리더십의 원칙에서 '솔선수범'의 덕목이 빠질 수 없는 이유가 여기 있다.

세계평화포럼의 김진현 이사장은 대한민국의 리더십이 도덕적이어야 한다는 것을 일찍이 강조해 왔다. 우리나라도 도덕적 개혁과 자기성찰을 바탕으로 한국형 윤리적 리더십에 있어 승자가 될 수 있어야 한다. 갈등과 분열을 순화적으로 극복하기 위한 최고의 리더십은 조직구성원들로부터 신뢰를 주고, 정직과 희생이 뒷받침되어야 한다.

조직구성원들에게 정직하고 희생 봉사하는 믿음을 주는, 도덕적으로 부패하지 않은 윤리적 리더십이 오늘 우리에게 필요하다. 갈수록 복잡해지는 기업환경 속에서 윤리적으로 판단하고 행동하는 것은 쉽지 않다. 윤리경영에 대한 사회적 압력은 앞으로 더욱더 거세질 것이다. 이제 윤리적 리더십을 제대로 실천하기 위해서는 실질적이고 다각적인 노력이 필요하다. 이러한 노력은 한두 사람의 의지만 갖고 되는 것도 아니고, 어느 한 부분만을 바꾼다고 해서 되는 것도 아니다. 윤리경영에 대한 분명한 목표의식이 기업 전체의 관심과 투자로 이어질 때 비로소 윤리경영은 실천될 수 있다.

Leadership Devlopment and Training **사례 12-14**

일본 전자회사 NEC

통신기기와 집적회로분야의 강자인 NEC사는 지구온난화 방지를 모토로 걸고 1995년부터 호주 남단에 있는 캥거루섬에서 나무를 심기 시작했다. 2002년까지 심은 나무만 해도 55만 그루였다. 온라인 공간에서 가상으로 나무심기를 하는 '에코토노하ECOTONOHA캠페인'이 바로 그것이다. 온라인 가상공간 에코토노하에 소비자들이 찾아와 간단한 응원의 메시지를 남기고 그 하나 하나는 각 잎이 되고 이파리 100개가 모이면 한 그루의 나무를 심는다. 이 캠페인을 통해 44만 그루를 심었다. NEC는 '환경'이라는 가치를 소비자와 공유하고 마케팅을 통해 윤리경영를 실천함으로써 귀감이 되는 사례로 손꼽힌다.

Chapter 13

셀프 리더십

제1절 셀프 리더십의 개념

제2절 셀프 리더십의 전략

제3절 셀프 리더십과 혁신적 업무행동 유형

제4절 셀프 리더십의 핵심조건

제1절 | 셀프 리더십의 개념

사회가 변화하면서 조직구성원들의 자발적인 노력과 조직에 대한 열정을 이끌어내기 위해서는 조직구성원이 다른 사람뿐만 아니라 자기 자신에게도 영향을 줄 수 있다는 새로운 관점이 바로 셀프 리더십(self leadership)이다.

여기서 셀프(self)의 의미는 '자아'의 개념으로 이해할 수 있는데, 이는 인간 내부의 기본적인 성향인 '자율성'을 강조한 것으로서, 타율적인 성향에서의 리더십이 아니란 점을 강조하는 것이다. 이러한 셀프 리더십은 타고난 것이 아니라 학습을 통해 얻어질 수 있는 것으로서, 모든 사람은 누구나 유능한 셀프 리더는 아닐지라도 어느 정도는 셀프 리더십을 발휘하게 되며, 이것은 추종자들에게 해당된다.

셀프 리더십은 과업이나 직무를 수행하기 위해 필요한 자기주도와 자기동기부여를 이루기 위해 스스로 자신에게 영향력을 행사하는 과정으로 자신의 개인적인 목적을 달성하는 데 스스로에게 동기를 부여할 수 있도록 자신의 틀을 개발하는 것이 중요하다(Manz & Sims, 2001). 즉 리더가 부하에게 영향을 미치는 일반적인 리더십과는 달리 자기가 자기 스스로에게 영향력을 미치는 과정이 바로 셀프 리더십이다.

Leadership Devlopment and Training **사례 13-1**

잉어 코이가 주는 삶의 교훈

스스로 목표와 비전을 설정하고 그것을 달성하기 위해 최선을 다해 이룩한 결과에 대해 내적 보상과 같은 자기 동기부여를 통해 스스로 일에 심취하기도 하고, 자신의 앞길을 개척해 나간다. 이처럼, 세상을 살아가면서, 스스로의 생각과 행동을 변화시켜서, 자신의 목적을 달성해 나가는 과정이 셀프 리더십이다.

코이라는 이름의 잉어가 있다. 이 코이라고 하는 잉어는 작은 수족관에 넣어두면 3인치까지 밖에 자라지 않지만, 조금 더 큰 수족관이나 연못에 넣어두면 6~10인치까지 자란다. 그런데 더욱 신기한 것은 커다란 강 속에서는 36~48인치까지도 자란다는 것이다. 어떤 면에서 우리 모두는 잉어 코이와 같은 존재라고 할 수 있다. 잉어 '코이'의 크기를 결정하게 되는 것은 환경이지만, 어떠한 환경을 선택할 것인가 하는 것, 즉 우리 스스로를 '어항'으로 인도할 것인지, '연못'으로 인도할 것인지, '커다란 강'으로 인도할 것인지를 결정하게 되는 것은 바로 자신이다. 즉 셀프 리더십의 문제인 것이다.

셀프 리더십은 대단한 업적을 남기는 사람에게나 필요한 특별한 것이 아니라 모든 사람에게 반드시 필요한 하는 삶의 기술이다. 어떤 상황이든 영향력을 미치는 최종 요소는 당신 자신이다. 우리는 도전, 방해물, 그리고 많은 어려운 상황에 직면하곤 하는데 이때 효과적인 셀프 리더십이 발휘되어 한다.

역사상 많은 위인들이 자신의 꿈을 이루는 과정에서 당신은 '할 수 없다'라고 주위에서 말할 때 그들은 그 시련과 역경을 이겨내고 성공을 이루어냈다. 농구 황제 마이클 조던은 전 시대를 통틀어 최고의 농구 선수라고 할 수 있다. 그러나 그는 고교 재학시절 학교 농구팀에서 탈락되었었다. 루드비히 반 베토벤(Ludwig van Beethoven)은 세계가 인정한 유명 작곡가이지만, 어린 시절 음악 선생님으로부터 재능이 없다는 평을 들었다. 실제로 그 선생은 베토벤에 대해 "작곡가로서 그는 아예 희망이 없다"라고 말을 했었다.

월트 디즈니(Walt Disney : 세계적인 만화가이자 영화제작자)는 젊은 시절 캔사스시에서 신문 편집자로 일하라는 충고를 받았다. "당신은 창의성과 독창적인 아이디어가 거의 없는 사람이다"라고 말을 들었다.

알버트 아인스타인(Albert Einstein)은 열 살 때 뮌헨교장으로부터 "너는 절대로 제대로 자라지 못할 거다"라는 가혹한 말을 들었다. 전기, 측음기 외 수많은 유용한 발명을 한 에디슨은 어린 시절 교사로부디 "너무 바보 같아서 가르칠 수 없을 것이다"는 말을 들었다.

스티브 잡스(Steve Jobs)는 애플 컴퓨터를 설립하기 전 스티브 잡스가 개인용 컴퓨터에 관심을 갖고 있을 때 아타리와 휴렛 패커드로부터 입사를 거부당했다. 휴렛패커드의 인사 담당자는 "헤이, 우리는 당신 같은 사람은 필요 없어. 당신은 아직 전문대학도 마치지 않았잖아"라고 하였다. 그래서 잡스는 혼자 아이디어를 생각하여 결국 애플사는 세계적 컴퓨터 회사로 성장하게 되었다.

지금까지 살펴본 위인들은 초기의 실패가 자기의 꿈을 망치도록 내버려두지 않았다. 그들은 자신의 내부에서 나오는 목소리를 들었으며 자신의 이상이 실현될 때까지 그것을 지켰다. 이들은 불가능한 일들을 가능하다고 믿었으며, 남들은 생각지도 못했던 일들을 생각해냈다. 외부의 환경에 구애받지 않고 스스로 자신의 운명을 개척하는 셀프 리더십을 발휘한다면 누구라도 인생에 있어서의 성공을 일궈낼 수 있다.

현대사회의 조직은 조직구성원들이 더 높은 지식수준과 기술수준뿐만 아니라 높은 수준의 독립성, 자기의존, 자아신뢰와 주도권을 행사할 수 있는 능력, 즉 자존심을 갖추기를 원한다. 그러므로 자존심이 강한 새로운 형태의 인간형을 조직구성원으로 요구하고 있다. 따라서 리더십을 바라보는 관점도 시대에 맞는 새로운 패러다임이 필요하게 되었다. 그 결과 인간 내부, 즉 자기 자신으로부터 리더십을 발휘하도록 하는 새로운 관점의 셀프 리더십이 등장하게 되었다. 셀프 리더십은 우리가 정말로 하고 싶은 일을 하는 데에 자발적으로 스스로를 투입할 수 있도록 하는 것이다.

셀프 리더십의 개념은 임상심리학의 자기통제(self-control) 개념에 근간을 두고, Kerr와 Jermier(1978)의 리더십 대체(Substitute for leadership) 개념 이후 자기관리를 바탕으로 자기 스스로를 이끌어가는 리더십 개념으로서 1980년대 중반에 처음으로 이슈화되었다.

셀프 리더십은 과업이나 직무를 수행하기 위해 필요한 자기주도(self direction)와 자기동기부여(self motivation)를 이루기 위해 스스로 자신에게 영향력을 행사하는 과정으로, 이러한 셀프 리더십은 개인의 특성으로서 누구나 가지고 있지만 개인에 따라 그 잠재력에는 큰 차이가 있으며, 학습이나 교육에 의해 고무되고 발전되고, 유지될 수 있다.

전통적 관리기능과 셀프 리더십의 개념을 비교해 보면 가장 큰 차이는 외부의 통제와 내부의 자율이다. 셀프 리더십은 인간의 근본적인 자기통제시스템을 자극하여 스스로 동기유발하게 되는 자유의지의 실현을 도입한 결과이다. 전통적 관리기능에서 셀프 리더십 기능으로의 변화는 인간에 대한 인식의 근본적인 변화이다. 전통적 관리기능과 셀프 리더십의 개념을 비교해 보면 [표 13-1]과 같다.

표 13-1 | 전통적인 관리기능과 셀프 리더십의 비교

전통적인 관리기능	셀프 리더십
외부관찰	자기관찰
주어진 목표	자기설정 목표
과업수행에 대한 외부강화	셀프 리더십 행동에 대한 자기강화
외부보상에 따른 열중	일 자체의 자연적 보상에 근거한 열중
외부로부터의 비판	자기비판
외부로부터의 문제해결	스스로의 문제해결
외부로부터의 직무할당	스스로의 직무할당
외부로부터의 과업계획	스스로의 과업계획
부정적 관점	긍정적 관점
조직의 비전에 의존	종업원이 함께 창조한 비전에 대한 헌신

Leadership Devlopment and Training **사례 13-2**

칭찬의 효과

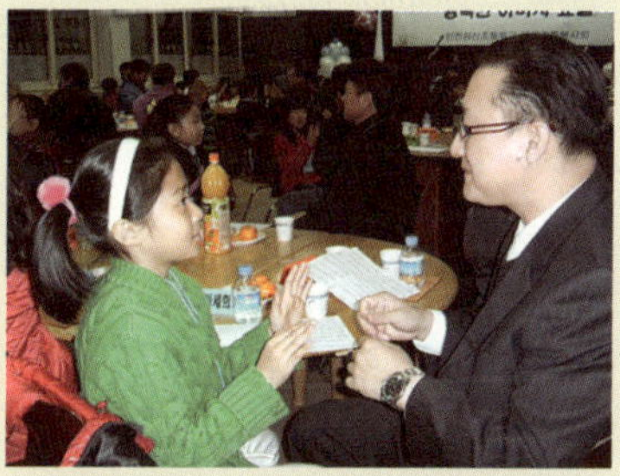

사람들은 나이가 많든 적든 칭찬을 싫어하지 않는다. 우리 사회에서 칭찬하는 문화가 빨리 자리를 잡아야 한다. 칭찬의 효과가 매우 놀랍다는 여러 가지의 연구결과가 나오고 있고, 기업에서는 이러한 칭찬의 문화를 확산시키기 위해서 직장 내 '릴레이식 칭찬'을 하는 회사들도 있다.

셀프 리더십을 불러일으키는 것이 바로 칭찬이다.

칭찬의 효과는 대단히 놀랍지만 사람들은 칭찬하는 일에 정말로 인색하다. 직장에서 상사에게 기획안을 결재 받으러 갔을 때 상사가 하는 말이

"김 대리, 김 대리는 학창시절 책 좀 읽었는가봐. 어떻게 이렇게 멋진 문구를 만들 수가 있지? 아주 좋아",

"김 대리, 지난번에 업무 지시한 것을 이렇게 저렇게 처리했다면서? 아주 잘했어. 역시 김 대리는 무슨 일을 시켜도 훌륭하게 처리한단 말이야."

이런 식으로 상사에게 갈 때마다 상사가 뭔가 나 자신을 칭찬해 준다면 그 상사에 대해서

당신은 어떤 마음을 가지게 될까? 불신감과 함께 그 상사를 얕잡아 보게 될까? 절대로 그렇지 않을 것이다.

그 상사에 대해 끝없는 신뢰감과 함께 무슨 일을 하든 그 상사의 기대에 어긋나지 않도록 훌륭하게 처리하도록 노력할 것이다. 바로 이것이 칭찬의 효과로 나타나는 셀프 리더십의 발휘이다.

칭찬의 효과는 분명 놀랍다. 그리고 우리는 그것을 잘 알고 있지만 실천하지 않는다. 동료가 업무를 훌륭하게 수행했다면 아낌없이 칭찬하라.

후배나 부하직원이 칭찬받을 만한 일을 했다면 조건 없이 칭찬하라.

칭찬 많이 해서 손해 볼 일이 전혀 없다.

아낌없이 칭찬하라.

그러나 칭찬할 때는 구체적인 부분을 거론하면서 칭찬하라.

막연히 추상적으로 칭찬하면 오히려 입에 발린 소리처럼 들릴 수도 있고, 가식적인 것으로 비추어질 수도 있다.

상대방이 셀프 리더십을 발휘해서 성과를 높이기를 기대한다면 아낌없이 칭찬하라.

자료 : 한국인재개발센터(http://www.bestpdc.com)

제2절 | 셀프 리더십의 전략

셀프 리더십은 개인이 스스로 자신에게 영향력을 행사하는 방법에 대한 행동적 · 인지적 부분 모두를 포괄하는 보다 넓은 개념으로 개인 유효성에 긍정적인 영향을 줄 수 있도록 설계된 구체적인 행위적 · 인지적 전략들로 구성되어 있다.

이러한 셀프 리더십 전략은 대개 행동전략, 내적 보상전략, 인지적 전략의 세 가지의 일반적인 카테고리로 이루어진다(Anderson & Prussia, 1997, Houghton & Neck, 2002). 세 가지 하위차원의 세부 구성요소에 대해 정리해 보면 [표 13-2]와 같다.

표 13-2 | 셀프 리더십의 전략

전략의 유형		구성요소
행동 전략	자기목표 설정	자기 자신의 작업노력을 위해 자신이 직접 목표를 설정한다.
	자기존중	자신에 대해 갖고 있는 개인적 가치관이나 긍정적인 평가로 자기 자신이 가치 있는 존재라고 인식한다.
	자기연습	어떤 작업 활동을 실제로 수행하기 전에 그 작업 등을 사전에 신체적 · 정신적으로 연습을 한다.
	자기보상	바람직한 행동을 해냈을 때, 그것에 대해 자기 자신이 가치 있게 여기는 보상을 자기 스스로에게 제공한다.
	자기비판	바람직하지 못한 방법으로 행동했을 때 그것에 대해 자신을 비판한다.
내적 보상전략	자율적 과업재설계	직무 내의 내적 보상수준을 높이기 위해 무슨 일을 어떻게 할 것인가를 자신이 재설계한다. 내적 보상은 과업 그 자체와 분리된 것이 아니라 그 일부이다.
	작업환경 여건의 재설계	인접한 작업환경에서 오는 내적 보상을 증진시키기 위해 작업환경을 재설계하거나 작업시간과 장소를 변경한다.
인지적 전략	건설적 사고패턴	자신의 생각 속에 건설적이고 효과적인 습관이나 패턴을 확립한다. 이 같은 건설적인 사고패턴은 다음을 관리함으로써 얻어질 수 있다. • 신념과 가정(假定)에 대한 관리 • 정신적 이미지(상상적 경험) • 자신과의 대화

자료 : Manz, C. C., & Sims, H. P., "Superleadership : Beyond the Myth of Heroic Leadership," *Organizational Dynamics*; *Spring91*, Vol. 19. No. 4. 1991.

1. 건설적 행동전략

Manz와 Sims(1987)에 따르면 셀프 리더십의 행동전략으로 자기목표 설정(self goal setting), 자기연습(rehearsal), 자기비판(self criticism), 자기강화(self reinforcement), 자기기대(self expectation), 자기관찰 · 평가(self observation-evaluation), 건설적 사고 등을 들 수 있으며 이에 대해 구체적으로 살펴보고자 한다.

1) 자기목표 설정

Cox(1993)에 의하면 자기목표 설정은 처리해야 할 일들의 목표와 장기적으로 달성하고자 하는 목표를 설정한 후, 이들의 우선순위를 정하고 자기 스스로에게 실행을 지시하는 행동을 의미한다.

자기목표 설정은 자신의 일에 대한 새롭고 구체적인 목표를 계속적으로 계발하는 것으로 목표를 설정함에 있어 알아 두어야 할 점은 최상의 효과를 얻기 위해서는 목표가 도전적이며, 반드시 달성가능한 것이며, 구체적이어야 한다는 점이다.

Leadership Devlopment and Training **사례 13-3**

목표를 수립하고 초심을 잃지 말자!

린 데이비스는 "목표는 주의를 집중하는 것이다"라고 말했다. 인간의 의식은 분명한 목적을 갖기 전에는 목표 달성을 향해 움직이지 않는다. 목표를 설정했다면 성공은 이미 시작되는 것이다. 목표를 설정하는 순간 전기장치에 스위치를 on 하는 것과 같고, 막혔던 물주기가 흐르는 것과 같으며, 성취하려는 힘이 현실화되는 것이다.

많은 사람들은 목표를 수립하고 이를 실행하기 위해서 행동으로 옮긴다. 그러나 처음에 세웠던 목표를 끝까지 가지고 가는 경우는 그리 많지 않다. 시간이 흘러감에 따라 처음의 마음은 퇴색되고 의지도 약해진다. 어려움이 많을수록 난관이 닥칠수록 초심을 잃지 않고 끝까지 목표를 달성하기 위해 달려 나가는 의욕적 행동과 자신감이 필요하다.

구체적인 목표를 세워라. 추상적인 목표는 아무런 결과물을 가져오지 못하고 구체적인 목표는 구체적인 결과를 가져온다. 구체적인 목표가 구체적인 결과를 가져온다고 해서 추상적인 목표가 추상적인 결과를 가져오는 것은 아니다. 추상적인 목표는 아무것도 가져오지 못한다. 따라서 구체적이면서 눈에 보이는 확실한 개인의 비전수립은 풍요로운 미래를 위해서, 자기 자신의 구체적인 성장을 위해서 매우 바람직한 일이다.

직장에서 리더로 성장하고 싶다면 시간을 계획하고 시간을 활용할 수 있는 기술을 익혀라. 그 기술만으로도 충분히 리더가 될 자격이 있다. 목표를 설정한다고 해서 반드시 성공을 하는 것은 아니지만 성공한 사람가운데 목표가 분명하지 않았던 사람은 없다.

당신이 성공하고 싶다면 지금 즉시 향후 몇 년 후의 비전을 구체적으로 써서 벽에 걸어두거나 책상 앞에 걸어두어라. 당신이 원하는 그 성공이 바로 눈앞에 와 있을 것이다.

자료 : 한국인재개발센터(http://www.bestpdc.com)

2) 자기연습

자기연습은 효과적인 선행적 셀프 리더십 전략으로 행위 또는 과업의 체계적 연습을 의미한다. 어떤 일을 실행하기에 앞서 깊이 생각하고 중요한 부분을 미리 연습하는 태도로 교장선생님께서 코치들을 격려하기 전에 무슨 말을 어떻게 할 것인지를 미리 생각하는 것, 코치가 선수들의 체력증진을 위해 웨이트트레이닝을 실시하기 전에 효과적인 훈련을 위해 핵심단계를 사전에 시행해 보는 것 등은 모두 리허설 전략을 활용하는 적설한 방법들이다.

3) 자기존중

자기존중은 자신에 대해 갖고 있는 개인적 가치관이나 긍정적인 평가에 의한 내적 존중감과 외적 존중감으로 나눌 수 있다.

외적 존중감은 다른 사람이 자기를 소중히 인정해서 생기는 명성, 존중, 지위, 평가, 위신 그리고 사회적인 성공에 기초를 두게 된다.

내적 존중감은 자기 자신이 가치 있는 존재라고 인식하고 내적으로 자기를 높게 평가함으로써 자신감과 안정감을 갖게 한다. 내적 존중감은 이러한 자신에 대한 긍정적 인정과 자신감은 조직 및 타인과의 관계에서 호의적이며, 충성 및 타인지향적 행동을 생산하게 하는 인지영역의 중요한 단서가 될 수 있다.

4) 자기보상

조직구성원이 노력의 대가로 무엇을 받든지 간에 그것은 구성원의 동기유발과 미래 활동의 선택에 중요한 영향을 미친다. 자기보상에 있어 가장 강력한 것은 금전적인 보상이 아니라 인정, 참가의 기회부여, 도전에 대한 기회, 중요한 일을 하고 있다는 느낌 등이다(Kerr, 1996).

의도적으로 자신에게 높은 업적의 대가로 육체·정신적 보상을 제공하는 것은 동기유발과 작업노력의 유지에 도움이 될 수 있지만, 바람직한 행동으로 직무를 완수했을 때 개인적으로 가치 있는 보상을 자기 스스로에게 제공함으로써 일할 의욕을 북돋우고 차후 행동을 선택하는 데 중요한 영향을 미치게 된다.

5) 자기비판

행동의 결과에 대한 자극의 다른 형태로 자기비판이 필요하다. 이는 자기강화와 반대 개념으로써 자신의 바람직하지 못한 행동을 제거하기 위해 주변 환경을 의도적으로 정리하는 것이다. 일이 잘못되었을 때 자기가 스스로에게 벌을 주는 것이다. 실제로 자기징계는 정신적이거나 의식적인 것이 대부분이다.

바람직하지 못한 방법으로 행동했을 때, 자신에게 일정한 징계를 가함으로써 실수를 반복하거나 습관적인 실패에 빠지지 않도록 할 수 있다. 하지만 지나친 비판은 의욕을 저하시키므로 조심해야 한다. 따라서 가장 바람직한 것은 실패의 원인을 분석하고 그로부터 교훈을 얻으며 그것으로 만족하도록 노력하는 것이다.

6) 자연적 보상

셀프 리더는 자연적 보상(natural reward), 즉 자신의 업무를 즐기며, 일 그 자체에 의해 동기유발되는 것을 추구한다. 자연적 보상은 달성하고자 하는 업무와 관련된 긍정적 지각이나 경험에서 비롯된다. 자연적 보상은 사회인지이론과 인지평가이론, 내부동기유발이론에 기초하고 있다.

Manz(1992)는 사회인지이론과 인지평가이론의 토대 위에 자연보상 구분, 유쾌한 환경선택, 직무 내 자연보상 활동구축, 직무 내 유쾌한 측면과 자연보상에 대한 집중 등이 자연보상에 해당된다.

자연보상 구분은 자신의 직무 중에서 자연적으로 보상을 가져다주는 직무를 구분해서 인식하는 것이고, 유쾌한 환경선택은 자신이 즐기는 작업 상황을 선택하거나 만드는 것이다.

7) 건설적 사고

셀프 리더십의 행동전략이 중요하고 유용하지만 개인의 사고 과정은 셀프 리더십의 핵심이다. 건설적 사고는 어려운 상황이 닥쳤을 때 장애물로 여기기보다는 기회요인으로 보는 긍정적 사고패턴을 의미한다. 즉 장애요인에 집착하기보다는 기회요인을 찾음으로써 건설적으로 사고하도록 관리하는 것을 말한다. 건설적 사고의 확립을 위한 기법으로 자기 자신의 믿음과 상상에 의한 체험, 자신과의 대화 등이 대표적인 예가 될 수 있다.

Leadership Devlopment and Training **사례 13-4**

셀프 리더십 10계명

최근 각 기업 교육의 화두는 셀프 리더십과 웃음경영이다. 셀프 리더십이란 자기 스스로 자신의 인생의 방향을 설정하고 자신에게 주어진 일에 최선을 다하는 자기경영 마인드이다. 최근 각 기업이나 대학에서 자기계발에 대한 관심과 필요성이 높아지면서 '셀프 리더십'(Self Leadership)이란 말을 많이 사용하고 있다.

자신을 바꿈으로써 다른 사람도 변화하게 할 수 있다는 셀프 리더십은 사실 매우 중요한 개념이다. 지구상에 성공한 사람들을 잘 관찰하면 그들이 셀프 리더십을 실천해 왔다는 사실을 알 수 있다. 성공한 사람들은 자신과의 싸움에서 물러나지 않고 인내해 왔으며, 끊임없이 변화에 도전하고 자기계발에 혼신의 힘을 다했다는 것이다.

대표적인 리더로는 빌 게이츠, 잭 웰치, 피터 드러커, 앤드류 카네기, 폴 마이어, 앤서니 라빈슨, 루 거스너, 스테파니 등은 대표적인 셀프 리더십으로 세상을 바꾼 사람들이다. 이제 우리 모두는 자신의 역량을 발휘하기 위해서 셀프 리더십으로 무장해야 한다.

셀프 리더십 10계명

1. 자신의 구상과 상상하는 결과를 글로 적어 이유를 만들어라.
2. 내 인생의 소중한 우선순위를 정하라.
3. 목표를 자신이 정한 영역별로 분명하게 하고 구체적으로 글로 적어라.
4. 정해진 목표를 이루어 낼 기간을 명시하고, 10가지 이상으로 잘게 나눠 실행 계획을 세우라.
5. 시간을 정해서 연습하고 반복하라.
6. 주변 사람들에게 틈만 나면 자신이 원하는 결과를 이야기하라.
7. 원하는 결과만을 생각하며 행동에 옮겨라.
8. 결과를 보고 다시 시작하라.
9. 포기하지 마라
10. 목표를 이루었다고 상상하며 하루에 3번 이상, 15초씩 웃어라!

자료 : 김세우, KS 자기계발교육원장

2. 내적 보상전략

셀프 리더십이 지금까지 살펴본 다른 리더십과 구별되는 중요한 초점은 스스로 일 그 자체에서 나오는 자연적인 보상을 즐기고 활용하는 데 있다는 것이다. 자신이 맡고 있는 직무 그 자체를 수행함에서 즐거움을 얻는다는 사실 그 하나만으로 충분히 동기부여가 될 수 있다. 이런 셀프 리더들은 Y이론적 성격을 가지고 있는 사람에게서 흔히 찾아볼 수 있다.

자신의 삶에 대한 통제력을 갖고 있는 사람들은 허둥대지 않고 시간 내에 도착하여 조금도 당황하지 않고 일을 처리하지만, 그렇지 못한 사람들은 삶의 압력에 끊임없이 시달리며 항상 조금 늦게, 그리고 준비가 좀 덜 된 상태로 자리를 옮기게 된다.

셀프 리더십의 내적 보상전략으로 대표적인 것이 바로 자율적 과업재설계, 환경여건의 재설계에 대해 살펴보고자 한다.

1) 자율적 과업재설계

자신이 하고 있는 과업을 재설계함으로써 내적인 보상수준을 높일 수 있다. 한 개인의 내적 보상은 유능감, 자기통제감, 목적의식, 의미감을 가져다줄 수 있는 업무에서 얻을 수 있다.

우선 일 자체를 즐기기 위해서는 업무 속에다 내가 스스로 즐길 수 있는 요소들을 투입하여 구축하는 방법이 있다. 업무의 내용 속에 좋아하는 방식들을 투입함으로써 방법을 변경할 수도 있고, 일 자체의 성격을 변화시킬 수도 있다.

2) 환경여건의 재설계

자신의 주변 여건을 변경함으로써 일의 능률을 향상시킬 수 있다. 반복되는 일상의 업무에서 탈피하기 위해 환경적 요인을 변화시키고, 작업시간이나 장소를 변경한다면 새로운 마음으로 업무에 충실히 임할 수가 있다.

기존에 늘상 해오던 회의를 새로운 장소, 새로운 분위기에 해 봄으로써 기존 방법으로 얻을 수 없었던 다양하고 새로운 많은 아이디어를 창출해 낼 수 있다.

3. 인지적 전략

인지적 전략은 바로 자신의 사고패턴을 변화시키는 것이다. 이러한 인지적 전략은 셀프 리더의 건설적 사고패턴을 관리하는 것으로 어려운 과제수행에 있어서 자신감을 가지고 문제를 해결해 나가는 데 도움을 준다.

평소 아무런 문제없이 업무를 수행하던 사람이 난관에 부딪쳤을 때 제대로 대처하지 못하는 것은 바로 비합리적인 신념 때문이다. 건설적인 사고패턴을 가지고 있는 사람은 성공과 실패라는 이분법적인 사고를 탈피하고, 업무수행의 과정에 더 큰 의미를 찾는다. 또한 실패의 과정에 대한 숙고 후에 긍정적인 피드백을 수용할 수 있다.

셀프 리더십의 가장 중요한 요소는 바로 자기 스스로에 대한 믿음이다. 이러한 자신에 대한 믿음이 성공의 가능성을 높여준다.

어려운 과제를 수행할 때 중요한 것이 바로 정신적 심상이다. 정신적으로 성숙되어 있어야 한다. 과제를 수행하기 전에 먼저 머릿속으로 긍정적인 과정을 도출해 본다. 상상적 경험을 통해 일어날 수 있는 실패의 가능성과 실망감을 줄이고, 성공적으로 과업을 수행했을 때의 만족을 미리 경험해 보도록 한다. 스스로 마음속으로 긍정적인 심상을 이미지화함으로써 자신감을 형성할 수 있다.

또한 긍정적인 자기대화를 통해 부정적이고 비판적인 사고를 예방하게 된다. 긍정적인 자기대화를 통해 어려운 상황을 충분히 헤치고 나갈 수 있는 기회로 여길 수도 있다.

업무의 전체적인 과정에 대해 긍정적인 부분에 대해서는 칭찬을 하며, 반면 실패에 대해서는 신중하게 검토하고 처리하도록 해야 한다. 부정적인 언어보다는 긍정적인 언어를 자주 사용해야 한다. "참 잘했어", "다음에는 더 잘 할 수 있을 거야", "어떤 방식으로 하는 것이 더 좋은 결과를 얻을 수 있을까?" 등의 대화 내용을 통해 건설적인 대화를 습관적으로 즐겨하도록 해야 한다.

Leadership Devlopment and Training **사례 13-5**

백범 김구

본명 김창수(김구), 호(백범), 1876년 7월 11일 황해도 해주에서 태어났다. 1893년에 동학에 입도하여 동학 하부 구조의 책임자가 되어 해주성 공격의 선봉장이 되었다. 그러나 동학실패로 돌아가자 군대 훈련에 매진하였다.

3 · 1운동 후 상하이로 망명하여 한국독립당을 조직하여 총재직을 역임하고 1931년에는 한인애국단을 결성하였다. 1944년에는 대한민국임시정부 주석이 되었다.

1945년 11월 23일 해방과 더불어 귀국하여 그해 12월 27일에 신탁통치반대국민총동원위원회를 조직하였고, 1946년 6월에는 남한 단독정부 수립 반대 담화를 발표하였다. 1947년 1월 24일 반탁 독립투쟁위원회를 조직하였고, 1948년 4월 19일에는 남북정상회담에 참석하였다. 또한 백범학원(1949. 1), 창암학원(1949. 3)을 설립하여 후진 양성에 매진하였다.

김구 선생은 1949년 6월 26일 경교장에서 안두희 흉탄에 서거하셨고, 7월 5일 국민장으로 효창원에 안장되었다. 1995년 '백범 김구 선생 암살진상규명조사위원회'를 구성하여 재조사를 하기도 했다.

김구 선생님의 리더십에 대해 살펴보면 다음과 같다.

첫째, 서번트 리더십이다.

이는 희생과 봉사를 바탕으로 하는 사랑의 리더십이다. 김구 선생께서는 나라와 겨레를 위해 평생 헌신하셨다. 형무소 생활에서나 이름과 아호에 잘 나타나 있다. 이를 구(龜)에서 구(九)로 바꾼 것은 열사람이 있으면 아홉 번째 순서에 해당된다고 하는 자세로 아호를 蓮下에서 백범(白凡)으로 바꾼 이유도 白丁凡夫(백정범부)의 줄임말에서 잘 나타나 있다. 이렇듯이 선생은 평생을 나라를 위해 사신 서번트 리더십의 표상이다.

둘째, 원칙중심의 리더십이다.

이는 국민에게 목표와 방향을 제시하고 한 방향으로의 정렬(Alignment)을 통하여 백성들로 하여금 동기를 유발(Empowerment)시키는 리더십으로 여기에는 신뢰(Trust)가 필수적이다.

셋째, 가치중심의 리더십이다.

이는 규범과 가치를 중심으로 발휘하는 리더십으로 여기에는 나라사랑의 가치인 '忠', 부모사랑의 가치인 '孝', 겨레사랑의 가치인 '禮'가 바탕이 된다. 선생께서는 높은 교육과 문화를 역설하면서 忠孝禮라는 인간의 보편적 가치를 실천하셨다.

넷째, 카리스마적 리더십이다.

이는 국민에게 진정한 애정을 갖고 자신의 지성과 감성을 총동원하여 백성들로부터 신뢰와 지지를 이끌어내는 리더십이다. 선생께서는 國母의 원수를 갚기 위해 일본군 중위를 살해하는 과정과 형무소 내에서의 동포에 대한 애정 등 감성에 의한 殺身成仁의 정신에서 카리스마를 발견할 수 있다.

제3절 | 셀프 리더십과 혁신적 업무행동 유형

셀프 리더십은 Manz(1986)가 처음 제안한 개념으로 그 이후 1987년 Manz와 Sims가 최초로 실증연구를 하기 시작하였고 오늘날까지 개인의 효과성 및 조직의 성과 등에 많은 효과를 인정받고 있다. 셀프 리더십은 효과적인 행동을 위한 행위지향적 전략과 효과적인 사고와 태도를 위한 인지적 전략, 셀프 리더십을 체계적으로 확립하기 위한 건설적 사고패턴

전략으로 나누어진다.

1. 행위지향적 전략행동

Manz(1998)는 사회학습이론에 근거하여 셀프 리더십의 행위지향적 전략을 제안했는데, 행위지향적 전략이란 개인이 스스로 행동을 하는 이유와 목적을 스스로 인식하여 행동을 변화시키는 것을 말한다.

행위지향적 전략을 활용하는 사람들은 내재적으로 동기유발하여 높은 수준의 목표를 달성하게 된다. 이 과정에서 개인들은 스스로를 리드하여 직무에 대한 연구행동을 하게 된다.

따라서 행위지향적 전략을 활용하는 사람들은 직무에 대한 문제점을 인식하여 혁신을 실천하게 된다.

2. 인지지향적 전략행동

인지지향적 전략행동은 인지적 평가이론에 근거하고 있다. 사람들은 좋아하는 일이나 활동을 수행할 경우, 수행한다는 그 자체만으로 행복을 느끼며 만족한다는 자연적 보상에 따른 원리에 기반을 두고 있다.

셀프 리더십의 자연적 보상 전략과 혁신적 업무행동 간의 관계는 과업으로부터 보상을 추구하는 것에서 기반을 찾을 수 있다. 과업에서 즐거움을 찾고 더 열심히 노력하는 사람들은 직무와 관련된 행동을 할 때 모든 열정을 바친다. 이러한 사람들은 자신의 직무에 불만족하기보다는 즐거움을 추구하며 새로운 직무에 도전하여 높은 혁신성을 보이는 경향이 있다.

3. 건설적 사고패턴 전략행동

Houghton & Neck(2002)은 셀프 리더십을 보다 체계적으로 확립하기 위해 건설적 사고패턴 전략을 제시하였다. 건설적 사고패턴 전략을 활용하는 개인들은 자신과의 긍정적 대화, 과거의 창의적 경험 등을 통해 문제를 효과적으로 해결하고 새로운 아이디어로 혁신행동을 하게 된다. 특히 이들은 직무를 잘 수행할 수 있다는 의지를 가진 사람들이며 자기 자신에 대한 믿음과 상상적 경험을 통하여 혁신행동을 이끌어 낸다.

제4절 | 셀프 리더십의 핵심조건

당신에게 최선의 리더는 당신 자신이다. 즉 당신의 삶의 목표에 맞추어 성과를 올릴 수 있도록 리드할 수 있는 자는 바로 당신 자신이기 때문이다. 셀프 리더십은 자신에게 영향을 끼치는 지속적인 과정으로 셀프 리더가 되기 위한 핵심조건에 대해 살펴보고자 한다.

1. 자기관찰을 통한 목표 설정

당신의 목표는 무엇입니까? 현재 당신에게 있어 목표가 없다며 우물쭈물할 때가 아니다. 셀프 리더는 끊임없는 자기관찰과 목표설정을 통해 철저하게 자기를 관리하고 개선해야 한다. 이러한 행동전략은 구체적인 목표설정에서 비롯된다는 것을 잊어서는 안 된다. 하비 맥케이는 “당신에게 목표지점이 없다면, 결코 그곳에 이르지 못한다." 성공적인 셀프 리더들이 매우 구체적인 목표목록을 가지고 있는 이유가 바로 여기에 있다.

당신의 하루 일과를 꼼꼼히 관찰해보라. 늘 지각하는 당신 자신에게 불만이 있다면 "아침 일찍 일어나기"라는 목표도 좋다. 시사상식이 부족한 당신이 늘 못마땅했다면 "출퇴근 시간에 시사 관련 서적읽기"라는 목표도 도움이 된다. 당신이 변화하고 싶은 부분을 목록화하여 하나하나 목표를 세우는 것이다. 목록화를 위해서는 자기관찰이 필요하다. 자기관찰은 언제, 왜, 어떤 상황에서 우리가 특정한 행동을 보이는지를 관찰하는 것이다.

자기관찰은 바람직하지 않은 행동이 어디서 유발되는지 깨닫도록 도와주며 효과적인 개선방법을 제시함으로써, 목표설정에 매우 유리한 정보와 단서를 제공한다.

Leadership Development and Training

사례 13-6

스타벅스를 뛰어넘은 토종 커피브랜드 '카페베네'

카페베네 창업자 강훈 CEO는 1992년 신세계백화점 공채 1기로 입사하였고, 1997년 스타벅스 런칭팀에 합류하였다. 외환위기로 인해서 국내 런칭이 무기한 연기되자 회사를 퇴직하고 퇴직금 1,500만 원으로 HOLLYS 커피 런칭, 5년만에 HOLLYS 커피매장을 40여 개로 늘린 뒤 매각하였다. 개인의 힘으로는 브랜드를 키우는데 한계가 있다는 것을 느끼고 전문적 경영으로 브랜드를 키우기 위해 준비하여 카페베네와 인연을 맺게 되었다.

카페베네의 성공요인으로는 첫째도 입지, 둘째도 입지로 입지를 중요하게 고려했고, 맛의 고급화와 매장차별화에 최고의 역점을 두었다. 또한 메뉴의 서비스 체계화, 스타마케팅 전략을 활용했다.

국내 커피전문점 개맹점 수를 보면 2011년 3월 기준으로 카페베네 529, 스타벅스 376, 할리스 204, 엔젤리너스 387, 탐엔탐스 245개 가맹점수를 가지고 있고 2011년 6월 말 카페베네는 580개의 점포를 가지고 있어 단연 업계 1위의 가맹점 수를 보유하고 있다.

강훈 사장은 비즈니스의 정설인 정직, 열정, 성실의 3조건을 완벽히 소화해 낸 대표적인 사례이다. 대기업 신세계에 입사해서 무언가를 이루기 위한 열정을 가슴에 항상 긍정적으로 여러 조직(5곳)을 거치면서 정직을 바탕으로 열정을 성실하게 옮긴 분이라서 비즈니스를 하고자 하는 사람들의 귀감이 되고 있다.

돈 1,500만 원으로 시작하여 세계적인 수준의 할리스커피 사업을 성공으로 이끄는 과정 중 가장 눈에 띄는 대목은 "내가 손해를 보더라도 사람을 잃는 행동은 절대로 하지 않는 것"이다. 지금 같은 사회 분위기에서 손해를 감수하고 사람을 챙긴다는 것은 먼 옛날 책에서나 나올 법한 얘기다. 하지만 강훈 사장은 정직이라는 기본 마인드를 저버리는 행동은 절대로 하지 않았다. 그 결과로 어려운 상황 때마다 구세주 같은 인맥들이 도움을 주어서 서로 Win-Win하는 좋은 결과를 가져 왔다. 스타벅스의 시스템을 한국에 맞게 고급화전략과 과감한 마케팅전략, 눈앞의 이익보다 백년대계를 생각한 장기적이고 큰 전략이 단 5년 만에 40개 매장을 거느린 거대 프랜차이즈로 성공한다. 자신의 땀으로 일군 할리스커피를 플래너스에 넘길 때에도 명확하게 개인이익을 위한 것이 아닌, 재력을 가진 플래너스가 할리스커피를 더 잘 키워 줄 것이라는 확고한 믿음을 가졌기 때문에 망설이지 않았다.

그 후 3년간의 공백기간 동안 강훈 사장이 겪은 프랜차이즈 사업에 대한 경험은 그를 더욱 단단하게 만들어 주었고, 생존본능에 의해 세계적인 커피전문점을 만들기 위한 계기가 되어 주었다. 정직이 밑 바탕에 깔려진 상태에서 식지 않는 열정이 그를 토종카페 카페베네를 탄생 시키게 하였다. 그는 철저하게 돌아보고, 분석하고, 선택하였다.

"커피는 단지 맛으로만 승부하는 사업이 아니다. 다른 프랜차이즈의 경우 서비스가 조금 떨어져도 맛이 뛰어나면 성공할 수 있는 여지가 있다. 그러나 커피의 경우에는 다르다. 스타벅스에서도 언제나 "우리는 커피를 파는 것이 아니라 분위기와 문화를 판다"라고 강조하는 것처럼, 커피 사업은 하나의 종합 엔터테인먼트라 할 수 있다."

그는 커피사업의 성공비결을 정확히 꽤뚫고 있었던 것이다. 스타벅스에서 배운 내용을 그대로 선이 아닌 점 방식으로 강남 압구정에 전문점을 낼 때에도 명확한 목표가 있었다. 그 목표는 단순한 지식이 아닌 경험과 성실성에서 얻은 확신이었다. 강훈 사장은 항상 말한다.

"지금 하고 싶은 일이 아니라 잘하는 일을 해야 할 때다. 그것이 언젠가는 내가 진정으로 하고 싶은 일을 할 수 있는 밑거름이 된다."

다시 카페베네로 돌아온 강훈 사장은 지점이 점점 늘어날수록 직원들의 교육에 열정을 쏟아 붇는다. 바로 직원들이 카페베네에서 미래를 생각할 수 있도록 교육을 시켜 놓으면, 이직률도 거의 없으며 고객을 위해 무엇을 해야 할지 스스로 알기 때문에 지속적인 교육으로 직원들의 동기부여에 힘쓴다. 여기서 그의 정직, 열정, 성실은 더욱 빛났다.

새로이 카페베네를 오픈할 때도 정직으로 맺어진 인맥 활용 부분이 빛났고, 과감하게 목표와 다른 제안들은 거절하는 초지일관하는 모습도 볼 수 있다. 1년에 100개, 2년째에는 300개의 지점을 오픈하는 것이 목표였던 것을 훨씬 웃도는 500개가 넘는 지점매장을 갖게 되었다.

마지막으로 강훈 사장이 강조하는 성공비결은 “그 자리를 뺏기기 전에 끊임 없이 변화해야 한다. 고인 물은 썩는다는 사실”을 항상 염두에 두고 사는 것이다. 정직, 열정, 성실 이 세 가지를 실천에 옮길 수 있는 용기가 있는 자만이 강훈 사장 같은 자리에 오를 수 있다.

강훈 사장의 성공철학에 대해 살펴보면 다음과 같다.

1. 구체적인 목표보다 철학이 우선이다.
   내 주위에 사람이 모이게 하고, 결정적인 순간에 사람들이 나를 도와주도록 만들 수 있는요인은 평소에 내가 손해를 보더라도 그들에게 이익을 주는 것이며, 그들에게 비전을 보여주는 것이다.

2. 누구도 대신 할 수 없는 내일을 만들어라.
   직장생활의 경력은 무기가 될 수 없다. 나의 능력이 다른 사람으로 대체 할 수 없는 경지가 되어야 그것이 평생 업(業)이 될 수 있다.

3. 누구나 하는 원론적인 이야기에 진리가 있다.
   성공의 열쇠는 원칙을 아는 것에 그치지 않고 그것을 철저히 실행하는 실행력에 있다.

4. 공룡이 만드는 트렌드를 주목하라
   21세기는 창조의 시대라고 하지만, 창조는 공룡에게 맡기고 개미들은 공룡이 만든 트렌드를 따라 움직여야 노력과 비용을 들이지 않고 자신의 파이를 차지할 수 있다. 그러므로 언제나 대세에 주목하고, 그 대세에 어떻게 편승할 것인가를 고민하라.

5. 난관에 부딪힐수록 오히려 대범해져라.
   현재는 경쟁의 시대가 아니라 상생의 시대라지만, 상생의 밑바닥에는 분명히 이해관계가 깔려 있고, 약육강식의 원리는 지구가 멸망하는 그 순간까지도 지속될 것이다.

6. 사소한 것까지 완벽하게, 디테일에 집중하라.
   치열한 경쟁에서 살아남기 위해서는 사소한 것까지 완벽해지지 않으면 안 된다. 아니 오히려 그 사소한 차이가, 사소함의 완벽함이 성공을 이끌기 때문이다.

7. 군더더기 없이 심플하게, 결정체만 남겨라.
   Simple is the best! 스타벅스나 커피빈의 운영방식은 필요한 최소한의 것만 남기고 불필요한 것은 모두 없애거나 바꿔 놓았다.

8. 인맥도 다이어트가 필요하다.
   인맥을 분류 정리하여 사람들의 중요도를 분석하여 중요도에 따라 중점적으로 유지하고 관리해야 할 사람과 일반적인 관계를 유지할 사람, 거리를 둘 사람 등을 정리한다.

9. 바늘구멍 뚫겠다고 애쓰지 말고 적성에 맞는 일을 찾아라.
   남들을 뒤쫓으며 평범한 사람으로 일생을 살거나 패배자가 되지 말라. 자신의 분야를 개척하고 그곳에서 최고가 되어 성공의 단맛을 만끽하라.

10. 마지막까지 절대로 포기하지 말아라.
    물은 99도에서 끓지 않는다. 정확히 100도에서 끓는다. 1도의 차이가 시련을 이겨내고 성공이냐 아니냐를 결정짓는다. 신은 딱 견딜 수 있는 만큼의 시련을 우리에게 주신다.

11. 모든 문제는 단계적으로 해결하라.
    문제를 통째로 해결하려 하지 말고 쪼개고 분해해서 단계를 밟아 차례로 풀어가면서 부분적으로 하나하나 해결하라.
12. Give(주고)한 뒤 Take(받다)하라!
    먼저 줌으로써 더 많은 것을 얻을 수 있다.
13. 모든 일은 철저한 계획을 세우라!
    하루 일과를 시작하기 전에 20분만 투자하여 계획을 짜라. 결과는 과정이 모인 합이기 때문에 과정이 정확하지 않으면 좋은 결과를 얻을 수 없는 것은 당연하다.
14. 목표는 항상 최대치로 잡고 최선의 결과를 내라.
    100을 목표로 했을 때 설사 100을 성취하지 못하더라도 90의 성적까지는 취하는 경우가 많다. 그러므로 일을 할 때 최상의 목표를 잡고 머릿속에 성공하는 모습을 끊임없이 그려라.

2. 자신의 목표를 매 순간 상기

목표를 설정했다면 그 다음 중요한 것은 이러한 목표를 한시도 잊어서는 안 된다. 셀프 리더는 자신이 무엇을 원하는지 늘 관심을 기울인다. 작심삼일이 걱정된다면 당신의 목표를 늘 기억할 수 있도록 당신 삶 속에 적절한 장치를 해둘 필요가 있다. 우선 일의 우선순위를 매긴 자신의 하루 일정표를 하루 종일 손에 들고 다니도록 하라. 자신의 시야에서 가장 잘 보일 수 있는 곳에 목표를 상기할 수 있는 문구나 물건들을 배치하는 것은 매우 효과적이다.

3. 부정적인 힌트 제거, 긍정적인 힌트 증가

금연을 결심했다면 가장 먼저 하는 행동은 자신의 호주머니 속에 들어있는 담뱃갑을 쓰레기통에 버리는 일이다. 이처럼 자신이 원치 않는 행동을 유도하는 실마리는 당장 없애야 한다. 단 것을 먹고 싶지 않으면 주변에 있는 온갖 단 음식을 이웃에게 나눠주어야 하며, 책 읽는 시간을 늘리고 싶다면 당신의 눈과 손이 가장 빈번히 머무는 곳에 책들을 놓아두어야 한다.

셀프 리더는 자신의 환경을 통제할 줄 알아야 한다. 긍정적인 행동을 유발할 수 있는 동기들로 자신의 환경을 채워야 자신이 기대하는 것보다 효과적인 성과를 올릴 수 있다. 부정적인 힌트를 줄이고 긍정적인 힌트를 늘리는 사이, 당신의 행동이 점차 변화될 것이다.

4. 인생의 목적에 부합하는 목표 설정

목적이란 당신의 인생 전체를 통해 달성하고자 하는 보다 추상적이고 근본적인 삶의 형태다. 그러므로 당신의 수첩에 적혀 있는 단기적인 목표들은 궁극적으로 인생의 최종 목적을 달성하기 위해 수립된 것들이어야 한다. 혹, 지나칠 정도로 많은 단기목표와 장기목표를 달성하였는데도 당신은 여전히 만족하지 않고 있는가? 그렇다면 당신의 목표 설정이 잘못된 것이다.

수많은 목표들에 가려져 자신의 삶에 있어서 가장 소중한 것을 잃어버려서는 안 된다. 당신이 추구하는 인생의 목적에 부합하는 목표들을 신중하고 진지하게 수립하는 것은 셀프 리더에게 강한 신념과 확신을 심어준다.

5. 반복연습

우리의 행동을 개선하는 가장 확실한 방법 중 하나가 바로 연습이다. 전 헤비급 세계 복싱 챔피언이며 올림픽 금메달리스트인 무하마드 알리는

"경기의 승부는 눈에 보이지 않는 데서 결정된다고 하였다. 조명 아래 내가 춤추기 전, 이미 링 밖에서, 체육관에서, 그리고 로드 연습에서 결정되는 것이다"라고 말했다. 중간에 포기하지 않고 끊임없이 연습에 매진하는 근성이야말로 셀프 리더의 빠질 수 없는 자질이다. 연습은 바로 자신의 한계를 극복하기 위해 자신과 맞서는 고통스런 시간이다. 하지만 동시에 자신의 능력과 가능성을 키워나가는 가치 있는 시간이다.

6. 보상과 벌칙 활용

셀프 리더는 목표달성을 위해 적절한 보상과 처벌을 활용해야 한다. 당신의 행동이 보다 의미 있게 개선되길 원한다면 자신의 특성을 반영한 효과적인 보상과 처벌 규칙을 세워두는 것도 좋다. 즉 자신의 바람직한 행동에 대한 보상은 더욱 바람직한 행동을 유발할 수 있도록 당신 자신이 매우 좋아하는 것이면 좋다. 처벌은 자신에게 가혹한 것이 되어야 한다.

셀프 리더는 자신과의 약속에 대해 그 누구보다 철저한 사람이다. 자기 자신을 다스리고 통제할 수 있는 능력은 바로 자신과의 규칙에 대한 엄격한 실천에서 비롯되기 때문이다. 그러므로 셀프 리더가 자신에게 내리는 철저한 보상과 벌칙의 적용은 큰 효과를 거두는 것이다.

7. 긍정적인 셀프 토크 이용

심리학자인 버틀러(P. E. Butler)는 "우리 모두는 자신에게 말을 한다. 우리가 하는 말은 우리 삶의 방향과 질을 형성한다. 우리의 셀프 토크는 행복과 절망의 차이를 만들며, 자기확신과 자기의심의 차이를 결정한다. 당신이 이루어지기 힘들다고 느끼는 어떤 일을 시작할 때, 그 일을 꼭 달성하고 싶다면 지금 즉시 이루어지기 힘들 것이라는 셀프 토크를 바꾸어라. 그것이 가장 중요하며, 그것이 일의 성과를 좌우할 것이다"라고 말했다.

자기암시와도 같은 셀프 토크는 큰 효과를 발휘한다. "난 할 수 있어!"라고 스스로를 응원하듯 자신에게 던지는 다짐들이 실제 일에 미치는 효과를 무시해서는 안 된다. 늘 당신 자신과 대화하라. 셀프 리더는 자신과의 대화 속에서 무력한 당신에게 힘을 주고, 자신감을 잃고 있는 당신에게 그 누구도 해줄 수 없는 값진 충고를 던져준다.

8. 장애적 사고 대신 기회적 사고

기회적 사고란 상황이나 도전이 가진 기회와 가능성에 초점을 두는 사고패턴이다. 반대로 장애적 사고란 새로운 모험을 수행하는 데 있어 장애물과 결점들에 초점을 맞춘다.

해저환경 보호의 대변자가 된 구스또우(Jacques-Yves Cousteau)는 파일럿이 되기 위해 공군사관학교에 들어갔지만 26세에 치명적인 자동차 사고로 어깨를 나쳐 더 이상 비행기를 탈 수 없게 되었다. 그러나 그는 사고로 약해진 어깨를 단련하기 위해 바다수영을 열심히 하다가 해저탐험에 눈을 뜨게 되었다. 장애적 사고를 극복한 그의 기회적 사고가 아니었다면 그의 놀라운 해양탐험은 존재하지 않았을 것이다.

우리는 자신의 결점과 단점에 집착하느라 자신의 장점마저 놓치는 오류를 자주 범한다. 셀프 리더는 자신에 대해 과대평가하지도 않을 뿐더러 자신의 단점을 한계가 아닌 새로운 시각의 가능성으로 바꿔 생각한다. 이와 같은 기회적 사고를 통해 셀프 리더는 자신만의 독특한 세계를 창조하며 세상을 변화시키는 것이다.

9. 셀프 리더십을 슈퍼 리더십으로 확장

"내 최고의 잠재력은 바로 우리"라는 격언이 있다. 직장에서 자신의 최종적 잠재력에 이르기 위해 당신은 팀에 맞서지 말고 반드시 팀과 함께 해야 한다.

셀프 리더는 자신을 신뢰하는 만큼이나 타인을 존중하며, 독단적인 개인의 이익을 추구하기보다 팀과의 조화를 통해 시너지를 얻는다. 그러므로 셀프 리더는 자신의 리더십을 슈퍼 리더십으로 쉽게 확장시킬 수 있는 것이다.

슈퍼 리더십은 다른 사람들이 체계적이고 효과적인 셀프 리더십을 개발하고 수행하도록 돕는 과정이다. 즉 다른 사람들이 스스로를 리드할 수 있도록 자신을 리드한다는 개념이다.

셀프 리더십의 확장판이라 할 수 있는 슈퍼 리더십은 매우 실질적인 리더십의 대안으로 최근 주목받고 있다. 스스로를 리드하는 것에서 멈추지 않고 다른 사람들도 셀프 리더가 되도록 돕는 슈퍼 리더십을 기르는 것이야말로 셀프 리더십의 완성이라 할 수 있다.

사례 13-7

진정한 셀프 리더가 진정한 행복 느껴

우리나라 국민 10명 중 5명이 생활형편이 어려워졌다고 느낀다는 설문조사결과가 발표됐다. 그러나 61.3%의 국민은 현재 생활에서 행복을 느끼고 있다고 말해 상당히 긍정적인 반응이 나타났다. 여기서 느끼는 행복의 종류는 화목한 가정생활과 건강, 다음으로 대답이 경제적 여유였다. 그리고 현재는 어렵지만 열심히 노력하면 잘살 수 있다는 기대감에 관해서도 '동의 한다'가 39%, '동의하지 않는다'가 34.6%로 나왔다. '노력하면 잘살 수 있다'는 것은 곧 꿈과 희망을 향해 얼마나 노력하느냐의 여부에 달렸다고 할 수 있다. 단지 물가가 상승하고 소득이 감소해서 행복감이 반으로 줄어드는 것이 아니라 열심히 자신의 꿈을 실현하고자 하는 마음자세에 달려 있다는 것이다.

『30대가 아버지에게 길을 묻다』라는 책에는 어느 철학자가 행복하게 살아가기 위한 5가지 조건을 제시했다.

첫째, 먹고 입고 살기에 조금은 부족한 재산이고,

둘째, 모든 사람이 칭찬하기에는 약간 부족한 외모이다.

셋째, 자신이 생각하는 것보다 절반밖에 인정받지 못하는 명예이다.

넷째, 남과 겨뤘을 때 한 사람에게는 이기고 두 사람에게는 질 정도의 체력이다.

다섯째, 연설을 했을 때 듣는 사람의 절반 정도만 박수를 보내는 말솜씨이다.

위의 내용을 보니 그야말로 2% 부족하다는 것이 공통점이다. 일리노이대학의 '행복의 최적조건'을 찾는 연구에서도 약간의 걱정과 고민이 건강에 이롭다는 결론이 나온 바 있다. 약간의 부족은 적절한 긴장과 노력을 가져온다는 해석이 가능하다.

행복함을 느낄 수 있다는 것은 자기 자신이 어떻게 살아야 하며, 어떻게 나가야 하는지를 알고 있기 때문에 가능하다. 치열하게 고민하고 인내하며 싸우는 것은 한편으론 귀찮고, 힘들고 짜증날시라도, 또한 인정받지 못할지라도 '나' 자신 만큼은 '나'를 응원하고 격려하며, 때로는 채찍질도 해가며 결국 '내가 살아가는 힘'을 기르는 것이다. 그러다 보면 행복도 자연스레 따라오게 된다. '리더'와 '행복'은 별개 문제가 아니다. 자신의 인생을 리드하는 셀프 리더십이 제대로 발휘될 때 '행복'이라는 보너스도 쫓아오는 것이다. 행복학에 관한 정의가 무수히 많지만 내 인생에서의 진정한 셀프 리더가 된다면 우리가 바라는 행복, 파랑새는 바로 내 곁에 있는 것이다.

자료 : 리더십 심층분석-진정한 셀프 리더들의 아름다운 힘

Leadership Devlopment and Training **사례 13-8**

자기효능감 측정

자기효능감(self-efficacy)에 대해 반두라는 "목표를 달성하는 데 필요한 행동과정을 조직하고 실행할 수 있는 자기능력에 대한 신념"이라고 정의하였다. 즉, 다양하고 폭넓은 상황에서 효과적으로 일을 수행할 수 있다고 믿는 자신의 관점에 대한 믿음이다. 바로 특별한 업무를 수행할 수 있는 능력이 있다는 확신이다.

따라서 자기효능감이 높은 사람은 자신의 업무에서 보다 많은 확신을 가지고 있으며, 그들의 기능을 효율적으로 수행할 수 있도록 돕는다. 이러한 자기효능감을 측정하기 위한 설문지는 Sherer et al.(1982)에 개발된 것을 사용하여 측정할 수 있다.

잘 읽고 각각의 문항에다 점수를 부여하고 합계를 내어 보도록 한다. 각 영역의 점수가 높으면 높을수록 자기효능감 기대가 높다는 것을 의미한다.

1=매우 그렇지 않다	2=대체로 그렇지 않다	3=그저 그렇다
4=대체로 그렇다	5=매우 그렇다	

일반적 자기효능감 – 도치문항(2, 4, 5, 6, 10, 11, 12, 14, 16, 17)	응답
1. 나의 계획을 세울 때, 그런 계획을 완수할 수 있다고 믿는다.	
2. 나는 한 가지 문제는 해야 할 때 바로 일을 착수할 수 없는 것이다.	
3. 나는 첫 번에 일을 잘못하더라도, 잘할 수 있을 때까지 계속 시도한다.	
4. 나는 나를 위한 중요한 목표를 설정하고서 거의 완수하지 못한다.	
5. 나는 어떤 일들을 완수하기도 전에 포기한다.	
6. 나는 어려운 일에 직면하기를 피한다.	
7. 어떤 일이 너무 복잡하게 보이면, 나는 그 일을 시도조차 하지 않는다.	
8. 나는 할 일이 유쾌하지 않을 때조차 일을 마칠 때까지 포기하지 않는다.	
9. 나는 어떤 일을 하기로 마음먹으면 곧바로 실행한다.	
10. 나는 새로운 어떤 일을 배우려고 시도해서, 처음에 성공하지 못하면 곧바로 포기한다.	
11. 나는 예기치 않은 문제가 발생했을 때 그 일을 잘 처리하지 못한다.	
12. 나는 새로운 어떤 일이 감당하기에 어렵게 보이면 그 일을 배우려고 하지 않는다.	
13. 실패는 나로 하여금 더욱 열심히 노력하도록 채찍질할 뿐이다.	
14. 나는 어떤 일을 수행할 나의 능력에 불안감을 느낀다.	
15. 나는 나 자신을 신뢰한다.	

16. 나는 쉽게 포기한다.
17. 나는 살아가면서 부딪칠 대부분의 문제들을 처리하지 못할 것 같다.
사회적 자기효능감 – 도치문항(1, 3, 5)
1. 나는 새로운 친구를 사귀는 것이 어렵다.
2. 나는 내가 만나고자 하는 누군가를 보면 그 사람이 내게 오기를 기다리는 것보다 내가 먼저 간다.
3. 나는 친구로 만들기에 매우 까다로운 흥미가 가는 누군가를 만나면, 곧바로 그 사람을 친구로 사귀려는 것을 포기할 것이다.
4. 나는 처음에 호감이 가지 않는 누군가를 친구로 사귀려고 할 때조차 쉽게 포기하지 않는다.
5. 나는 사교적 모임에서 적절하게 대처하지 못한다.
6. 나는 나의 사교능력을 통해 친구들을 사귀었다.

도치문항(2, 4, 5, 6, 10, 11, 12, 14, 16, 17)

※ 도치문항은 5→1, 4→2, 3→3, 2→4, 1→5로 바꾸어 채점한다.

총점(　　　　　　　)

Chapter 14

코칭 리더십

제1절 | 코칭 리더십의 개념과 특징

급변하고 있는 글로벌 경영환경하에서 살아남기 위한 기업 간 경쟁은 날로 치열해 지고 있다. 이러한 경영환경 속에서 조직에 활기를 불어넣고 보다 확고한 조직으로 재탄생시키기 위한 방안 중 하나가 바로 리더십의 구현이다.

과거의 조직 프로세스는 상사가 정보를 독차지하고 자신의 경험을 바탕으로 부하직원을 교육함으로써 자신의 입지를 견고하게 할 수 있었다. 이때 리더의 수직적인 명령은 부하의 창의력과 발전가능성을 저해하지만 리더의 지시에 부하가 순응함에 따라 어느 정도의 성과를 거둘 수 있었다. 그러나 오늘날 글로벌 기업환경하에서 기존의 경영방식과 리더십스타일로는 불확실성의 시대에 경쟁력있는 기업으로 성장시키는 것은 불가능하다.

21세기 글로벌사회는 불확실성이 증대되고 있으며 이러한 경영환경은 모든 사람들에게 성공 가능성이 있다. 그리고 다양한 이해관계 속에서 유익이 되는 사람이 가치 있는 사람으로 보는 관점의 변화가 이루어졌다. 이러한 경영환경의 변화는 과거에 흔히 이루어진 조직관리로는 더 이상 효력을 발휘할 수 없게 되었다. 이에 대한 대안으로 미국, 일본 등 선진국을 중심으로 활발히 적용되고 있는 기법이 바로 '코칭(coaching)' 이다.

코칭은 상대의 자발적 행동을 촉진시키기 위한 커뮤니케이션 기능으로 대화와 질문을 통해 부하직원의 자발적인 행동을 촉진하고, 자발적인 문제해결을 도모하는 새로운 관리 및 교육활동이라고 할 수 있다.

오늘날 리더는 단순히 지시하고 통제하는 것에서 그치지 않고 조직구성원의 능력을 발견하고 그 능력을 더욱 확장시켜 개발해 주어야 한다. GE의 전 회장인 잭 웰치는 「니케이 비즈니스」와의 인터뷰에서 코칭의 중요성을 누구보다도 강조하였다. 그는 변화의 시대에 관리자는 분골쇄신의

노력을 기울일 것을 강조하며, 팀원을 자신의 주요 지원세력으로 이해하고, 팀원들과 쌍방향 커뮤니케이션을 할 것을 강조하고 있다. 그는 "관리자는 직원의 꿈과 능력을 최대한 펼칠 수 있도록 하는 코칭(coaching)이 필요하며, 직원은 역량을 무한히 발휘하도록 끊임없이 노력해야 한다"고 하였다. 또한 리더의 중요한 역량은 부하직원의 자발적인 참여를 유도하고, 내적인 힘을 이끌어내는 것이 필요하다고 역설하였다. 이러한 의미에서 부하의 자발적인 힘을 끌어내는 가장 중요한 도구가 바로 코칭인 것이다.

따라서 코칭은 21세기를 주도할 리더십의 과정이며 조직의 경쟁력을 향상시킬 수 있는 중요한 수단이 되고 있다. 코칭은 사람들로 하여금 자기 팀의 성과에 기여하게 하고, 각 개인의 삶에 진실로 소중한 것이 무엇인지를 깨닫게 해주는 유력한 의사소통 과정이다.

Leadership Devlopment and Training

사례 14-1

좋은 코칭

【상황설정】 4명의 매니저가 있다.

직원이 전화 메시지를 빨리 받지 못하여 주문 오더를 놓쳤다. 당신이 이런 상황에서 어떻게 할 것인가?

■ 접근성 척도

'접근성 척도'는 당신이 얼마나 부하들의 이야기에 열려 있는 태도를 가지고 있는가를 보여준다. 종업원들이 실제로 어떻게 답할지를 생각해서 아래 질문에 '예', '아니오'로 답을 해보자.

질문	예	아니오
1. 내 상사는 자주 내 의견을 묻는다.		
2. 내 상사는 나의 제안을 경청한다.		
3. 내 상사는 내 아이디어를 중요하게 받아들인다.		
4. 내 상사는 내 의견을 존중한다.		
5. 내 상사는 나의 일에 영향을 미칠 만한 일을 결정할 때는 먼저 내 의견을 묻는다.		
6. 내 상사는 윗사람과의 모임에서 나를 방어할 것이다.		
7. 내 상사는 새로운 프로젝트를 줄 때 명확하게 목표를 설명해준다.		
8. 내 상사는 현재 진행 중인 프로젝트에 대한 나의 질문을 잘 받아준다.		
9. 내 상사는 프로젝트 수행방법에 대해서는 어느 정도 내게 자율권을 준다.		
10. 내 상사는 나와 개인적으로 만나는 때를 제외하고는 비판을 자제한다.		
계		

접근성 척도는 당신의 경영 스타일을 보여준다.

'접근성 척도' 질문에서 7개 이상의 긍정적 대답을 얻었다면 당신은 이미 훌륭한 코칭기술을 가진 셈이다. 코칭을 통한 경영의 가장 중요한 목표 중 하나는 직원들이 자신의 생각을 상사와 허심탄회하게 마음을 열수 있는 분위기의 창조이다.

1. 내 상사는 자주 내 의견을 묻는다

당신은 부하들의 의견을 물음으로써 답변을 얻지 못하더라도 다음과 같은 긍정적인 결과를 얻게 된다.

첫째, 당신의 물음은 당신이 부하들을 존중하고 있음을 보여준다.

둘째, 당신만이 모든 해결책을 갖고 있다고 생각하고 있지는 않음을 보여준다.

셋째, 좋은 정보를 얻을 수 있는 기회를 갖게 된다.

"우리가 이 문제를 어떻게 다뤄야 한다고 생각하나?" 이 질문은 당신이 부하에게 할 수 있는 가장 좋은 말 중의 하나이다.

2. 내 상사는 나의 제안을 경청한다

물어보는 것은 그저 커뮤니케이션 과정의 절반일 뿐 나머지 절반의 과정이 있어야 완성이 된다. 부하들에게 모든 주의를 기울여라. 그들이 말하는 것을 받아들이고 있음을 말과 몸짓을 써서 표현해라. 질문을 하고 정직하게 반응을 보여라.

3. 내 상사는 내 아이디어를 중요하게 받아들인다

만약 당신이 "으흠, 괜찮은데"라고 말하면 부하들은 이렇게 알아들을 것이다. "좋은 아이디어지만 자, 이제 내가 말한 대로 하자고".

당신이 항상 부하들의 생각에 동의할 필요는 없다. 또 항상 그들의 제안에 따라야 할 필요도 없다. 그러나 그들이 진지하게 아이디어를 말할 때는 진지하게 받아들여야 한다. 장점이 있으면 이야기 해주고, 단점이 있으면 왜 그런지를 말해주어야 한다. 아이디어 자체를 가지고 토론을 해야 한다. 절대 '내 아이디어'와 '부하 아이디어' 사이에 논쟁이 일어나는 식으로 토론을 만들어서는 안 된다. 누가 승자가 될 것인가를 가리는 것이 아니라 의견 그 자체를 놓고 이야기를 해야 한다.

4. 내 상사는 내 의견을 존중한다

부하의 의견을 경청하고 진지하게 받아들이며 그에 대한 보상을 함으로써 당신이 그의 의견을 존중하고 있음을 보여줄 수 있다. 대부분의 비즈니스에서 보상은 결과에 대해 주어진다. 일이 성공적으로 끝났을 때나 목표가 성취되었을 때, 결산에서 충분한 이익이 확정되었을 때 종업원들은 보상을 받는다. 그러나 당신이 부하들이 좀 더 열심히 일하고 서로 협조하며 창조적인 의견을 내는 것을 기대한다면 보상은 좀 더 일찍 주어져야 한다.

직원들이 자신의 주장을 말하는 데는 용기와 자발성이 필요하다. 그러한 용기는 말과 행동을 통해 보상을 해주어야 한다. 부하들의 질문이나 대안 제시는 작업 수행에 대한 도전이 아닌 긍정적 기여이다.

5. 내 상사는 나의 일에 영향을 미칠 만한 일을 결정할 때는 먼저 내 의견을 묻는다

당신은 상사이기 때문에 스스로 결정을 내릴 수 있다. 그러나 작업환경에 영향을 미치는 결정을 내릴 때에는 먼저 부하직원들과 이야기하고 그들의 의견을 들어야 한다. 이는 단지 그들에 대한 존중을 표시하기 위해서가 아니라 가장 좋은 결론을 내리기 위해서도 필요하다.

6. 내 상사는 윗사람과의 모임에서 나를 방어할 것이다

당신은 부하 직원들을 위해 싸우고, 그들을 부당한 공격으로부터 막아줄 용의가 있는가? 일이 잘못되어 갈 때 그들이 받는 비난을 함께 나눌 수 있는가? 만약 당신의 부하 직원들이 당신을 '버팀목'이라고 생각한다면 그것은 최고의 칭찬이다.

7. 내 상사는 새로운 프로젝트를 줄 때 명확하게 목표를 설명해준다

당신이 부하 직원들의 마음을 모두 읽을 수 없는 것처럼 부하 직원들도 당신의 마음을 다 알 수는 없는 법이다. 부하 직원들에게 업무를 줄 때 충분한 시간을 내어 업무의 개요를 설명하고 단순한 용어를 사용해 그들이 달성해야 할 목표를 정확히 설명해주고 있는가? 만약 부하 직원들이 자신이 하는 일의 전반적인 목표를 이해하고 있다면 그들은 자신의 일을 좀 더 잘 수행할 수 있다. 뿐만 아니라 일을 수행하는 기분도 이전과는 다를 것이다. 그리고 부하들의 실수로 인해 값비싼 비용을 치르는 일도 막을 수 있을 것이다.

8. 내 상사는 현재 진행 중인 프로젝트에 대한 나의 질문을 잘 받아준다

"잘 아시겠죠?" 하면 대부분의 사람들은 "예" 하고 빠르게 대답한다(마치 "안녕하세요. 잘 지내시죠?" 하고 물으면 "예, 덕분에 잘 지냅니다."라는 대답을 기대하는 것과 같은 식이다).

만약 당신이 부하 직원들의 질문을 긍정적으로 받아들이도록 훈련하지 않았다면, 부하들의 질문은 당신에 대한 자극이나 방해처럼 느껴지게 마련이다. 많은 경우 질문은 부하 직원들이 듣고 이해한 것을 당신이 알 수 있는 유일한 방법이다. 모른다고 욕먹지 않는다는 것을 알면 부하 직원들은 질문을 할 것이다. 그리고 질문을 하는 직원이라면 일도 보다 잘 해낼 수 있을 것이다.

9. 내 상사는 프로젝트 수행방법에 대해서는 어느 정도 내게 자율권을 준다

목표를 분명하고 정확하게 설명해주도록 해야 한다. 부하들의 질문이라면 어느 것이든 답을 해주어야 한다. 그러나 목표를 이야기해준다고 그 목표에 어떻게 도달하는지 방법까지 상세히 알려주어야 한다는 것은 아니다. 가능하면 부하 직원들의 창조성과 자발성이 발휘되도록 여지를 주도록 해야 한다.

10. 내 상사는 나와 개인적으로 만나는 때를 제외하고는 비판을 자제한다

공개적으로 칭찬하고 개인적으로 비판해야 한다. 이건 사람들이 당신을 괜찮은 사람이라고 보도록 하기 위해서하는 일이 아니다. 그렇게 해야 일이 잘 되어 가기 때문이다. 공개적인 비판은 비판의 당사자뿐만 아니라 주변에서 듣는 사람 모두에게 방어본능을 자극하고 분노를 유발한다. 비판은 단호하지만 각자 따로 이루어져야 한다. 이를 통해 당신은 업무 성취도의 향상 등 원하는 목표를 보다 잘 얻을 수 있다.

1. 코칭의 개념

인재관리 전문기업인 HR Korea에서 30~40대 직장인들을 대상으로 존경할 만한 상사의 조건에 대한 설문조사를 실시했다. 설문조사 결과 조사대상 인원의 67.4%에 이르는 직장인들이 부하직원의 잠재력을 잘 이끌어내는 능력과 부하의 업무와 상황을 이해하고 경청해주는 태도를 보이는 리더를 가장 존경한다고 답했다. 즉, 부하직원의 잠재력을 이끌어내 줄 수 있고, 경청의 자세를 가지고 있는 리더가 오늘날 사회에 필요한 리더십이라는 것이다.

리더의 입장에서는 성과에 대한 압박과 실적주의가 팽배한 조직환경하에서 구성원의 고민을 이해하고 경청해 줄 만한 시간적 · 심리적 여유가 없는 것이 사실이다. 리더가 환경 탓만 하고 부하들의 요구를 무시한다면 리더십을 갖출 수도 없고 더 이상의 조직성과도 기대할 수 없다.

따라서 글로벌 환경변화의 물결 속에서 조직의 성과와 조직구성원들의 요구를 충족시키기 위한 리더들에게 조직구성원들의 가능성을 발견하고 키우는 코칭기술이 필수요소가 되었다.

1960년대와 70년대의 상의하달식 의사소통은 조직구성원의 자발성과 창의성에 부정적인 영향을 끼치고 기업성장의 핵심요소로 작용할 수 없다는 시각이 코칭 등장의 또 다른 배경일 것이다.

많은 사람들이 코칭은 주로 스포츠 분야의 지도 방식으로 알고 있지만, 1980년대 이후 미국을 중심으로 좀 더 포괄적으로 발전되어 현재에는 인재개발 방법론으로 급속하게 확산되고 있는 추세이다.

우리나라 기업에서 코칭이라는 용어가 사용되기 시작한 것은 2000년대 초반이고, 인재전쟁이라는 신조어가 생길 만큼 기업의 경쟁력이 사람에 의해 좌우되는 오늘날에 코칭은 핵심 인재양성에 가장 효과적인 방법으로 각광받고 있다.

오늘날 미국, 일본, 유럽 등 선진국 기업들은 20년 전부터 코칭기술을 활용하여 조직문화를 바꾸고, 새로운 차원의 조직성과를 달성하고 있다. 이러한 현상은 세계적인 추세가 되었다. 최근에는 우리나라에서도 많은 대기업에서 앞다투어 코칭기술, 코칭 리더십, 코칭경영 등의 용어로 코칭의 실제적인 방법을 계획하고 도입하고 있는 실정이다.

코칭이란 개념은 1980년경 스포츠에서 먼저 도입이 되었고, 그 개념은 경기력 향상 및 최대의 경기력 발휘에 초점을 맞추고 있다. 미국경영협회(AMA)에 따르면 코칭이란 “코치나 팀 관리자 등이 팀 멤버의 과제와 목표설정을 도와주고 적극적인 자세로 수행에 필요한 주의사항을 전달하면서 격려하고 도전의지를 촉구하고 현재의 업무성과를 개선하여 회사에 대한 공헌도를 높이는 동시에 장래의 가능성을 이끌어내는 방법”으로 정의하고 있다.

즉, 코칭은 리더와 조직구성원과의 쌍방향 커뮤니케이션을 통해 조직구성원 스스로가 문제에 다가가고 그 해결책을 찾는 방법으로 리더는 조직구성원의 잠재력을 발견하고, 신장시켜주는 역할을 수행한다. 또한 1회적인 대화가 아닌 차후에도 실행계획을 함께 점검하고 그 결과를 체크하면서 인정해 줌으로써 지속적 관계를 유지하면서 궁극적으로는 높은 성과를 달성할 수 있게 한다.

코칭과 리더십은 불가분의 관계이며, 리더라면 누구나 구성원의 코치가 되어야 한다. 그러므로 코칭은 리더십의 구체적인 실천기술이라고 할 수 있다. 코치는 단지 명령과 통제 감시로 선수를 훈련시키는 것이 아닌 서로의 신뢰를 쌓아 가면서 그 선수의 능력을 발전시키며, 숨은 잠재력을 끌어올리는 역할을 하는 것이다.

그러므로 성장이 필요한 개인이라면 코칭은 누구에게나 효과적일 수 있다는 가정하에 대기업의 리더들은 코칭의 필요성을 느끼고 있는 실정이다. 개인적인 출발점과 매우 상이한 욕구를 가지고 있지만, 코칭의 방식인 리더와 조직구성원의 지속적인 대화를 통해 조직구성원의 자아발전 및 성과향상의 일등공신이 되어가는 것을 확인할 수 있을 것이다.

코칭에 대한 일치된 언어적 정의는 존재하지 않지만, 모든 개념적 부분이 그러하듯 시각에 따라 차이가 있지만 선행 연구 자료를 토대로 코칭에 대한 개념을 정리하고자 한다.

Kimberly와 Nielson(1975)은 코칭을 "구성원들의 혁신적인 사고와 개방적인 태도를 강화시키며, 집단행동을 개발하여 조직체의 문제해결능력을 향상시키는 것이다"라고 정의하고 있다.

Stowell(1986)은 코칭이란 "행동적인 프로세스로써 리더가 토의나 대화로 개입 혹은 중재하는 것으로 구체적인 기능이나 행동을 포함하는 프로세스"라고 정의하면서 코칭은 구성원의 행동이나 태도를 변화할 수 있도록 긍정적인 영향력을 발휘하는 것이며 구두나 행동으로 구성원들에게 대화를 통해서 역량을 개발하고 동기부여를 하며 자발적으로 일을 할 수 있도록 지원하고 격려하며 수시로 피드백을 하여 주는 것이라고 하였다. 즉, 코칭을 목표설정, 방향제시, 동기부여, 가르치기, 피드백, 인간관계들이라고 정의하고 있다.

Day(2001)는 리더의 행동과 긴밀한 관계를 가지며 리더의 행동은 구성원에게 관심을 가지고 실제로 협력과 조력을 하고 동기부여를 하는 것이라고 코칭을 정의하고 있다.

Stowell & Starcevich(2002)는 코칭이 구성원들에게 긍정적인 영향력을 미치는 쌍방향의 커뮤니케이션으로서 지속적인 향상과 역량개발, 문제해결 등을 추구하는 프로세스라고 정의하고 있다.

위에서 살펴본 여러 연구자들의 코칭에 대한 정의를 종합해 보면 리더와 구성원 간의 쌍방향 커뮤니케이션과 피드백을 통해 혁신적인 사고와 개방적 태도를 발전 강화시켜 조직의 문제해결 및 성과향상을 도모하는 과정으로 정의할 수 있다.

따라서 코칭 리더십이란 조직구성원과의 신뢰 속에서 구성원들의 숨은 잠재력을 개발, 향상시키고 자신의 업무를 스스로 완수, 해결할 수 있도록 구성원의 학습능력을 키워주는 과정이다.

Leadership Development and Training **사례 14-2**

누군가를 1:1로 만날 때 주의할 3가지 사항

누군가를 1:1로 만날 때 주의해야 할 3가지 사항을 잘 기억하고 있다면 좋은 만남으로 이어질 것이다.

첫째, 깊이 있는 사람이 되어야 한다.

냄비보다 뚝배기 같은 맛을 낼 수 있어야 한다. 시간이 흘러가는데도 깊이 있는 역량을 채우지 못했다면 그것만큼 안타까운 것도 없을 것이다.

둘째, 겉과 속이 같은 사람이 되어야 한다.

주위에 겉과 속이 다른 사람과 같이 하면 이상한 말투까지 닮아간다.

그래서 사람을 가려 사귀어야 한다. 지지자와 비판자는 양면성이있다. 지지자만 가까이 하면 똘만이 대장이 되고, 비판자를 멀리하면 겸손해지지 못한다.

셋째, 필요할 때만 연락하는 사람을 주의하라.

정말 고수 낚시꾼은 절대 부화뇌동하지 않는다. 낚긴 치어마저 풀어줄 정도의 여유를 가져야 지속적으로 성장할 수 있다.

1:1로 만날 때 가장 중요한 것은 상대방을 존중하는 것이다. 상대방이 잘못하더라도 존중하면서 비판한다면 그것을 알아차릴 것이다. 못 알아차리는 사람은 눈이 밝지 않다는 것으로 주위에서 멀리하라. 사람을 1:1로 대할 때 이 세 가지만 지킨다면 좋은 만남이 계속 이어질 것이다.

자료 : 커리어코칭, 한국커리어연구소장 윤영돈, 한국경제 2010년 12월 4일자

2. 코칭의 특징

강력한 신뢰를 전제로 하는 코칭은 책임분담의 가속화와 사회변화에 발맞추어 리더가 코칭을 주도하는 것이 아닌 많은 조직구성원들이 코칭을 요구하고 있는 상황으로 전개되고 있다.

리더는 자신의 역할과 관점에서 구성원에게 어떤 요구와 기대가 존재하는지 명확히 알려 주어야 하며 그에 관해 토론하고 조정해야 한다. 즉 신뢰를 전제로 하는 코칭은 리더와 구성원 간의 원활한 대화가 필수적이며 개방성, 파트너십 그리고 자발성이 생길 수 있는 분위기가 우선시 되어야 한다. Haberleither(2006)는 코칭의 9가지 특징에 대해 다음과 같이 설명하고 있다.

첫째, 코칭은 객관적 데이터가 기반이 되어야 한다.

어떤 코칭과정이든 객관적인 사실에 바탕을 두어야 하며, 리더는 상황이나 사건을 객관적이고 실제적인 용어로 표현해야만 한다.

둘째, 코칭은 조직구성원의 행동변화를 통해 성과 향상을 꾀한다.

코칭은 계획했거나 하지 않았거나 구성원들의 태도 변화를 추구한다. 코칭을 통해 얻어지는 능률 향상은 구성원에게 개인적인 이득이 되며 조직의 성과 향상에도 크게 기여할 것이다.

셋째, 코칭은 인간관계에 초점을 맞춘다.

코칭은 신뢰를 전제로 한 프로세스이다. 리더와 구성원 간의 인간관계는 무엇보다 신뢰를 바탕으로 이루어져야 한다. 코칭의 좋은 결실은 서로 신뢰하고 믿고 모든 것을 털어놓을 수 있어야 한다. 즉, 상호 존중하고 긴밀한 유대감을 창조하는 의사소통은 중요한 부분의 하나이다.

넷째, 코칭은 그 과정을 서두르지 않는다.

코칭은 당면한 문제를 구성원 스스로 해결하는 과정을 중시한다. 따라서 구성원이 문제를 해결하고 능력을 발전시키는 형식으로 이루어져야 한다. 코칭은 공동 발전과정이며 리더에 의해 강요될 수 없다. 서로에게 여유를 가지고 상대방의 의견에 귀를 기울이는 법을 배우고, 서로의 반발을 최소화시키면서 문제를 스스로 해결하게 하는 분위기를 조성하는 것이 아주 중요하다.

다섯째, 코칭은 대화를 필요로 한다.

리더의 일반적인 말, 선입견으로 구성원을 코칭하는 것이 아닌 피드백과 질문을 통해 최선안을 탐색하는 것이 코칭기술의 열쇠이다. 하지만 코칭이 요구하고 지원하는 것이지 버릇없게 만드는 것은 아니다. 개방적인 대화를 위해서는 거듭 강조하지만 신뢰와 개방적인 분위기가 매우 중요하다. 또한 리더가 자신의 약점을 드러내어 리더와 구성원 간의 벽을 허무는 과정도 필요할 수 있다. 이렇게 함으로써 구성원과의 거리를 줄일 수도 있다.

여섯째, 코칭은 열린 마음이 필요하다.

리더는 구성원의 가치를 인정하고 평가하며 열린 마음과 겸허한 자세로 구성원 개개인을 대하여야 한다. 이는 친밀감을 높이고 개방적인 분위기 유도에 좋은 밑거름이 될 것이다.

일곱째, 코칭은 겸허해야 한다.

리더의 의견만을 고집하고 옳다고 생각하기 이전에 구성원의 의견을 반영하고 같이 비교 분석하는 자세가 필요하다. 코칭은 대화에 바탕을 두고 상호 간의 이해를 증진시켜가면서 자신의 주장을 내세우면서 서로 배움의 과정을 갖는 것이다.

여덟째, 코칭은 조화와 균형을 요구한다.

코칭은 리더와 구성원이 조화를 이루고 업무성과와 인간관계의 균형을 목표로 삼는다. 코칭은 훈련을 받은 구성원들이 일을 잘하도록 가정, 재정, 일 등에 균형을 이루게 하는 작업이다. 건설적인 피드백을 통해 스스로 자신의 부족한 부분을 보충함으로써 그 균형을 유지할 수 있도록 도와주는 것도 좋은 방법이다. 또한 리더와 구성원은 각자의 목표와 욕구를 공개적으로 명확히 논의하여, 변동될 수 있는 조건에 대한 오해 여지가 없도록 분명히 제시한다. 이런 바탕 위에서만 리더와 조직구성원은 서로 존중하는 조화 속에서 공정한 관계를 지속할 수 있다.

아홉째, 코칭은 자기책임을 요구한다.

코칭은 수동적인 대상이 아닌 적극적인 참여자가 되어 조직의 목표 달성을 위해 최선을 다해야 한다. 또한 리더와의 충분한 대화를 통해 설정된 목표를 이룩하는 과정에서 발생하는 문제에 대해 적극적인 책임을 요구한다.

이외에도 코칭은 직장에서 상사가 주도하는 인력계발 수단이며 과제해결 능력의 확장과 완성도뿐만 아니라 심리학적 성숙을 가능케 하는 등의 특징을 가지고 있다.

Leadership Devlopment and Training **사례 14-3**

좋은 코칭은 무엇을 얻을 수 있나?

효과적인 코칭은 부하 직원들이 '나'가 아닌 '우리'를 위해 움직이도록 만든다. 성공적인 코치가 됨으로써 얻을 수 있는 이득은 다음과 같다.

첫째, 직원들의 능력개발을 도울 수 있다.
좋은 코치는 더 이상 자신이 필요 없게 되는 상황을 계속 만들어 간다. 부모가 아이에게 자전거 타는 법을 가르치고 있다. 먼저 부모는 아이에게 자전거 타는 법을 설명한 후 자전거 타는 시범을 보이게 될 것이다. 그리고 옆에서 자전거를 타는 아이에게 큰 소리로 격려할 것이다. 마침내는 아이 혼자 스스로 자전거를 타게 되는 모습을 보게 될 것이다.

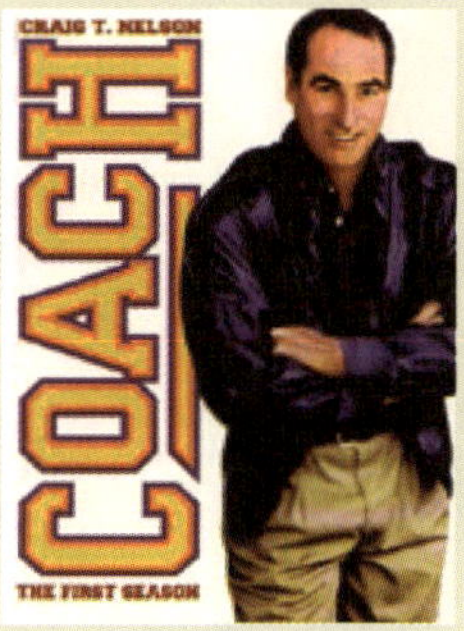

둘째, 과업 달성 문제의 진단을 도울 수 있다.

만약 부하가 능률이 저하되고 있다면 리더는 그 이유를 파악해야 한다. 좋은 코치는 먼저 부하들에게 정보를 달라고 요청해야 한다. 그리고 그것을 들어야 한다. 그렇게 함으로써 보다 올바른 진단을 할 수 있고 또한 해결책을 찾을 수 있으며 이로 인해 부하들로부터 협조를 얻기가 쉽다. 부하들이 문제해결에 자신이 중요한 역할을 하고 있다고 인식하게 되면 적극적으로 문제해결을 위한 노력을 하게 되어 빠른 시간 내 문제를 해결하게 될 것이다.

셋째, 과업을 달성하는 데 필요한 문제해결을 도울 수 있다.

문제의 원인을 찾았다며 어떻게 그것을 교정할지를 결정해야 한다. 이때 주의해야 할 것은 문제해결책을 찾는 데 많은 도움을 받을 수 있는 직원들을 무시하면 안 된다. 직원들과 함께 문제에 대해 토론하고 그들의 경험 등에 대해 자문을 구해야 한다. 이러한 행동은 문제해결 방안을 결정하는 데 큰 도움이 된다.

넷째, 행동 문제의 진단을 도울 수 있다.

행동 문제는 매우 복잡하다. 그런데 성취도는 어느 정도 객관적이다. 성과를 측정할 수 있으며 오늘의 성과물과 어제의 성과물을 서로 비교할 수 있다. 그러나 부하들의 행동을 평가하는 것은 그들의 태도를 측정하는 문제가 되고 있다. 예를 들면 근무시간에 개인적인 문제로 장시간 잡담을 한다고 생각할 수 있다. 그런데 '장시간'이란 어느 정도의 시간을 말하는 것인가? 그런데 한편으로는 이런 모습을 보고 분위기가 좋다고 볼 수도 있다. 그러므로 직원들에 대한 평가는 측정할 수 있는 결과만을 가지고 하는 것이 보다 안전하다.

행동에 대한 가이드라인은 흔히 모호하다. 이런 상황에서 좋은 코칭의 기본적인 원리를 사용하는 것은 매우 중요하다. 현재 상황을 판단하고 어떤 행동이 성취도의 문제를 초래하는지를 결정하는 데 있어서 적절한 직원을 참여시켜라. 마음을 열고 당신의 생각은 당신 마음속에만 간직하라. 당신이 할 수 있는 여러 결정들에 대해 설명하고 어떤 것이 더 좋을지에 대해 부하들의 의견을 청취하라.

다섯째, 불만족스러운 행동을 교정하는 것을 도울 수 있다.

만약 사무실에서 다섯 명 중 네 명이 잡담을 하면 떠들고 있다. 나머지 한 명은 그로 인해 화가 많이 나 있다. 특히 고객과 상담전화를 받고 있을 때면 더욱 화가 난다. 화가 난 직원은 리더에게 불평을 한다. 동료들의 잡담으로 인해 업무에 방해를 받는다고. 그는 그에 대한 해결책도 제시했다.

그럼 코치로서 무엇을 해야 하는가? 어떻게 하는 것이 가장 좋은 방법인가? 동료들과 함께 장애물을 건너뛰고 그것에 대해 이야기해야 한다. 코칭을 통해 바람직하지 못한 행동을 교정할 수 있게 될 것이다.

여섯째, 생산적인 협력관계를 촉진할 수 있다.

좋은 코칭의 기술은 직원들이 함께 화합해서 일하도록 함으로써 그들의 성과를 높이게 된다. 코치로서 모범을 보이게 되면 직원들은 스스로 어떻게 하면 좋을지를 파악해서 서로가 더 높은 성취를 얻기 위해 노력하게 된다. 명령할 하지 않아도 직원들이 자발적으로 알아서 하게 된다.

일곱째, 적절한 지도와 상담을 제공할 수 있다.

코치로서 지도받기를 원하는 부하들의 정신적 후원자가 될 수 있고 되어야만 한다. 부하들은 말일에 월급봉투만 기다리거나 자신의 성취도 평가 결과만 생각하는 것이 아니라 상사로부터 더 많은 것을 기대한다. 조직 내외에서 자신의 경력을 쌓을 수 있는지를 생각하며 문서화되지 않은 여러 규칙들을 알고 싶어 한다. 이들에게 적절한 지도와 상담을 제공해 주어야 한다.

여덟째, 고마움을 전달할 기회를 제공할 수 있다.

평소에 많은 사람들은 "감사합니다", "잘 하셨어요"라고 말하기를 어려워한다. 그러나 코칭을 통해 잘한 일이나 노력에 대해 칭찬을 할 수 있는 자연스런 기회를 얻을 수 있다.

아홉째, 자기 코칭 행동을 촉진할 수 있다.

훌륭한 코치는 부하들의 능력을 점점 더 향상시켜 나간다. 문제제기를 통한 코칭을 통해 미래에 유사한 문제가 발생했을 경우 어떻게 해결해야 되는지를 가르쳐야 한다.

훌륭한 코칭은 특정 과제를 끝마치도록 돕는 것이 아니라 부하들의 능력을 키워서 스스로 최고의 능력을 발휘하도록 돕는 것이다.

열째, 직원들의 성취도와 사기를 높일 수 있다.

훌륭한 코치는 부하들을 존중한다. 코치로부터 존중받는 부하들은 사기가 높다. 사기가 높아짐에 따라 성취도도 자연스럽게 높아지게 된다. 앞서 살펴본 9가지 내용의 종합 판이다. 당신이 코칭을 통해 성취도를 향상시킬수록 부하들의 사기는 높아지게 된다. 훌륭한 코칭은 부하들에게 자신의 일에 대한 책임감을 갖게 하고 사기를 높여 성취도가 높게 나타난다. 이러한 일들은 동시에 일어나게 되며 코칭이 그런 일들을 일어나도록 만드는 것이다.

제2절 | 코칭과 유사영역의 비교

코칭과 유사한 영역으로는 카운슬링, 멘토링, 컨설팅, 티칭, 트레이닝이 있다. 이들 유사영역과 코칭에 대해 서로 비교해 보고자 한다. 먼저 카운슬링과 코칭에 대한 상호 비교는 [표 14-1]과 같다.

표 14-1 | 카운슬링과 코칭의 개념 비교

구분	카운슬링	코칭
차이점	• 심리적으로 건강하지 못한 사람들이 자신의 문제를 치유하려 하는 것 • 심리적인 측면에 대한 탐색이나 해석, 상대방의 심리를 파고 듦	• 기본적으로 성장과 변화의 동기를 가진 사람들을 돕는 데 초점 • 행동적인 변화에 더 많은 비중 • 구성원들의 드러난 행동을 토대로 피드백을 제공하며 미래지향적 생각과 행동을 유발하게 함
유사점	내담자의 현재상태를 좀 더 발전시키기 위해 카운슬러와의 커뮤니케이션 과정을 통해 문제를 이해하도록 촉진하고, 변화된 행동을 보이기 위한 기법들을 사용한다는 점	

카운슬링은 코칭과 가장 유사한 특징을 가지고 있다. 내담자의 현재상태를 좀 더 발전시키기 위해 카운슬러와의 커뮤니케이션 과정을 통해 문제를 이해하도록 촉진하고, 변화된 행동을 보이기 위한 기법들을 사용한다는 점에서 비슷하다.

코칭은 기본적으로 성장과 변화의 동기를 가진 사람들을 돕는 데 초점을 둔다. 또한 코칭은 카운슬링에 비해 심리적인 측면에 대한 탐색이나 해석보다는 행동적인 변화에 더 많은 비중을 둔다. 즉, 카운슬러처럼 상대방의 심리를 파고들지 않고 구성원들의 드러난 행동을 토대로 피드백을 제공하며 미래지향적 생각과 행동을 유발하게 하는 데 그 특징이 있다.

멘토링과 코칭에 대한 상호 비교는 [표 14-2]와 같다.

멘토링과 코칭은 변화와 진보에 초점을 두는 성장지향적 관계이다. 두 영역은 1:1 관계를 가지며 변화와 진보에 초점을 둔다는 점에서 유사점을 가지고 있다.

멘토링은 학습자에게 기술과 정보와 안목을 갖게 하는 데 더욱 비중을 두지만, 코칭은 사람들이 어떻게 성장하고 변화하는지에 대한 기본적인 원리들을 삶의 모든 영역에 적용하는 데 중점을 둔다. 또한 멘토링 과정에서 피코치자는 멘토의 기술과 정보와 시각을 학습하는 과정에서 멘토를 닮아가도록 만드는 데에 초점을 둔다.

반면, 코칭은 피코치자가 코치를 닮아가기보다는 스스로의 모습을 발견하고 개발시킴으로써 독특성을 가진 존재로 성장하는 데 그 초점을 두고 있다. 멘토링의 멘토는 피코치자에게 상위개념이지만 코칭은 서로 동등한 관계로 생각한다는 것에 그 특징이 있다.

표 14-2 | 멘토링과 코칭의 개념 비교

구분	멘토링	코칭
차이점	• 학습자에게 기술과 정보에 대한 안목을 갖게 하는 데 비중을 둠 • 멘토링 과정에서 피코치자는 멘토의 기술과 정보와 시각을 학습하는 과정에서 멘토를 닮아가도록 만드는 데 초점 • 멘토는 피코치자에게 상위개념	• 사람들이 어떻게 성장하고 변화하는지에 대한 기본적인 원리들을 삶의 모든 영역에 적용하는 데 중점 • 피코치자가 코치를 닮아가기보다는 스스로의 모습을 발견하고 개발시킴으로써 독특성을 가진 존재로 성장하는 데 초점 • 서로 동등한 관계로 생각
유사점	변화와 진보에 초점을 두는 성장지향적 관계이다. 두 영역은 1:1 관계를 가지며 변화와 진보에 초점을 둔다는 점	

이외에 컨설팅, 티칭, 트레이닝에 대해 살펴보면 다음과 같다.

컨설팅은 전문지식을 가진 사람이 상담과 자문에 응해 상황을 듣고 분석해 대안을 제시하는 것이다. 컨설턴트는 방향 제시와 행동을 제시하는 등 인도자의 역할을 한다. 따라서 컨설팅은 특정한 문제에 대한 전문가의 조언과 답을 제공하는 것에 집중한다. 모든 일련의 결과는 컨설턴트 개인이 가진 지식, 경험, 시각 등에 따라 컨설팅 성패가 좌우된다.

반면에 코칭은 구성원에게 새로운 각도에서 문제를 보고 질문을 통해 자신의 해결책을 개발하도록 돕는다. 즉, 컨설팅에 있어서 문제해결자는 컨설턴트지만, 코칭에 있어서 문제해결자는 당면문제를 가지고 있는 본인인 것이다. 또한 코칭은 구성원이 가진 자원을 발견하고 개발하도록 도움을 주는 것으로 자신의 잠재력을 최대한 개발 발전하는 데 도움을 준다. 컨설팅은 일의 성취에 관한 것이지만 코칭은 일과 개인의 자존감을 높여주는 것까지 다룰 수 있다는 특징을 가지고 있다.

티칭은 가르치는 것으로 주로 지식을 전달한다. 일반적으로 티칭은 정해진 학습내용을 교실 안에서 전달하거나 혹은 선생님이 학생들에게 강의하는 것이다. 티칭은 가르치는 사람의 생각과 방법에 의해 학생들을 이끌어 나간다.

티칭의 주요 내용이 지식전달인 데 비해, 코칭의 주요 내용은 인격과 일에 관한 기술을 개발하고 발전시킴에 있다. 코칭을 티칭의 일부라고 볼 수 있으나 코칭이 더 세분화되고 전문적인 분야이다.

티칭은 코칭에 비해 책임의식이 적지만, 상호 의존성이 강한 코칭의 경우 상호 책임관계 속에서 목표달성을 위해 서로 도와주고 훈련하는 것이 그 특징이다.

트레이닝은 목표를 설정하고 그것을 달성하기 위해 인간의 신체를 반복적으로 훈련시키고 습관화시켜 감각적으로 강하게 하는 것이다. 트레이닝은 인간의 신체뿐만 아니라 특정한 기술을 연마하고 정신적으로 사고하도록 하는 훈련에도 적용된다.

반면 코칭은 인간의 신체보다는 전반적인 능력에 집중하고 인격발달과 함께 특정한 일을 잘하기 위해 인간관계의 기술을 개발시킨다. 트레이닝을 통해 선수는 잠재력이 길러지지만 코칭은 잠재된 능력을 발견하는 데 초점을 둔다.

이처럼 코칭은 유사영역과 상당부분 비슷한 점을 가지고 있지만 보다 포괄적이고 전인적인 특징을 가지고 있다. 코칭은 보다 발전된 커뮤니케이션으로 기존의 방식과는 조금 다른 방법으로 문제를 접근하고 해결하려는 특징을 가지고 있다. 또한 코칭은 유사영역과 그 변혁의 주체가 다르다. 유사영역의 경우 컨설턴트, 멘토, 카운슬러 등이 그 주체이고, 그들의 지식과 경험이 성과에 막대한 영향을 미친다.

반면, 코칭의 경우 그 주체가 리더와 구성원 모두이기 때문에 코칭을 통해 그 관계가 어떻게, 얼마나 변할지 짐작할 수 없다. 따라서 코칭은 변화의 한계가 없고, 양방향의 변혁이라는 큰 특징을 가지고 있다.

Leadership Development and Training **사례 14-4**

좋은 코칭의 특성

좋은 코치는 다음과 같은 특성을 가지고 있다.

첫째, 좋은 코치는 긍정적이다.

코치의 일은 잘못을 찾아내고 교정하고 책임을 묻는 일이 아니다. 직원들을 도와 그들이 최고의 능률로 목표를 달성하도록 돕는 것이다.

A씨는 주간보고서를 며칠째 제출하지 않고 있다. 부하에게 몇 차례 이야기했지만 A씨는 보고서를 제출하지 못한 상태이다. 이런 상황에서 긍정적인 접근은 무엇일까?

"내일까지 보고서를 제출해."

"내일까지 보고서를 내기 위해 일 처리 방법을 다르게 바꿔 보는 게 어때?"

이 두 가지 경우를 비교해 보자

첫 번째 명령은 부하들을 화나게 하고 변명하도록 만든다. 그렇다고 나아지게 만들지도 못한다. 그 결과 A씨에 대한 불만만 커지고 상황은 개선되지 못하게 된다.

두 번째 접근은 원하는 것을 얻을 수 있는 방법이다. 보고서는 제때 제출될 수 있을 것이다. 부수적으로 그 부하는 보다 협조적인 태도로 당신을 대할 것이며 향상된 시간관리 기술을 다른 일에도 적용할 수 있을 것이다.

효과적인 코칭의 핵심 방법 중 하나는 정답을 제공하기보다는 질문을 하는 것이다. 그러나 질문의 구체적인 내용이나 질문의 순서 역시 중요하다.

예를 살펴보면 다음과 같다.

① 이것이 어떤 점에서 좋은가?

② 그럼 더 좋게 하려면 어떻게 할 수 있을까?

이런 접근법은 어떤 계획의 약점보다는 강점에 초점을 맞춘 긍정적인 질문이다.

둘째, 좋은 코치는 열정적이다.

리더는 자신만의 기풍이 있어야 한다. 리더의 태도는 즉각 부하들이 파악한다. 의기소침해한다거나 일이 제대로 되지 않을 때 이런저런 핑계를 되면 일이 제대로 되지 않는다. 좋은 코치는 부하들에게 긍정적인 에너지를 불어넣어야 한다.

셋째, 좋은 코치는 지지할 줄 안다.

따뜻하게 대하는 것이 그저 격려의 말 몇 마디와 등을 두드려주는 것으로 다한 것이 아니다. 훌륭한 코치는 부하들이 일을 하는 데 필요한 시간, 도구, 참고사항, 질문에 대한 해답, 외부 압력으로부터 보호 등을 제공하는 것이다. 부하들을 이끌어나가기 위해서는 먼저 봉사해야 한다. 뭐가 필요한지, 어떤 문제가 발생할지를 미리 생각해두어야 한다.

넷째, 좋은 코치는 직원들을 신뢰한다.

좋은 코치는 직원들에 대한 믿음을 보여주어야 한다. 대부분의 부하는 양심적이고 정직하고 자기 일을 잘해 내기 위해 노력하고 있기 때문에 부하를 믿지 못하고 감시하고 있다는 느낌을 주어서는 안 된다. 부하를 신뢰하면 그들을 믿고 지켜보는 자세가 필요하다.

다섯째, 좋은 코치는 집중할 줄 안다.

좋은 코치는 부하들에게 일상적인 문제에 대해 반복해서 이야기하기보다는 어떤 문제에 대해 구체적이며 집중적으로 처리할 줄 알아야 한다. 문제가 발생하면 당면 과제를 어떻게 해결할지에 집중적으로 토론하고 문제해결방안을 내놓을 때 부하들은 최선을 다하게 되고 그 결과보다 나은 성과를 얻을 수 있다.

여섯째, 좋은 코치는 목표지향적이다.

좋은 코치는 부하가 업무 지시를 받았을 때 "왜 그렇게 하라고 할까?"라고 고민한다면 좋은 코치가 아니다. 직원들에게 '무엇'을 '왜' 해야 되는지를 설명해 주어야 한다. 또한 업무분담은 명확하게 정의할 수 있는 목표에 기반을 두어야 한다. 구체적인 과제를 그 목표에 결합시켜라. 그리고 실제로 일을 하는 사람들에게 그 목표를 알려주어야 한다.

일곱번째, 좋은 코치는 풍부한 지식을 갖추고 있다.

좋은 코치는 자신이 말하는 내용을 분명히 알고 있어야 한다. 만약 그렇지 못하면 부하들이 그 사실을 눈치챌 것이다. 당신이 부하들로부터 존경받는 것은 높은 지위에 있어서가 아니라 다른 누구보다 더 일에 대해 잘 알고 있기 때문이다.

일에 대해 아는 것은 전체로 보면 절반에 해당된다. 일하는 사람에 대해서도 잘 알아야 한다. 그들의 강점과 약점을 알아야 하고 일하는 패턴과 개성을 알아야 한다. 직원 개개인에 대해 더 많이 알면 알수록 보다 잘 코치를 할 수 있게 될 것이다.

여덟번째, 좋은 코치는 기민한 관찰자이다.

톰 피터스는 좋은 코치는 사무실에 앉아 있기보다는 밖으로 나가 부하들과 함께 움직이도록 권했다. 좋은 코치는 항상 주의를 기울이는 것이다. 관찰자가 된다는 것은 눈을 뜨고, 귀를 열어놓는 것보다 더 큰 의미가 있다. 좋은 코치는 부하들이 무엇을 말하는지 뿐만 아니라 무엇을 말하지 않는지도 알아야 한다. 주의를 기울이면 무엇이 문제인지를 알 수 있어 미리 대비할 수 있게 된다.

아홉번째, 좋은 코치는 존중할 줄 안다.

좋은 코치는 모든 부하들의 인격을 존중한다. 좋은 코치는 부하들의 다양성과 차이를 통해 더 나은 성과를 만들어 낸다. 성격, 가치관, 의견이 다양하면 다양할수록 이들을 잘 조합해내면 틀에 박힌 작업과정을 뛰어넘어 창의적인 아이디어를 이끌어낼 수 있다. 그러므로 리더는 모든 사람들을 존중해야 한다. 선입견을 버리고, 강압하지도 않으며, 부하 개개인을 존중으로 대한다.

열째, 좋은 코치는 인내심이 있다.

당신은 부하에게 "도대체 왜 그렇게 멍청한 거야, 내가 그렇게 말해주고 또 이야기해주어야 해!" 이런 자세는 바람직하지 않다. 인내하라. 이것이 생존의 기술이다. 사실 직원들은 멍청하지 않다. 바쁘고, 다른 일들 때문에 그런 경우가 많다. 그들은 절대 멍청하지 않다. 그들에게 정보를 제공해 주고 지시사항을 제대로 인지할 수 있도록 도와주어야 한다.

열한째, 좋은 코치는 명확하게 말한다.

만약 직원들이 제대로 알아듣지 못하면 그것은 당신이 옳게 말하지 않았기 때문이다. 그들은 당신이 그저 말했다고 생각할 뿐이다. 어떤 일에 대해서 보는 사람의 성격이나 처한 상황에 따라 다르게 보여질 수 있다. 내가 어떻게 설명을 해준다고 해도 직원들이 이해하지 못할 수 있다. 그렇게 되면 당신은 반복해서 말하고 좀 더 크게, 좀 더 명확하게 설명할 것이다. 이렇게 계속되면 관계가 악화되게 마련이다.

그럼 누구의 잘못인가? 보다 효과적으로 말하지 못한 내 잘못인가? 아니면 이해를 하지 못하는 직원의 잘못인가? 중요한 것은 누구의 잘못인가가 중요한 것이 아니다. 당신이 무엇인가를 직원들에게 전달하려 했던 그것을 직원들이 제대로 이해하지 못한다면 소통이 되지 않았음을 주목해야 한다. 따라서 좋은 코치는 어떤 사안에 대해 명확하게 말을 한다는 것이다.

열두째, 좋은 코치는 강인하게 밀어붙일 줄 안다.

좋은 코치는 결정된 사항에 대해서 직원들에게 효과적으로 전달하고, 직원들이 기꺼이 당신의 결정에 적극적으로 움직일 수 있도록 한다. 강하게 밀어붙인다는 것이 어깨에 힘을 주고 있으라는 뜻이 아니다. 일이 제대로 되도록 하라는 것이다.

특성	전혀 그렇지않다(1)	조금 그렇다(2)	그렇다(3)	자주 그렇다(4)	항상 그렇다(5)
긍정적이다					
열정적이다					
지지적이다					
신뢰한다					
집중력이 있다					
목표지향적이다					
지식이 있다					
관찰력이 있다					
존중한다					
인내력이 있다					
명확성이 있다					
강인성이 있다					

정확한 분석을 위해 익명으로 직원들에게 당신을 평가하도록 하는 것이 좋다. 점수가 높을수록 효과적인 코치임을 말해주는 것이다.

제3절 | 코칭 리더십의 필요성과 효과

1. 코칭 리더십의 필요성

급변하는 국제환경 및 국내정세 속에서 변화와 혁신을 추구하는 새로운 형태의 리더십이 절실히 필요하다. 이러한 시대적 변화에 부응하여 많은 기업들은 인적자원개발과 인력관리에 총력을 기울이고 있으며 골드칼라(Gold collar, 돈과 출세가 목적이 아닌 나의 발전과 나의 능력을 가장 잘 발휘할 수 있는 조직에 몸담고 싶어 하는 새로운 인재집단)와 같은 전문인력충원에 많은 시간과 비용을 투자하고 있다.

최근 많은 사람들이 학습이 가능한 직장분위기를 직장 선택의 결정적인 요소로 꼽고, 전문능력은 물론 개인적인 발전을 의식적으로 지원하는 정책이 있는 기업을 선호하고 있다. 예전의 직장 선택요소였던 수입, 승진가능성은 더 이상 젊은 전문인력에게는 중요한 기준이 아니라, 다채로운 활동, 새로운 아이디어를 고안하여 실천에 옮길 수 있는 가능성, 자신의 능력을 발휘할 수 있고 자기발전까지 가능한 조직이 그 선택요소의 중심이 되었다.

오늘날 리더는 구성원의 능력을 알아내고 그 능력을 더욱 확장시켜 주어야 한다. 리더는 구성원의 아이디어 제안에 대한 망설임을 극복시켜 잠재력을 극대화시켜 활용하도록 도와주어야 한다. 구성원의 성숙도 차이를 인지하고 구성원 각자의 성숙도에 부합하여 그들의 업무를 도와야 한다. 다시 말해 구성원이 의견을 발표할 수 있는 조직, 언제라도 비판적인 발언을 내놓을 수 있는 조직, 어떤 결정에도 함께 참여하는 조직을 만들어야 한다. 이에 코칭 리더십의 당위성이 있는 것이다.

사례 14-5

Leadership Devlopment and Training

당신은 어떤 유형의 사람인가?

당신은 보스형인가 코치형인가? 보스형과 코치형의 스타일을 비교해 보면 자신이 어떤 유형의 사람인지를 알 수 있다.

보스	코치
많이 말한다.	많이 듣는다.
이야기한다.	물어본다.
방향을 결정한다.	잘못된 결정을 막는다.
추정한다.	조사한다.
통제하려 한다.	위임하려 한다.
명령한다.	의욕을 불러일으킨다.
부하를 움직인다.	부하들과 함께 움직인다.
결과물을 우선한다.	과정을 우선한다.
잘못을 따진다.	책임을 나눠진다.
거리를 유지한다.	접촉을 유지한다.

2. 코칭 리더십의 효과

코칭 리더십을 통해 달성할 수 있는 효과를 살펴보면 다음과 같다.

첫째, 구성원이 누리는 이익이다.

구성원들은 자신이 맡은 업무를 성사시키며 노력하는 과정에서 더욱 발전하며 자신의 가치를 확인하고 자신감을 키우는 계기가 될 것이다. 또한 리더는 조직구성원들에게 직장생활의 의미를 깨닫게 하고, 의욕을 북돋아 줌으로써 자신이 높게 평가된다는 느낌을 받으며 자신이 깨닫지 못했던 능력에 대해 기뻐할 것이다.

자기발전, 자아실현, 영향력, 인정은 구성원들로 하여금 조직 내에서 근본적인 욕구를 만족시켜주며 서로 존중하며 전반적인 조직분위기가 개선된다. 가장 큰 이득은 구성원들의 자신감과 능력개발로 급변하는 시대에 보다 빨리 적응 및 대응할 수 있는 구성원으로 변화 발전하게 된다.

둘째, 리더가 누리는 이득이다.

코칭을 통한 구성원의 발전은 그들에게 점차 많은 책임과 업무를 담당하게 할 것이다. 이로 인해 리더는 자신의 업무에 더욱 매진할 수 있으며 조직구성원으로서 발전방향을 조정하는 데 많은 시간을 투자할 수 있다.

코칭의 기본자세와 행동방식을 받아들인 리더는 조직구성원과 더욱 화합하여 의사결정 및 문제해결 과정을 파트너적인 입장에서 해결하려고 한다. 코칭은 상대방을 강하고 성공적으로 만들려는 의도이기 때문에 먼저 자신의 권력과 기존의 습관을 과감하게 버리게 된다. 그 결과 자연스런 권위가 유발되며 미래지향적인 리더로 조직구성원들로부터 높은 인정을 받게 된다.

셋째, 조직과 구성원이 누리는 이득이다.

조직적 시각으로 코칭은 전반적인 서비스와 생산성 향상을 꾀할 수 있다. 코칭은 개인의 잠재력을 향상 발전시켜 시너지효과를 내는 프로세스이다. 그 결과 구성원의 의욕과 사기가 충만하게 됨으로써 조직목표가 달성될 수 있게 된다.

코칭의 리더십 문화가 자리잡은 조직은 구성원에게도 질 높은 서비스를 제공하게 된다. 조직구성원은 좋은 조직분위기에서 일하며 긍정적인 에너지를 고객관리에 쏟게 되고 고객과 파트너 관계를 형성함으로써 고객과 자신의 욕구를 실현할 수 있게 될 것이다.

제4절 | 코칭 리더십의 과정

코칭은 잠재력을 계발하고 리더십을 발휘하게 하는 질문기술이기도 하다. 예를 들어, 어느 회사에 신입사원 교육을 마친 한 사원이 고객들과 첫 미팅을 마치게 되었다. 다음의 일반적인 상사와 코칭 리더십 상사의 사원과의 대화를 보면 코칭 리더십이 무엇인지 확연한 차이를 알 수 있다(www.asiacoach.co.kr. 아시아코치센터).

먼저 일반적인 상사의 사례이다.

상사 : 자네 오늘 고객과 첫 미팅을 잘했다고 생각하나?

사원 : 저 글쎄요. 처음이라서 좀 어설프긴 했지만 제품설명은 뛰어났다고 생각합니다.

상사 : 자네 왜 그렇게 말을 많이 했나? 내가 그렇게 당부하지 않았나? 고객의 마음을 읽어야 성과를 달성할 수 있다고…

사원 : 죄송합니다. 다음엔 잘하겠습니다.

상사 : 또 이런 식으로 할 건가? 두고 보겠네.

사원 : 죄송합니다.

다음은 코칭 리더십 상사의 사례이다.

상사 : 자네 오늘 고객과의 첫 미팅을 축하하네.

사원 : 실수투성이였는데 축하해 주시니 감사합니다.

상사 : 오늘 자네가 가장 잘 했다고 생각하는 것은 어떤 점인가?

사원 : 제품 설명에 대해선 잘했다고 생각하는데 성과가 없어서 안타까웠습니다.

상사 : 성과를 위한 자네의 도전이 생기겠구먼.

사원 : 그렇습니다. 꼭 해내고야 말겠습니다.

이렇듯 코칭 리더십을 현실에 적용하기위해서는 나름대로 과정과 기술이 필요하다. 이에 따라 코칭 리더십 프로세스와 적용사례에 관해 살펴보고자 한다.

코칭 리더십 프로세스는 크게 3step, 5step, 8step 등 여러 가지의 프로세스를 가질 수 있다. 각각의 프로세스 설정은 전문가에 의해 시행되어야 하며 조직의 특성에 맞게 선택할 수 있다.

1. 3Step 단계

변혁적 코칭은 기반조성(The Foundation Phase), 학습고리(The Learning Loop), 행동촉진(The Forwarding the Action Phase)의 3단계로 이루어진다.

제1단계 기반조성은 코칭이 일어날 수 있는 분위기를 조성하고, 인간관계를 형성하는 단계로 만남, GRRATE 기대치 설정, 관찰, 준비의 과정으로 이루어진다. GRRATE 기대치 설정에서는 성공적인 코칭관계를 위해 매우 중요한 것으로 동료 간에 기대치를 명백하게 언급함으로써 어떤 방식으로 협력해서 일해야 더 효율적인지와 업무상 갖는 관계의 본질을 이해하는 데 도움을 준다. GRRATE는 목표(Goal), 역할(Roles), 자원(Resources), 책임(Accountability), 시간(Time-frame), 권한위임(Empowerment)을 말한다.

제2단계 학습고리는 리더의 수집 자료와 전략을 공유하고, 코칭을 받는 자의 말에 귀 기울이고, 의사교환을 통해 서로를 배울 수 있도록 대화에 참여하는 단계이다. 이 과정에서 리더는 조직구성원의 반응에 세심하게 귀 기울이고 상대방의 의사를 존중하면서 조직구성원의 입장을 잘 이해하고 대화가 효과적으로 이루어졌다면 리더와 조직구성원은 공감대가 형성된 것이다.

표 14-3 | **변혁적 코칭모델**

단계	내용
제1단계 (기반조성)	만남, GRRATE 기대치 설정, 관찰, 준비
제2단계 (학습고리)	• 몰입하고 양해를 구하라 • 목적과 의도를 말하라 • 성과와 행동, 인간관계에 대해 이야기를 나누라 • 학습질문을 던져서 신념을 탐색하라 • 존중심을 갖고 경청하라
제3단계 (행동촉진)	• 선택가능한 방안을 묻고 제안하라 • 구체적인 변화를 요청하라 • 성과를 더 올릴 것을 요구하고 그 중요성을 확실하게 다짐해 두라 • 실천에 대한 다짐을 받고 후속적인 계획을 확정지어라 • 격려하고 칭찬하라

자료 : Thomas G. Crane(2006), 코칭의 핵심, 예토, pp.57~100.

제3단계 행동촉진단계는 변화를 위해 몰입하고 실행할 수 있도록 동기를 부여하는 단계이다. 행동촉진은 조직구성원이 성공을 향해 뚜렷하게 초점을 맞추고 달리길 수 있는 추진력을 창조하는 것을 의미한다.

2. 5Step 단계

GRROW모델은 5단계의 코칭 프로세스로서 Goal(코칭목표 정하기), Reality(현실 파악하기), Recognition(핵심니즈 인식하기), Options(대안 탐색하기), Will(실천의지 확인하기)로 이루어진다.

제1단계 : 코칭목표 정하기

리더와 조직구성원이 코칭이슈에 대해 논의하고, 코칭의 방향과 목표를 명확히 하는 과정으로 리더와 조직구성원은 신뢰관계를 형성할 수 있다.

제2단계 : 실 파악하기

개선하고자 하는 목표를 정의한 후에 조직구성원의 현실을 구체적으로 알아볼 필요가 있다. 이슈 주변의 현상들을 통찰하여 목표와 현실 간의 차이를 인식하는 단계로 사례와 사실들을 수집하여 조직구성원의 감정을 파악해야 한다.

제3단계 : 핵심니즈 인식

코칭목표에 관한 조직구성원의 경험 및 사건들을 이전보다 분명하고 통합된 시야로 재인식시키는 과정이다. 리더는 조직구성원이 좀 더 객관적으로 주변환경을 인식하도록 하고 조직구성원의 내면의 욕구를 직면하며, 1단계에서 확립된 목표를 재확인하거나 수정해야 한다. 조직구성원이 방어적 태도를 취하더라도 끝까지 신뢰하고 지지하며 중립적인 태도를 유지해야 한다.

제4단계 : 대안 탐색

조직구성원 스스로가 문제에 대한 인식을 새로이 하고 통찰력이 생겼다면 이제 구체적으로 어떤 변화된 행동을 함으로써 목표를 실현시킬 수 있을 것인가에 대한 대화를 나누도록 한다. 브레인스토밍을 하듯 자유로이 대안에 대한 대화를 통해 조직구성원은 합리적이고 현실적인 대안을 발견할 수 있으며 목표달성을 위한 보다 분명한 행동지침을 갖게 된다.

제5단계 : 실천의지 확인

가장 중요한 단계로 조직구성원의 행동을 요구한다. 모든 과정이 그렇듯 저절로 시행되는 것은 없다. 대안탐색을 통해 많은 계획이 수립되어도 조직구성원의 행동변화가 없다면 목표와 현실의 차이는 계속될 것이다. 따라서 리더는 계획의 시행을 위해 계속해서 조직구성원을 강력하게 개입시키는 것이다. 리더는 조직구성원과의 건설적인 피드백을 통해 행동 실행 과정 및 결과 그리고 개선점을 확인한다. 변화된 행동으로 인해 발생할 새로운 장애물의 등장도 항상 염두에 두면서 코칭 전체의 과정을 조직구

성원 스스로가 마무리 짓도록 지지한다(이희경, 2006:95-106)

표 14-4 | 5Step GRROW모델

단계	내용
1단계 : Goal (코칭목표 정하기)	• 리더와 조직구성원이 코칭이슈에 대해 논의 • 코칭의 방향과 목표를 명확히 하는 과정 • 리더와 조직구성원은 신뢰관계 형성
2단계 : Reality (현실 파악하기)	• 개선하고자 하는 목표를 정의한 후 조직구성원의 현실을 구체적으로 알아 봄 • 이슈 주변의 현상들을 통찰하여 목표와 현실 간의 차이 인식 • 사례와 사실들을 수집하여 조직구성원의 감정을 파악함
3단계 : Recognition (핵심니즈 인식하기)	• 코칭목표에 관한 조직구성원의 경험 및 사건들을 이전보다 분명하고 통합된 시야로 재인식시키는 과정 • 1단계에서 확립된 목표를 재확인하거나 수정해야 함 • 조직구성원이 방어적 태도를 취하더라도 끝까지 신뢰하고 지지하며 중립적인 태도 유지
4단계 : Options (대안 탐색하기)	• 브레인스토밍을 하듯 자유로이 대안에 대한 대화를 통해 조직구성원은 합리적이고 현실적인 대안을 발견할 수 있고, 목표달성을 위한 보다 분명한 행동지침을 갖게 됨
5단계 : Will (실천의지 확인하기)	• 가장 중요한 단계로 조직구성원의 행동을 요구 • 모든 과정이 그렇듯 저절로 시행되는 것은 없음 • 대안탐색을 통해 많은 계획이 수립되어도 조직구성원의 행동변화가 없다면 목표와 현실의 차이는 계속될 것 • 리더는 계획의 시행을 위해 계속해서 조직구성원을 강력하게 개입시키고 코칭 전 과정을 조직구성원 스스로가 마무리짓도록 지지

3. 8Step 단계

8단계 코칭모델을 살펴보면 다음과 같다.

1단계 : 지지하라.

2단계 : 주제와 요구사항을 확인하라.

3단계 : 파급효과를 알게 하라.

4단계 : 계획을 세우게 하라.

5단계 : 실천 약속을 받아내라.

6단계 : 변명과 저항에 대처하라.

7단계 : 결과를 명확히 하되 질책하지 마라.

8단계 : 포기하지 마라.

이상 코칭의 3단계, 5단계, 8단계 프로세스의 공통점을 살펴보면 다음과 같다.

첫째, 리더와 구성원 간에는 신뢰관계가 형성되어야 한다.

둘째, 코칭의 방향과 목표를 명확히 결정한다.

셋째, 리더는 구성원의 입장에서 조직구성원에 대한 정보를 수집한다.

넷째, 리더는 조직구성원과 커뮤니케이션을 통해 문제를 재인식하고 객관적 문제인식에 힘쓴다.

다섯째, 지속적인 질문을 통해 리더는 조직구성원에게 정보와 방법을 제공하고 구성원은 스스로 판단하여 업무를 수행한다.

여섯째, 리더는 구성원을 지지하고 후원하여 구성원의 사기를 높이고 잠재력을 발휘하도록 한다.

일곱 번째, 지속적인 건설적 피드백을 통해 행동 실행 과정 및 결과 그리고 개선점을 확인하고 구성원 스스로 마무리 하도록 유도한다.

제5절 | 코칭 리더십 사례

1. KT의 코칭 사례

1981년 12월 10일 국민의 편익 증진과 공공복지 향상을 내걸고 설립된 KT는 끊임없는 기술개발과 경영혁신을 통해 세계적인 인터넷 기업으로 성장하였고 한국을 IT강국으로 만드는 데 큰 공헌을 하였다. 2003년 완전 민영화를 통해 민영기업으로 새로운 출발점에 선 KT는 고객에게 최고의 기술력과 최상의 서비스를 제공하며 최고의 가치창출 기업이 되기 위해 노력하였는데, 그 일환으로 KT인재개발원의 정문철 박사가 코칭을 도입하였다. 이 당시에 코칭의 개념이 우리나라에 크게 알려지지 않아서 임원들을 대상으로 한 코칭제도에 찬성을 하는 임원은 거의 없었다. 정문철 박사의 끈질긴 설득으로 6개월간 코칭과정을 실시하였고 2004년부터는 신임임원에게 필수로 코칭제도를 적용하였다.

KT의 코칭은 크게 4단계로 구성되어 있다. 우신 1단계는 진단평가과정으로 임원과 코치가 서로에 대해 알아가는 단계라 할 수 있다. 코치는 임원과의 인터뷰 과정을 거치면서 그가 어떤 스타일인지, 무엇을 원하는지, 어떤 점을 보완하면 역량을 높일 수 있는지 분석하게 된다.

2단계는 임원과 코치 간에 계약이 이루어진다. 계약 체결 후 임원은 어떤 부분을 집중적으로 코치받을 것인지 분석하게 된다. 즉, 임원 스스로 자신의 행동계획(Action Plan)을 구성하는 단계다.

3단계는 2단계에서 구체화된 행동계획에 대한 상담이 이루어진다. 임원이 구성한 행동계획에 수정할 부분은 없는지, 좀 더 보완해야 할 부분은 무엇인지, 어떠한 부분에 역량을 집중해야 할지 등을 질의과정을 통해 알 수 있다.

4단계는 이렇게 구체화된 행동계획의 완성본을 종합 검토하는 과정이다. 이 과정에서 행동계획의 최종 수정이 이루어지며 행동계획이 완성되면 코치는 임원이 실제로 행동에 옮길 수 있도록 도와준다. 여기서 중요한 점은 KT의 장기적인 코칭계획이다. KT는 코칭프로그램을 이수한 임원이 셀프코치 능력을 갖추어 팀장 및 부장급 조직구성원을 대상으로 코칭을 실시해 전 조직구성원의 능력을 업그레이드한다는 계획이다.

국내 기업 최초로 코칭경영을 도입한 KT는 2005년 교육 대상을 임원에서 부장급까지 확대했다. 2박3일짜리 교육 과정을 만들고 연중 운영하고 있다.

코칭에서 중요한 것은 질문과 경청능력이다. 핵심을 꼬집어내는 강력한 질문과 임원의 경청능력이 코칭의 성패를 좌우한다. 이는 임원 스스로 해

표 14-5 | KT의 코칭의 4단계

단계	내용
1단계 : 진단평가과정	• 임원과 코치가 서로에 대해 알아가는 단계 • 코치는 임원과의 인터뷰 과정을 거치면서 그가 어떤 스타일인지, 무엇을 원하는지, 어떤 점을 보완하면 역량을 높일 수 있는지 분석
2단계 : 임원과 코치 간에 계약성립	• 계약 체결 후 임원은 어떤 부분을 집중적으로 코치 받을 것인지 분석 • 임원 스스로 자신의 행동계획(Action Plan) 구성
3단계 : 행동계획에 대한 상담	• 임원이 구성한 행동계획에 수정할 부분은 없는지, 좀 더 보완해야 할 부분은 무엇인지, 어떠한 부분에 역량을 집중해야 할지 등을 질의과정을 통해 알 수 있음
4단계 : 행동계획의 종합검토	• 이 과정에서 행동계획의 최종 수정이 이루어지며 행동계획이 완성되면 코치는 임원이 실제로 행동에 옮길 수 있도록 지원하고 도와줌 • 중요한 점은 KT의 장기적인 코칭계획임 • KT는 코칭 프로그램을 이수한 임원이 셀프코치 능력을 갖추어 팀장 및 부장급 조직구성원을 대상으로 코칭을 실시해 전 조직구성원의 능력을 업그레이드한다는 계획

답을 찾을 수 있게 되는 강한 모티브로 작용해 보다 정확한 의사결정으로 리스크를 최소화해 기업의 경영성과를 높인다는 점에서 중요한 부분이다. 결과적으로 KT는 코칭의 도입으로 기업 내부적으로 상당한 성과를 거뒀다. 임원의 리더십 함양은 물론 조직구성원들의 동기부여 및 기업활성화에 많은 영향을 끼쳤다.

2. LG전자의 코칭 사례

국내기업들 중 가장 선도적으로 코칭교육을 실시하며 코칭문화를 확산시키고 있는 곳은 LG전자이다. 지난 2002년부터 1,000명이 넘는 임원과 그룹장을 대상으로 대대적인 코칭교육을 실시하는가 하면, 전사적으로 코칭문화를 정착시키기 위해 사내 코치를 양성하고 있다. 당시 LG전자의 CEO이었던 김쌍수 부회장은 리더십 발휘의 새로운 돌파구로 코칭을 선택하여 조직구성원들의 욕구만족 및 적극성 발휘를 위해 노력하였다. 그는 경영진부터 바뀌지 않는 조직문화는 크게 실효성을 발휘할 수 없다는 판단 아래 임원들을 대상으로 코칭기술 교육을 실시하는 등 코칭경영에 적극적이다.

특히 LG전자는 코칭으로 '자발적 몰입'을 유도하는 것이며, 경영혁신을 위한 인프라로 바로 '코칭'으로 삼았다. LG전자의 코칭교육은 LG전자가 추구하는 관리방식과 가치를 담고 있는 LG WAY에도 구체적으로 나타나 있다. LG WAY의 실행을 위해 임원과 관리자에게 요구되는 리더십은 TBL(Trust Based Leadership)이다. TBL은 솔선수범, 코칭, 임파워먼트 요소를 효과적으로 발휘해 구성원들을 자발적으로 몰입시키는 리더십을 말한다.

특히 코칭 리더십 발휘가 구성원들의 개인 경쟁력 제고를 위해 가장 중요한 리더십의 요소라는 판단하에 LG전자는 조직 책임자들이 현업에서 코칭 리더십을 자연스럽게 발휘할 수 있도록 다양한 코칭 스킬교육을 마련하여 추진하고 있다.

김홍섭 LG전자 연수팀 역량개발 그룹장은 "글로벌 톱3로의 도약이라는 과제를 실현하기 위한 기업전략 차원에서 코칭을 도입하게 됐다"고 그 배경을 설명했다. 글로벌 톱3로 도약하기 위해서는 무엇보다 직원들이 신바람 나게 일할 수 있는 직장을 만드는 게 기본이다. 이를 위해선 상명하달 중심의 지시형 리더십으로 성과를 강요하기보다는 직원들의 행동 스타일 하나하나를 읽어내는 것이 더 중요하다.

따라서 LG전자는 코칭으로 글로벌 리더십을 확보하고자 하였다. 최치영 CMOE코리아 대표는 "리더십의 큰 흐름이 코칭중심으로 바뀌고 있다"며 "기업의 블루오션을 발굴하는 것도, 6시그마를 효율적으로 실행하는 것도 코칭을 통해 가능하다"고 설명했다. 즉, 경영혁신과 변화를 이끌기 위해서는 그 조직이 변화를 수행할 수 있는 역량이 돼 있어야 하고 조직은 곧 사람이기 때문이다.

LG전자 코칭교육의 특징은 직급이나 필요역량에 따라 집체교육과 1 대 1 코칭을 동시에 진행하고 있다는 점이다. 경영진이 바뀌어야 조직문화가 바뀐다는 판단 아래 200여 명에 달하는 임원을 대상으로 코칭스킬을 교육받게 했으며, 리더십 측정에서 다소 점수가 떨어지는 임원 30명에 대해서도 '부하직원과의 갈등 해소'라는 주제로 6개월에 걸쳐 1 대 1 코칭교육을 받았다. 1 대 1 코칭은 주로 임원진에 한해 들어가는데, 집합교육이 힘든 특성상 사외 코칭전문가의 1 대 1 지도를 통해 리더십 스킬과 조직운영, 마케팅 등을 진행하고 있다. 또한 1,200명에 달하는 부장급 그룹장들도 1박2일 일정으로 코칭스킬을 교육받았다.

LG전자 코칭교육을 살펴보면 먼저 집체교육이다. 2003년에 코칭스킬 및 프로세스 학습, 2004년에 코칭스킬 심화학습 및 현업 적용 팔로업, 코칭 리더십 진단 및 피드백, 2005년에 코칭스킬의 일상화 추진, 3개월에 걸쳐 코칭스킬 학습, 진도평가, 코칭스킬 현업 적용 시 개선점 파악 등 코칭스킬에 대한 소집단 학습, 적용 활동을 전개하였다. 임원들에게는 1 대 1 코칭을 하였다. 임원들을 대상으로 전문지식, 경험을 갖춘 사외 코칭전문가의 1 대 1 지도와 조언을 통해 사업운영과 리더십 역량을 제고시키며, R&D 담당 임원들을 대상으로 부사장급 이상 경영자로 구성된 사내코치의 1 대 1 지도를 하였다.

제6절 | 코칭 리더십의 한계점과 개선책

1. 코칭 리더십의 한계점

리더는 언제 어디서나 더 이상 코칭활동을 계속할 수 없는 한계에 부딪칠 수 있다. 이에 관해 보편적으로 통용되는 규칙은 없으며 리더의 개성, 상황 그리고 컨디션에 따라 달라질 수 있다. 흔히 대두되는 원인을 살펴보면 다음과 같다.

첫째, 직원이 털어 놓은 이야기가 리더의 과거의 상처를 건드리게 되는 경우가 있다. 그런 경우 리더는 자신의 문제와 씨름하게 되어 코칭에 관심을 집중시킬 수 없다.

둘째, 사람마다 좋아하는 사람, 싫어하는 사람이 있게 마련이다. 따라서 어떤 직원에 대한 거부감이 너무 강해서 코칭에 필요한 기본자세를 유지하지 못하게 될 수도 있다. 이런 경우 그 직원에 대한 거부감과 혐오감의 원인이 무엇인지 곰곰히 자아성찰하고 적어도 중립적인 태도를 유지할 수 있도록 노력해야 한다.

셋째, 리더가 직원과 상반된 입장과 의견을 가지고 있을 때가 있다. 이때 리더가 자신의 입장과 의견을 주장하면서 동시에 직원의 입장과 의견을 존중하며 그가 내세우는 합리적인 근거들에 관해 논의한다는 것은, 물론 경험이 많고 깊은 자아성찰이 선행된다면 불가능한 일은 아니지만 힘들고 어려운 일이다. 이런 경우에는 외부의 코치를 초빙하여 함께 갈등을 해소하는 대화를 진행하는 것이 현실적이고 바람직할 것이다.

2. 코칭 리더십의 개선책

지금까지 코칭 리더십에 관해 살펴보았다. 코칭 리더십이란 조직구성원과의 신뢰 속에서 구성원의 숨은 잠재력을 개발 향상시키고 자신의 임무를 스스로 완수 해결할 수 있도록 구성원의 학습능력을 키워주는 프로세스이다. 이러한 코칭 리더십을 성공적으로 수행하기 위한 개선책은 다음과 같다.

첫째, 코칭 리더와 피코치와의 상호 지지관계를 형성하는 것이다. 지지와 신뢰관계 없이 코칭의 적용은 불가능하다.

둘째, 코칭을 통해 해결해야 할 주제가 무엇인지 확인해야 한다. 주제가 결정되면 주제해결을 위해 다방면으로 같이 해결방안을 생각해야 한다. 어느 정도 해결방법이 결정되면 해결계획을 수립하고 실천을 다짐해야 한다.

셋째, 계획실천 사항을 지속적으로 점검하면서 관리해야 한다. 이러한 과정에 주요 코칭기술로 활용되는 것이 관계형성하기, 듣기, 질문하기, 그리고 피드백 기술이다.

변화는 시간을 필요로 한다. 단번에 변화가 이루어지지 않는다고 조급

증을 내서는 안 된다. 인내심이 필요하다. 코칭을 시작하기에 알맞은 적당한 시점이란 따로 존재하지 않는다. 지금 이 순간이 있을 뿐이다. 코칭의 기본자세로 구성원들을 대하는 것만으로도 많은 것을 얻고 삶의 질을 높일 것이다.

Chapter 15

서번트 리더십

제1절 | 서번트 리더십의 개념

사람들로 하여금 공동목표를 달성하는 데 영향력을 행사하는 리더의 리더십은 매우 중요하다. 수많은 리더십 이론들이 등장하고 새로운 리더십 서적들이 출간되고 있다. 이러한 현상은 바로 리더십이 그 만큼 중요하다는 것을 입증하는 것이다. 오늘날 조직의 성공과 실패는 리더십에 의해 좌우될 정도로 중요성은 더욱 커지고 있다.

리더가 제대로 된 리더십을 발휘하는 것은 매우 어렵다. 지금까지 수많은 리더십 연구자들에 의해 연구된 리더십이론에서 주장하는 리더십 방법론을 사람들이 이해하여 이를 현장과 실무에서 적용하기란 쉽지 않다. 그 단적인 예로 리더십이론에서 리더의 자질로 빠지지 않는 것이 리더의 솔선수범이다. 솔선수범은 리더십 이론에서 끝나는 것이 아니라 반드시 실천이 수반이 되어야 한다. 말로는 누구든지 솔선수범한다고 할 수 있지만 그것을 실천하는 것은 쉬운 일이 결코 아니며 매우 어렵다. 결국 리더십은 자신과의 싸움, 즉 자기수련 과정이며, 선행되어야 할 것은 바로 자신에 대한 올바른 자기인식이다.

리더의 솔선수범의 대표적 이론이 바로 서번트 리더십(servant leadership)이다. 서번트 리더십은 1977년 AT&T에서 경영관련 교육과 훈련을 담당했던 로버트 그린리프(Robert K. Greenleaf)가 저술한「서번트 리더십」(Servant Leadership)에서 처음으로 제시하였다.

그린리프에 의하면 '서번트 리더십'은 타인을 위해, 타인을 섬기는, 봉사에 초점을 두었다. 리더는 종업원 및 고객을 우선적으로 섬기고 그들과의 커뮤니티를 우선적으로 여기고, 그들의 욕구를 만족시키기 위해 헌신하는 타인을 섬기는 봉사의 리더십이라고 정의하였다.

Leadership Devlopment and Training

사례 15-1

유재석의 리더십

많은 사람들이 유재석을 잘 알고 있다. 국민MC, 메뚜기, 유반장 등등의 별명을 가지며, 각종 예능 프로그램에서 승승장구 하고 있는 MC, 요즘 좀 잘나간다 싶은 MC 정도로 많은 이들이 알고 있을 것이다. 하지만, 단순히 잘 나간다 정도로 알고 있지, 유재석의 리더십에 대해 이야기를 하면, "유재석 그냥 착하고 진행만 잘하지 리더라고 할 수 있나?"라고 생각을 한다. 하지만, 그가 단순하게 진행만 잘하고, 착하기만 한 사람이었다면, 오늘날의 위치에 있을 수가 없었을 것이다. 그는 훌륭한 리더이다.

유재석은 서번트 리더십, 즉 섬김의 리더십의 대표주자라 할 수 있다. 그는 어떠한 경우라도 먼저 다가가고 손을 내밀고 마음을 열어 상대방을 편안하게 해준다. 간단한 일화로 개그맨 이승윤이 신인 시절, 예능 프로그램 첫 녹화가 있을 때 잠도 제대로 못자고 와서 바짝 긴장하고 있을 때 유재석이 먼저 이야기를 걸어 격려 해주고 녹화 스케줄이 끝나고 나서는 신인이라 차도 없는 이승윤을 위해 직접 운전을 해서 집에 바래도 주었다고 한다. 그리고 바래다 주면서 근처 맛집에서 식사도 대접해주고 같이 목욕탕에 가서 등도 밀어주는 모습을 보여서 이승윤이 적응을 하는데도 많은 도움을 주었다고 한다. 이승윤은 그 당시 유재석이 그러한 배려를 해주지 않았더라면 첫 녹화를 무사히 마칠 수가 없었을 것이라고 했다.

유재석은 이승윤에게만 그런 것이 아니라 자신의 신인 개그맨 후배들에게 항상 먼저 다가가고 마음을 열어 후배들이 잘 해나갈 수 있도록 격려를 한다고 한다. 그리고 유재석의 서번트 리더십을 가장 잘 알 수 있는 부분은 '무한도전'이라는 장수 예능 프로그램이다. 무한도전에서의 유재석은 분명 메인 MC이긴 하지만, 그만의 무한도전이 아니다. 유재석은 메인 MC이지만 결코 나서서 오버하지 않고 나머지 멤버들의 특성을 잘 살려주며 모두를 이끌고 나가기보다는 모두와 융화되어 함께 나아가는 것을 추구하고 있다. 멤버 하나하나의 톡톡튀는 개성을 억누르지 않고 잘 살려주는 유재석이 있기에 '무한도전'은 7년이 넘는 세월에도 불구하고 '1박2일' '남자의 자격' 등 예능과 함께 주말 예능의 선두주자로 자리 잡고 있다. 유재석은 과거의 위인들처럼 큰 업적을 쌓거나 역사의 흐름을 바꿀 정도로 강력한 인물은 아니지만 오늘날 많은 사람들에게 이상적인 리더상 1위로 꼽히고 있다.

제2절 | 서번트 리더십의 출현배경

그린리프에 따르면 그의 서번트 리더십의 기본 아이디어는 헤르만 헤세(Herman Hesse)의 작품인「동방으로의 여행」(Journey to the East)으로부터 얻었다고 한다. 이 소설은 여러 사람이 여행을 하는데 그 일행 중 허드렛일을 하는 레오(Leo)라는 인물에 초점을 맞추고 있다. 레오라는 사람은 매우 특이한 존재로 여행 중에 모든 어렵고 힘든 허드렛일을 스스로 묵묵히 맡아서 했다. 그런 레오가 여행 중에 사라지기 전까지는 모든 일이 잘 진행되어갔지만 레오가 갑자기 사라지고 난 이후로 일행은 대혼란에 빠지게 되었다.

지금까지 여행의 모든 것을 도맡아 해왔든 레오 없이는 일행들은 여행을 계속할 수 없게 되어 결국 각자 뿔뿔이 흩어져 결국 여행은 중단되고 말았다. 사람들은 레오가 없어지고 난 뒤 비로소 그가 없이는 아무것도 할 수 없다는 사실을 깨닫고 되었고, 그 중 한 사람이 레오를 찾아 몇 년을 헤맨 끝에 마침내 만나게 되었고 그들은 함께 여행을 후원한 교단에 갔다. 거기서 놀라운 사실을 알게 되었다. 그저 심부름꾼으로만 알았던 레오가 그 교단의 책임자인 동시에 정신적 지도자이며, 훌륭한 리더라는 사실을 알게 되었다. 이러한 일련의 레오의 행동을 볼 때 그는 서번트 리더의 전형적인 인물이라고 할 수 있다.

Leadership Development and Training **사례 15-2**

Robert K. Greenleaf

Robert K. Greenleaf
(1904~1990)

로버트 그린리프는 단순 명쾌한, 한마디로 먼저 섬기라로 리더십의 본질을 꿰뚫었다. 그는 1904년 미국 인디애나주의 테러호트라는 조그만 도시에서 태어나 평범한 청소년기를 보냈다. 1920년 중반에 대학생이었던 그는 '노동문제의 사회학'이란 강의에서 산업사회의 거대 기업이나 기관들이 섬기는 정신을 잃어가고 있으며 이 과정에서 발생하는 구성원들의 존엄성 상실이 심각하다고 인식하기 시작한다.

대학을 졸업한 후 AT&T에 입사하면서 그린리프는 거대 조직의 진화과정, 조직구성원들의 개인적인 행동과 조직행동에 많은 관심을 가지고 연구하였다. 그에게 있어서 AT&T라는 조직은 단순히 생계를 유지하는 일터가 아니라 자신이 추구하는 것을 탐험해 볼 수 있는 장소였다. 그는 1964년 은퇴하기까지 AT&T의 경영연구소 소장으로서 하버드와 MIT 등의 비즈니스 스쿨에서 리더십과 관련한 많은 강의를 했다. 그가 주장한 조직의 리더십은 언제나 다른 사람을 섬기고 봉사하는 서비스였다.

1970년 우연한 기회에 헤르만 헤세의 소설인 「동방으로의 여행」을 접하면서 그린리프는 이제까지 막연한 개념으로 가지고 있던 새로운 리더십을 구체화시켰다. 그린리프는 레오의 행동을 통해 리더십의 본질을 전환시켰다. 리더는 이끌어야 한다는 기존 관념을 뛰어넘어 먼저 섬겨야 한다는 것을 역설했다. 즉 섬김의 리더십이란 표현은 그해 쓴 「리더로서의 서번트」라는 짧은 에세이에서 처음으로 사용하였다.

그린리프는 자신의 모든 서서를 통해 무엇보다도 다른 사람들(고객, 종업원, 공동체 등)을 섬기는 데 앞장서는 새로운 리더십 모델을 얘기했다. 섬김의 리더십은 다른 사람들을 섬기고 그들을 위해 봉사하는 데 전력하고, 전체적인 접근법으로 업무에 임하며, 공동체의식을 형성하고, 의사결정권을 공유해야 한다고 강조하였다.

섬김의 리더는 먼저 섬기고자 하는 자연스러운 마음에서 시작된다. 그런 다음 의식적인 선택에 의해 이끌고자 하는 열망을 지니게 된다. 섬김의 리더는 다른 사람들의 최우선적인 요구가 충족되고 있는지를 확인하는 데 주의를 기울인다는 점에서 뚜렷이 구별된다. 다음의 질문은 섬김의 리더를 가름하는 가장 확실한 기준이다.

① 섬김받는 사람들이 인간적으로 성장하는가?

② 섬김받는 동안 그들이 더욱 건강하고 현명하고 자유롭고 자율적인 모습으로 변하면서 스스로도 서번트가 될 것처럼 보이는가?

진정한 리더십에 대한 그린리프의 새로운 해석은 최근에 와서 많은 호응을 받아 여러 현장에서 실천되고 있다. 특히 그의 철학은 피터 드러커, 피터 센게, 켄 블랜차드, 스티븐 코비 등 리더십이론의 대가들에게 큰 영향을 미쳤다. 서번트 리더십이론의 본질은 많은 리더십이론가들이 자신의 이론을 전개하는 데 있어서 가장 핵심적인 철학으로 작용하여 위대한 통찰을 전해준 것이다.

제3절 | 섬김을 옹호하는 리더십의 대가들

오늘날 왜 많은 리더십 대가들이 섬김의 리더십을 옹호하는 것일까? 그것은 급변하는 사회 · 경제적 변화가 글로벌시장 환경을 빠르게 변화시키고 있기 때문이다. 이러한 급속한 시장환경의 변화는 기업들 간의 경쟁을 가속화시키고 있다. 글로벌경쟁이 가속화됨에 따라 기업은 신속한 기술혁신, 신속한 고객대응, 최고의 고객서비스, 최고의 제품 등으로 시장에서 선두를 지키려고 노력하고 있다. 그리고 이 치열한 경쟁에서 살아남아 초일류기업으로 성장하고 있는 기업일수록 인적자산의 중요성을 절실히 느끼고 있다.

1. 켄 블랜차드

Kenneth Blanchard
(1939~)

종합적인 인적자원개발 기업인 켄 블랜차드 컴퍼니의 공동 창업자 켄 블랜차드는 통상적인 인적자원관리 및 기업경영에 큰 영향을 미쳤다. 스펜서 존슨과 공동으로 저술한 「1분 경영」은 25개 이상의 언어로 번역되어 세계적으로 1,000만 부 이상 판매된 베스트셀러였다.

상황론적 리더십 이론의 주창자인 블랜차드 박사가 그린리프의 리더십 강의를 처음 접한 것은 오하이오주립대학교 교수로 재직하던 1960년대 후반이었다.

그린리프의 강의에 감동한 블랜차드는 그 후 자신의 강의에 섬김의 리더십 부문을 추가하기 시작하였다. 많은 사람들이 리더와 관리자를 구분하여 리더는 비전과 방향의 제시가 중요하고, 관리자는 실천이 중요한 덕목이라고 강조하지만 블랜차드는 리더십을 논하면서 이 두 가지 특성이 모두 리더의 역할이라고 강조했다.

그는 피라미드 구조로 형성된 전통적인 조직의 구조를 뒤집어 놓고 보기를 원한다. 역피라미드 구조의 조직에서 리더는 구성원들이 업무에서 부딪치는 장애 요인을 제거하고, 구성원 각자가 자신의 업무를 성공적으로 추진할 수 있도록 전문적인 지원과 코칭을 생활화해야 한다고 했다. 따라서 리더는 구성원들이 자신의 업무 목표를 달성할 수 있도록 전문적인 지원과 도움을 강화해야 한다고 했다. 이것이 바로 섬기는 리더십의 핵심이다.

2. 스티븐 코비

Stephen R. Covey
(1932~)

스티븐 코비는 세계 최대의 경영 리더십 개발 회사인 프랭클린 코비 컴퍼니를 경영하고 있다. 그는 「성공하는 사람들의 7가지 습관」이란 책으로 잘 알려진 리더십 부문의 대가이며, 타임지에 의해 가장 영향력 있는 25인 중 한 사람으로 선정되기도 했다.

코비는 리더십의 네 가지 역할로 모델링(modeling), 패스파인딩(pathfinding), 얼라인먼트(alignment) 그리고 임파워먼드(empowerment)를 주장하였는데, 코비의 리더십 철학은 그린리프의 리더십 철학에서 상당한 영향을 받았다.

코비는 섬김의 리더십이야말로 21세기의 기업을 움직이는 강력한 힘이라고 강조했다. 특히 섬김의 리더십이 추구하는 기본철학과 원칙은 시장환경과 기술 변화에 대응해서 조직의 역량을 강화시킬 수 있는 원동력이다. 기업은 글로벌 시장환경에서 생존하기 위해 저비용·고품질체제를 구축해야 한다. 이러한 체제를 구축하려면 기존의 상의하달식의 리더십 행동을 버리고 일선의 사원들에게 필요한 권한을 과감하게 위임해야 한다. 구성원들에게 권한을 대폭 위임하고 추종자들의 자발적 노력을 강화하려면 무엇보다도 조직구성원과 리더 간에 높은 수준의 신뢰가 구축되어야 한다.

코비는 조직의 신뢰수준이 권위주의적인 리더십과 섬김의 리더십을 구분하는 중요한 기준이라고 보고 있다. 즉 조직의 신뢰수준은 사람들 간의 관계의 질이 대변하고 있다.

조직에서 구성원들 간의 관계의 질은 조직시스템의 효율에 결정적인 영향을 미친다. 따라서 구성원들 간의 신뢰수준이 높은 조직에서는 새로운 시스템이 도입되거나 기존의 시스템이 개선될 때 조직의 성과가 커진다.

기존의 대부분의 리더는 조직구성원들을 움직이기 위하여 명령과 통제라는 관리수단을 사용할 수밖에 없다. 또한 당근과 채찍이라는 외적인 자극을 활용하여 구성원들에게 동기를 부여하게 된다. 반면 섬김의 리더십은 구성원들의 내면에 있는 최고의 열정과 가능성을 끄집어낼 수 있는 원동력이다.

섬김의 리더는 전통적인 리더들과 달리 다른 사람의 성공과 성장에 관심을 가지고 있다. 따라서 섬김의 리더십은 구성원들의 조직생활의 질을 높이는 데 절대적으로 필요한 가치이다. 한 조직의 리더들이 서번트의 철학과 자세를 공유하게 될 때 비로소 조직 자체가 서비스 조직으로 전환될 수 있다.

3. 피터 센게

피터 센게는 학습조직의 주창자로 유명하다. 학습조직이란 일상적으로 학습을 계속 진행해나가는 가운데 스스로 발전하며, 환경 변화에 빠르게 적응할 수 있는 조직이다. 구조조정, 업무재설계 등 기존의 경영혁신 전략들은 단발성으로 끝나는 한계를 지니고 있었는데, 이러한 한계점을 보완하기 위해 학습조직이라는 개념이 등장하였고 학습조직에서는 지속적인 혁신을 필요로 하고 있다.

Peter M. Senge
(1947~)

센게는 조직 내의 커뮤니케이션과 정보공유가 계층을 초월하여 자유롭게 이루어질 때 학습조직이 가능하며 이를 위해서는 조직의 리더십이 매우 중요하다고 보았다. 평소 학습조직과 관련하여 리더십에 관심이 많았던 센게는 1990년 초반에 초청 강연에 참석하기 위하여 비행기를 타고 가던 중 그린리프가 쓴 소책자를 우연히 접하게 된다. 그는 이 책을 읽으면서 물질만능의 시대에 사람들이 잃어가고 있는 소중한 가치가 무엇인지 깨닫게 되었다. 또한 센게는 사람들이 물질적 풍요를 누리기 위하여 열심히 일하지만 마음은 점점 더 공허해지는 삶을 살아가고 있다고 느꼈다. 그는 특히 조직이라는 거대한 틀에서 일상업무를 반복하는 사람들을 생각했다. 조직생활에서 구성원들의 상처받은 마음을 치유하고 이들의 성장을 도와줄 수 있는 사람들이 바로 리더이다. 센게는 섬김의 리더십이야말로 현대인의 황폐한 영혼을 치유할 수 있는 유일한 리더십이라고 생각하였다. 그리고 그는 사람들이 진정으로 리더십을 이해하고 연구하는 데에는 그린리프의 책 한 권이면 된다고 강조했다.

센게는 서구문화에 바탕을 둔 전통적인 리더십 모델은 리더가 부하에게 영향력을 행사하는 형태로 되어 있다고 분석했다. 리더가 비전을 제시하면, 부하들은 공감하든 안 하든 간에 그것을 따라야 한다. 뿐만 아니라 리더가 조직의 정책과 방향을 결정하고 이를 달성하기 위해 운영시스템을 만들면 부하들은 그 틀 속에서 업무를 수행해야만 한다.

반면 섬김의 리더십은 일방적으로 만들어진 틀 속에서 부하들을 움직이는 것이 아니라 리더와 부하가 서로에게 지속적으로 영향을 미치면서 서로 성장하고 발전해가는 과정이다.

섬기는 리더는 구성원의 공동체의식과 일체감, 특히 팀워크를 매우 중시한다. 현대사회가 복잡해지고 다원화되어갈수록 공동체의식의 중요성이 더욱 높아지고 있다. 따라서 조직이 역동적으로 움직이면서 지속적으로 발전하려면 작은 부서 내지는 작은 팀을 활성화시켜 이들이 자율적으로 움직이게 할 때 조직은 활력이 넘치게 된다.

제4절 | 섬김의 리더가 가져야 하는 정신

1. 존재적 평등

누구든지 사무실에서 부장의 자리가 어딘지를 어렵지 않게 찾아낼 수 있다. 근무환경이 조금이라도 나은 창가 쪽 안쪽 자리를 부장에게 할애하는 것이 일반적인 관례이다. 누구는 찬바람이 들어오는 입구에 앉아야 하고, 누구는 전망 좋은 창가 옆에 앉아야 하는 이유가 뭐냐고 말할 필요가 없다. 부장과 신입사원이 담당하는 역할과 기능이 각기 다르기 때문에 보다 직무가치가 높은 일을 하는 사람에게 좀 더 나은 근무환경을 제공하는 것은 어쩌면 당연하다.

그런데 문제가 되는 것은 존재적 평등성을 해치는 경우이다. 회사로부터 특별한 지원이나 혜택을 받는 사람은 어느덧 그것을 지극히 당연한 것으로 이해하고 받아들인다. 특별한 지원과 혜택은 부가가치가 높은 역할과 기능을 수행할 때 주어지는 것이지만 스스로 경계하여 조심하지 않으면 이 같은 취지를 망각하게 된다. 이렇게 되면 자신이 맡은 직무의 역할수행과는 전혀 상관없이 더욱 크고 특별한 지원과 혜택에 욕심을 부린다.

존재적 평등성은 사람이 가지고 있는 기본가치의 평등성이다. 사람이 세상에 태어났을 때 모든 부모는 한결같이 기뻐했고 그 정도는 어느 누구나 같았을 것이다. 사회에서 매우 하찮은 일을 수행한다고 하더라도, 조직에서 아주 낮은 직급을 차지하고 있다고 하더라도 개개인에게 일은 소중한 것이며, 개인의 성장과 발전은 매우 절실하며, 구성원 개개인의 인격은 동등한 것이다.

섬기는 리더가 가져야 할 정신의 핵심은 이 같은 존재적 평등성에 기초하여 타인을 대하는 마음이다. 존재가치의 동등함을 인식시키기 위한 노력, 상징적 평등성을 보여주는 많은 단면들, 개인적 겸양 등이 섬기는 리더에게 있어 중요한 정신이다.

2. 끊임없는 자기수련

우리 인간들은 지난날의 삶을 통한 경험과 지식, 배경 등에 의해 자신만의 인지구조를 구축하게 된다. 그런데 가장 확실한 변화는 스스로 필요한 것을 경험하고 그 경험을 통해 깨닫게 될 때 나타난다.

사람은 생각이 바뀔 때 행동이 변하기 시작한다. 외부의 자극이나 강요에 의해서 일시적으로 변화하는 행동은 자극이 소멸되거나 강요의 수준이 떨어지면 자연스럽게 본래의 행동으로 되돌아간다. 그러므로 사람의 행동이 일관성과 지속성을 유지하면서 바뀐다는 것은 부단한 자기성찰과 노력에 의해서 가능하다.

현재 리더의 위치에 있는 사람들이 섬김의 리더십을 발휘하기 위해서는 어떻게 해야 할까? 그것은 리더 자신이 부단한 노력과 깨달음을 얻게 되었을 때에만 가능하다. 단지 조직은 섬김의 리더십을 촉진시키는 환경을 조성해 줄 수 있을 뿐이다.

모든 리더는 섬김의 리더가 될 수 있는 잠재적 가능성을 가지고 다만 내재되어 있는 섬기는 리더의 자질을 발휘할 기회가 없었거나, 조직의 환경 자체가 그러한 리더십을 장려하지 않았을 뿐이다.

섬김의 리더십은 리더가 오랜 시간에 걸쳐 축적해온 지혜와 지적 능력을 바깥으로 분출시켜가는 과정이다. 리더는 부단히 자신의 서비스정신을 성찰하고 자신의 리더십이 다른 사람의 성장과 태도에 어떤 영향을 미치는지를 관찰한다. 이것은 리더가 내면적으로 성숙해 가는 과정이다. 또한 리더로서 자신의 위치와 역할, 리더십의 영향력을 깨달아가는 과정이다. 리더는 이러한 자기수련 과정을 통해 스스로 자신의 인지구조를 바꾸고 리더십 패러다임을 바꾸게 된다. 즉, 리더는 갑자기 만들어지는 것이 아니라 리더 스스로 자기가 누구인지를 깨달아가는 자기성찰 내지는 자기수련을 거치면서 훌륭한 리더로 성장하게 된다. 이때 리더의 지적 자극을 위한 방안으로 교육이나 훈련 등이 큰 도움을 주게 된다.

Leadership Devlopment and Training **사례 15-3**

죽음의 땅 되살린 '큰 사랑'의 합창 고 이태석 신부

고 이태석 신부(1962~2010)는 2010년 9월 9일 세상에서 가장 아름다운 사랑을 가르쳐준 사람이 스크린을 통해 관객들과 만났다. 영화 '울지마 톤즈'는 2010년 12월 중순 영화계에서는 이례적으로 재개봉했다. 관객도 천주교 신자가 많았던 1차 개봉 때와는 달리 학생, 일반인이 대부분이다. 여기에 정부부처, 지방자치단체, 기업의 단체관람이 가세하면서 때 아닌 열풍이 불었다.

이태석 신부는 수단의 슈바이처로 톤즈의 유일한 의사였다. 그가 오기 전까지 사람들은 치료 한 번 받지 못한 채 죽어갔다. 의사가 왔다는 소문이 나자 병원에서 100㎞가 떨어진 곳에서도 걸어서 찾아왔다. 많을 때는 하루에 300명이나 되었다고 한다. 환자도 다양했다. 내과, 외과, 산부인과, 피부과 등 종합병원 수준이었다. 그 가운데는 총상을 입은 군인들도 있었다. 그는 이 모든 것을 혼자서 감당했다. 그 와중에도 틈만 나면 찾아가는 곳이 있었다. 톤즈에서 차로 40분 거리에 있는 라이촉 마을이다. 그곳에는 한센병 환자들이 모여 살고 있다. 모두가 먹고살기 어려운 현실에서 누가 그들을 돌봐주겠는가? 그런데 그곳에 유일하게 찾아오는 사람이 바로 이태석 신부였다. 그는 외부와 단절된 채로 살아가고 있는 한센인들을 위해 현지어를 배웠다. 정확한 치료는 물론, 그들에게

가장 필요한 것이 무엇인지 알고 싶었기 때문이다. 치료약을 줄 때는 복용방법을 꼼꼼히 알려주었다. 그런 자상한 신부에게 한센인들은 속마음을 털어놓으며 많은 이야기를 나누었다. 태어나서 처음으로 자신들의 이야기를 들어주는 대화 상대가 생긴 것이다.

한센인에 대한 그의 헌신은 정말 지극했다. 한센인들은 피부가 약해 쉽게 상처가 나는데, 이것이 악화되면 손과 발을 잘라내야 한다. 이태석 신부는 맨발로 다니는 한센인을 위해 한 사람 한 사람의 발을 종이에 대고 그렸다. 신발을 만들어 신키기로 한 것이다. 이처럼 한센인을 지극 정성으로 보살폈지만 이태석 신부는 오히려 조그마한 것에 감사할 줄 아는 한센인에게 많은 것을 배운다며 고마워했다.

이태석 신부가 떠난 후 마을은 다시 10년 전으로 돌아갔다. 치료약은 물론 찾아오는 사람도 없다. 이태석 신부가 세상을 떠났다는 소식을 들은 한 한센인은 "쫄리 신부님 때문에 너무 슬퍼요. 밤에 잠에서 깨면 울고 싶어져요. 신부님을 생각하며 울고 기도하다가 다시 잠들어요. 너무 슬퍼요. 신부님처럼 우리를 도와줄 사람은 아무도 없을 것 같아요. 밤에도 낮에도 신부님이 생각날 때마다 눈물이 나와요." 그녀의 한 마디 한 마디는 절규처럼 다가왔다.

이태석 신부는 암 투병 중에도 수단의 아이들 걱정뿐이었다. 내전 당시 수단은 죽음의 땅이었다. 아이들은 전쟁터로 내몰렸다. 그곳에서 남을 죽여야 내가 산다는 생존의 법칙을 배웠다. 이태석 신부는 아이들의 미래를 위해 총성 없는 전쟁을 시작했다. 학교를 지어 새로운 세상을 보도록 한 것이다. 집이 멀어 학교를 다닐 수 없는 아이들을 위해 기숙사를 지어 밤에도 공부할 수 있게 불까지 밝혀주었다. 이태석 신부의 판단은 적중했다. 초가집에서 50명으로 시작한 학교는 8년 만에 1,500여 명 규모의 정규학교가 되었고, 아이들은 미래에 대한 꿈을 꾸기 시작했다. 톤즈 아이들에 대한 이태석 신부의 사랑은 각별했다. 대표적인 것이 남수단 최초로 창단한 35인조 브라스밴드이다. 전쟁으로 상처받은 아이들에게 자신감을 찾아주기 위해서였다. 악기는 한국에 있는 지인의 도움으로 마련했고, 악기 연주는 혼자 배워 가르쳤다.

이태석 신부는 단합의 중요성을 강조했다. 실력은 하루가 다르게 향상되었다. 남수단 대통령이 참석하는 행사에도 초청받았다. 대통령은 이이들의 연주를 보고 미국에서 온 밴드인 줄 알았다며 놀라워했다. 아이들의 자부심은 하늘을 찔렀고, 모두가 자신감이 넘쳤다. 내전으로 모든 것이 파괴된 수단에서 그것은 분명 기적이었다.

영화 '울지마 톤즈'는 이기심 가득한 우리의 삶이 얼마나 부끄러운지를 깨닫게 해주며, 사회 지도층 인사들에게 사랑과 헌신의 진정한 의미를 보여주고 있다. 이태석 신부가 세상에 알려진 후 많은 사람이 그를 이야기한다. 교육계, 의료계, 정부기관에서도 이태석 신부의 정신을 받들자는 움직임이 일고 있다. '이태석 신드롬'이라고 이야기한다.

이태석 신부는 암 투병 중에도 마지막까지 수단 아이들을 걱정하며 그들을 위해 하루하루를 살았다. 자식이 아프면 같이 아파하고 아이의 미래를 위해서는 헌신적으로 자신을 내던질 수 있는 지극한 사랑, 이것이 이태석 신부의 사랑이다. 이태석 신부가 우리에게 던지는 메시지를 '이태석 리더십'으로 정리하면 바로 서번트(섬김) 리더십이다. 힘들고 어려운 사람들을 도와주면서도 그들 위에 군림하거나 생색을 내지 않는다. 항상 그들의 눈높이에 맞춰 이야기를 들으려 했으며, 그들에게 필요한 것이 무엇인지 찾아 해결해주었다. 그러면서도 그는 오히려 그들에게 많은 것을 배운다며 겸손해 했다. 이태석 신부님은 우리곁을 떠났지만 신부님이 보여준 행동은 영원히 함께 할 것이다.

제5절 | 기존 리더십과 서번트 리더십 비교

서번트 리더십은 기존 리더십과 크게 3가지 측면의 인식체계에 대해 비교해 볼 수 있는데, 리더의 자신에 대한 인식체계, 리더의 부하에 대한 인식체계, 리더 · 부하 간의 관계에 대한 인식체계에 대해 비교해 볼 수 있다(배정훈, 2009).

1. 리더의 자신에 대한 인식체계

서번트 리더십은 리더가 자신에 대한 인식을 어떻게 하느냐에 따라 기존 리더십 이론과 구별된다. [표 15-1]은 기존 리더십과 서번트 리더십에 있어서 리더가 자신에 대해 가지고 있는 인식상의 차이점을 비교한 것이다.

표 15-1 | 기존 리더십과 서번트 리더십의 인식체계 비교

단계	기존 리더십	서번트 리더십
개요	• 리더 우선의 사고	• 서번트 우선의 사고
관심	• 어떻게 하면 직원들을 잘 관리, 통제하여 리더로서 인정을 받을 수 있는지에 관심	• 어떻게 하면 서번트로서 조직과 직원들을 위해 잘 헌신하고 봉사할 수 있는지에 관심
지위, 권한, 권력	• 지위와 권한은 자신의 능력에 의해 주어지는 것이므로 주어진 지위를 자신과 동일시한다. • 지위와 권한은 영구적으로 지속될 수 있는 절대적인 것으로 착각하는 경우가 많다.	• 지위나 권한은 조직이 맡긴 일시적인 것으로 잠시 위임받은 것이기 때문에 자리에 연연하지 않는다.
리더십 발휘 과정	• 리더 우선의 사고를 가지므로 리더십을 발휘하는 과정이 부하들을 어떻게 잘 관리, 통제할 것인가 하는 형태로 나타난다.	• 서번트 인식이 앞서기 때문에 리더십을 발휘하는 과정이 부하들에게 봉사하고, 기여하는 형태로 나타난다.

2. 리더의 부하에 대한 인식체계

리더가 부하의 대한 인식을 어떻게 하느냐에 따라 서번트 리더십과 기존 리더십 이론이 구별된다. [표 15-2]는 기존 리더십과 서번트 리더십에 있어서 리더의 부하에 대해 가지고 있는 인식상의 차이점을 비교한 것이다.

표 15-2 | 기존 리더십과 서번트 리더십의 리더의 부하에 대한 인식차이 비교

단계	기존 리더십	서번트 리더십
부하의 개념	• 조직목적 달성을 위한 하나의 자원이자 수단이다. • 복종적 · 수동적인 추종자	• 자신의 일에서 성공하고 성장하기 위해 섬겨야 하는 대상, 사람을 목적으로 인식한다.
관리방법	• 당근과 채찍, 즉 보상과 처벌을 통해 관리. 특히 부하가 리더의 요구수준을 충족하지 못할 경우 바로 처벌 및 질책의 대상이 됨 • 명령계통에 따라 지시하고 하달한다.	• 부하들이 자신들의 업무에서 성공, 성장할 수 있도록 코칭을 강화하고, 부하들이 업무추진 과정에서 직면하는 우선적인 욕구나 문제를 해결해주기 위해서 노력하는 방식으로 자신의 리더십을 발휘한다. • 상호작용을 통해 이해의 증진도를 높여 나간다.

3. 리더의 리더 · 부하 간의 관계에 대한 인식체계

서번트 리더십은 리더가 리더와 부하 간의 관계를 어떻게 인식을 하느냐에 따라 기존 리더십 이론과 구별된다. [표 15-3]은 기존 리더십과 서번트 리더십의 리더 · 부하 간의 관계인식 차이점을 비교한 것이다.

표 15-3 | 리더 · 부하 간의 관계인식 차이에 따른 기존 리더십과 서번트 리더십 비교

기준	기존 리더십	서번트 리더십
개요	• 리더 우선의 사고 • 수직적 상하관계 • 피라미드형 조직체계	• 서번트 우선의 인식 • 뒤에서 부하의 성공과 성장을 촉구하고 지원하는 서번트 관계 • 역피라미드 조직체계 • 팀워크와 공동체 형성
리더 · 부하관계	• 부하 위에 군림하려는 수직적 관계 • 리더는 권력과 권한, 힘을 가진 자이고 부하는 리더의 권력과 힘에 복종하며 따르는 자이다. • 리더는 지시 · 평가하는 자이고, 부하는 수행 · 평가받는 자이다.	• 리더는 부하를 위해 존재한다고 생각하면서 부하 위에 군림하는 관계가 아니라 부하의 성공과 성장을 지원하고 촉진하는 서번트 리더 • 리더는 부하들이 일에서 성공하고 성장할 수 있도록 봉사하고 헌신하는 것을 자신의 사명으로 간주한다 • 자기중심적 사고와 행동이 아니라 희생과 인내를 바탕으로 리더는 부하를 돕고 부하를 위해 헌신, 봉사하는 자이다.

전통적 리더와 서번트 리더를 종합적으로 비교해 보면 [표 15-4]와 같다.

표 15-4 | 전통적 리더와 서번트 리더 비교

범주	전통적 리더	서번트 리더
관심영역	일의 결과	일 추진 시 장애요인
가치관	자기중심적, 자기기준에 따른 지시와 감독	개방적, 사람을 믿고 수용 긍정적, 유머러스함
사람에 대한 견해	시켜서 결과를 만들어 내도록 하는 대상	도와줌으로써 성공과 성장의 대상
과제와 사람의 중요성	과제 우선	사람 우선
상하관계	상명하복	존중과 관심

업무추진방식	자기방식 강조	아이디어 구함
생산성	시간과 경비, 생산량 등 양적인 척도 중시	구성원의 자발적 행동이냐 아니냐를 중시
시간관념	시간이 항상 없다	스스로 시간을 만듦
경쟁에 대한 시각	내부경쟁 조장, 경쟁 메커니즘 고안	과당경쟁 경계, 모두 잘할 수 있다는 신념 강조
평가	결과 중심	노력 평가

제6절 | 섬김의 리더가 보여주는 행동의 특징

그린리프 연구센터의 연구소장인 스피어즈(spears)는 섬김의 리더가 보여주는 행동의 특징을 10가지로 제시하고 있다.

1. 경청, 내면으로 다가가기

스테판대학의 도날드 베트 박사의 연구에 의하면 일과 시간 중 언어적 커뮤니케이션은 쓰기가 4%, 읽기가 11%, 말하기가 22%, 듣기가 63%라고 한다. 이처럼 우리의 삶은 많은 시간을 듣기에 할애하고 있기 때문에 말을 잘하는 것보다 잘 들어주는 것이 성공적인 커뮤니케이션을 하는 방법이다.

전통적으로 리더들은 커뮤니케이션 스킬을 중시했고 의사결정 스킬에 가치를 두었다. 이런 스킬은 섬김의 리더에게도 매우 중요하다. 다른 사람의 얘기를 진심으로 들어줌으로써 이 같은 스킬을 더욱 강화한다. 즉, 다른 사람의 얘기를 경청하는 것이다.

경청은 섬기는 리더의 행동에서 요구되는 가장 큰 특징이다. 단순히 다른 사람이 얘기하는 것을 잘 듣고 이해하는 것과는 의미가 다르다. 상대방의 말의 내용은 물론 말한 사람의 의도, 욕구, 내면의 감정까지 이해하려는 적극적인 커뮤니케이션 활동이다.

경청이 듣기와 구분되는 것은 그 활동의 중심이 서로 다르다는 것이다. 듣는 사람이 자신의 입장에서 상대방의 말을 듣는 것이 아니라 상대방의 경험과 입장에서 그 사람의 얘기를 듣고 이해하려는 것이다.

존슨 앤 존슨의 전 회장인 짐 버크는 "나는 재직 중 하루 일과의 40%를 회사의 핵심가치와 믿음에 대해 직원들과 커뮤니케이션 하는 데 할애했다. 그 중에서도 가장 중요한 것은 경청이다"라고 했다. 경청이 중요한 이유는 리더가 기계와 같이 일을 하는 것이 아니라 사람과 같이 일을 하고 있기 때문이다.

진정한 경청이 있을 때 의견이나 정보의 교류는 물론 듣는 사람과 말하는 사람의 심적 교류까지 이루어지게 된다. 그 결과 조직의 생산성은 높아지고 일터는 생동감이 넘치게 된다.

2. 공감, 내적 동인 끌어내기

섬김의 리더는 다른 사람을 이해하고 공감하기 위해 노력한다. 공감은 차원 높은 이해심이라고 할 수 있다. 섬김의 리더는 함께 일하는 동료가 선의에 기초하여 행동하고 있다고 여긴다. 따라서 최고의 섬김의 리더는 아주 숙련된 공감의 경청자라고 할 수 있다.

섬김의 리더는 상대방의 행동이 선의에 기초할 것이란 믿음에서 출발하여 그의 행동을 진심으로 이해하려는 눈을 가짐으로써 상대방과 공감하려고 한다. 그리하여 상대방이 보여주는 희로애락의 표현을 마음으로부터 함께하려고 노력한다. 사실 공감은 어떤 상황이나 사람을 논리적으로 분석하려는 것보다는 그 사람의 입장이 되어 그 사람이 경험한 것을 자신도 공유하고 공통의 느낌을 느끼고자 하는 것이다. 그리고 그 과정에서 감정이입이 일어나는 것이다.

동료나 부하직원의 감정과 정신에 공감한다는 것은 가장 소중한 자원을 진정으로 이해한다는 것이며, 개개인의 다양성을 진정으로 인정한다는 의미이다. 구성원에 대한 리더의 정확한 이해와 공감은 구성원의 경험과 감정세계로 이입됨으로써 그가 믿음직스런 버팀목임을 보여주는 행동이다. 리더의 그런 마음은 구성원에게 전달되어 결국 구성원들은 자신의 불확실하고 혼란스러운 감정을 정리하고 스스로 문제를 해결하는 내적 동인을 얻게 된다.

섬김의 리더의 공감 활동은 갈등으로 인한 구성원들의 정신적 · 심리적 에너지의 분산을 막고 조직과 업무에 몰입하여 높은 성과를 창출하게 만든다. 공감을 위해서는 진지한 커뮤니케이션이 필요하다. 경청할 때는 상대방 이야기의 부분적인 것에 사로잡히지 말고 얘기의 전체를 들어 상대방의 입장에서 이해하도록 노력해야 한다. 그리고 기존의 경험이나 인식에 의한 고정관념, 편견을 버리고 열린 마음으로 들음으로써 상대방의 입장에서 생각하고 느끼고 있음을 전달해야 한다. 또한 말을 할 때에는 일방적으로 비판하거나 충고하는 식의 태도를 버려야 한다. 이런 태도는 상대방이 방어적인 자세를 취하도록 만들기 때문이다.

일의 결과만을 가지고 부하를 평가하지 않고 그가 어떤 방법과 과정으로 일을 추진하였는가에 관심을 갖고 지켜보아야 한다. 우리 인간은 일하는 기계가 아니다. 인간을 인간답게 인식한다면 그 사람의 생각과 감정에 공감하려는 태도가 자연스럽게 우러날 것이다.

3. 치유

서로의 관계를 치유할 수 있는 능력은 조직의 변화와 통합을 위한 아주 강한 원동력이다. 이처럼 섬김의 리더가 지니는 강력한 힘은 자기 자신과 타인과의 관계를 치유할 수 있다는 잠재적 가능성에서 나온다. 섬김의 리더는 자신이 상대하는 사람들의 상처를 치유할 수 있다는 생각을 갖는다.

구성원들의 정신적 · 심적인 상처를 이해하고 그들을 좀 더 밝고 긍정적으로 변화시키는 일은 섬김의 리더의 중요한 역할이다. 이러한 치유의 능력은 섬김의 리더의 힘이다. 섬김의 리더는 구성원들이 지니고 있는 잠재적 능력을 믿는다. 구성원들이 제대로 업무를 수행할 수 있도록 하기 위해서는 먼저 구성원들의 심리 상태에 대한 관심과 배려가 선행되어야 한다. 그리고 그들이 잠재적 능력을 발휘할 수 있도록 지원하고 환경을 조성해 주어야 한다. 구성원의 마음의 상처를 치유하는 것은 조직 전체를 변화시키고 하나로 통합하는 데 큰 힘이 된다.

실제로 마음의 상처를 받은 사람을 치유한다는 것은 매우 어렵다. 그런 일이 일어나기 전에 구성원들이 혹시 문제가 없는지 관심을 가지고 살피는 것이 중요하다. 그리고 따뜻한 말 한 마디와 애정 어린 한 가지 행동을 건네는 것이 구성원의 상처를 치유하는 길이 된다. 그러므로 진지한 경청이나 공감은 바로 구성원을 치유하는 길이기도 하다.

4. 자기인식

섬기는 리더는 무작정 섬기지 않는다는 점에서 서번트와 다르다. 섬기는 리더는 상황에 대한 분명한 자기인식을 기반으로 근거가 타당한 대안을 제시한다. 일반적인 인식, 특히 자각은 섬김의 리더를 더욱 강하게 한다.

섬김의 리더는 두 가지 분야에서 인식을 바꾸어야 한다. 하나는 자기자신에 대한 인식이며, 다른 하나는 부하에 대한 인식이다.

1) 자기자신에 대한 인식

전통적 리더는 자기자신에 대해 다른 사람을 이끌어 조직의 목적을 달성하는 사람이라고 인식한다. 이런 인식하에서 목표를 제시하고 업무추진 과정을 관리하며 성과를 평가한다. 그러나 섬김의 리더는 가장 먼저 자신이 서번트라는 인식에서 출발한다. 이는 기업에서 최고경영자를 비롯한 임원, 관리자들이 훌륭한 리더이기 위하여 서번트가 되어야 함을 의미한다. 진정한 리더는 먼저 다른 사람에게 봉사하고 지원하는 가운데 조직을 이끌어간다. 그리하여 부하들이 업무를 잘 추진할 수 있도록 서비스를 제공함으로써 목적을 달성한다. 이런 자각을 통해서 섬김의 리더는 더욱 더 강해진다.

2) 부하에 대한 인식

전통적인 리더들은 부하를 관리의 대상이며 목적을 달성하기 위해 활용하는 다양한 자원 중의 하나라고 생각한다. 그러나 섬김의 리더는 부하를 성공과 성장의 대상으로 인식하고 가장 중요한 자원으로 인식한다.

이 같은 인식이 있음으로 해서 섬김의 리더는 부하의 성공과 성장을 먼저 도와주는 것으로 리더십을 발휘한다. 부하가 성장하기 위해 제일 먼저 필요한 요소가 무엇인지 살피고 작업현장에서 그 요소들이 충족될 수 있도록 충분한 지원을 한다. 이런 과정을 통하여 부하 역시 섬김의 리더로 성장할 수 있도록 한다. 자신을 서번트로 인식하고 부하를 성공과 성장의 대상으로 인식하는 관계 속에서 업무를 추진하는 가운데 어떻게 하는 것이 자신의 지식과 경험을 부하들에게 전해주는 것인지 고민하게 될 것이다.

만약 당신이 섬김의 리더가 되고자 한다면 매일매일 자아성찰의 시간과 결심의 시간을 가져야 한다.

5. 설득

섬김의 리더는 설득에 의존한다. 그들은 조직 내에서 의사결정을 할 때 직위가 주는 권위에 의존하지 않는다. 섬김의 리더는 복종을 강요하기 보다는 다른 사람을 확신시키기 위해 노력한다. 이 같은 특징적인 요소가 전통적인 권위주의적 리더십 모델과 섬김의 리더십 사이에 있는 가장 뚜렷한 차이이다. 또한 섬김의 리더는 조직 내에서 합의를 도출하는 데 매우 뛰어난 능력을 가지고 있다.

모든 합의나 설득은 반드시 논리적이고 합리적인 내용으로 이루어지지는 않는다. 논리적으로 맞는 내용이고 필요한 자료를 충분히 제공했다 하더라도 구성원들의 감정과 정서가 고려되지 않는다면 그것은 설득에 실패한 것이다. 감정이나 정서가 배제된 채 논리적으로 설명하면 이성적으로는 압도되어 받아들이지만 그 사람의 감정이나 마음을 움직이지 못함으로써 진정한 의미에서는 합의에 이르지 못한 것과 같다.

6. 비전의 형상화

섬김의 리더는 보다 큰 꿈을 꾸고 그것을 달성하기 위해 스스로의 능력을 강화해나가며 비전을 그려내고 그것을 형상화시켜나가는 관점에서 사물을 바라본다. 어느 누구든지 그런 관점을 유지한다면 조직, 일상에서의 생활이 하루하루 반복되는 것 이상의 의미를 느끼게 될 것이다.

비전이란 조직이 달성하고자 하는 꿈을 구체화한 것으로 미래의 가시화된 모습이다. 비전은 하루하루 일상생활이나 짧은 기간의 목표가 아닌 장기적인 관점에서 이루고자 하는 목표이어야 한다. 대부분의 기업들이 비전을 가지고 있지만 구성원들은 비전을 모두 동일하게 이해하고 받아들이지 못하고 있다. 그래서 리더는 비전을 형상화하여 사람들이 동일하게 이해하고 달성하고자 하는 목적으로 받아들이도록 노력해야 한다.

섬김의 리더는 구성원들이 조직의 비전을 가슴속으로 동일하게 느낄 수 있도록 노력한다. 이렇게 형상화되고 가시화된 비전은 구성원들에게 큰 영향력을 미치게 되고 그 결과 강한 응집력이 형성되어 장기적 관점에서 전략적인 사고와 계획을 가능하게 하는 힘이 된다.

7. 통찰력

통찰력은 비전을 갖고 그것을 형상화시키는 능력과 밀접한 연관이 있다. 물론 어떤 상황에 있어서 예상되는 결과를 예측하는 능력을 정의하기란 쉽지 않다. 대부분의 사람들은 보는 것으로서 완벽한 앎에 도달한다.

통찰력을 반드시 미래와 관련된 것으로 국한할 필요는 없다. 그것은 과거로부터의 교훈을 이해하는 능력이며, 현실상의 교훈을 정확히 파악하는 능력이다. 과거와 현재에 대한 명확한 이해와 파악이 곧 미래를 대처하는 의사결정을 가능하게 하는 것이다. 섬김의 리더에게도 그런 통찰력이 있다.

통찰력이 오로지 미래에만 국한된 것이라면 그런 역량을 높인다는 것은 매우 어렵다. 그러나 통찰력은 과거로부터의 교훈을 이해하고, 현실상의 교훈을 정확히 파악하는 가운데 얻어진다. 그 바탕을 이루는 것은 사물에 대한, 타인에 대한 애정 어린 시선과 관심이다. 통찰력은 순수한 관찰의 결과이며 경험으로부터 단련되는 직관이다.

8. 스튜어드십(청지기의식)–내 것이 아니라는 마음

스튜어드십은 '다른 사람을 위해 무엇인가를 간직하고 있는 것'을 말한다. 섬김의 리더십이나 스튜어드십이나 다른 사람을 위해 봉사하는 것을 최고의 미션으로 이해한다.

섬김의 리더는 자신에게 부여된 지위와 권력은 조직의 목적을 달성하기 위한 도구이며 부하를 위하여 봉사하고 지원하기 위한 도구이며, 부하를 위하여 봉사하고 지원하기 위해 조직으로부터 잠깐 위임받은 것이라고 인식한다. 또한 그 자리는 자신의 절대적인 자리가 아니기 때문에 언제라도 다른 사람에 의하여 대체될 수 있다고 생각하며, 자리에 연연해하지 않는다. 잠시 위임받은 것이란 생각, 스튜어드십으로 무장된 섬김의 리더는 부하가 우선이라고 생각하고 부하 위에 군림하는 것이 아니라 부하의 성공과 성장을 지원하는 서번트의 위치에 자신이 서 있다고 생각한다. 이런 인식을 바탕으로 자신이 맡고 있는 동안 부여된 권한은 부하들의 성공과 성장을 촉진하고 지원하는 데 사용한다.

스튜어드십을 가진 리더는 구성원들이 업무효율을 최대로 높일 수 있도록 자신이 가지고 있는 권한을 서번트에게 많이 위임하여 스스로 의사결정을 할 수 있도록 지원과 코칭을 강화해나간다. 또한 수행한 결과에 대하여 리더 자신을 포함한 모든 구성원들이 인정과 보상을 함께 받기 위해 노력한다.

9. 성장 지원–가치를 믿어주기

섬김의 리더는 모든 사람이 개인적, 직업적 그리고 정신적으로 성장할 수 있도록 자신에게 부여된 권한을 최대한 활용하여 지원해야 한다는 막중한 책임의식을 갖는다.

섬김의 리더의 구체적인 행동에 대해 살펴보면 다음과 같다.

첫째, 다른 사람의 발전이나 그를 돕기 위한 기금 마련하기

둘째, 구성원들이 제시한 아이디어와 제안들에 대해 관심 표현하기

셋째, 의사결정 과정에 구성원의 참가를 적극 권장하기

넷째, 정리해고된 직원이 다른 일을 찾도록 적극적으로 돕기 등이 있다.

10. 공동체 형성

조직이 성장·발전하기 위해서는 공동체 의식이 꼭 필요하다. 조직은 목적이나 사업방향 등에 뜻을 같이하는 사람들이 모여 공동의 목적을 달성하기 위해 상호작용을 하는 곳이다. 그러므로 조직에는 구성원들이 공동의 목표를 달성하기 위해 서로 배려하고 협력하는 공동체 의식이 기초가 되어야 하며 이러한 공동체 의식은 업무수행의 기본으로 성과창출의 원동력이다.

조직에는 기능이나 역할별로 여러 사람이 함께 일을 한다. 따라서 한 사람이 일을 잘하는 것보다 여러 사람이 팀워크를 바탕으로 일을 잘하는 것이 필요하다. 팀워크가 이루어지지 않으면 한두 명의 성과창출자에 의해 성과를 달성할 수도 있지만 그러나 높은 수준의 성과를 창출할 수 없다.

섬김의 리더는 조직에서 진정한 공동체를 창조한다. 특히 대중을 동원하는 운동에 의해서가 아니라 공동체로 편입돼야 할 사람들 간의 무한한 상호 의존에 의해 그런 방법을 실천하여 보여준다.

섬김의 리더는 개인적인 이기주의나 부서이기주의로 인해 팀 공동체가 무너지는 것을 무엇보다 경계해야 한다. 그리하여 자기에게 주어진 일만 완수하면 조직에서의 임무가 끝났다고 생각하는 이기심을 갖지 않도록 조

직분위기를 가꾸어나가야 한다. 항상 조직구성원들이 서로의 관심사항을 공유하고 공동의 목표를 함께 인식하도록 격려해야 한다.

업무 추진시 경쟁을 부추기는 것보다 협력을 권장하며 상대방을 배려하고 협력을 통해 팀워크가 발휘됨으로써 공동체 의식을 강화해야 한다.

섬김의 리더는 업무에 대한 평가시 팀이 지켜나가는 기본적인 원칙과 윤리에 근거하여 구성원 개개인의 행위를 평가하고 개인의 성과보다는 팀의 성과를 앞세우며 조직 전체의 효율성에 기여한 정도를 보다 중요시한다. 구성원 개개인의 가치와 가능성을 믿어주며 구성원들이 소속감을 느끼고 생활할 수 있도록 지원한다. 따라서 섬김의 리더는 개인주의보다 공동체를 지향한다. 그러므로 공동체 가치를 훼손시키는 사람에 대해서는 매우 엄격하다.

오늘날 기업의 사회적 책임이 강조되고 있다. 영리 목적으로 설립된 조직이지만 기업시민이란 인식을 가지고 사회적으로 요구되는 역할과 책임에 충실할 때 기업이 존경받을 수 있다. 공동체주의는 특별한 것이 아니다. 우리 사회는 수많은 변화를 거치면서 개인주의와 공동체주의가 혼재된 문화를 보이고 있다. 전통적인 문화에서는 매우 공동체주의적이었으나

표 15-5 | 개인주의와 공동체주의 비교

분류	개인주의(자기중심)	공동체주의(우리중심)
업무태도	배척주의, 지배적	수용주의, 협조적
인간관계	먼저 판단이 앞섬	먼저 인정을 함
업무습관	생각의 제한이 많음	생각의 확장이 자유로움
업무영역	자기영역을 지나치게 고집함	업무영역을 공유함
사고방식	기존 지식중심의 사고	창조중심의 사고
커뮤니케이션	관리하고 통제하기 위해 말함	격려하고 창조하기 위해 말함
리더십	추종자를 이끄는 리더십	구성원에게 헌신하는 리더십
판단기준	이중잣대	통일된 잣대

서구문화가 유입되면서 개인주의가 팽배하게 되었다.

끊임없는 자기성찰을 생명으로 하는 섬김의 리더는 행동의 기준을 공동체 가치에 맞춤으로써 여러 부작용을 사전에 예방할 수 있다.

섬김의 리더는 경청, 공감, 치유 그리고 성장 지원, 비전 제시 등을 통해 조직이 공동체적으로 운영되도록 보이지 않게 지원한다. 그럼으로써 궁극적으로 조직에 몸담은 부하직원들이 보다 안정된 상태에서 자신의 업무에 대한 가치를 발견하여 진정한 몰입을 보이도록 하는 것이다.

Leadership Devlopment and Training

사례 15-4

김성근 감독의 리더십

세상은 왜 김성근 감독을 주목하는가? 그 배경을 살펴보면 다음과 같다.

- 지속적인 교감을 통한 비전제시
- 혹독한 훈련과 선수들의 존경과 사랑
- 끝없는 야구 사랑과 독서
- 선수 전원이 구심점
- 차별화된 지도스타일 등에서 그를 위대한 지도자라고 존경한다.

그의 평소 생각을 정리해 보면 "세상은 주고받는 관계지만 받을 것은 생각하지마라", "자신의 모든 것을 걸고 있는 것이 야구라면 전부를 놓고 달려들어야 하지 않겠는가?", "어떤 각오로 훈련에 임하고 있으며 목표는 무엇인가?" "분한 마음을 품어라 왜 안 되는지 왜 못하는지 억울해하고 연구를 하라" 등의 말을 자주했다.

그러한 김성근 감독의 리더십 스타일은 바로 융합의 리더십이다.

첫째, 경청(listening)이다.

부하에 대한 존중과 수용적인 태도로 이해, 적극적이고 능동적인 경청을 통해 추종자들의 욕구를 명확히 파악한다. 예를 들어 '말괄량이 길들이기'에서 말을 해주기보다는 들어주고 "진짜 걱정을 하면 순한 양"이 된다.

둘째, 동기부여(motivating)이다.

스스로 업무를 수행하고 싶도록 감성에 호소하여 업무에 대한 몰입과 에너지를 끌어 올린다. 리더는 방향 설정자로 끌고 가는 것이 아니다. "기회는 내가 주는 것이 아니라 스스로 잡는 것"이라고 강조하였다.

셋째, 치유(healing)이다.

평소 보살펴 주어야 할 문제가 있는지를 두루 살핀다. 선수들의 실패 속에서도 기달릴 줄 안다.

넷째, 노력(commitment to the growth of people)이다.

부하의 성장을 위한 노력을 아끼지 않고, 부하들의 개인적 성장, 정신적 성숙 및 전문분야에서의 발전을 위한 기회와 자원을 제공해 준다. "기교가 아닌 기술", "지름길이 아닌 正道", "모자람을 감추려 하지 말라"고 강조했다.

다섯째, 위험감수(risk taking)이다.

크게 실패하거나 성공할 수도 있는 결정을 한다. 특히 그는 이름 없는 신인선수의 발굴 및 기용을 과감히 했다.

또한 김성근 감독은 적재적소에 인력을 배치하고, 기교가 아닌 기술을 연마시키며, 데이터를 중시하고, 어떤 상황에서도 좌절하지 않았다.

제7절 | 서번트 리더가 가져야 할 자세 : 변화지향

서번트 리더는 변화와 성장을 적극적으로 추구하는 자세를 가져야 한다. 자신부터 먼저 변하지 않으면 발전할 수 없다. 진정한 리드는 스스로 문제를 제기하고 변화를 시도하는 도전정신을 가진 사람이다. 또한 고통스런 피드백이라 할지라도 기꺼이 받아들임으로써 스스로를 객관적으로 바라보는 눈을 키워야 한다.

모든 발전은 변화를 요구하며 변화 없이는 리더십도 없다. 변화를 좋아하는 사람은 많지 않지만 변화의 수용은 '학습'으로 가능하다. 변화에는 필연적으로 어려움과 불안감이 수반되지만 모든 인간은 어려움을 극복하고 변화와 성장을 추구할 수 있는 능력을 가지고 있다.

1. 변화와 성장을 위한 발전단계

1단계 : 갈등(마찰)
안전지대에서 탈피하기 위해서는 누구에게나 약간의 갈등이나 고통, 불안감이 있기 마련이다. 바라든 바라지 않든, 쉽든 어렵든 고통은 변화를 위한 강력한 동기임에 틀림없다. 갈등이 유발되는 경로는 여러 가지다. 리더십이 부족하다고 느끼는 상사, 대인관계의 문제, 가족 문제, 건강 문제, 문제를 인식한 부하직원들이 제시하는 전방위 피드백, 이혼 등 갈등의 원인은 헤아릴 수 없을 만큼 많다.

⬇

2단계 : 통찰
이 단계에서는 타인과의 관계를 훼손시키는 행동양식과 대인관계습관에 대해 살펴본다. 그리고 변화란 어려운 건 사실이지만 구성원들의 충분한 협조와 노력만 뒷받침된다면 얼마든지 가능하기 때문에 변화와 성장을 위해 사전에 철저한 준비를 해야 한다.

⬇

3단계 : 의지 = 의도+행동

변화에는 헌신적인 태도가 절대적으로 필요하다. 여기서 말하는 헌신에는 변화를 위한 준비, 올바른 의도와 적극적인 행동을 통해 변화를 쟁취하겠다는 자발적 의지가 모두 포함된다. 이처럼 과거와는 다른 행동을 지속적으로 반복하다보면 어느새 하나의 습관으로 자리하게 된다.

↓

4단계 : 변화

실질적이고 장기적인 변화를 위해서는 행동의 연속성이 필요하다. 지속가능한 변화는 대부분 점진적으로 이루어지며 좋은 습관과 나쁜 습관 역시 이와 마찬가지다. 전설의 농구감독 존 우든은 "하루에 조금씩 발전하다 보면 결국에는 거대한 무언가를 손에 넣게 된다…. 당장 큰 것을 바라서는 안 된다…. 매 순간 조금씩 개선해 나가는 게 중요하다. 이것이 목표를 이루는 유일한 방법이며, 이렇게 해서 목표에 도달하면 오래도록 유지해 나갈 수 있다"라고 말했다.

2. 장기적 변화추구 과정

1단계 : 토대(Foundation－기준 설정)

조직의 리더들은 서번트 리더십 원칙을 철저히 학습해야 한다. 그리하여 훌륭한 리더십이 어떤 것인지, 리더로서 어느 방향을 지향해야 할 것인지 명확히 알고 있어야 한다. 리더들은 리더십의 토대를 이해하고 자기만의 목표수준을 설정한다.

↓

2단계 : 피드백(Feedback－격차 규명)

참여자들이 목표로 하는 리더십 수준과 현재의 리더십 기술 사이의 격차를 이해하는 단계다. 대다수 조직과 리더들이 전방위 피드백으로 실효를 거두지 못하는 이유는 피드백 자체만으로 모든 것을 종결하기 때문이다.

↓

3단계 : 갈등(Friction－격차 해소 및 결과 측정)

적당한 갈등은 변화를 촉진한다. 건강한 갈등을 조성하려면 조직의 수뇌부들이 성장과 행동의 변화에 대해 깊은 관심을 가지고 있음을 직원들에게 인식시켜야 한다.

변화를 점검하고 측정하기 위해서는 참여자별로 6개월에 걸쳐 분기별로 2회의 SMART(Specific : 구체성, Measurable : 측정가능성, Achievable : 달성가능성, Relevant : 타당성, Time Bound : 시한)의 실행계획 목표를 수립한다.

Chapter 16

팔로워십과 리더십

제1절 | 팔로워십에 대한 이해

1. 팔로워십의 정의

지금까지 살펴본 리더십 연구의 핵심주제는 바로 리더였다. 조직의 성과에 리더가 핵심적인 역할을 한다고 인식하고 있기 때문이다. 그러나 실제 조직에서는 대다수의 팔로워들의 역할이 조직의 성과에 직접 기여하고 있다는 사실이다.

리더는 급속한 환경변화와 치열한 글로벌 경쟁 속에서 성공적으로 살아남기 위해서는 조직을 신속하게 변혁시켜 나가야 하며, 특히 구성원들의 자발성과 책임감을 증대시키는 파트너십에 입각한 리더십이 절실히 요구된다. 이러한 측면에서 최근 재조명되고 있는 개념이 '리더십(leadership)'과 함께 '팔로워십(followership)' 이다.

리더십이 리더가 조직과 구성원들을 올바른 방법으로 올바른 방향으로 잘 인도해 가는 능력이라고 한다면, 팔로워십은 리더가 성공적인 조직목표를 달성할 수 있도록 최대한 지원해 주는 피지도자로서의 능력과 자질을 말한다.

본래 팔로워(follower)의 의미는 '제자', '배우는 사람', '뒤따르는 사람', '추종자' 라는 의미를 가지고 있는데 리더십이 성공적인 결과를 도출해 내기 위해서는 리더십의 대상이 되는 추종자들의 심리적인 동의, 즉 팔로워십이 필수적이라는 주장이 점점 설득력을 얻고 있다. 지배와 복종보다는 리더와 팔로워의 상호관계를 통하여 팀이나 조직이 직면한 상황을 해결할 수 있어야 한다는 것이다.

따라서 진정한 의미의 팔로워는 리더의 뒤에 서서 겸손하게 조직의 사명을 다하는 사람이라고 할 수 있다. 팔로워의 사명은 리더가 필요로 할 때 후원하고 지원하며 보좌하는 것이다. 이 두 개념은 상호 별개의 관계인 것 같지만 결국 서로 상호 보완적 관계에 있다. 모든 조직은 리더와 팔로워들로 구성되어 있어 조직목표를 달성하기 위해서는 리더와 팔로워의 공동의 노력이 필요하기 때문이다. 따라서 조직이 성공하려면 양자가 최고의 기량을 발휘해야 한다.

팔로워십의 기초는 바로 역지사지(易地思之)의 정신으로 부하가 자기의 처지를 바꾸어 리더의 입장을 먼저 생각해 보는 데 있다. 팔로워가 리더를 이해하지 못하고 리더가 팔로워를 이해하지 못하는 조직은 성공할 수 없다. 성공한 리더는 팔로워들의 헌신적인 노력이 있었기 때문이다. 따라서 리더의 탁월한 리더십도 중요하지만 부하들이 리더를 잘 보좌할 수 있는 올바른 팔로워십을 육성하는 것도 매우 중요하다.

팔로워십에 관한 연구로 유명한 로버트 켈리(Robert Kelly)는 리더라고 해서 반드시 훌륭한 리더가 아니며 팔로워 역시 반드시 효과적으로 리더를 따라가는 팔로워는 아니라는 것이다. 또한 조직이 실제 성과를 창출하는 데 중요하게 작용하는 결정적 요인은 리더보다 팔로워라고 주장하며 팔로워십은 리더십의 하위요소가 아니라 독립적인 요소이기 때문에 효과적인 팔로워십의 중요성을 강조했다.

루탄스(F. Luthans)는 리더십과 팔로워십은 작곡가와 연주자 간의 관계를 가지고 있다고 보았다. 따라서 리더십과 연계한 팔로워십의 의미에 대해서 다양한 연구와 시각들이 제기되어야 할 필요성이 있다. 특히 주요 산업별로 유능한 리더와 팔로워와의 실질적인 연구 및 교육프로그램 개발과 관련한 논의가 현재 활발히 진행되고 있다.

스미스 클라인 비첨(Smith Kline Beecham)사는 '2+2+2'의 전략에 따라 리더를 육성한다. 즉 회사의 리더가 갖추어야 하는 최소의 조건으로 '2개의 다른 사업부에서 근무한 경험이 있어야 하며, 2개의 조직기능(인사 · 영업 · 생산 등)을 담당해 봐야 하고, 2개의 국가에서 근무한 경험이 있어야 한다' 는 원칙을 세워두고 있다.

월풀(Whirl Pool)사는 전 세계에 산재한 자사의 관리자나 경영자들 중 500명을 선발하여 그들의 성취도와 특성을 끊임없이 추적하는 작업을 펼치고 있다. 다양한 경험을 기반으로 팔로워십의 중요성을 인식하는 리더일수록 유능한 리더가 될 수 있기 때문이다.

한편, 유럽 최대의 기업인 에릭슨, 사브, 일렉트로 룩스, 아스트라 제네카, 감브로, 아틀라스 콥코, ABB 등 약 15개 안팎의 기업들의 경영권을 직접 또는 간접적으로 행사하고 있는 스웨덴의 발렌베리그룹은 "함장이 우선이고 배는 그 다음"이라는 말로 유명하다. 유능한 경영진과 리더를 확보·양성하는 일이 경영상의 어떠한 의사결정보다도 우선한다는 뜻이다.

이처럼 성공한 기업의 인재양성 철학은 유능한 리더와 유능한 팔로워가 동시에 상호작용할 수 있는 환경을 만든다. 또 리더와 팔로워로서의 장점을 모두 지닌 훌륭한 경영진을 배출해 낼 수 있는 역량은 성공한 기업들에게서 공통적으로 발견할 수 있는 요건이기도 하다.

2. 팔로워십과 리더십의 관계

리더와 팔로워의 상호관계에 관한 연구에서 리더의 행동이 팔로워의 능력, 동기, 역할, 지각, 환경요인의 매개변수를 통해 팔로워의 성과에 영향을 미치는 것으로 나타났다. 모든 조직은 실제로 리더의 수보다 팔로워의 수가 훨씬 더 많다. 따라서 비효과적인 리더보다 비효과적인 팔로워가 조직의 성공에 더 큰 장애요소가 될 수 있기 때문에 조직의 목표를 달성하기 위해서는 리더십 과정에서 팔로워의 역할이 매우 중요하다. 이러한 팔로워의 역할을 보면 다음과 같다.

첫째, 소신과 주인의식을 가지고 리더의 목표나 행위를 비판적으로 검토하되 일단 옳다고 판단되면 그 목표의 달성을 위하여 총력을 다해 보좌해야 한다. 그러나 리더의 목표나 행위자 잘못으로 판단되면 올바른 방향으로 나아가도록 조언하고, 견제하는 동반자로서의 역할을 수행해야 한다.

둘째, 팔로워는 리더에게 자신의 마음을 주어야 한다. 이는 리더는 팔로워의 마음을 얻을 수 있어야 함을 의미한다. 팔로워와 리더는 서로 마음을 열고 함께 하는 파트너십의 관계에 있는 것이다.

셋째, 팔로워는 리더에게 이끌려가는 사람이 아니라 리더를 인도해 간다는 생각, 리더와 함께 한다는 생각, 보좌한다는 생각을 가지고 있어야 한다. 따라서 부하는 상사의 조력자로서 상사를 지원하고 보좌하며 상사를 잘 관리하는 능력을 지녀야 한다.

넷째, 팔로워는 리더의 리더십을 이끌어 내고, 리더의 목표의식과 의욕을 고취시켜 주어야 한다.

다섯째, 팔로워는 리더에게 아부나 아첨보다는 격려와 용기를 북돋워 주어야 한다.

팔로워의 역할에 관한 연구에서 팔로워의 개인적 특성이 팔로워의 초기 행동에 결정적인 요인으로 나타났다. 또한 팔로워의 심리적 요인도 리더와 팔로워의 관계를 설명해 주는 주요 요인으로 팔로워들은 각기 다른 요구와 태도를 가지고 리더십과정에 참여하고 있음을 확인하였다.

팔로워의 성과는 리더가 팔로워에 대한 배려에 의해 영향을 미치며, 팔로워의 낮은 성과는 팔로워에 대한 비판이나 징계 같은 리더의 행동에 의해 영향을 받는 것으로 나타났다. 특히 팔로워는 그들의 요구가 만족되면 긍정적인 태도를 취하며, 리더에게 호의적인 태도를 가진 팔로워는 리더가 지향하는 목표에 적극적으로 참여하게 된다.

제2절 | 팔로워십 이론

불확실한 경영환경하에서 조직이 바람직한 방향으로 나아가기 위해서는 특히 팔로워들의 팔로워십이 제대로 발휘될 때 가능하다. 이들 팔로워는 리더보다 적은 권력을 지니고 있지만 팔로워들의 권력의 합은 리더의 권력보다도 클 수가 있다. 따라서 유능한 팔로워들이 많은 조직일수록 우수한 조직이 되는 것이다.

1. 팔로워의 권력기초

리더는 일반적으로 팔로워보다 더 많은 권력을 갖고 있다. 그렇지만 효과적인 팔로워는 자신의 유일한 재원의 힘을 통해 조직에 적극 참여하게 된다. 그럼 여기서 팔로워가 조직에서 어떻게 힘을 얻고 사용하는가에 대해서는 팔로워의 개인권력과 지위권력에 대한 이해를 할 필요가 있다.

1) 개인권력

팔로워의 권력기초가 되는 개인권력은 자신이 가지고 있는 지식(knowledge)과 전문성(expertise)에 의해 나오게 된다. 만약 지식과 전문성을 보유한 팔로워가 조직을 이탈하게 되면 조직은 심각한 손실을 입게 된다.

팔로워의 권력기초가 되는 개인권력은 팔로워가 배우려는 의지의 표출, 어려운 과제수락, 기대 이상의 헌신적 활동을 통해 조직에서 영향력을 강화할 수 있다. 또한 팔로워는 조직의 바람직한 결과에 대해 리더에게 직접 호소하는 설득을 통해 권력을 행사할 수 있다.

2) 지위권력

팔로워의 공식적 지위가 권력의 원천이다. 조직 내에서 팔로워의 핵심적 위치가 팔로워의 영향력을 증대시켜 준다. 특히 정보흐름의 핵심적 자리에 위치한 팔로워는 정보를 필요로 하는 상사나 부하, 동료들에게 상당한 영향을 행사할 수 있다.

제3절 | 팔로워십의 유형

Kelley(1994)는 팔로워십의 유형을 구분하기 위해 팔로워의 '사고'와 '행동'의 두 가지 핵심기준을 가지고 분류하였다.

첫 번째 기준은 '독립적 · 비판적 사고'와 의존적 · 무비판적 사고이다. 독립적이고 비판적인 사고를 가진 팔로워는 조직의 목표달성에 관한 구성원의 효과적인 행동에 관심을 갖는다. 또한 자신의 행동과 다른 사람의 행동이 조직의 목표달성에 얼마나 중요한지를 깊이 인식한다. 그리고 건설적인 논평과 창조적이고 혁신적인 방향으로 조직에 기여한다. 이에 반해 의존적이고 무비판적인 사고를 가진 팔로워는 리더가 말한 것 이상을 생각하지 않고 리더의 지시에 복종하며 조직의 발전에 크게 기여하지 못한다.

두 번째 기준은 '능동적 행동'과 '수동적 행동'이다. 능동적 팔로워는 조직의 일에 적극적으로 참여하고, 일을 찾아서 하며, 주인의식을 가지고,

문제해결과 의사결정을 주도한다. 이에 반해 수동적인 팔로워는 리더의 지속적인 감독과 자극을 필요로 한다. 수동적 행동은 게으름으로 생각될 수 있으며 이로 인해 수동적 팔로워는 오직 리더가 지시한 일만 하고 부가적인 책임을 지려 하지 않는다.

Kelley는 [그림 16-1]에서 보는 바와 같이 이 두 기준에 따라 팔로워 유형을 소외형, 수동형, 모범형, 순응형, 생존형의 다섯 가지로 구분했다.

그림 16-1 | 팔로워십의 유형

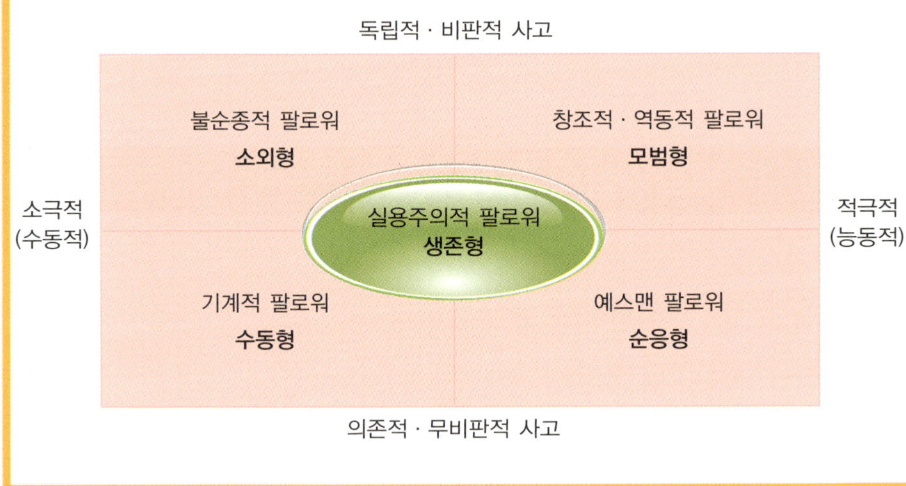

1. 소외형(불순종적 팔로워)

소외형 팔로워는 독립적이고 비판적인 사고를 하지만 반면 역할수행에서는 그다지 적극적이지 않은 사람이다. 이러한 팔로워는 리더와 심리적 · 정서적으로 거리를 두게 된다. 능력은 있지만 조직에 무관심하며 조직의 문제해결과 부족한 점을 개선시키려 노력을 기울이지 않는다. 특히 이런 유형의 팔로워는 리더의 노력에 대해 비판적이고 조직을 위해서는 헌신하지 않는다. 이런 소외형 팔로워는 상사에 의해 자신의 희망과 욕구가 좌절된 경험이 있거나 조직 내에 신뢰의 풍토가 조성되지 않은 상황에서 발생하게 된다. 특히 이런 유형의 팔로워는 조직에 잠재적 위험이 될 수 있다.

2. 수동형(기계적 팔로워)

수동형 팔로워는 비판적이지도 않고 독립적으로 사고도 하지 않는다. 따라서 적극적으로 참여하려는 의지가 결여되어 있고, 자신이 맡은 임무를 열정적으로 수행하지도 않는다. 업무에 있어서도 상사로부터 지시된 것만 처리하며 통제 및 감독 하에서만 임무를 수행한다.

수동형 팔로워는 스스로 솔선수범하지 않고 자신에게 주어진 임무 이외에는 하지 않는다. 따라서 이들 팔로워들은 리더가 고분고분 따라하기를 원하는 조직에서 흔히 볼 수 있다.

3. 모범형(창조적 · 역동적 팔로워)

모범형 팔로워는 조직 내에서 비판적인 사고를 가지며 조직의 일에 독립적이고 능동적으로 참여한다. 이런 유형의 팔로워는 조직 내 지위와 상관없이 모든 사람을 대등하게 대하며 조직에서 일어나는 갈등과 위험을 회피하지 않고, 오히려 변화를 선호하며 이를 통해 용기를 발휘한다. 특히 구성원 간의 갈등을 기꺼이 받아들이고 조직의 이익을 위해서는 상사와도 의도적으로 맞서게 된다. 이런 유형의 팔로워는 스스로를 통제할 수 있는 능력이 있으며, 자신과 조직 내의 강점과 약점을 정확히 인식하고 자신보다 조직의 이익을 위해 헌신할 줄 안다. 또한 독립적 사고와 집중력, 기술, 스스로를 조절할 수 있는 능력을 가지며, 어려운 상황에서도 절망하지 않고 다른 사람을 이용하거나 속이지 않는다. 이들 유형의 팔로워들은 조직에 가장 유익한 사람들이다.

4. 순응형(예스맨 팔로워)

순응형 팔로워는 조직의 일에는 적극적으로 참가하지만 그들이 수행하는 업무에 대해 무비판적이고 의문을 제기하지 않으며 상사가 지시하는 대로만 따라하는 순응형이다. 순응형 팔로워는 참여라는 측면에서는 긍정적이지만 무비판적으로 업무를 수행하다 보니 수행하는 일이 조직에 오히려 피해를 주기도 한다. 이러한 유형은 팔로워가 수행하는 일을 빈틈없이 통제하며, 실수를 용인하지 않는 권위적이고 고압적인 리더가 이끄는 조직에서 찾아볼 수 있다.

5. 생존형(실용주의적 팔로워)

생존형 팔로워는 상황에 따라 팔로워 유형을 바꾼다. 상황에 따라 가장 유리하고 이익이 많으며 위험이 적은 유형을 선택한다. 따라서 실용주의적 생존형은 위험감수보다 안전을 우선하게 되며 훌륭한 일을 하고 싶어하면서도 위험을 무릅쓰고 일을 추진하려 하지 않고, 자신보다 다른 사람이 책임지고 일하기를 원한다.

생존형의 팔로워는 스스로 목표달성의 한계가 있기 때문에 선도적인 사람을 필요로 하며 생존을 위해서는 무엇이든지 하려고 한다. 이러한 유형의 팔로워는 주로 공공조직에서 볼 수 있으며, 조직이 침체기에 들어갈 때 자주 나타난다.

제4절 | 팔로워십의 기술과 리더십

리더십은 오랜 기간 동안 훈련을 통해 준비된 팔로워십으로부터 발현되고 그리고 성공 팔로워의 경험을 가진 사람이 리더가 될 때 조직이 발전할 수 있다. 효과적인 팔로워가 되기 위한 기본적 요소와 팔로워와 리더 간의 관계형성 방법에 대해 살펴보고자 한다.

1. 효과적인 팔로워 요소

효과적인 팔로워가 되기 위한 기본적인 팔로워 요소에 대해 신인철(2007)은 일곱 가지를 제시했다.

표 16-1 | 효과적인 팔로워 요소

• 헌신	• 방향 통일
• 몰입	• 표현
• 대안 제시	• 리더의 보완
• 용기	

자료 : 신인철, 팔로워십, 리더를 만드는 힘, 한스 미디어, 2007.

1) 헌신

효과적인 팔로워는 자발적인 참여를 통해 조직과 자신을 일치시켜 조직의 발전이 자신의 발전으로 여기며 매사에 최선을 다한다.

2) 방향성 통일

리더의 지시나 방향설정에 대해서 한 방향으로 정렬할 수 있는 능력이 바로 효과적 팔로워가 될 수 있는 요건 중 하나이다. 방향성 통일은 조직의 구성원으로서 평상시 조직에서 일상적인 활동을 할 때에 다른 시각을 갖고 반대의견도 개진할 수 있다. 그러나 팔로워는 조직이 역량을 발휘해야 할 때, 특히 조직이 위기상황에 처했을 때에는 조직의 방향에 자신을 일치시키는 충성심을 발휘해야 한다.

3) 몰입

효과적인 팔로워는 자신이 맡은 일에 몰입하게 된다. 몰입은 그 자체로서는 엄청난 에너지를 발휘하게 하며 역량발휘와 발전적 가치창조에 기여하지만 열정으로 변이되어 이성적인 판단으로는 측정할 수 없는 엄청난 성과를 달성하게 된다.

4) 표현

효과적인 팔로워는 자신이 원하는 바를 정확하고 즉시에 리더에게 알려주고 표현한다. 팔로워가 조직을 위해 진정으로 필요한 구성원이 되려면 리더에게 문제와 건의사항이 있으면 서로 대화를 시도해야 한다. 리더도 대화를 원하는 팔로워를 거부하지 말고 조직을 위한 것이라면 건의를 받아들여 모든 문제를 사전에 대화로 풀어 해결해야 한다.

5) 대안 제시

효과적인 팔로워는 리더의 지시나 의견에 대해 반대할 부분이 있으면 기본적인 예의를 지키고, 리더를 예우하면서 명확하게 반대하되 냉철하고 올바른 대안을 제시하여 리더가 채택할 수 있도록 한다. 리더에게 대안을 제시하는 팔로워를 육성하기 위해서 리더는 팔로워를 비판이나 비난보다는 수용과 수긍을 해야 한다. 그리고 의도적인 대화의 창을 마련하고 창의적 제안에 대해서는 적극 반영하고 그 결과에 대해서는 보상해 주어야 한다.

6) 리더의 보완

효과적인 팔로워는 리더의 부족한 점을 보완해 주어야 한다. 리더가 팔로워에게 바라는 것은 자신이 부족한 점을 보완해 주는 적극적 참모활동이다. 리더의 약점을 보완해 주는 팔로워의 역할은 쉽지 않다. 너무 돋보이지 않으면서 리더의 부족한 부분을 보완해 주는 팔로워의 역할이 매우 중요하다.

7) 용기

효과적인 팔로워는 용기를 발휘해야 한다. 팔로워의 용기는 개인적인 철학, 종교적 믿음, 비전, 과거 경험 등에서 비롯될 수 있다. 효과적인 팔로워의 대표적인 용기로는 다음과 같다(Daft, 2008).

첫째, 책임지는 용기가 필요하다.

효과적인 팔로워는 조직에서 주인의식을 갖고 책임감이 투철하며 조직을 위해 봉사하려는 사명감을 지닌다.

둘째, 봉사하는 용기가 필요하다.

효과적인 팔로워는 조직의 필요를 분별하고 그 필요를 충족하기 위해 전심전력한다.

셋째, 도전적인 용기가 필요하다.

효과적 팔로워는 봉사하고 지원하는 데 열심이지만 조직의 안정을 위해서 조직에 해가 되는 일을 묻어두거나 부당한 일에 눈감지 않는다. 효과적 팔로워는 리더의 행동과 결정이 조직의 이익과 반할 경우 적극 바로 잡아 교정할 수 있어야 한다.

넷째, 변혁에 참여하는 용기가 필요하다.

효과적 팔로워는 조직이 어려운 변혁을 시도할 때 조직의 변혁에 참여하여 리더를 적극적으로 보좌해 주어야 한다.

다섯째, 조직을 떠날 줄 아는 용기가 필요하다.

효과적 팔로워는 조직이나 리더가 자신의 정당한 의견을 받아주지 않거나 비윤리적인 행동을 자행할 때에는 과감히 이직할 수 있는 용기가 필요하다.

2. 유능한 팔로워를 얻기 위한 리더십 기술

올바른 팔로워십을 발휘하는 부하가 없는 리더는 성공할 수 없다. 팔로워가 효과적인 팔로워십을 발휘하도록 만들기 위해서는 리더 스스로가 변화함으로써 부하들이 리더를 따르게 하는 힘, 즉 팔로워십을 이끌어내야 한다. 이를 위해 리더는 다음 사항을 실천함으로써 부하들의 올바른 팔로워십을 이끌어 낼 수 있다(배정훈, 2009).

1) 감동을 줄 것

사람을 움직이는 것은 감동이고 감동의 힘은 사랑이다. 부하들이 감동을 받을 때 진정으로 따르고 움직인다. 부하에게 감동을 줄 수 있는 리더에게는 항상 올바른 팔로워십을 지닌 부하가 따르게 마련이다.

리더는 팔로워들에 섬김과 사랑을 통한 감동, 희생을 통한 감동, 열정을 통한 감동, 무한한 책임감과 헌신감을 통해 감동을 줄 수 있어야 한다.

2) 권한과 책임 부여

부하들에게 보다 많은 권한과 책임을 부여해 줄 경우 부하들은 보다 더 능동적인 참여의식과 주인의식을 갖게 되어 조직을 위해 헌신하고자 하는 마음을 갖게 된다.

3) 부하들 모두가 리더가 될 수 있게 대할 것

부하들 모두가 장래에 조직의 리더가 될 수 있다고 격려하고 동기를 부여해 줄 경우 부하들은 올바른 팔로워십을 발휘하게 될 것이다.

4) 부하들을 신뢰할 것

리더가 부하에게 무한한 신뢰를 보일 때 부하는 리더에게 모든 것을 바치게 되고 주인의식과 책임의식을 가지게 된다.

5) 따르는 기술을 잘 다듬어 줄 것

리더는 항시 부하들에게 올바르게 따르는 방법에 대한 노하우를 알려주고 가르쳐 주어야 한다. 무작정 하라는 대로 따라만 하는 부하들이나 아무리 능력이 있더라도 자기 마음대로 하는 부하들로만 가득 찬 조직은 성공할 수 없다.

6) 능력에 따른 대우와 적절한 피드백을 해줄 것

능력에 따라 대우하고 업무성과에 따른 적절한 피드백을 해주어야 한다. 적절한 금전적 보상과 함께 부하의 권리와 독창성을 인정해 주고, 항시 대화의 창구를 열어두어야 한다.

7) 역지사지(易地思之)의 마음으로 부하를 이해할 것

부하의 행위를 무작정 나무라고 꾸중하기에 앞서 부하의 입장에서 생각해 보고 자신의 모습을 먼저 뒤돌아보는 자세를 가져야 한다.

8) 신명나게 일할 수 있는 조직문화 창조

직원들이 신나서 일할 수 있는 조직문화를 마련해 주어야 한다. 특히 부하의 공적이 최고경영자에게 제대로 신속하게 알려질 수 있는 업무시스템이 확립되어야 한다. 중간관리자가 부하의 공적을 중간에서 가로채 가는 일이 발생해서는 안 된다.

제5절 | 효과적인 관계형성을 위한 팔로워십

대부분의 팔로워들은 리더가 자신들의 의견을 경청해 주지 않고 자신의 노력에 대해 인정해주지 않는 것에 불평을 한다. 팔로워십에서 가장 큰 장애는 리더가 팔로워를 하나의 고용자로 인식하는 태도이다. 리더와 팔로워의 관계는 대부분 권위와 복종의 관계로 형성되어 있기 때문에 팔로워의 마음속에 큰 불균형을 초래한다. 따라서 팔로워는 리더에게 극도로 비판적이고, 반항적이며, 수동적인 태도를 보인다. 팔로워와 리더와의 효과적인 관계형성을 위한 방법에 대해 [표 16-2]에서 정리하였다(안성호 · 김일석, 2010).

표 16-2 | 팔로워가 리더에 영향을 미치는 방법

방법	내용
리더가 필요로 하는 인물 되기	• 리더의 욕구를 파악한다. • 리더의 약점을 자신의 강점으로 보완한다. • 자신에 관해 리더에게 말한다. • 팀의 목적과 비전에 맞추어 자신을 일치시킨다.
좋은 리더가 되도록 돕기	• 리더에게 조언을 요청한다. • 자신의 생각을 리더에게 말한다. • 리더에게 감사할 것을 찾는다.
리더와의 관계 강화	• 자신의 수준/지위에서 리더에게 관해 묻는다. • 피드백과 비판을 환영한다. • 조직의 역사를 이야기해 줄 것을 리더에게 요청한다.
리더를 현실적으로 보기	• 이상형의 리더를 기대하지 않는다. • 리더에게 어느 것도 숨기지 않는다. • 다른 사람에게 리더를 비판하지 않는다. • 때로 리더의 견해와 다름을 밝힌다.

1. 리더가 필요로 하는 인물 되기

유능한 팔로워는 조직의 목표와 비전에 자신의 행동과 마음을 둔다. 그들은 리더에게 조직의 비전과 목표에 대해 문의하고 그것을 성취하는 데 기여한다. 그들은 조직의 성취에 그들의 영향이 어느 정도 미치는지를 이해하고 있다. 이러한 점에서 팔로워는 힘의 원천이고 리더를 위한 지원세력이다.

이와 같이 유능한 팔로워는 자신의 장점을 활용하여 리더의 약점을 보완하고 완전하게 한다. 그래서 팔로워 자신의 목표와 조직에 기여할 수 있는 개인적인 지원을 알린다.

대표적인 예로는 이순신을 보필하여 거북선의 설계도를 완성하여 이순신 장군이 원하던 전함을 만들 수 있게 한 나대웅 장군을 들 수 있다. 나대웅 장군은 리더가 해결하지 못한 부분을 보완하는 역할에 충실했다.

2. 좋은 리더가 되도록 돕기

리더는 팔로워들이 협조적이고 경의를 표할 때 더 좋은 리더가 될 수 있다. 팔로워들이 도움을 주는 리더의 행동에 감사하고, 리더에게 솔직하게 충언을 해 주는 것은 리더의 능력을 향상시키는 데 기여한다. 특히 리더가 팔로워에게 충고해 줄 것을 먼저 요구하면 팔로워는 리더에게 유익한 충고를 해 주는 것이 쉽다. 유능한 팔로워는 자신이 무엇이 필요한지를 리더에게 알려주면서 좋은 리더가 되도록 돕는다.

3. 리더와 관계 강화

유능한 팔로워는 리더와 깊은 관계를 유지하면서 일을 한다. 이러한 관계에는 신뢰와 믿음을 바탕으로 한 팔로워의 직언이 필요하다. 리더와의 관계 강화에 의해 팔로워는 모든 활동이 조직을 위해 더욱 의미 있게 이루어진다. 더욱이 리더와 팔로워의 관계는 권위와 복종보다는 상호존경에 기초해야 한다.

4. 리더를 현실적으로 보기

리더를 현실적으로 본다는 것은 리더가 평범한 사람과 다른 이상적인 사람이라고 생각하는 것을 단념하게 하는 것을 의미한다. 즉, 리더도 보통 사람처럼 잘못된 길로 들어서기도 하며 실수도 할 수 있다고 현실적으로 바라보는 것이다. 팔로워가 리더를 바라보는 시각을 어디에 두고 있는가는 리더와 팔로워와의 관계설정의 기초가 된다.

유능한 팔로워는 자신의 솔직한 모습을 보여준다. 팔로워는 자신의 약점을 숨기지 않으며, 또한 실수를 은폐하려 하지도 않는다. 그러므로 팔로워는 리더를 다른 사람에게 비난해서는 절대 안 된다.

제6절 | 팔로워십의 계발과 육성

팔로워십이 발휘되기 위해서는 리더의 도움이 절대적이다. 효과적인 팔로워십이 계발되고 육성되기 위해서는 리더의 팔로워십에 대한 이해와 관심, 지원이 필수적이다. 그러므로 리더의 중요한 임무 중의 하나는 이 부하들을 효과적인 팔로워들로 육성시키는 일이다.

1. 팔로워의 잠재력 계발

팔로워들은 개인적 삶과 일을 통해 리더십 자질을 개발하고 적용함으로써 잠재력을 계발할 수 있다. 스티븐 코비(Stephen Covey, 1989)는 「성공하는 사람들의 일곱 가지 습관」(The Seven Habits of Highly Effective People, 1989)에서 유력한 개인적인 잠재력 개발모형을 제시했다. 그는 습관을 지식 · 기량(skills) · 욕구가 결합된 것으로 보고 개인의 잠재력이 개인수준과 대인관계수준에서 일곱 가지 습관을 기름으로써 계발된다고 주장했다.

개인 및 개인 간의 성숙은 [그림 16-2]에서 보는 바와 같이 의존에서 독립, 독립에서 상호의존으로 나아가는 성숙의 연속성을 따라 이어지는 일곱 가지의 습관으로 이루어진다.

성숙의 연속성 그림은 각 습관들 간의 상호작용 관계를 보여주고 있다. 성숙의 연속성은 사람들이 어느 하나의 습관을 실천하고 개선할수록 나머지 습관을 실천하는 능력도 증가되어 의존성에서 독립성으로, 독립성에서 마침내 상호의존성 단계로 발전되어 나아가는 것을 설명하고 있다.

의존성 단계는 팔로워가 책임감을 느끼지 못하고, 솔선적인 모습도 보이지 않으며, 다른 누군가가 자신을 보살펴주기를 기대하는 단계이다. 반면 독립성의 단계는 팔로워가 책임을 스스로 느끼며 원하는 것을 노력하여 성취한다. 훌륭한 팔로워는 상호의존성이 높은 수준의 단계로 나아간다. 이러한 상호의존성 단계는 다른 사람과 협동하는 것이 중요함을 깨달게 된다. 이 단계에서 팔로워는 다른 사람과 가까운 관계를 많이 경험함으로써 삶의 질을 향상시키고 일의 성과를 높인다.

그림 16-2 | 성공하는 사람들의 7가지 습관

1) 제1단계 : 의존에서 독립으로

Covey(1996)가 제시한 7가지 습관들은 개인차원과 대인관계차원의 성숙에 관심을 두고 있다. 개인차원은 신뢰성에 역점을 두고, 타인을 효과적으로 이끌려면 먼저 자신부터 효과적으로 이끌어 나갈 수 있어야 한다는 것이다. 개인적으로 훌륭한 인격과 역량을 보여줄 때, 다른 사람들이 그를 신뢰하고 존경하게 될 것이다.

따라서 우선 개인적으로 자신부터 자신의 성품, 가치관을 변화시켜야 한다. 사람이 성숙해 나가는 첫 번째 단계인 의존성에서 독립성으로 나아가기 위해서는 습관 1, 습관 2, 습관 3이 필요하다. 이 세 가지 습관을 단련함으로써 개인은 의존적 단계에서 독립적 단계로 성숙하게 된다.

■ 습관 1 : 자신의 삶을 주도하라

사람은 자기 스스로 문제에 대해 결정을 할 수 있는 힘을 갖고 있다. 따라서 개인은 자신의 가치에 따라 반응할 때 주도적인 사람이 된다. 주도적인 사람들은 우선 멈춘 다음, 원하는 결과를 고려하여 원칙에 따라 반응을 선택하는 자유를 갖는다. 자극과 반응 사이의 공간을 지혜롭게 활용함으로써 선택의 자유는 확대된다.

반면 주도적이지 못하고 외부자극에 민감하게 대응하는 사람은 분위기, 감정, 상황에 따라 반응한다. 자극이 긍정적이면 기분이 좋아지고, 부정적이면 기분이 나빠진다. 상황에 따라 좌지우지되기 때문에 스스로를 희생자라고 느낀다. 즉 반사적 행동을 하는 사람은 자극과 반응 사이에 공간이 있음을 인정하지 않는다.

따라서 자신의 삶을 주도하는 사람은 자신의 삶에 책임을 진다는 것을 의미한다. 다른 사람의 행동이나 성질에 관계없이 자신의 가치관, 목표, 비전에 따라 결정한다. 조지 버나드쇼는 "사람들은 항상 그들의 처지에 대해 상황 탓을 하지만 나는 상황 때문이 아니라고 믿는다"라고 하였다.

또한 자신의 삶을 주도하기 위해서는 주도적인 언어를 사용해야 한다. 사람들이 사용하는 언어를 보면 주도적인 사람과 반사적인 사람의 차이점을 알 수 있다. 이를 정리해 보면 [표 16-3]과 같다.

자신의 삶을 주도하기 위해서는 영향력의 원을 확대해야 한다. 영향력의 원은 당신이 직접적으로 영향을 미칠 수 있는 것들을 포함하는 영역이다. 관심의 원은 당신이 관심을 두고 있는 모든 것을 포함하는 영역이다.

주도적인 사람들은 자신이 영향을 미칠 수 있는 것들에 초점을 맞추고,

표 16-3 | 반사적 언어와 주도적 언어의 차이점

반사적 언어	주도적 언어
"우리가 할 수 있는 것은 아무것도 없다." "나는 원래 그래." "그 사람 때문에 미치겠다." "그들이 허락하지 않을 것 같아." "어쩔 수 없이 해야만 해!" "저는 할 수 없습니다." "나는 해야만 합니다." "만일, 그렇게만 되었더라면…" "…때문에 그럴 수밖에 없었다."	"자, 우리 대안을 찾아보자." "나는 다른 방법을 선택할 수 있어." "나는 감정을 조절할 수 있다!" "나는 효과적인 프리젠테이션을 할 수 있다." "나는 적절한 반응을 선택할거야." "내가 선택한다!" "나는 이것이 더 좋아!" "제가 하겠습니다." "그럼에도 불구하고 나는…"

시식과 경험을 넓혀 신뢰성을 구축하게 된다. 그 결과 그들의 영향력의 원은 넓어진다. 반면 반사적인 사람들은 자신이 통제할 수 없는 것들에 초점을 맞추기 때문에 그들이 영향을 미칠 수 있는 시간과 에너지가 줄어든다. 따라서 그들의 영향력의 원은 줄어든다.

그림 16-3 | 주도적인 사람과 반사적인 사람 비교

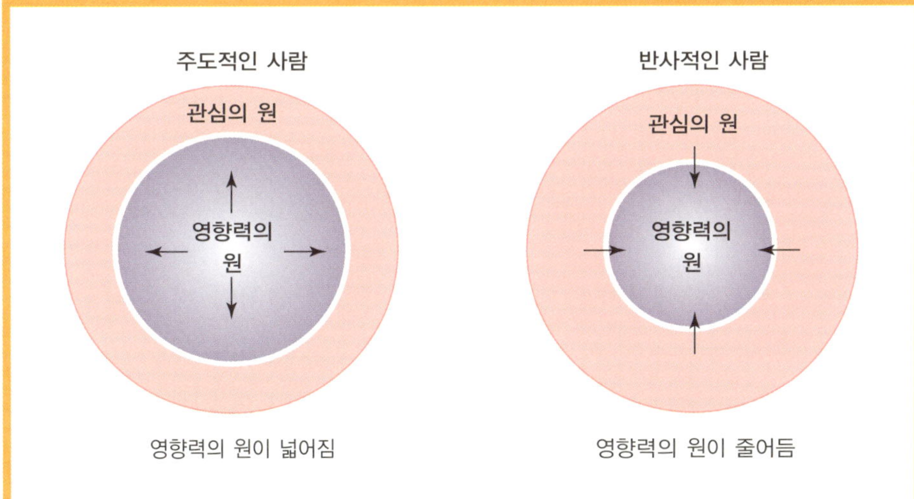

Leadership Devlopment and Training **사례 16-1**

주도적이 되어라!

이솝우화에 다음과 같은 글이 있습니다.

어느 날 토끼들이 잠들어 있을 때 잘 익은 야자열매 하나가 '첨벙' 하고 강물에 떨어졌다. 이 소리에 놀라 잠이 깬 토끼들은 왜 소리가 났는지는 알아보려 하지 않고 무작정 냅다 달리기 시작했다. 여우는 토끼들이 달리는 것을 보고 놀라서 자기도 뛰기 시작했다.

토끼와 여우가 정신없이 뛰어 달아나는 것을 보자. 노루도 은근히 겁이 나기 시작하고 급기야 정신없이 뛰기 시작했다. 노루 뒤를 사슴이, 사슴 뒤를 기린, 늑대, 코끼리가 뛰었고, 마침내 마지막으로 동물의 왕인 호랑이까지 함께 뛰었다.

숲 속의 모든 동물들이 순식간에 토끼 뒤를 따라 까닭도 모른 체 헉헉거리며 달렸다. 한참을 달리다가 몹시 지친 동물들이 한 곳에 모여 쉬면서 자신들이 왜 여기까지 도망 왔는지 서로 궁금하게 생각하고 물어 보았으나, 그 까닭을 아무도 몰랐다.

이 이야기가 전해주는 교훈이 무엇일까요? 바로 부화뇌동하는 것으로 자기의 생각과 주관이 없이 남이 하는 대로 무조건 따라하는 것을 풍자한 것이다. 무슨 일을 하든 내가 주도적이 되어서 하는 것과 마지못해 따라가는 것과는 천지차이다. 당신이 진정 성공하는 직장인이 되고자 한다면 남이 하는 대로 무작정 따라할 것이 아니라 당신이 주도적이 되어 다른 사람이 당신을 따라오게 만들어야 한다.

자료 : 한국인재개발센터(http://www.bestpdc.com)

■ 습관 2 : 목표를 확립하고 행동하라

이 습관은 자신의 목적지에 대한 뚜렷한 마음의 상태를 그린 후 시작하라는 것을 의미한다. 자신이 무엇을 원하며, 마음속 깊이 중요하게 생각하는 것이 무엇인지를 알아야 한다는 것을 의미한다. 그 결과 매일 매일 비전을 완수하기 위해 집중할 수 있게 된다.

목표를 수립하고 행동하는 데 개인적 리더십의 원칙이 지켜져야 한다. 개인적 삶의 핵심 4가지 요소는 목표확립과 행동의 인자이다. ① 지혜를 갖고, ② 안정감으로, ③ 지침을 수행하며, ④ 역량을 강화시켜야 한다.

삶의 중요한 목표로는 원칙중심만이 삶을 안전하고 올바르게 안내하며,

힘을 부여해 준다. 이들 원칙에는 ① 공정성, ② 성실성, ③ 정직, ④ 인간의 존엄성, ⑤ 봉사, ⑥ 인내, ⑦ 용기, ⑧ 평등, ⑨ 신뢰 등이 있으며 이들 원칙은 인간 양심의 일부이다.

인간이 삶을 살아가는 데 목적지를 올바르게 가리키는 역할을 하는 것이 바로 자기사명서이다. 자기사명서는 모든 결정을 내릴 때 기준이 되는 헌법과 같은 것이다. 삶을 효과적으로 사는 사람들은 다른 사람이나 문화, 환경이 자신의 미래를 결정하도록 맡기지 않고 스스로 만들어 간다. 이러한 사명서는 두 가지 기본적인 질문에 답하고 있다. 즉, "나는 어떤 사람이 되려고 하는가?", "어떤 원칙에 따라 나의 인생을 살고자 하는가?"이다. 따라서 자기사명서는 다음과 같은 이점을 준다.

첫째, 당신에게 중요한 것이 무엇인지를 분명하게 해준다.

둘째, 초점을 제공해 준다.

셋째, 주어진 대로 살기보다는 자신의 삶을 스스로 설계하도록 도와준다.

넷째, 의사결정의 지침을 제공해 준다.

다섯째, 삶의 의미와 목적에 대해 깨닫게 해준다.

이러한 자기사명서에 대해 빅터 프랑클은 "우리의 삶에 있어서 사명은 만들어 내기 보다는 찾아내는 것이다"라고 하였다. 또한 사명서는 수정하고 다듬어나가야 한다.

■ 습관 3 : 소중한 것부터 먼저 하라

소중한 일이란 우리가 가장 가치 있는 일이라고 생각하는 것들이다. 우리는 달성하고자 하는 목표와 관련이 되고 자기 자신을 관리하는 데 필요한 시간과 일들을 적절히 통제할 수 있어야 한다. 이를 위해 우선순위가 가장 높은 일에 집중해야 한다.

모든 활동은 중요성과 긴급성 두 가지 차원에 의해 분류될 수 있다. 중요성과 긴급성에 따라 구분하면 [그림 16-4]와 같이 네 가지 상한으로 나눌 수 있다. 이 네 가지 상한을 '시간관리 매트릭스'라고 한다.

그림 16-4 | 시간관리 매트릭스

	긴급함	긴급하지 않음
중요함	Ⅰ • 위기 • 급박한 문제들 • 마감시한이 임박한 프로젝트, 회의, 보고서	Ⅱ • 준비 • 예방 • 계획 수립 • 대인관계 구축 • 진정한 휴식 • 가치관 확립
중요하지 않음	Ⅲ • 끼어드는 일 • 불필요한 보고서 • 중요하지 않은 회의, 전화, 우편, 이메일 • 다른 사람들의 사소한 문제들	Ⅳ • 잡다하고 하찮은 일 • 쓸데없는 전화, 메일, 우편 • 시간낭비거리 • '현실 도피성' 소일거리 • 지나친 TV시청, 인터넷, 휴식

주) 중요함 : 당신의 가치, 사명, 우선순위가 높은 목표들로부터 비롯된 활동
긴급함 : 즉각적인 관심을 요구하는 활동들

2) 제2단계 : 독립성에서 상호의존성으로

독립성에서 상호의존성으로 나아가기 위해서는 습관 4, 습관 5, 습관 6이 필요하다.

■ 습관 4 : 상호이익을 추구하라(대인관계 리더십의 원칙)

조직구성원 간 상호이익 추구는 서로 간의 협력 없이는 조직이 성공할 수 없음을 의미한다. 이러한 승-승적 사고는 상호 간의 성공이 확신되고 모든 사람이 승리자가 되는 방법으로 서로 협력하게 된다. 상호이익을 추구하라는 것은 상호이익과 만족을 위해 끊임없는 합의와 문제를 해결하려

는 정신과 마음의 기틀을 갖는 것이다.

대인관계의 상호작용에는 네 가지 형태가 있는데, 승-승, 승-패, 패-승, 패-패가 있다. 이 중에 승-승은 자신도 승리하고 상대방도 승리하도록 하는 패러다임을 갖는 최고의 경지이다. 이러한 패러다임을 갖는 사람은 먼저 승-승의 해결책을 모색하게 된다. 만약 서로 수용할만한 해결책을 찾지 못한다면, 그들은 의견일치에 도달할 때까지 노력한다. 이들은 자신의 승리뿐만 아니라, 상대방의 승리를 위해 만족시킬 해결책을 찾는다. 그리고 서로 이익을 추구하고 경쟁적이 아닌 협조적인 관계를 유지하며 용기와 배려가 필요하게 된다. 이러한 패러다임은 성실성, 성숙도, 풍요의 심리로부터 나온다.

■ 습관 5 : 공감적 경청(공감적 커뮤니케이션의 원칙)

공감적 경청은 말하는 사람의 감정을 반영해 주고 자신의 말로 정리해 주는 것이다. 공감적 경청이 아닌 것은 들으면서 충고, 상담, 응수, 논박, 해결하고, 고치고, 바꾸고, 판단, 동의, 반대, 질문, 분석하고, 단정 짓는 것 등이다.

이 습관은 효과적인 의사소통의 핵심이다. 사람은 상대방을 이해하려는 의도를 갖고 듣지 않고, 자신이 어떤 말을 할 것인지에만 관심을 갖는다. 공감적 경청은 다른 사람이 진정으로 말하는 의미를 파악하려 하거나 그들의 입장에서 이해하고자 노력하는 것이다. 즉, 상대방의 말, 의도, 감정을 이해하기 위해 가슴과 마음으로 듣고 대답해야 한다. 효과적인 경청을 위해서는 무엇보다도 배려해주는 태도와 이해하려는 성실한 자세가 중요하다.

다른 사람을 이해하고자 할 때 비언어적인 표현은 매우 중요하다. 특히 눈과 귀, 마음으로 경청하고, 음성이나 몸짓과 같은 비언어적 단서들을 이해하면 상대방이 말하는 내용뿐만 아니라 의미, 느낌까지도 이해할 수 있게 된다. 그리고 일단 상대를 이해했다면 상대방의 이해를 구해야 한다. 자신의 생각을 분명하고 구체적으로 제시하고, 상대방의 생각이나 관심사를 진심으로 이해해 준다면 상대방도 우리를 잘 이해하게 될 것이다.

■ 습관 6 : 시너지를 활용하라(생산적 협조의 원칙)

시너지는 사람들이 새로운 대안과 해결책을 창조하기 위하여 함께 일할 때 발생되는 행동의 결합에 의해서 생기는 것이다. 시너지가 발생되는 최고의 시기는 구성원들이 각자 다른 관점을 갖고 있을 때이다. 사람들은 의견, 관점 또는 배경이 다를 때 자주 위협을 받는다. 그러나 일단 공통의 목표가 정해지면 차이점을 찾아내고 그것으로부터 배우게 된다. 고도로 효과적인 삶을 사는 사람들은 서로의 다른 점을 단순히 찾는 것이 아니라 받아들이고, 나아가 다른 점이 있음을 축하한다.

시너지를 내는 것은 고도로 효과적인 사람들이 시너지 혹은 제3의 대안을 얻는 상호작용의 과정이다. 시너지를 낸다는 것은 결과지향적인, 긍정적 에너지의 발산이다. 자신의 패러다임을 보완 혹은 대체할 수 있을 정도로 다양한 관점들을 공개적으로 검토, 탐색, 추구하며, 승-승의 협력을 하게 되며, 상호 합의된 하나의 목표를 갖는다. 또한 노력할 가치가 있고 매우 효과적이며 절제되고 훈련된 실행 과정이다.

표 16-4 | 상호작용의 유형

유형		나타난 결과
시너지 – 제3의 대안	1+1=3, 10, 100	변혁
절충	$1+1=1\frac{1}{2}$	거래
방어적	$1+1=\frac{1}{2}$	분쟁
적대적	1+1= −1, −10, −100	

시너지를 낸다는 것은 창조적 협력을 실행하는 것이다. 열린 마음으로 각자가 생각하고 있는 것보다 더 나은 해결책을 기꺼이 찾아보도록 하고, 자신의 입장을 표명하기 전에, 상대의 관점을 반영하고, 제3의 대안에 이를 때까지 새로운 아이디어를 제안하고 다듬어야 한다.

3) 제3단계 : 자기쇄신의 습관

자기쇄신을 위해 신체적, 정신적/지적차원, 영적차원, 사회/감정적 차원의 쇄신이 필요하다.

■ 습관 7 : 심신을 단련하라(균형적인 자기쇄신의 원칙)

이는 자기쇄신의 습관으로 4가지(신체적, 정신적/지적, 영적, 사회/감정적) 차원에서의 규칙적인 자기쇄신이 필요하다.

첫째, 신체적 차원이다. 신체적 차원의 쇄신은 자신의 신체를 효과적으로 돌보는 것을 말한다. 음식을 적절히 섭취하고, 충분한 수면과 휴식을 취하며, 운동을 규칙적으로 함으로써 자신을 돌보는 것이다. 다이어트, 스트레스관리, 운동 등에 적절한 관심을 기울이면 자기존중, 자기신뢰, 성실성 등이 증대된다.

둘째, 정신적/지적 차원이다. 정신적/지적인 쇄신을 위해 다음과 같은 노력이 필요하다.

① 일기를 써라, 일기는 당신의 문제를 해결해가는 공간이 될 수 있다.

② 많은 분야의 책을 읽어라. 가장 중요하다.

③ 명언을 수집하라. 위대한 사람들의 감성은 우리의 마음을 자극해 준다.

④ 취미를 개발하라. 당신이 푹 빠져서 할 수 있는 일이 생길 것이다.

⑤ 평생토록 학습하라. 독자적으로 사고하는 힘을 키우고 자신의 패러다임을 점검하라.

셋째, 영적 차원이다. 영적 차원의 쇄신에서는 영적 차원은 인생의 의미와 목적의 원천이다. 영적 활동은 우리를 고양시키고 영감을 주며, 우리의 사명과 목적을 이해하고 발견할 수 있도록 도와준다. 영적 쇄신을 위해, 다음과 같은 노력이 필요하다.

① 자기 사명서를 작성, 검토하고 다듬어라.
② 자연을 보고, 듣고, 즐겨라.
③ 감동적인 문학작품을 읽어라. 특히 당신에게 깊은 영감을 주는 사람들의 전기를 읽어라.
④ 당신의 우선순위에 일치하는 인생을 살겠다는 각오를 다져라.
⑤ 영감과 기분을 북돋아주는 음악을 들어라.
⑥ 지역공동체를 위해 봉사하라. 당신의 시간과 돈, 그리고 무엇보다도 당신 자신을 바쳐라.
⑦ 덕성을 북돋우는 영적인 기도를 하라.

넷째, 사회/감정적 차원이다. 새로운 사람을 사귀거나 기존의 인간관계를 돈독히 하는 것은 사회적 차원에서 심신을 단련시킨다. 새롭게 직면하는 사회적 도전을 해결하면서 사회적 차원을 개발하게 된다. 또한 감정적 쇄신을 위해 다음과 같은 노력이 필요하다.

① 감정은행계좌에 지속적인 예입을 통해 다른 사람과의 관계를 꾸준히 관리하라.
② 타인과의 차이점을 가치 있게 여기고 시너지를 낼 수 있는 기회를 모색하라.
③ 당신에게 중요한 사람들과 함께 공감적 경청을 실천하라.
④ 친구관계의 폭을 넓혀라.
⑤ 당신에게 해를 끼친 사람들과 당신 자신을 용서하라.
⑥ 가족 간에 긴밀한 유대관계를 쌓아라. 가까운 가족은 물론 먼 가족에게까지 두루 유대관계를 쌓도록 하라.
⑦ 타인에 대해 가질 수 있는 자기파괴적 경쟁심리를 버리도록 하라.

Leadership Devlopment and Training **사례 16-2**

서양고전에서 배우는 리더십, 호머에서 헤밍웨이까지

■ 오디세우스적 자세를 가져라

디지털 이큅먼트사를 창업한 60세의 케네스 올슨은 호방한 성격에 언변이 좋은 엔지니어 출신이며 유머감각까지 타고 났다. 회사의 기금모금 파티에서 연설한 내용이다.

"7만 달러만 있으면 무엇인가 시작할 수 있을 것 같습니다. 현재는 보시다시피 몇 푼 없습니다. 그러나 이제 이 자리에 계신 여러분들은 그 푼돈으로 7만 달러로 불어가는 것을 목격할 수 있게 되실 것입니다."

■ 조직흡수 통합의 비결

알렉산더의 어린 시절 이야기는 말할 것도 없이 장차 위대한 왕이 될 만한 떡잎의 면모를 보여준다. 소년 알렉산더에게 올림픽경기에서 달리기를 하려는지 묻자 소년 알렉산더는 "함께 경쟁할 왕들이 있는가?"라고 되물었다.

마케도니아의 왕인 아버시가 아틀에게 "아들아 마케도니아는 너에게 너무도 작다. 너에게 맡는 큰 제국을 찾아라!"

■ 덕망 있는 독재자의 필요성

플라톤은 남을 통솔하는 위치에 있는 사람은 다수를 기쁘게 하기보다는 조직을 개선하는 데 더욱 관심을 기울여야 하기 때문에 때로 혼자 행동할 수 있어야 한다고 믿었다.

소크라테스는 인류에게 가장 귀중한 유산인 소크라테스식 문답법을 남겼다. 그는 옳은 질문을 하는 것이 옳은 대답을 하는 것보다 더 중요하다고 생각했다.

■ 조직의 개성을 일깨워줘라

나폴레옹은 "인간은 상상력에 지배받는다. 그것이 인간과 동물의 다른 점이다. 병사들은 하루에 몇 푼을 더 벌기 위해서 혹은 하찮은 공훈이나 세우려고 죽음과 맞서 싸우지 않는다. 열정을 자극하는 그 무엇이 없다면 인간은 죽음을 각오하지 못한다."

자료 : 존 크레멘스, 더그라스 메이어 지음/이은정 역

2. 팔로워 육성전략

1) '리더들의 리더' 되기

조직구조는 계층적이어서 최고의 리더 밑에도 많은 계층의 리더들이 있다. 중간관리계층의 리더들은 상위계층의 리더가 보기에는 팔로워이고, 하위계층의 리더가 보면 상사의 위치에 있다. 그러므로 상급 위치에 있는 리더는 하급 위치에 있는 리더가 자신의 역량을 최고조로 발휘할 수 있는 올바른 리더로 만들어주는 것이 중요하다. 그래서 리더는 '리더들의 리더'(a leader of leaders)가 되어야 한다.

21세기 지식정보화 사회에서 리더는 조직의 하위계층에 있는 리더이면서 팔로워인 이들의 지적자본을 이해하고 창출하는 방식을 모색해야 한다. 그리고 조직 내 팔로워 겸 리더인 이들 간의 창조적 협력을 고무하기 위해 노력해야 한다. 그러므로 리더는 하위계층 리더의 우수한 지적 자본을 조직 내에 적극 활용하기 위해 리더들을 리더로 되게 하기 위한 노력을 경주하는 것이 중요한 상위 계층의 리더가 해야 될 역할이다.

2) 우수한 팔로워를 이끄는 리더십

팔로워십은 팔로워가 조직을 위해 자신이 맡은 일을 자발적으로 수행하며, 리더를 잘 따르는 훌륭한 팔로워의 역할에 그 초점을 두고 있다. 조직은 다양한 유형의 팔로워들로 구성되어 있다. 그중에는 능력이 우수한 팔로워들도 상당히 많이 있다. 이러한 팔로워들이 갖고 있는 능력을 조직을 위해 스스로 기여토록 하게 하는 것이 리더의 역할이다.

조직 내 팔로워는 조직에 엄청난 부와 가치를 창출할 수 있는 잠재력을 지니고 있기 때문에, 이들을 어떻게 조직에 헌신하도록 하게 하는 것이 리더의 중요한 임무이다. 이들 우수한 팔로워들이 조직을 위해 스스로 헌신하도록 하기 위해서는 이들의 특성을 잘 이해해야 한다. 이들은 대개 통제받기를 원하지 않기 때문에 과도한 통제나 지시는 오히려 열의를 감퇴시키고 창의적 에너지를 고갈시키게 된다. 대신 이들에게 업무수행 방식에 있어 자율권을 부여하고, 업무 수행 결과로 프로젝트가 실패하더라도 그 책임을 추궁하기보다는 오히려 격려하고 노고에 감사하며 재도전할 수 있도록 격려해 주어야 한다.

그리고 우수한 팔로워에게 독립적이고 특별한 존재라는 느낌을 갖게 만드는 것은 매우 중요하다. 한편으로는 그들에게 상호의존적 존재라는 사실도 함께 인식시켜야 한다. 또한 리더는 조직구성원들의 일체감 조성에도 노력해야 한다.

Leadership Development and Training **사례 16-3**

CEO가 거짓말 한다는 신호 7가지

회사의 미래에 대한 청사진을 열심히 설명하고 있는 최고경영자(CEO)가 왠지 거짓말을 하고 있을 것 같다. 그런데 '심증'만 있지 '물증'은 없다. 그렇다면 CEO가 임직원을 속이고 있다는 정황은 어떻게 포착할까?

미국 투자전문매체 데일리파이낸스는 'CEO가 거짓말을 하고 있다는 7가지 신호'라는 기사에서 이 같은 궁금증을 풀어줬다. 스탠포드대 경영대학원의 연구진들은 기업의 컨퍼런스쿨에서 나온 CEO들의 발언을 분석한 결과 이들이 회사에 대해 토론할 때 신뢰가 가지 않거나 오해를 불러일으킬 여지가 있는 표현 등을 소개했다.

■ **내가 아닌 '우리'를 강조할 때**

최고경영자가 회사에 대해 설명할 때 '책임' 등의 단어를 쓰며 공동체적 분위기를 강조하기 시작한다면 의심해 볼 여지가 있다. 데이비드 라커 스탠포드대 연구원은 "'I'나 'me'' mine'같이 '나'를 지칭하는 표현 대신 'we' 'us' 'our' 등 '우리'에 대해 두루뭉술하게 언급하는 CEO는 정직하지 못한 경향이 있다"고 설명했다.

■ **"우리 모두 잘 알듯이…"**

이 같은 표현은 책임감을 조금이라도 줄여보기 위한 미봉책이라는 것이다. CEO들은 자신의 책임을 분산시키려는 본능이 있는데 "당신도 안다(you know)" "우리 모두 동의했다(everyone agrees)" 등의 표현은 위험하다는 증거다. 주주들과 다른 이들까지 끼어 넣으면서 은근슬쩍 책임을 회피하려는 경향이 있다는 것이다.

■ **오버하는 각종 표현들**

"좋다" "약속한다" "인상적이다" "난공불락이다" 등 과도한 형용사와 수식 어구를 남발하는 것은 CEO에 대한 신뢰를 떨어뜨린다. 정직하고 능력 있는 경영자는 자신의 뜻을 전달하기 위해 보다 구체적이고 계량화될 수 있는 단어를 고른다. 반면 유치원생 수준의 칭찬인 'super' 같은 표현을 쓰며 분위기만 '업' 시키는 CEO도 있다고 데일리파이낸스는 전했다.

■ **최악 중의 최악은 감정의 롤러코스터를 탄 CEO**

모든 건 기분에 따라 좌지우지되는 이들이다. 상황이 좋으면 더할 나위 없지만 일이 잘 풀리지 않는다 싶으면 감정이 나락으로 추락해 버리는 수장들은 다소 위험하다는 얘기다. "어렵다" "힘들다" 등 듣기만 해도 사원들의 기를 꺾어버리는 말을 서슴없이 내뱉는 CEO들이 있다. 이들의 감정은 놀이공원의 롤러코스터를 탄 것처럼 종잡을 수 없다.

■ **입이 거친 CEO**

욕설과 비속어 등을 서슴없이 내뱉는 CEO도 있다. "지옥으로 가라" "엿 먹어라" 등 눈살이 찌푸려지는 저속한 표현을 임직원들에게 마구 쏟아 붓는다. 이렇게 되면 경영자에 대한 신뢰가 이미 땅에 떨어진 것은 자명한 사실이다.

■ **억누를 수 없는 분노**

강직하고 성실한 CEO는 사실에 근거한 논리적이고 분석적인 이야기를 풀어놓기 마련이다. 아나스타샤 자콜유키나 스탠포드대 경영대학원 연구원은 " '싫다' '죽여 버리겠다' '들이받을 것' 등 파괴적이고 부정적인 어투를 쓰는 CEO가 있다"며 "어느 누가 이런 사장을 신뢰하겠는가"라고 반문했다.

■ **"저를 믿잖아요, 그렇죠?"**

CEO가 긍정적이면 좋다. 그러나 지나치게 긍정적인 것도 문제다. 자신에 대한 믿음을 지나치게 강조하는 것은 역효과를 불러일으킬 수 있다. "진정으로" "정말로" "사실" 등 본인의 진정성을 나타내는 말로 사람들의 감정에 호소하는 것은 적절한 수위를 지켜야 한다는 얘기다. "나를 믿어요"라고 입버릇처럼 말하는 사람에 대해 신뢰를 갖는 이들이 별로 없다고 라커 연구원은 설명했다.

자료 : 한국경제, 2010년 10월 22일자 기사 중에서

참고문헌

김남현/P. G. Northouse, 리더십, 경문사, 2009.
김병욱, 경영혁신전략, 킴스정보전략연구소, 2004.
김성수, 21세기 글로벌 리더십 개발, 탑북스, 2010.
노언필, 리더와 리더십 트렌드, 도서출판 청람, 2008.
로버트 그린리프, 서번트 리더십 원전, 참솔, 2006.
박진경, 서번트 리더십의 연구동향, 한국관광학회, 2008.
배정훈, 리더십 에센스, 형설출판사, 2009.
신구범, 리더십의 이론과 실제, 형설출판사, 2008.
신인철, 팔로워십, 리더를 만드는 힘, 서울 : 한스 미디어, 2007.
아시아코치센터(www.asiacoach.co.kr)
안성호 · 김일석, 현대 리더십의 이해, 신광문화사, 2010.
이강옥, 대학 리더십, 도서출판 청람, 2010.
이민호, 코칭리더십의 공공부문 도입에 관한 연구, 단국대 석사학위논문, 2007.
이신철, 감성지능과 성과의 관계 연구, 고려대학교, 경영대학원석사논문, 2004.
이임정 · 김재붕, 보보의 리더십, 도서출판 청람, 2009.
이코노믹리뷰, 리더는 원칙을 먹고 산다, 2010년 6월 15일
이희경, 코칭입문, 교보문고, 2006.
장태관, 코칭을 통한 리더십 향상 방안에 관한 연구, 중앙대 석사학위논문, 2005.
정진우, 코칭리더십, 아시아코치센터, 2005.
제임스 C. 헌터, 서번트 리더십, 시대의 창, 2002.
제임스 C. 헌터/김광수 옮김, 서번트 리더십 2 : 실전매뉴얼편, 시대의 창, 2006.
조기룡, 보살사상과 서번트 리더십에 기반한 사회복지사 리더십의 도출, 한국불교연

구원, 2008.

최지영, 윈윈 파트너십, 21세기 북스, 2002.

한국인재개발센터(http://www.bestpdc.com)

한국코칭센터(www.koreacoach.com)

현대경제연구원, Chairperson Note, 08-02(통권 180호), 2008.

경향신문, 전자통신업계 "코칭경영" 키워드로, 2005. 4. 25.

Avolio, B. J., & Kahai, S., and G, E. Dodge, E-Leadership : Implications for Theory, Research, and Practice, *Leadership Quarterly*, Winter, 2000.

Avolio, B. J., *Full leadership development : Building the vital forces in organizations*, Thousand Oaks, CA :Sage, 1999.

Bandura, A., Self-Reinforecement : Theoretical and Methodological Consideration, *Behaviorism*, Fall, 1976.

Barnard, C. I., *The Functions of the Executive*, Mass : Harvard Univeristy Press, 1938.

Bass, B. M., *Bass and Stogdill's handbook of leadership : A survey of theory and research*, New York : Free Press, 1990.

Bass, B. M., *Leadership and performance beyond expectations*, New York : Free Press, 1985.

Bennis, W. G., & Nanus, B., *leaders : The strategies for taking charge*, New York : Harper & Row, 1985.

Bennis, W., & J. Goldsmith, *Learning to lead*, N.Y : Addison Wesley Publishing Co., 1994.

Blake, R. R., & Mouton, J. S., *The Managerial Grid Ⅲ*, Houston, TX : Gulf, 1985.

Blake, R. R., & Mouton, J. S., *The Managerial Grid*, Houston, TX : Gulf, 1964.

Blanchard, K. H., *SL Ⅱ: A situational approach to management people, Escondido*, CA: Blanchard Training and Development, 1985.

Blanchard, K., & Zigarmi, P., & Zigarmi, D., *Leadership and the One Minute*

Manager : Increasing Effectiveness Through Situational Leadership, NY : William Morrow, 1985.

Blanchard, K., & Zigarmi, P., and D. Zigarmi, *Leadership and the One Minute Manager : Increasing Effectiveness Through Situational Leadership*, New York : William Morrow, 1985.

Burns, J. M., *Leadership*, Harper & Row, 1978.

Burns, J. M., *Leadership*, New York : Harper & Row, 1978.

CMOE코리아(www.cmoe.co.kr)

Conger, J. A., & Kanungo, R. N., *Charismatic leadership in organizations*, Thousand Oaks, CA : Sage, 1998.

Conger, J. A., & Kanungo, R. N., *Charismatic Leadership*, San Franxisco, CA., Jossey-Bass, 1998.

Conger, J. A., Charismatic and transactional leadership in organizations : An insider's perspective on these developing streams of research, *Leadership Quarterly* 10(2), 1999.

Cooper, R. K., & Sawaf, A., Executive EQ : Emotional Intelligence in Leadership and Organizations, *Grosset/Putnum*, NY, 1997.

Covey, S. R., Servant Leadership from the Inside Out, ed by Larry C. Spears, *Insight on Leadership*, N.Y., John Wiley & Sons, 1998.

Cox, J. F., *The Effects of Super-leadership Training on Leaders behavior, Subordinate Self-leadership Behavior, and Subordinate Citizenship*, Unpublished Ph. D. dissertation, University of Maryland, College Park, MD, 1992.

Craig, S. B., & Gustafson, S. B., Perceived of Leader Integrity Scale : An instrument for assessing employee perceptions of leader integrity, *Leadership Quarterly 9(2)*, 1998.

Daft, R. L., & Lengel, R. H., *Fusion Leadership : Unlocking the Subtle Forces That Change People and Organizations*, San francisco : Berrett-Koehler, 1998.

Daft, R. L., *The Leadership Experience*, Mason, OH : South-Western, 2008.

Dansereau, F., Graen, G. G., & Haga, W., A vertical dyad linkage approach to leadership in formal organizations, *Organizational Behavior and Human Performance 13*, 1975.

Downton, J. V., Rebel Leadership : *Commitment and Charisma in A Revolutionary Process*, New York : Free Press, 1973.

Drucker, P. F.(한근태 역), 21세기 리더의 선택, 한국경제신문사, 2000.

Elisabeth Haberleither, 코칭리더십, 이영희 옮김, 국일증권경제연구소, 2006.

Fiedler, F. E., A contingency model of leadership effectiveness, In L. Berkowitz(Ed.), *Advances in experimental social psychology*(Vol. 1), New York : Academic Press, 1964.

Fiedler, F. E., *A theory of leadership effectiveness*, New York : McGraw-Hill, 1967.

Fiedler, F. E., The leadership situation and the black box in contingency theories, In M. M. Chemers, & R. Ayman(Eds.), *Leadership, theory and research : Perspectives and directions*, New York : Academic Press, 1993.

French, R. P., & Raven, B., The bases of social power, In D. Cartwright(Ed), *Studies in social power*, Ann Arbor, MI : Institute for Social Research, 1959.

Friedman, S. D., *Total Leadership : Be a Better Leader, Have a Richer Life*, Boston : Harvard Business Review, 2008.

Gary Yukl 지음/강정애 외 4인 옮김, 현대조직의 리더십이론, 시그마프레스, 2009.

Goleman, D.. & Boyatzis, R., McKee, A., *Primal Leadership : Realizing the Power of Emotional Intelligence*, Boston : Harvard Business School Press, 2002.

Goleman, D., *Emotional intelligence*, New York : Bantam, 1995.

Goleman, D., *Working with emotional intelligence*, New York : Bantam, 1998.

Graen, G. B., & M. Uhl-Bien, Relationship-Based Approach to Leadership : development of Leader-Member Exchange(LMX) Theory of Leadership Over 25 Years : Applying a Multi-Level, Multi-Domain Perspective, 1995.

Graen, G. B., & Uhl-Bien, M., The transformation of professionals into self-managing and partially self-designing contributions : Toward a theory of leader-making, *Journal of Management Systems 3(3)*, 1991.

Graen, G. B., & Uhl-Bien, M., Relationship-based approach to leadership : Development of leader-member exchange(LMX) theory of leadership over 25 years : Applying a multi-level, multi-domain perspective, *Leadership Quarterly 6(2)*, 1995.

Graen, G. B., Role-making processes within comples organizations, In M. D. Dunnette(Ed.), *Handbook of industrial and organizational psychology*, Chicago : Rand McNally, 1976.

Greenleaf, R. K., 리더는 머슴이다 : 서번트 리더십 원전, 참솔, 2006.

Greenleaf, R. K., *Servant leadership : A journey into the nature of legitimate power and greatness*, New York: Paulist, 1977.

Greenleaf, R. K., *The servant as leader*, Newton Centre, MA: Robert K. Greenleaf Center, 1970.

Haberleither, E., 코칭 리더십, 이영희 역, 국일증권경제연구소, 2002.

Heifetz, R. A., *Leadership without easy answers, Cambridge*, MA : Harvard University Press, 1994.

Hersey, P., & Blanchard, K. H., Life-cycle theory of leadership, *Training and Development Journal 23*, 1969.

Hersey, P., & Blanchard, K. H., *Management of organizational behavior : Utilizing human resources*(6th ed.), Englewood Cliffs, NJ : Prentice Hall, 1993.

Hitt, W. D., *The Leader-Manager : Guidelines for Action*, Columbus, OH: Battelle Press, 1988.

House, R. J., & Mitchell, R. R., Path-goal theory of leadership, *Journal of Contemporary Business 3*, 1974.

House, R. J., & Mitchell, R. R., Path-goal theory of leadership, *Journal of Contemporary Business 3*, 1974.

House, R. J., A Path-goal theory of leader effectiveness, *Administrative Science Quartely 16*, 1971.

House, R. J., A Path-goal theory of leader effectiveness, *Administrative Science Quarterly 16*, 1971.

Indvik, J., "A Path-Goal Theory Investigation of Superior Subordinates Relationships," University of Wisconsin-Madison, 1985.

Indvik, J., *A Path-goal theory investigation of superior subordinate relationships*, Unpublished doctoral dissertation, University of Wisconsin-Madison, 1985.

Indvik, J., Path-goal theory of leadership : A meta-analysis, *In Proceedings of the Academy of Management meeting*, Briarcliff Manor, NY : Academy of Management, 1986.

Indvik, J., Path-goal theory of leadership : A meta-analysis, In Proceedings of the Academy of Management meeting, Briarcliff Manor, NY : Academy of Management, 1986.

Jago, A. G., Leadership : Perspectives in theory and research, *Management Science 28(3)*, 1982.

Jermier, J. M., The path-goal theory for leadership : A subtextual analysis, *Leadership Quarterly 7(3)*, 1996.

Kanungo, R. N., Ethical values of transactional and transformational leaders, *Canadian Journal of Administrative Sciences 18(4)*, pp.257~265, 2001.

Katz, R. L., Skills of an effective administrator, *Harvard Business Review*, 1995.

Kegan, R., *The Evolving Self : Problem and Process in Human Development* (Cambridge, MA., Harvard University Press), 1982.

Kelly, R. E., *The Power of Followership*, N.Y : Doubleday, 1992.

Kelman, H. C., & Hamilton, V. L., Crimes of Obedience, New Haven : Yale University Press, 1989.

Kerr, S., & Jermier, M., Substitutes for Leadership : Their Meaning and Measurement, *Organizational Behavior and Human Performance*, Vol. 22. 1978.

Kotter, J. P., *A Force for Change : How Leadership Differs from Management*, N.Y : The Free Press, 1990.

Kotter, J. P., *A Force for change : How Leadership differs From Management*, N.Y : Free Press, 1990, pp.3~8.

Kottler, J. P., *A force for change : How leadership differs from management*, New York : Free Press, 1990.

Likert, R., *The Human Organization : Its Management and Value*, NY : McGraw-Hill, 1967.

Manz, C. C., & Sims, H. P., "Superleadership : Beyond the Myth of Heroic Leadership," Organizational Dynamics; Spring 91, Vol. 19, No. 4, 1991.

Mayer, J. D., & Salovey, P., Emotional intelligence and the construction and regulation of feelings, *Applied & Preventive Psychology 4*, 1995.

Mayer, J. D., Caruso, D. R., & Salovey, P., Selecting a measure of emotional intelligence : The case for ability scales, In R. Bar-On & J. D. A. Parker(Eds.), *The handbook of emotional intelligence*, New York : Jossey-Bass, 2000.

Mintzberg, H., *The Nature of Managerial Work*, NY : Harper & Row, 1973.

Mumford, M. D. et al., leadership Skills for a Change World : Solving Complex Social Problem, *Leadership Quarterly*, 11(1), 2000.

Mumford, M. D., *Pathways to outstanding leadership : A comparative analysis of charismatic, ideological and pragmatic leaders*, Mahwah, NJ : Lawrence Erlbaum, 2006.

Neff, T., & Citrin, J., Uncommon traits, 2001.

Northouse, P. G./김남현, 리더십 4판, 경문사, 2009.

Sashkin, M., Visionary Leader Trainers Guide, Human Resource Development Pr, 1996.

Scandura, T. A., Rethinking leader–member exchange : An organizational justice perspective, *Leadership Quarterly,* 10(1), 1999.

Schumann, P. L., A moral principles framework for human resource management ethics, *Human Resource Management Review 11*, 2001.

Scott, W. R., & Mitchell, T., *Organization Theory : A Structural and Behavioral Analysis*, Homewood, Ⅱ: Irwin, 1976.

Seers, A., *Team–Member Exchange Quality : A New Construction for Role–making Research*, Organizational Behavior and Human Decision. 43, 1989.

Shamir, B., House, R. J., & Arthur, M. B., The motivational effects of charismatic leadership : A self–concept based theory, *Organization Science 4(4)*, 1993.

Sherer, M., & Maddux, J. E., Mercandante, B., Prentice–Dunn, S., Jacobs, B., & Rogers, R. W., The Self–Efficacy Scale : Construction and validation, *Psychological Reports, 51*, 1982.

Sotgdill, R. M., *Handbook of Leadership : A survey of theory and research*, New York : The Free Press, 1974.

Spreitzer, G., Psychological empowerment in the workplace dimension, measurement, and validation, *Academy of Management journal*, 38, 1995.

Tannenbaum, R., & Schmidt, W. H., How to Choose a Leadership Pattern, *Harvard Business Review. 36*, 1973.

Thomas G. Crane, 코칭의 핵심, 예토, 2006.

Tichy, N. M., & DeVanna, M. A., *The transformational leader(2nd ed.)*, New York: John Wiley, 1990.

Trevino, L. K., & Brown, M., & Hartman, L. P., A qualitative investigation of perceived executive ethical leadership : Perceptions from inside and outside the executive suite, *Human Relations 56(1)*, 2003.

Yukl, G., *Leadership in organizations*(3rd ed.), Englewood Cliffs, NJ : Prentice Hall, 1994.

Zaccaro, S. J., Gilbert J., Thor, K. K., & Mumford, M. D., Leadership and social intelligence : Linking social perceptiveness and behavioral flexibility to leader effectiveness, *Leadership Quarterly 2*, 1991.

찾아보기

국문

영문

저자약력

변상우

부산대학교 경영학과 경영학박사
경남정보대학, 부산경상대학, 부경대학교, 동의대학교, 인제대학교, 부산대학교 시간강사
신라대학교 시간강사 및 겸임교수
부산가톨릭대학교 경영학과 조교수 역임
현) 부산대학교 교육인증지원센터 전임대우강사(리더십 개발과 훈련 교과목 담당)

[대표 저서 및 논문]
- 지식경영의 선행요인 및 조직행동에 대한 매개효과에 관한 연구, 한국인적자원관리학회, 2002.
- 조직변화에 대한 저항원인과 관리방안에 관한 연구, 한국기업경영학회, 2003.
- 윤리경영실천과 기업의 경쟁력에 관한 연구, 대한경영학회, 2004.
- 지적자본의 체계적 관리가 조직유효성에 미치는 영향에 관한 연구, 한국산업경제학회, 2005.
- 윤리경영과 조직시민행동과의 관계에 있어서 신뢰의 역할, 한국인적자원관리학회, 2006.
- HRM 유형과 조직특성이 조직유효성에 미치는 영향에 관한 연구, 한국산업경제학회, 2007.
- 한국 노동운동의 뉴 패러다임에 관한 연구, 대한경영정보학회, 2008.
- 현대경영조직론, 형설출판사, 2005.
- 지식시대의 인적자원관리, 무역경영사, 2006.
- 조직행위론, 도서출판 대진, 2006.
- 노사관계론, 도서출판 대명, 2009.
- 경영학의 이해, 형설출판사, 2010.

글로벌 리더십

2014년 3월 10일 1판 1쇄 발행
2016년 8월 20일 1판 3쇄 발행

저　　자 | 변상우
발 행 인 | 이수영
발 행 처 | 도서출판 청람
서울시 마포구 독막로 288(대흥동, 세양상가 109호)
전　　화 | 02)3272-2601~2
팩　　스 | 02)3272-2603
이 메 일 | crbooks@daum.net
홈페이지 | www.crbooks.co.kr
등　　록 | 2000년 8월 26일 제6-0509호

ISBN 978-89-5972-392-8 93320 [정가 28,000원]